谨将此书献给

严父 金生水
慈母 桂秋琴

感谢他们的养育之恩

本书获得浙江理工大学学术著作出版资金资助

（2021年度，21096075-Y）

A Study on the Division of Fiscal Rights and
Expenditure Responsibilities Between Central and
Local Governments from

the Perspective of Sustainable Development Constraining Macro-Tax Burden

可持续发展约束宏观税负视域下
央、地间事权与支出责任划分研究

金　辉 / 著

ZHEJIANG UNIVERSITY PRESS
浙江大学出版社

·杭州·

图书在版编目（CIP）数据

可持续发展约束宏观税负视域下央、地间事权与支出
责任划分研究 / 金辉著. —杭州：浙江大学出版社，
2023.10
ISBN 978-7-308-24239-4

Ⅰ.①可… Ⅱ.①金… Ⅲ.①财政支出—中央与地方
的关系—研究 Ⅳ.①F810.45

中国国家版本馆 CIP 数据核字(2023)第 183261 号

可持续发展约束宏观税负视域下央、地间事权与支出责任划分研究
金 辉 著

责任编辑	汪淑芳	
责任校对	汪 潇	
封面设计	春天书装	
出版发行	浙江大学出版社	
	（杭州市天目山路 148 号 邮政编码 310007）	
	（网址：http://www.zjupress.com）	
排 版	杭州青翊图文设计有限公司	
印 刷	浙江新华数码印务有限公司	
开 本	710mm×1000mm 1/16	
印 张	23.25	
字 数	390 千	
版 印 次	2023 年 10 月第 1 版 2023 年 10 月第 1 次印刷	
书 号	ISBN 978-7-308-24239-4	
定 价	98.00 元	

前言

宏观税负的高低直接关乎国计民生,影响强国富民和稳定发展,是政府、学者和公众关注的焦点。近年来,中国宏观税负高企,严重地制约了经济的增长和转型升级,不利于国家的可持续发展。宏观税负畸高的主要原因是:"分税制"以来,税权分配向中央集中并趋于规范,但事权划分改革止步不前,存在政府事权范围过大、政府间事权重叠严重、事权与支出责任不匹配、事权划分缺乏合理性和科学性等问题,这些问题导致事权与支出责任不断下沉,造成了严重的财政纵向失衡,使得地方财政产生巨大缺口,于是地方政府伸出攫取之手,通过土地财政、非正常收费等方式增加收入,极大地推高了宏观税负。因此,在可持续发展的视角下,将宏观税负约束至合理区间,并科学合理地划分央、地间事权与支出责任,是破解中国财政困局、深化财政体制改革的关键一环,是切实降低宏观税负、促进国家可持续发展的必由之路。

本著作的第 3 章在国家结构、经济水平差异化的视角下进行了央、地间事权划分的国际比较研究。本著作将样本国家分为联邦制发达国家、联邦制发展中国家、单一制发达国家和单一制发展中国家,以美国、俄罗斯、英国和蒙古国为典型开展案例研究,分析了这四国的政治体系、行政区划、权力分配结构以及各级政府间的财政支出结构和事权划分现状,并进行比较分析。基于以上案例分析,本著作将研究样本扩展到 81 个国家,比较分析了各个国家财政支出分权情况,并实证研究其影响因素。结果显示:经济水平、人口规模、领土面积与财政支出分权呈正相关关系;人口集中度越高的国家越倾向于集权;联邦制国家相对于单一制国家而言,支出分权程度更高。同时提炼出了四个方面的启示,分别是:划清政府与市场的边界,优化中央与地方的财政支出比例结构,厘清中央与地方的事权与支出责任,以及财政体制法制化改革方向。

　　本著作的第 4 章梳理和讨论了中国中央和地方政府间财政关系的历史变迁、现状和比较。本著作结合中国经济体制和财政体制的变革,梳理了中国央、地间财政关系的变迁历程,并将其划分为三个时期,即"计划经济体制下集权与分权的动荡变化时期(1950—1980 年)""改革开放背景下财政分权的探索和建设时期(1980—2014 年)""财政体制现代化改革时期(2014 年至今)",并分别介绍了各个时期央、地间财政关系的演变过程、特点、不足之处,以及所处的社会经济背景。在此基础上,本著作讨论了中国央、地间财政关系的总体现状,分析了央、地两级财政体制的困境,即"央、地间财政关系严重失衡""转移支付体系不完善与地方财政缺口""土地财政和地方债务""宏观税负畸高"。同时,本著作聚焦央、地间事权与支出责任划分的现状,分别从一般公共预算、政府性基金预算、国有资本经营预算和社会保险基金预算,分析各领域央、地间事权与支出责任划分的现状,结合其他国家的事权划分现状进行比较和讨论,归纳和总结了中国央、地间事权划分模式的特色、优势和不足。根据以上国际经验探讨和现存问题分析,本著作指出了中国各领域央、地间事权与支出责任划分的改革方向,一是划清政府与市场的边界,明确界定政府事权范围;二是科学合理地划分各领域中央和地方政府间的事权与支出责任,构建责权明晰的央、地间财政分配模式;三是建立健全央、地间事权与支出责任配置的法制体系,强化各级政府财政收支的规范性。

　　本著作的第 5 章将可持续发展、宏观税负与财政支出分权纳入统一框架,进行理论和实证研究。在理论部分,本著作首先界定了"可持续发展"的概念,认为可持续发展是通过协调经济、社会、生态资源等多方面的发展,权衡当代人与当代人之间、当代人和后代人之间的福利,实现跨期效用最大化,即实现各代总效用的最大化。其次,基于以上定义,本著作利用 Barro 模型,将可持续发展定义为代际效用总和最大化,并纳入央、地两级财政支出,研究财政支出分权对可持续发展的影响。结果显示,财政支出分权与可持续发展呈倒"U"形关系;可持续发展视角下的最优地方财政支出分权水平为 $\theta_i^* = \dfrac{\gamma}{\beta+\gamma}$。财政支出分权水平过高不利于发挥公共产品供给的规模效益,过低则不利于发挥地方的积极性和信息优势,都将造成效率的降低和居民总效用的损失,不利于国家可持续发展。在实证研究部分,本著作首先构建了包含经济、资源环境、社会三个维度的可持续发展指数,采用跨国数据进行实证检验,得出了财政支出分权与可持续发展呈倒"U"形关系的结论。其次,通过 Lind-Mehlum 方法进一步检验倒"U"形关系,并据此估算可持续发展视角下的最优地方财政支出分权水平。最后,实证研究了财政支出结果对可持续发展的影响效应。基于以上理论和实证研究,本著作得到如下启示。第一,中国的宏观税负居高不下,不利于国家的可持续发展,应切实降低宏观税负。第二,中国的财政支出分权过度,大幅超过最优估计值,应强化中央事权,尤其是医疗卫生、教育、社会福利与保障方面的事权与支出责任。第三,中国的基尼系数较高,收入差异较大,不利于国家的可持续发展,应不断完善社会保障体系和税收体系,着力构建一套系统科学的收入再分配机制,这也有助于实现共同富裕。第四,通过加强污染防治的管控,大力发展科学技术,降低资源依赖度大所产生的负面效应。第五,教育、医疗卫生、社会福利与保障支出对可持续发展具有重要的正向影响作用,应适度提高相应支出比重。

本著作的第 6 章根据前文研究成果,在可持续发展约束宏观税负的视域下,通过构建央、地间事权划分的理论基础和原则体系,明确划分的思路和目标模式,制定了各领域央、地间事权与支出责任划分的重构方案,并测算了重构之后的央、地两级财政支出规模。测算结果显示:首先,重构方案将大量政府事权交由市场负责,精兵简政,使全口径财政支出占 GDP 的比重降至 22.48%,使其正好与宏观税负合理值相匹配,这既保证了公共产品供应量,也有利于推进国家的可持续发展;其次,重构方案将中央全口径财政支出的比重提高到50.17%,强化了中央政府在社会保障、社保基金、义务教育、医疗卫生等方面的支出责任,提高了中央公共产品资源分配和收入再分配的能力,有助于实现公共产品的均等化供给。此外,本著作着重讨论了新冠疫情背景下央、地间公共卫生事权与支出责任划分问题,结合疫情防控和事权划分的国际经验与教训,从责任分配、行政体系、法制建设等方面,针对性地提出了合理化建议。

本著作可能具有以下贡献。

首先,本著作将全口径宏观税负、财政支出以及央、地间事权与支出责任纳入统一框架进行研究。已有文献中关于政府间事权划分的研究,往往就划分而谈划分。这会产生两个问题:一是支出责任定量划分难以深入,只能停留在事权定性划分的层面,无法深入支出责任定量划分的层面,使得事权划分和支出责任划分处于割裂状态。二是无法切实有效地解决宏观税负畸高的问题。这是因为事权与支出责任的上划或下调,都无法改变总财政支出,进而无法降低宏观税负。因此,本著作将全口径宏观税负、财政支出、事权与支出责任纳入统一框架,先参考前人测度的可持续发展视角下的宏观税负合理区间,再划清政府与市场的边界,将部分政府事权让渡给市场,进而划分各领域中央和地方政府的事权与支出责任,最终降低财政支出和宏观税负至合理区间。

其次,本著作讨论了财政支出分权对可持续发展的影响效应,以及最优财政支出分权的决定机制。已有相关文献讨论了财政支出分权与许多决定可持续发展水平的重要因素的关系,如财政支出分权与经济增长、环境保护和社会发展的关系,但没有进一步研究财政支出分权如何影响国家的可持续发展。一方面,财政支出分权会直接或间接地促进经济增长;另一方面,财政支出分权加剧了地方政府间的竞争,使得地方政府更倾向于将财政资金用于具有直接经济效益的支出项目,如基础设施建设,从而挤出了用于缺乏直接经济效益的支出,如教育、医疗卫生、资源环境保护、社会福利与保障等。那么,财政分权会如何影响国家可持续发展?本著作的研究显示,支出分权过度或不足,都将造成效率损失和居民总效用降低,不利于国家的可持续发展。

目录

4 中国央、地间财政关系的历史变迁、现状和比较 /090

5 可持续发展与央、地财政支出结构研究 /180

6 可持续发展约束宏观税负视域下央、地间事权与支出责任的重构方案 /234

1

绪 论

1.1 研究背景及意义

1.1.1 研究背景

（1）现实背景

宏观税负的高低直接关乎国计民生,影响强国富民和稳定发展(张守文,2015)。近年来,中国的全口径宏观税负①居高不下,甚至逼近了 40%(Zhang and Yang,2016)。这一税负水平不仅高于大部分新兴市场国家和发展中国家,还超过了一些欧美发达国家(高培勇,2015)。畸高的宏观税负给企业和人民带来了沉重的负担,严重地制约了经济增长和转型升级,不利于国家的可持续发展(丛树海,2012;高培勇,2012a;Zhang and Shi,2018)。尤其在国际减税浪潮兴起、贸易保护主义抬头的背景下,降低畸高的宏观税负已成为强化实体企业国际竞争能力、推进经济转型升级和可持续发展的关键一环和必由之路(丛树海,2017)。

中国宏观税负高企的诸多原因中,最重要的是分税制改革后中央和地方政府之间的财政关系失衡。分税制改革集中了税权,使得地方税收比例从 1993

---

① 全口径宏观税负=(一般公共预算收入+政府性基金收入+国有资本经营收入+社保基金收入)/GDP。需要扣除重复项。重复项是指一般公共预算、国有资源经营预算对社保基金的支持。若不做特殊说明,下文中的宏观税负均为全口径宏观税负。

年的 78% 骤降至 1994 年的 44.30%,之后一直围绕着 45% 波动。但分税制改革并未明确划分央、地间的事权与支出责任,只做出了原则性的安排,导致当前的划分模式呈现出诸多问题(文政,2008)。其一,政府与市场的边界不明确,政府职能范围过大、财政事权过多,存在大包大揽的现象,导致财政负担过重。其二,事权划分不清、支出责任界定不明,在以 GDP 为核心的晋升机制下,地方政府争抢投资具有经济效益的项目,相互推诿缺乏经济效益的项目,导致财政支出结构扭曲,出现基础设施建设蓬勃发展,教育、医疗、社保等项目投入不足的现象(丛树海,2007;张军等,2007;范子英、张军,2009)。其三,各级政府事权交叉重叠,在当前的官员任命机制下,下级政府在重叠事权分配的博弈中明显处于劣势地位,不得不承担更多事务和相应支出(宋立,2007;刘剑文、候卓,2017)。其四,事权与支出责任不相适,一些已划分明确的中央事权却由地方列支,加重了地方财政负担,如部队、武警和外国元首访问地方的部分经费(马万里,2013;于树一,2015)。其五,新增事权缺乏规范的协调机制,"属地化"原则进一步加重了地方政府负担(刘尚希等,2018)。其六,划分过于随意,缺乏法律保障(楼继伟,2013;李奕宏,2014)。这些问题导致地方政府承担了绝大部分支出责任,地方一般公共支出比例从 1994 年的 69.71% 逐步增加到 2017 年的85.30%,进而产生"事权下沉效应"。事权与支出责任下沉,税权上收,加之财政转移支付体系失灵,造成了地方财政的巨大缺口(文政,2008)。于是,地方政府伸出"攫取之手",从税收之外寻求财源,通过土地财政、非正常收费等方式增加收入,最后导致宏观税负居高不下(陈抗等,2002;周飞舟,2006;陈志勇、陈莉莉,2011;李俊生等,2014)。

(2)政策背景

面对这一现实背景,要求明晰央、地间责权关系,深化财政体制改革的政策相继出台。2013 年,《中共中央关于全面深化改革若干重大问题的决定》(简称《决定》)出台,要求明确划分事权与支出责任、构建责权明晰的现代财政制度,并提出了部分领域的央、地间事权和支出责任的指导性原则[1]。令人欣喜的是,

---

[1] 《决定》还对中央和地方的事权划分做出原则性的规定,即"适度加强中央事权和支出责任,国防、外交、国家安全、关系全国统一市场规则和管理等作为中央事权;部分社会保障、跨区域重大项目建设维护等作为中央和地方共同事权,逐步理顺事权关系;区域性公共服务作为地方事权"。

《决定》首次将事权与支出责任联系起来,要求事权与支出责任相适应,明确指出若中央将事权交由地方承担,则必须安排转移支付①;并要求适度增加中央事权。之后,党的十八届五中全会、"十三五"规划纲要进一步强调"适度加强中央事权和支出责任"。以上的政策安排旨在强调财政体制改革的重要性和平衡央、地间的财政关系,减小地方支出压力,缩小地方财政缺口。2018 年以来,国务院又出台了多个领域的事权和支出责任划分改革方案,主要是《科技领域中央与地方财政事权和支出责任划分改革方案》《教育领域中央与地方财政事权和支出责任划分改革方案》《医疗卫生领域中央与地方财政事权和支出责任划分改革方案》,但还存在诸如法律位阶不够高、操作性不够强、覆盖面不够全等问题。

与此同时,有关降低宏观税负和财政支出的政策文件也相继出台。2016 年 7 月 26 日的中共中央政治局会议强调"降低宏观税负"的要求②。此后,国务院出台了一系列"减税降费"政策,如提高个人所得税起征点、下调增值税税率、减免部分行政性事业收费、降低社保基金费率等。减税降费固然好,但必须同时降低政府支出,使政府收入与支出相匹配,否则将会走上赤字化的老路,仍然不利于国家的可持续发展(高培勇,2017)。2018 年 12 月,全国财政会议针对未来财政工作,要求"树立过紧日子的思想,严格压缩一般性支出"。在 2019 年的全国两会中,李克强总理在政府工作报告中进一步强调"各级政府要过紧日子"。

从这一系列政策、文件可以看出,降低宏观税负、财政支出以及明确央、地间事权与支出责任划分是财政体制改革的基本方向。但需要注意的是,以上关于降低财政支出、划分事权与支出责任的政策指示依然停留在口号或指导原则层面,缺乏实际操作层面的安排或时间表,那么中央和地方的各项事权与支出责任具体如何划分?降低财政支出时,中央支出削减多一些,还是地方多一些?什么类型的支出在中央和地方分别如何削减?

---

① 《决定》明确指出:"中央和地方按照事权划分相应承担和分担支出责任。中央可通过安排转移支付将部分事权支出责任委托地方承担。对于跨区域且对其他地区影响较大的公共服务,中央通过转移支付承担一部分地方事权中共责任。"

② 2016 年 7 月 26 日中共中央政治局会议,http://news.xinhuanet.com/politics/2016-07/26/c111928 5168.htm。

（3）理论背景

自 Tiebout(1956)的开创性论文发表以来，财政分权的理论研究经历了激动人心的发展，大致形成了两个研究阶段，即所谓的第一代和第二代财政分权理论(Oates,2005)。第一代财政分权理论认为地方政府拥有信息优势，比中央政府更有能力提供符合地方偏好和需求的公共服务，因此将配置财政资源的权力向地方政府倾斜，能够提高资源配置效率，从而得出了财政分权有利于改善地方公共物品供给质量的理论(Tiebout,1956；Musgrave,1959；Oates,1972)。第一代分权理论假设政府是"仁慈的"，认为政府天然地追求居民福利最大化，忽略了政府作为"理性经济人"的激励行为，由此无法解释政府规模膨胀、地方市场割裂、地区间发展失衡等现象。于是，更多学者开始考虑政府的财政激励问题。如 Niskanen(1971)提出政府追求预算收入最大化的假设；Brennan and Buchanan(1977；1978；1980)更是假设政府是一个垄断私人组织，将政府比作剥削人民、谋求财政收入最大化的"利维坦"；Edwards and Keen(1996)则认为地方政府既追求财政收入，也会为了政治晋升考虑居民的福利，从更广的视角讨论地方政府的财政激励因素。而后，财政分权理论研究开始着重关注地方政府的行为及其财政激励因素，并逐步形成了第二代财政分权理论(Oates,2005)。第二代财政分权理论同样认为，财政分权有利于提高资源配置效率(Weingast,1995；Qian and Weingast,1996；Qian and Roland,1996；1998)。但与第一代理论不同的是，第二代理论一方面强调地方政府的财政激励，另一方面开始关注财政分权对经济增长的影响机理，尤其是发展中国家的经济增长问题。如，Qian and Xu(1993)、Qian and Roland(1998)、Jin et al. (2005)认为中国的财政分权提高了地方政府的财政激励，极大地调动了地方的积极性，促使地方政府为创造税收不断推进市场和私人企业的发展，进而推动了中国经济的高速增长。随着财政分权理论的不断发展，财政分权与经济增长的实证研究也成为国内外学者所关注的焦点问题(Oates,1993；Davoodi and Zou,1998；Lin and Liu,2000；Zhang and Zou,1998；Jin and Zou,2005；Li and Zhou,2005；林毅夫、刘志强,2000；张晏、龚六堂,2005；宋玉华等,2008；陈志勇、陈莉莉,2011；谢贞发、张玮,2015；张宇,2018；朱军、许志伟,2018)。

关于中国财政分权的研究不胜枚举，但其中绝大部分就分权而谈分权，没有将宏观税负、财政支出和财政分权纳入统一的框架进行分析。而中国的实际情况是,其特有的财政分权模式的积弊正是导致宏观税负畸高的主要原因,因此若不能将宏观税负、财政支出和财政分权纳入同一研究框架,则难以切实解决中国的财政和经济问题。张晏(2005)开创性地将最优税收、最优财政支出和财政分权纳入同一框架进行系统研究。但就中国的实际情况而言,税收并不能有效衡量政府收入,如2018年,土地出让金收入达65096亿元,相当于地方公共本级收入的66.49%①,故全口径宏观税负或财政收入更能表征政府收入水平(章和杰、金辉,2020)。Zhang and Shi(2018)提出应将宏观税负和财政分权纳入统一的框架,在可持续发展约束宏观税负的视角下研究税收分配、支出划分等财政分权问题。可持续发展约束宏观税负是指,将宏观税负约束在有利于经济增长和转型升级的区间内,进而实现国家的可持续发展。贾梦婷(2017)和李斯斯(2017)借鉴了章和杰(2014)、Zhang and Li(2015)的方法,利用"三缺口"模型测得中国宏观税负的合理区间为[22.48%,33.30%),并通过实证检验证明,全口径宏观税负为22.48%时,更有利于中国经济的稳定增长和转型升级。但遗憾的是,他们并没有深入研究,约束宏观税负至合理区间后具体如何展开财政分权?如何划分中央和地方政府之间的事权与支出责任?

基于以上现实、政策和理论背景,本著作提出了"可持续发展约束宏观税负视域下的央、地间事权与支出责任划分研究"的命题。即借鉴前人的研究成果,将全口径宏观税负约束至22.48%,进而研究央、地间事权与支出责任划分的问题。这就意味着,在划分央、地间事权的过程中,必须同时划清政府与市场的关系,界定政府职能和事权范围,将部分政府职能交由市场,简政精兵,进而降低全口径财政支出,并使之与合理的宏观税负相匹配。

1.1.2　研究意义

(1)理论意义

本著作研究的理论意义体现在以下两个方面。

第一,将可持续发展、宏观税负、财政支出事权划分纳入统一框架研究,有助于财政分权理论及其应用的发展。合理划分中央和地方之间的事权与

---

① 数据来源:财政部《2018年财政收支情况》。

支出责任是理顺政府间财政关系的逻辑起点和前置条件,而具体如何划分是国内外财政分权理论研究所关注的焦点问题(Boadway et al.,2008)。在过去,财政分权理论研究侧重于集权或分权程度及其影响效应的研究。关于事权与支出责任划分的已有研究,虽然基于财政分权理论归纳了事权划分原则,并根据原则制定了定性的划分框架,但都是就划分而谈划分,没有将全口径宏观税负和财政支出纳入统一的研究框架。这就会产生如下问题:若仅仅明确了中央和地方政府的事权与支出责任划分,即只是重新调整央、地两级政府的支出结构,而没有降低总财政支出,使得央、地间事权划分能够解决中国宏观税负畸高的财政问题缺乏理论依据(章和杰、金辉,2020)。而且,即使有学者将最优税收、财政分权纳入统一框架展开研究,也忽略了中国宏观税负与税收的理论和实际差别。因此,如果能把全口径宏观税负、财政支出与财政分权纳入系统性的研究框架内,提出一套基于降低宏观税负的事权与支出责任划分方案,将对财政分权理论及其在中国的应用具有积极的学术意义。

第二,研究财政支出分权对可持续发展的影响效应,弥补了财政分权理论过分关注经济增长效应,而忽略可持续发展的缺陷。本著作在可持续发展约束宏观税负的视域下,研究央、地间事权与支出责任划分,势必要考虑如何分配央、地间财政支出分权水平更有利于国家可持续发展。为分析这一问题,本著作首先将可持续发展的概念定义为实现代际效用总和的最大化,进而在 Barro 模型中纳入央、地两级财政支出,讨论了财政支出分权与可持续发展的关系,得出代际效用总和最大化时的最优财政支出分权,即可持续发展视角下的央、地两级财政支出分权的最优水平。在此基础上,本著作构建了经济、资源环境、社会三个维度的可持续发展指数,利用跨国数据,实证检验了财政支出分权与可持续发展之间的关系。结果显示,财政支出分权与可持续发展之间呈倒"U"形关系。因此,本著作采用理论和实证相结合的方法,研究财政支出分权的可持续发展效应,对于财政分权理论的补充和发展,以及深化理解财政分权与可持续发展的关系,具有积极的学术意义。

(2)现实意义

本著作研究的现实意义体现在以下两个方面。

第一,切实降低全口径宏观税负,有利于国家的可持续发展。科学合理的宏观税负水平是优化资源配置、维护市场统一、实现国家长治久安的制度保障,但近年来宏观税负居高不下,产生了一系列经济、社会问题,制约了中国经济的增长和转型升级,不利于国家的可持续发展。宏观税负畸高的根源在于失衡的央、地间财政关系,尤其是分税制改革后,央、地间财权分配逐渐明确,而事权划分始终混沌,政府间职能划分不清以及角色错位、越位、缺位等问题已经相当严重。于是,明确划分事权与支出责任成为处理政府财政关系的关键所在,只有科学地界定政府职能和事权范围,进而划分财政支出责任,才能确定税制结构和财政转移支付制度,最终厘清央、地间财政关系。因此,在可持续发展约束宏观税负的视域下,重新划分中央和地方之间的事权与支出责任,对于厘清央、地间财政关系,进而切实降低全口径宏观税负具有重要的现实意义。

第二,科学合理地划分各领域中央与地方财政事权和支出责任,是建立现代财政体制的关键,也是推进国家治理能力现代化的必由之路。财政作为国家治理的基础和重要支柱,其对国家治理体系和治理能力的作用是通过政府的事权来体现的,事权则是通过财政支出责任来履行的,而财权和财力从根本上看是为政府履行事权和承担支出责任服务的。如果央、地间的事权和支出责任界定不清、划分不明,则难以保证政府能够高效、有序地履行其所有服务职能,尤其是在以 GDP 为核心的政绩考核机制下,极有可能出现地方政府间争抢提供具有经济利益的公共产品,减少提供或相互推诿缺乏直接经济效益的公共产品的现象(Keen and Marchand,1997)。正因如此,现代化的财政制度和政府治理体系需要对央、地两级政府所承担的公共职能及其支出责任进行明确划分,建立科学合理的央、地间财政关系。明确政府事权与支出责任划分的基本前提是权衡政府与市场的关系、界定事权与支出责任的范围,这就需要在当前政府过多干涉市场、政府职能大包大揽的背景下,考虑某几项政府职能是否可以全部或部分交由市场完成,其职能所对应的财政支出和财政供养人员是否能够削减,进而是否可以削减政府收入,因此,在降低宏观税负的视域下,科学合理地划分央、地间的事权与支出责任,对于建立现代财政体制,推进国家治理能力现代化具有重要的现实意义。

1.2 研究的目标和内容

1.2.1 著作的研究目标

著作研究的总目标：在可持续发展的视角下，回顾中国政府间财政关系的历史发展，透视事权与支出责任划分的现状、成因、问题和国际比较，探讨财政支出分权与可持续发展的关系，在此基础上重构各领域中央和地方政府的事权与支出责任划分模式，降低宏观税负和财政支出至合理范围，并为此提供一套完整的、系统的理论思路和操作对策。

根据著作研究的总目标，细分为以下四个分目标（见图 1-1）。第一，通过国际比较研究，总结各类国家央、地间财政分权和事权划分的共性和特性，提炼出事权与支出责任划分的经验启示。第二，梳理央、地间财政关系的历史演变、现状问题，深入探讨及比较各领域央、地间事权与支出责任划分的现状，试图为推进事权划分改革指明方向。第三，通过理论和实证相结合的方式，利用跨国数据，研究财政支出分权、财政支出结构与可持续发展的关系，并估计可持续发展视角下的最优财政支出分权水平，为重新划分央、地间事权与支出责任提供理论依据和经验参考。第四，构建事权划分原则，立足中国现实，借鉴国际经验，结合实证结果，划清政府与市场的边界，界定政府职能和事权范围，重新划分各领域中央和地方的事权与支出责任，进而切实降低财政支出，使之与宏观税负的合理区间相匹配。

1.2.2 著作的研究内容

为实现以上四个研究目标，著作的核心研究内容分为以下四个部分（见图 1-1，以及图 1-2 的"理论与实证研究"部分）。

第一，央、地间事权划分的国际比较研究（第 3 章）。首先，依国家结构形式和经济发展水平不同，将研究样本国家分为四类，即联邦制发达国家、联邦制发展中国家、单一制发达国家和单一制发展中国家，并从中选取典型案例（英、美、俄、蒙）进行分析。其次，利用四类 81 个国家的经验数据，对各类国家的央、地间事权划分模式进行比较分析。最后,在利用不同维度、不同方法进行比较分析的基础上,归纳和总结各类国家之间的共性和特性,为中国央、地间事权划分改革提炼出一些重要的经验启示。

第二,中国央、地间财政关系的历史变迁、现状与比较(第4章)。首先,结合中国经济体制和财政体制的变革,梳理央、地间财政关系的变迁历程,并介绍各个发展阶段的演变过程、特点、不足之处,以及所处的社会经济背景。其次,讨论央、地两级财政体制的总体现状,以及现实困境。再次,分别针对一般公共预算、政府性基金预算、国有资本经营预算和社会保险基金预算,分析各领域央、地间事权与支出责任划分的现状,同时结合其他国家的事权划分现状进行比较和讨论,归纳和总结中国央、地间事权划分模式的特色、优势和不足。最后,基于以上历史、现状与比较分析,试图为中国央、地间事权与支出责任划分指明改革方向。

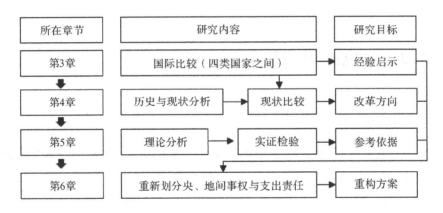

图 1-1　研究内容框架

注:需要说明的是,第3章的国际比较是四类国家以及其典型案例(美、英、俄、蒙)之间的比较,第4章的现状比较是指中国与其他国家之间的比较。

第三,可持续发展与央、地间财政支出结构的研究(第5章)。首先,界定"可持续发展"的概念,并在 Barro 模型中刻画可持续发展的理念并纳入央、地两级财政支出,从理论层面分析财政支出分权、财政支出结构对可持续发展的影响。其次,基于概念界定和理论分析,采用改进后的熵值法,构建可持续发展的综合评价指数。再次,利用跨国数据检验财政支出分权、财政支出结构对可持续发展的影响效应,采用 Lind-Mehlum 方法估计财政支出分权的最优水平,并利用工具变量法解决变量内生性问题。以上理论分析和实证检验的结果,将为后文重新划分央、地间事权与支出责任提供参考。

第四,在可持续发展约束宏观税负的视域下,重新划分央、地间事权与支出责任(第6章)。首先,梳理政府间事权划分的理论基础,根据理论内涵和中国的实际需求,构建事权划分的原则体系。其次,在可持续发展约束宏观税负的视域下,根据事权划分原则,立足于中国的实际情况,借鉴国际经验,结合实证研究结果,划清政府和市场的边界,并分别针对一般公共预算、政府性基金预算、国有资本经营预算和社会保险基金预算,重新界定和划分各领域央、地间事权与支出责任。需要指出的是,本著作还在新冠疫情背景下研究了公共卫生事权与支出责任划分的问题。最后,总结重构方案中的央、地间事权配置结构,测算其财政支出规模,确保总财政支出在 GDP 中的占比与宏观税负的合理值(22.48%)相匹配。

1.3 研究的思路与方法

1.3.1 研究思路

本著作研究按照"提出问题—文献综述—理论与实证研究—总结"的分析思路展开(见图 1-2),具体可分为四个研究阶段:

第一阶段,提出问题。在收集数据、政策文件等文献资料的基础上,介绍研究的现实、理论、政策背景,提出待研究的问题,并指出研究目标和意义。

第二阶段,文献综述。通过经典理论文献研究,把握财政分权、事权划分、宏观税负等领域的研究进程和方法,界定相关概念,展开综合评述。

第三阶段,理论与实证研究。其一,通过政府间事权划分的国际比较,为事权划分改革提炼经验启示。其二,梳理和总结中国央、地间事权划分的历史、现状及其国际比较,试图为事权划分指明改革方向。其三,理论与实证相结合,研究央、地两级财政支出结构对可持续发展的影响效应,估计可持续发展视角下的财政支出分权的最优水平,为事权划分提供参考依据。其四,在可持续发展约束宏观税负的视域下,构建事权划分原则,立足中国现实、借鉴国际经验、结合实证结果,重新划分各领域中央和地方的事权与支出责任。进一步地,以新冠疫情为背景,研究公共卫生事权与支出责任划分的问题。

第四阶段,总结。首先,总结研究结论。其次,从事权划分重构方案中提炼事权划分的具体对策建议。最后,指出研究的不足与对未来的展望。

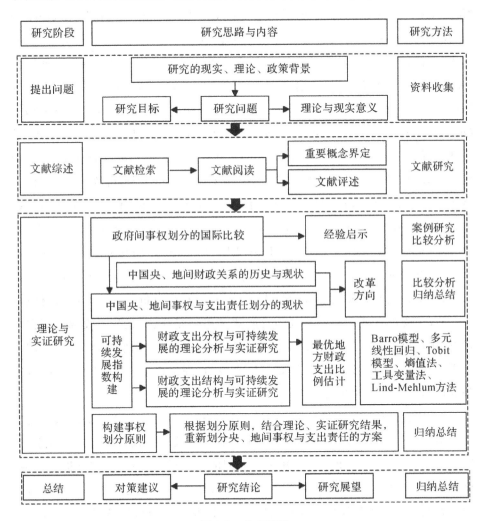

图 1-2　技术路线

1.3.2　研究方法

针对研究的具体内容和预期的研究目标,本著作采用如下研究方法。

(1)资料、数据的收集获取。本著作根据"可持续发展约束宏观税负视域下中央和地方政府事权与支出责任划分"的研究需要,利用中国知网、万方、维普期刊、Jstor、ProQuest、Springer、Wiley-Blackwell 等国内外主流学术平台,以"可持续发展""宏观税负""财政分权""央地财政关系""事权划分""tax burden""fiscal decentralization""sustainable development""economic growth""government spending""expenditure assignment""intergovernmental relation"等为关键词,检索《中国社会科学》、《经济研究》、《管理世界》、《经济学(季刊)》、《财政研究》、《税务研究》、《财经研究》、《财贸经济》、*American Economic Review*、*Journal of Political Economy*、*Journal of Public Economics*、*Review of Economic Studies*、*Quarterly Journal of Economics* 等国内外顶尖期刊,共搜索得上千篇文献,并筛选了近 400 篇高度相关的优质文献。本著作需要的国内外财政支出、可持续发展等方面的数据,主要来源于《中国统计年鉴》,《中国财政年鉴》,《中国国土资源统计年鉴》,中国财政部、统计局数据库,其他国家的财政、统计局数据库,International Monetary Fund's Government Finance Statistics(GFS),World Bank Economic and Social Data(BESD),United Nation's Database 等。

(2)文献研究法。本著作在收集、整理、分析大量中外文献的基础上,通过总结、归纳相关研究领域已有的学术成果,了解宏观税负、可持续发展、财政分权、事权与支出责任划分等领域的发展脉络和研究现状,充分吸收现有研究的优点,比较分析不同的研究方法,借鉴国内外的先进理论和实证研究框架,同时透析已有研究的缺陷和不足,比如在研究视角、理论框架、计量手段等方面,并争取在本研究中实现突破。

(3)比较分析法。本著作在第 3 章的国际比较研究和第 4 章的现状与比较分析中,利用了比较分析法,前者对比中央和地方政府事权划分在发达国家、发展中国家、单一制国家和联邦制国家中不同的实践模式;后者比较分析中国央、地间事权与支出责任划分现状与其他国家的差异。通过比较分析,一方面,更加深刻地理解财政分权理论及其实际应用,以及中国与世界各国的差异;另一方面,为本著作构建各领域中央和地方政府的事权与支出责任划分方案提供思路和依据,以期找到厘清和矫正我国央、地间财政关系的方向和策略。

(4)案例研究法。本书在第 3 章的国际比较研究中,将样本国家分为四类,分别是单一制发达国家、单一制发展中国家、联邦制发达国家、联邦制发展中国家,从中选取典型,进行中央和地方政府之间的事权划分国际案例研究。首先,通过不同类型国家的案例分析,找出国家结构、经济发展水平等因素对财政分权程度和事权划分的影响;其次,为后文中国与世界各类国家的比较分析做铺垫。

(5)经济学理论分析法。本著作以 Barro 的内生增长模型为基本框架,在模型中刻画了可持续发展的概念,即代际效用总和实现最大化;同时,纳入中央和地方两级财政支出,探讨财政支出分权对可持续发展的影响。此外,本著作将财政支出按功能分类,从理论层面研究各项财政支出对可持续发展的影响。

(6)实证分析法。以理论分析为基础,实证分析作为补充和提升,两者有机融合。本著作利用跨国数据,首先根据可持续发展的定义,使用改进后的熵值法,构建了包含经济、资源环境、社会三个维度的可持续发展指数;在此基础上,采用多元线性回归,研究财政支出分权、财政支出结构对可持续发展的影响效应。其次,利用工具变量法解决截面数据实证研究可能产生的变量内生性问题。最后,采用 Lind-Mehlum 方法估计可持续发展视角下的财政支出分权的最优水平。

1.4　难点和可能的创新之处

1.4.1　难点

国际数据收集是本著作研究的难点,体现在以下两个方面。

其一,在国际比较的典型案例研究中,美、英、俄、蒙四国央、地两级政府财政支出的详细数据非常难找。首先,国内外的相关数据库或二手数据都非常陈旧,且不完整。其次,从国外收集一手数据,需要访问各国的统计局或财政局网站,有一定难度。再次,即使从国外网站找到了相关数据,可能某网站有其中一部分数据,另外网站又有剩余部分数据,统计口径还存在差异,需要重新整合,而数据整合又是非常困难的,需要了解各项支出安排的具体内容,再做整合。但本研究终究还是克服了所有困难,找到了美、英、俄、蒙四国财政支出的数据,详见第 3 章的内容。

其二,可持续发展与央、地财政支出结构的实证研究,不仅需要各国的财政支出数据和其他基本数据,也需要可持续发展指数构建所需的数据,涉及面非常广。由于并非简单地研究经济增长问题,只需要 GDP 或 GDP 增长率作为因变量,而是要构建可持续发展指数作为因变量,因此涉及的数据种类相当庞杂而繁多,需要从各个国际数据库中找到不同的数据。所涉及的国际数据库就多达十余个,包括联合国数据库、UNCTAD 数据库、IMF(国际货币基金组织)数据库、IMF 的 GFS 数据、*GFS yearbook*、联合国开发计划署、国际能源署的报告、世界卫生组织数据库、世界银行数据库、美国 FBI(联邦调查局)的 *the World Factbook*(世界概况数据库),等等。详见第 5 章的内容。

1.4.2 本著作可能的创新

本著作在吸收已有研究成果的基础上,在以下四个方面可能有所创新或改进。

(1)已有文献中,不乏事权与支出责任划分的研究,但"可持续发展约束宏观税负视角下央、地间事权与支出责任划分"研究,既考虑到可持续发展约束的宏观税负合理区间,也考虑到财政支出分权,这是本著作的创新之一。

首先,将全口径宏观税负、财政支出以及央、地间事权与支出责任纳入统一框架进行研究。已有文献中关于政府间事权划分的研究,往往就划分而谈划分,这会产生两个问题:一是只能停留在事权定性划分的层面,无法深入支出责任定量划分的层面,使得事权划分和支出责任划分仍处于割裂状态;二是无法真正有效解决当前宏观税负畸高的问题,这是因为事权与支出责任的上划或下调,都无法改变总的财政支出,进而无法降低宏观税负。因此,本著作将全口径宏观税负、财政支出、事权与支出责任纳入统一框架,先参考前人已测度的宏观税负合理区间,再划清政府与市场的边界,将部分政府事权让渡给市场,进而划分各领域中央和地方政府的事权与支出责任,最终将财政支出和宏观税负降至合理区间内。

(2)有关财政分权的已有文献中,无论是理论还是实证研究,都更加关注经济增长的问题,忽略了可持续发展的问题。本著作将理论与实证结合,研究财政支出分权对可持续发展的影响效应,以及财政支出分权的最优水平。

理论分析中可能的创新:本著作利用 Barro 模型,将可持续发展定义为代际效用总和的最大化,并纳入央、地两级财政支出,研究财政支出分权对可持续发展的影响。结果显示:财政支出分权最优水平为 $\theta_i^* = \dfrac{\gamma}{\beta+\gamma}$,那么当支出分权水平超过 $\dfrac{\gamma}{\beta+\gamma}$ 时,降低支出分权水平,使其接近 $\dfrac{\gamma}{\beta+\gamma}$,则有助于实现可持续发展;当支出分权水平低于 $\dfrac{\gamma}{\beta+\gamma}$ 时,提高支出分权水平,使其接近 $\dfrac{\gamma}{\beta+\gamma}$,则有助于实现可持续发展。

实证研究中可能的创新:本著作基于理论分析,首先构建了包含经济、资源环境、社会三个维度的可持续发展综合测评指数,采用跨国数据进行实证检验,得出了财政支出分权与可持续发展呈倒"U"形关系的结论;其次,通过 Lind-Mehlum 方法进一步检验倒"U"形关系,并据此估计了可持续发展视角下的财政支出分权最优水平;最后,发现中国财政支出分权水平过高,远高于其最优水平,不利于国家的可持续发展,因此本著作在重新划分央、地间事权与支出责任时,注重加强中央事权、提高中央财政支出比重,尤其在义务教育、医疗卫生、社会保障等方面。

(3)基于全口径预算的中央和地方政府间事权与支出责任划分研究。本著作检讨了已有研究在划分政府间事权与支出责任时只划分一般公共支出,而忽略政府性基金预算、国有资本经营预算和社保基金预算的做法。由于中国有"四本财政预算",而一般公共支出仅占全部政府支出的六成左右,故仅划分一般公共预算支出并不能彻底解决央、地间事权与支出责任划分存在的所有问题。因此,本著作将同时研究中央和地方"四本预算"的事权与支出责任划分。

(4)基于新冠疫情的背景,着重研究了公共卫生事权与支出责任划分的问题。近期暴发的新冠疫情对中国经济、社会造成了巨大的负面影响,也暴露了公共卫生体系的缺陷和事权划分的积弊。首先,界定事权范围。梳理已有文献,财政账目,相关卫生法律、法规和政策,界定公共卫生事权的范围,明确相应支出内容。其次,现状分析。通过分析公共卫生领域的行政体系结构、详细数据,以及事权改革文件,探讨事权和支出责任划分的现状与改革。再次,开展理论分析,并找出改革方向。归纳新冠疫情的发展路径,并基于此找出完善公共卫生体系的核心要素和事权划分的重要方向。最后,提出政策建议。结合疫情防控和事权划分的国际经验与教训,从责任分配、行政体系、法制建设等方面,提出完善中央与地方公共卫生事权与支出责任划分的政策建议。

2

文献回顾

▼

根据研究内容的实际需要,本章将对宏观税负、财政分权、经济增长、政府间事权与支出责任划分等研究领域的理论和已有成果进行梳理和综述。本章采用文献研究法,在国内外各大主流文献资源平台,以"可持续发展""经济增长""宏观税负""财政分权""央地财政关系""事权划分""tax burden""fiscal decentralization""economic growth""government spending""expenditure assignment""intergovernmental relation"等为关键词,检索并筛选出近 400 篇高度相关的优质文献。这些文献主要分布在《中国社会科学》《经济研究》《管理世界》《经济学(季刊)》《财政研究》《税务研究》《财经研究》《财贸经济》、*American Economic Review*、*Journal of Political Economy*、*Journal of Public Economics*、*Review of Economic Studies*、*Quarterly Journal of Economics* 等国内外顶尖期刊。文献内容大致可以归纳为以下四个方面:一是可持续发展视角下的全口径宏观税负,二是财政分权与经济增长,三是财政分权、政府间竞争与政府支出结构,四是中央与地方政府间事权与支出责任划分研究。

2.1 可持续发展视角下的全口径宏观税负

2.1.1 全口径宏观税负的概念界定与测度

(1)全口径宏观税负及其与小、中、大三种口径的关系

一般认为宏观税负是国家税收收入占 GDP 的比重(刘志城,1992;许善达,1999;庞凤喜,2002),但是对于中国而言,不能简单地用税收水平来套用宏观税

负的概念(樊丽明、李文,1998;安体富、岳树民,1999;张旭伟、张旭强,2000)。
刘秋生(1991)认为,宏观税负应分为三种口径,一是预算内收入在国民收入中
的占比,二是预算内、外收入总和在国民收入中的占比,三是预算内、外收入,补
贴、赤字调整后收入在国民收入中的占比。安体富(2002)在此基础上进一步深
化,把宏观税负分为小、中、大三种口径,分别是指税收收入/GDP、预算内收入/
GDP、政府所有收入/GDP,其中政府所有收入是指预算内、外收入,以及没有纳
入预算内、外管理的制度外收入。在三种税负口径中,小口径和中口径宏观税
负易于测度,但低估了我国或政府实际掌握的社会资源价值,导致测得的宏观
税负低于实际水平;大口径宏观税负的核算过程比较复杂,需要统计所有政府
收入,但被认为是最能够全面衡量中国税收负担的一个指标(安体富,2002;高
培勇,2012b;Zhang and Yang,2016)。

此后,学界研究中国宏观税负问题,通常分为大、中、小三种口径,但随着各
种税收之外的财政收入纳入预算后,学界开始关注"全口径宏观税负"。从 2011
年 1 月 1 日起,预算外收入、社会保险费、行政事业收费等收入都被纳入预算管
理,形成了"四本财政预算",即一般公共预算、政府性基金预算、国有资本经营
预算和社会保险基金预算。四本预算的收入总和,扣除重复项后①,即全口径财
政收入,而全口径财政收入在 GDP 中的占比即全口径宏观税负;相应的,四本
预算支出总和,扣除重复项后,即全口径财政支出。需要说明的是,全口径宏观
税负与大口径宏观税负,虽然统计方式不同,但实际意义相同,都是表征政府所
有收入占 GDP 的比重。全口径宏观税负是当前中国财政统计体系下最全面的
税负水平衡量指标,因此要降低宏观税负必须厘清所有政府收入后采用全口径
对宏观税负进行约束,这种统计口径更能体现研究的前瞻性与价值性。综上,
本著作的可持续发展约束宏观税负是指全口径宏观税负(2011 年之前即大口径
宏观税负,下同),且下文提到的宏观税负,若不加口径前缀或特殊说明,即指全
口径宏观税负。

(2)中国的宏观税负水平测度

分税制改革以来,中国宏观税负经历了"魔幻般"的增长,当前税负水平过

---

① 重复项是指一般公共收入和国有资本经营预算收入对社保基金的支持项目,存在重复计算的
现象。

高已成为学界共识(吕冰洋、郭庆旺,2011;蒋琳,2015;杨灿明、詹新宇,2016)。《中国财政发展报告 2009》指出,中国 2007—2009 年宏观税负水平分别为 31.5%、30.9% 和 32.2%。高培勇(2012b)指出,根据全口径政府收入,中国 2011 年的宏观税负水平已高达 35.96%。吴俊培、张帆(2015)计算了 2008—2013 年的宏观税负水平,分别为 28%、30.59%、34.29%、34.4%、35.64% 和 38.56%。Zhang and Yang(2016)测度了中国 1994—2015 年三种口径的宏观税负,结果显示,从 2008 年开始,大口径宏观税负一直高于 35%。根据《中国财政年鉴》的统计数据测算[①],中国 2013—2017 年的全口径宏观税负在[37.52%,39.20%][②]区间内波动。当前中国的宏观税负,不仅高于绝大部分发展中国家,甚至超过了一些发达国家(吕冰洋、禹奎,2009;刘迎秋,2012;张斌,2014;高培勇,2015),已经成为制约国家可持续发展的关键因素(董根泰,2014;Zhang and Yang,2016;Zhang and Shi,2018)。

2.1.2 宏观税负与经济增长的理论框架与实证检验

宏观税负问题与政府、企业、居民个人息息相关,并在促进社会和谐,实现社会可持续发展方面起到重要的调节作用(国家发改委经济研究所课题组,2014)。因此,宏观税负合理与否,对经济增长、国家可持续发展的影响研究也越来越受到各界的重视。

(1)最优税收与经济增长

金戈(2013)系统地梳理了最优税收与经济增长理论研究的综述。他指出,已有研究大致可以分为三条主线:一是公共支出外生视角下的最优线性税收研究,二是公共支出内生视角下的最优线性税收研究,三是动态最优化视角下的最优非线性税收研究。本著作将在金戈(2013)的基础上,做出进一步的总结和文献更新。

第一条主线以 Chamley(1986)为核心,研究公共支出外生视角下的最优线性税收。Chamley(1986)认为政府若能以非扭曲性税收筹资,如总额税,则最终结果是最优的,这时最优资本税率始终为 0。Judd(1985)也发现,即使经济没有

---

① 全口径宏观税负=(四本预算收入总和—重复项)/GDP。
② 数据来源:作者根据历年《中国财政年鉴》测算所得。

收敛于稳态,长期最优资本税率也应等于 0。虽然 Chamley(1986)构建了最优线性税收的基本理论框架,但仍然存在许多缺陷,因此,Lucas(1990)、Zhu(1992)、Aiyagari(1995)分别基于此纳入了人力资本、随机技术冲击和不完全市场,而 Correia(1996)构建了基于开放经济的模型,使该模型得到了不断的完善。

第二条主线以 Barro(1990)为代表,研究公共支出内生视角下的最优线性税收。Barro(1990)的研究显示,若政府征收总额税,则分散市场均衡时可实现最优配置结果,只要政府设置最优生产性公共支出的规模等于其产出弹性;同时,若只有收入税,则最优税率也即产出弹性。Taimi(2008)、Jin(2012)等做出了一系列修正和完善,引入了最优公共支出结构和公共服务拥挤性问题。国内许多学者基于 Barro 模型探讨中国最优税负与经济增长问题,如马拴友(2001),安体富、孙玉栋(2006),严成樑、龚六堂(2012),贺俊、王戴伟(2018)。金戈(2010)在 Chamley 模型中,纳入 Barro(1990)提出的内生公共财政支出的基本特征,研究了经济增长视角下的最优税收与公共支出结构问题。

第三条主线以 Golosov et al.(2003)为核心,研究动态最优化视角下的最优非线性税收。前两条主线的研究都假定政府只能征收线性税收,而现实中政府往往采用具有累进或累退性的非线性税收,这使得税收理论的研究工作陷入瓶颈。Werning(2002)和 Golosov et al.(2003)将"莫里斯方法"引入了动态经济模型,开创了动态最优非线性税收理论,得出了非线性税收的动态最优解。基于 Golosov 等人的模型,Kocherlakota(2005)引入了完全信息假设下的总量冲击,考察了最优的劳动税和资本税,但劳动所得税是非线性的,资本税仍是线性的。而 Albanesi and Sleet(2006)则探讨了最优非线性资本税的性质。Farhi and Werning(2007;2010)将上述有限生命假设的模型扩展到了迭代模型,讨论了最优代际税收问题。

(2)宏观税负与经济增长的关系

根据研究结论的差异,宏观税负与经济增长的理论研究可以分为三类。第一类认为宏观税负与经济增长呈负相关关系。例如,Rebelo(1991)构建了一个两部门的内生增长模型,发现所得税率越高,越不利于经济增长;Pecorino(1993)也基于内生增长理论框架,研究所得税的经济增长效应,发现所得税的净效应是降低经济长期增长率。第二类认为宏观税负与经济增长的关系很微弱或不明确。例如,Lucas(1990)利用内生增长模型估算了资本所得税对经济增长的影响效应,研究发现资本所得税和扭曲性税收对经济增长的影响很小;Anton and Joseph(2009)指出税率与税负对投资的影响并不显著,进而不会对经济增长产生较大影响。第三类认为宏观税负与经济增长呈倒"U"形关系。如拉弗曲线所阐释的税收思想:当税负低于最优值时,提高税收和财政收入,提高公共产品供给,有利于经济增长;但当税负高于最优值时,增加税收不仅降低了政府财政收入,而且抑制了企业投资的积极性,从而对经济发展产生负效应。

从实证研究来看,大多数文献支持宏观税负与经济增长呈倒"U"形关系。Scully(1991)利用跨国面板数据研究税收和经济增长的关系问题,发现税负率为19%时,经济增速达到最大;当税率达到45%,经济出现停滞;超过45%,经济将会出现负增长。Peden(1991)利用财政支出代替宏观税负,分析美国的税收与经济增长问题,发现财政支出在GDP中的占比低于17%时,有利于经济增长;反之,则不利于经济增长。Scully(1995)也研究了美国的宏观税负与经济增长的关系问题,结果显示:当宏观税负高于23%时,将抑制经济增长。Jaimovich et al.(2012)的实证研究显示,当宏观税负较低时,宏观税负对经济增长的影响不明显;当宏观税负高于某个阈值时,将大幅降低经济增长率。罗捍东、丁丹(2015)基于Barro的内生增长理论框架,研究中国的宏观税负与经济增长问题,发现两者之间呈倒"U"形关系的结论。李俊霖(2007)、郭玉清等(2007)在Ramsey模型中纳入内生的财政支出,发现当宏观税负高于20%时,提高税负将降低经济增长率。另外,也有学者使用其他方法进行分析,如黄景国(1995)构建了一个二次曲线方程,李永刚(2010)参考Niskanen(1971)的模型,他们都得出宏观税负与经济增长之间具有倒"U"形关系的结论。

部分文献认为宏观税负与经济增长呈负相关关系。Koester and Komendi(1989)采用跨国面板数据,研究税收对经济增长的影响,发现提高税负和边际税率都将降低经济增长率。Karras(1999)实证研究了OECD(经济合作与发展组织)国家的税负与经济增长问题,结果显示提高宏观税负将降低人均实际GDP。Padovano and Galli(2001)发现宏观税负对经济增长具有显著的抑制作用;之后,他们又开展了进一步的研究,得出了同样的结论,并且在控制政策变量后,负相关作用增强(Padovano and Galli,2002)。马拴友(2001)的实证结果显示,税收增加越多,GDP降低越多。马拴友、于红霞(2003),岳树民、安体富(2003),李永友(2004),李晓芳(2006)也得出了提高宏观税负阻碍经济增长的实证结果。姚林香、汪柱旺(2016)分别研究了小、中、大口径宏观税负的经济增长影响效应,发现三种口径的宏观税负对经济增长都有抑制作用,尤其是大口径宏观税负。

个别学者的实证结果显示,宏观税负对经济增长影响比较微弱或不明显。Easterly et al.(1993a)在跨国数据研究中发现宏观税负对经济增长的影响较为微弱,且实证结果并不稳健。Mendoza et al.(1997)研究了美国的税率与经济增长,结果显示税率变动10%仅仅导致产出的增长率改动0.2%,这意味着降低宏观税负的经济增长效应十分微弱。赵志耘、杨朝峰(2010)利用中国1994—2007年的数据进行实证分析,发现经济增长受到宏观税负的冲击后,呈现出微弱的正向的反应,但其需要适当的滞后期才能显现,说明宏观税负对经济增长的影响比较微弱。

(3)最优宏观税负和宏观税负合理区间的测度

根据以上文献梳理可知,学界普遍接受宏观税负与经济增长之间呈倒"U"形关系的理论观点,并开展了许多宏观税负最优值或合理区间的测度工作。Scully(1991)的测度结果显示,当宏观税负为19.3%时,经济增长将实现最大化;之后,他又测度了有利于新西兰经济可持续增长的税负最优值(19.7%),并假设存在±0.2的误差,这意味着合理的税负区间为15.8%~23.6%(Scully,1996);他也估算了美国的最优税负为23.5%(Scully,2003)。Karras(1996)采用政府支出在GDP中的占比表征宏观税负,测度了118个国家的税负最优规模,得出这些国家的最优税负约为23%。

已有文献中也不乏中国最优宏观税负的测度研究。马拴友(2001)以Barro模型为基础进行改进,得出有助于投资和经济增长的最优宏观税负约为20%。辛波、司千字(2005)在马拴友(2001)的模型中,引入价格指数和时间影响效应,测出最优宏观税负约为15%。李俊霖(2007)、郭玉清(2007)在Ramsey模型中将财政支出内生化,求得经济增长最大化视角下的宏观税负约为20%。刘凤良等(2009)利用ARDL框架,得出中国宏观税负的最优值为16.47%。李永刚(2010)借鉴Niskanen(1997)的方法,通过国际比较分析,得出经济增长实现最大化的宏观税负约为23%。罗捷东、丁丹(2015)利用索洛残差法和永续盘存法,得出中国宏观税负的最优值约为23.4%。

此外,还有中国宏观税负合理区间的测度。逄锦聚、孙飞(2000)的研究结果显示,从长期发展来看,中国宏观税负的合理区间应在18%～24%。刘普照(2003)在马拴友(2001)的基础上做出改进,重新测度经济增长最大化条件下的宏观税负,结果显示为19.55%～21.08%。安体富、孙玉栋(2006)也参考马拴友(2001)的工作,更新数据后,测得中国宏观税负的合理区间为15%～22%。Zhang and Li(2015)通过三缺口模型分析得到宏观税负为15%～22%有利于中国经济的可持续增长。李斯斯(2017)和贾梦婷(2017)利用Zhang and Li(2015)的方法测得我国宏观税负的合理区间为22.48%～33.30%。从以上研究结果来看,中国当前的宏观税负已经大幅超过其合理区间。

2.1.3 可持续发展约束宏观税负的研究

可持续发展约束宏观税负是指,框定宏观税负合理的上下界限,当宏观税负处于该区间内时有利于经济增长和转型升级[①],进而有助于实现可持续发展(李斯斯,2017;Zhang and Shi,2018)。章和杰(2014)提出利用"三缺口模型"(three gap model,指财政、外汇与储蓄缺口)作为研究框架,测度可持续发展视角下的宏观税负合理区间。他的研究表明,当模型中的财政收入、外汇盈余和私人储蓄之间的关系保持在一个合理水平,国民经济才会处于内外均衡状态,宏观税负才能处于合理区间,经济才能保持可持续发展。李斯斯(2017)和贾梦婷(2017)根据上述模型,测得在可持续发展视角下,中国的宏观税负合理区间为[22.48%,33.30%),利用VAR模型实证检验了上述区间的合理性,并指出下限(即22.48%)对经济增长和转型升级的促进作用要优于上限。章和杰等(2018)基于宏观税负的合理区间(李斯斯,2017;贾梦婷,2017),以中国较发达的省、自治区、直辖市为研究对象,提出了降低宏观税负的优化方案。但遗憾的是,后续研究并没有从财政支出事权层面讨论如何降低宏观税负,即没有考虑到划清政府与市场的边界,厘清央、地间的事权与支出责任划分,降低全口径财政支出,进而降低宏观税负。事实上,如前所述,央、地间税权分配已经逐渐趋于规范化,而事权与支出责任划分才是央、地两级财政体系的积弊所在。

---

① 转型升级是一个涉及全方位、多领域的概念,可从"转型"和"升级"两个角度对转型升级的概念做出界定:"转型"(宏观层面)可归纳为,在资源配置由政府主导转变为由市场主导的背景下,由原先落后的、掠夺式的、粗放型的外扩发展模式平稳地过渡到现代化的、可持续的、集约型的内涵发展模式;"升级"(微观层面)可归纳为,在加大创新投入的基础上,企业向"微笑曲线"两端延伸或向价值链高端攀升。

2.2　财政分权与经济增长

2.2.1　经济增长视角下财政分权理论的发展历程

第一章绪论中为突出研究重点,笼统地介绍了财政分权理论,本小节将从经济增长视角进一步梳理财政分权理论的发展历史。传统财政分权理论的发展大致可分成三条主线:一是以 Tiebout(1956)、Musgrave(1959)、Oates(1972)等为代表的第一代财政分权理论;二是以 Weingast(1995)、Qian and Roland(1996;1998)等为代表的第二代财政分权理论;三是以 Barro(1990)、Jin and Zou(2005)、张晏(2005)等为代表基于内生增长理论的财政分权研究。以下将依次从这三条主线分别阐述和总结财政分权理论的发展脉络。

第一代财政分权理论的主要观点包括以下几种。Tiebout(1956)在其模型中,假设居民具有完全信息,了解所有社区的财政收入和支出结构及其差异,可迁往最符合自身偏好的社区,且不存在迁移成本。在居民"用脚投票"的机制下,他们选择那些提供最适合自己偏好的公共产品的社区,最终的结果是居民福利最优化(Oates,1999),而城市管理者根据居民的偏好,提供公共服务,实现地区规模最优。那么财政分权最重要的意义在于,能够促进地方政府间竞争,如政府对于生产要素、资本、劳动力等的竞争(Oates,1972)。这种竞争激励了地方政府为市场和经济因素发展去维持良好的环境,进而推动地区经济增长。Musgrave(1959)进一步指出,财政分权应从效率的角度充分考虑中央和地方政府的职能划分,且政府财政收入与其职能所对应的支出相匹配时,分权才能改善公共福利,若不匹配则会产生地方政府行为扭曲等问题(Musgrave,1993)。地方政府行为扭曲主要表现在财政支出结构扭曲,产生"逐底竞争"(race to bottom)效应。Oates(1972)认为,地方政府为了吸引更多投资,保持较低的税率,只能减少提供公共产品,尤其是减少那些没有直接经济回报的公共产品。Zodrow and Mieszkowski(1986)的模型验证了这种说法。Keen and Marchand(1997)指出,地方政府间的竞争会导致财政支出扭曲,使得地方政府更愿意投资基础设施(铁路、公路、机场),而不愿意提供缺乏经济效益的公共产品(图书馆、社会保障类)。Cumberland(1981)认为,地区间为吸引商业投资而展开竞争,将会降低环境水平。"逐底竞争"也出现在了美国的福利和社会保障体系(Rom et al.,1998)。第一代分权理论较好地解释了财政分权、公共产品供给和经济增长之间的逻辑关系,但无法解释政府规模膨胀、地方市场割裂、地区间发展不平衡等政府行为异化导致的问题,其关键原因是假设政府是仁慈的,认为政府天然地追求居民福利最大化,忽略了政府作为"理性经济人"的财政激励。

第二代财政分权理论的主要观点包括以下几种。考虑到第一代财政分权理论的政府行为假设缺陷,更多学者开始关注政府的财政激励问题(Weingast,2009)。如Niskanen(1971)提出政府追求预算收入最大化的假设;Brennan and Buchanan(1977;1978;1980)更是假设政府是一个垄断私人组织,将政府比作剥削人民、谋求最大财政收入的"利维坦";Edwards and Keen(1996)则认为地方政府既追求财政收入,也会为了政治晋升考虑居民的福利,是从更广的视角讨论地方政府的财政激励因素。而后,学界开始关注地方政府的行为及其财政激励因素,并逐步形成了第二代财政分权理论(Oates,2005)。第二代财政分权理论同样认为财政分权有助于提高资源配置效率(Weingast,1995;Qian and Weingast,1996;Qian and Roland,1996;1998),但其与第一代的主要区别有两点,一是强调地方政府的财政激励,二是开始关注财政分权对经济增长的影响机理,尤其是发展中国家的经济增长问题。如,Qian and Xu(1993)、Qian and Roland(1998)、Jin et al.(2005)认为,中国的财政分权提高了地方政府的财政激励,极大地调动了地方的积极性,促使地方政府为增加税收不断推进市场和私人企业的发展,进而推动了中国经济的高速增长。此外,在地方政府财政激励的视角下,财政分权理论较好地解释了地方保护主义(Yang and Zhou,1999;Young,2000)、地区间发展不平衡(Li and Zhou,2005)和政府规模膨胀(Stein,2000;Rodden,2003)等问题。

以Barro(1990)模型为基础的财政分权理论研究的主要观点如下。Barro(1990)在增长理论框架中将政府支出内生化,研究税收、政府支出与经济增长的关系。邹恒甫等学者(Davoodi and Zou,1998;Xie et al.,1999;Jin and Zou,2005)在Barro模型的基础上,纳入不同级别的政府,将公共支出分为中央、州(省)和地方公共支出,探讨了财政分权与经济增长的关系,以及经济实现平衡增长下的财政支出分权最优水平。Gong and Zou(2002;2011)在此基础上引入动态经济学,纳入收入税、政府支出和转移支出,讨论各级政府税收、支出动态最优化的问题。张晏(2005)在他们研究成果的基础上,引入不完全人口流动和内生的劳动供给,分析各级政府的最优决策,这意味着在 Barro 模型框架下可以求出财政支出分权的最优水平。之后他们进一步探讨了中国财政分权产生的支出结构扭曲、地区间差异扩大等问题(张晏、龚六堂,2005;傅勇、张晏,2007;王永钦等,2007;傅勇,2010)。

2.2.2　财政分权理论的新发展与现实困境——部分财政分权

学界对于传统财政分权理论的研究,主要讨论要不要分权的问题,或者探讨分权的利与弊,间接佐证分权的必要性,且普遍认为分权有利于经济增长,而新兴的财政分权理论则主要讨论完全分权还是部分分权的问题(Joanis,2014;Bellofatto and Besfamille,2018)。部分财政分权(partial fiscal decentralization)的概念最先由 Seabright(1996)提出,用于研究中间层政府的公共产品供给问题。之后,Brueckner(2009)将部分财政分权定义为财政支出事权向地方政府倾斜,但地方政府的财政收入依赖于中央政府的财政转移支付,这意味着仅在公共支出侧分权。Hatfield and Padró-i-Miquel(2012)将部分财政分权定义为部分公共产品由地方政府提供,且地方政府自行为之筹资,中央政府承担其余的公共产品。学界主要探讨的部分财政分权是指 Brueckner(2009)所提出的,即事权或支出责任下放给地方政府,而财权集中在中央政府,地方政府的财源依赖于中央的转移支付或税收补助,这也是许多发展中国家普遍存在的财政分权困局。

Joanis(2014)针对发展中国家财政分权过程中事权划分不清、政府职能重叠的问题,拓展了 Besley and Coate(2003;2007)的政治代理模型,构建了一个两级政府的理论框架,研究信息不完全条件下的部分财政分权问题。研究结果显示,只有在上下级政府职能和财政支出具有互补性的情况下,部分财政分权才是最优的。这意味着如果上下级政府事权划分混乱不清,将导致效率低下。Bellofatto and Besfamille(2018)构建了部分和完全财政分权的两种经济体,假设在部分分权的机制下,地方政府没有税权,中央政府提供财政托底,中央财政收入来自全国统一的资本税;在完全分权的机制下,地方政府可以在辖区内自主征税。他们的结果显示,两种情况都是低效率的,前者由于财政软约束,容易产生公共产品供给过剩的现象;后者由于存在激烈的地方政府间税收竞争,导致政府募集资金的边际成本增加,进而产生公共产品供给不足的现象。但相比之下,前者产生的扭曲大于后者。他们指出,在政府行政管理能力和财政能力足够高的情况下,可以不采用完全财政分权;在政府行政管理能力和财政能力不足的情况下,完全财政分权更有优势。

在实证研究方面,越来越多的学者将政府间财政支出事权分配作为一个重要的因素,用来解释为什么部分发展中国家的财政分权改革没有出现理想的政策效应。如,Baiocchi(2006)认为大量财政支出责任重叠是阻碍巴西财政分权改革成功的重要原因,也是使得地方政府腐败、被少数精英阶层掌控的潜在因素。Inchauste(2009)研究了玻利维亚财政分权改革,结果显示,中央、区域和地方政府间的财政支出责任划分混乱,而这也是财政分权没有使贫困城市或贫困人口的状况得到明显改善的原因。他指出,玻利维亚的教育和卫生事业由地方政府负责,但中央政府继续支付教育和卫生部门雇员的工资和薪金,导致教育和卫生部门管理效率低下。相似的情况也出现在东欧的转轨制国家中,Jakubowski and Topinska(2009)指出,波兰基础教育问题产生的关键原因是教育事权集中在中央政府,尤其是教师的工资和聘任都由中央政府掌控。Azfar et al.(2006)指出,政府间事权重叠、支出范围界定不明确是乌干达财政分权中的重要问题。乌干达中央政府向地方政府新授权财政支出责任,但转移支付体系和财政补贴政策非常呆板、僵化,严重地打击了地方政府的积极性(Brisio and Ahmad,2009)。

综上,研究部分财政分权问题是由发展中国家普遍存在的财政分权现实困境所决定的。当前,大部分发展中国家的财政分权发展时间较短,分权体系不完善,普遍存在财权集中,事权下放,政府间职能重叠交叉,财政转移支付体系呆板僵硬等问题,造成了严重的财政纵向失衡,进而使得财政分权的实践无法达到理论应有的政策效应。事实上,中国也存在部分财政分权困境,中央和地方政府间事权划分不明确、事权与支出责任不相适、转移支付体系不完善都是制约财政分权效率的重要因素。因此,从部分财政分权视角出发,解决中国的财政问题,十分具有前瞻性和价值性。

2.2.3　财政分权与经济增长的实证研究

(1)财政分权的测度指标与中国实践

要实证检验财政分权与经济增长的关系,前提是构建财政分权的测度指标。当前衡量财政分权的方法大致可分为三种:一是用地方财政收入占国家年度财政收入的比重衡量财政分权,财政收入可以是预算内、预算外或者是预算内外的总和,也包括人均后的指标。二是用地方财政支出占国家年度财政支出的比重衡量财政分权,财政支出可以是预算内、预算外或者是预算内外的总和,也包括人均后的指标(Zhang and Zou,1998;张晏、龚六堂,2005;吴木銮、林谧,2010;王文剑,2010;孙群力,2010)。三是省级以下各级地方政府收入和支出占全省财政收支的比重(李明等,2011;吴木銮、王闻,2011)。从中国财政分权的测度研究来看,大部分结果显示中国财政分权程度过高,反而降低了公共产品的供应效率(王绍光,1997;姚洋、杨雷,2003;赵志耘、郭庆旺,2005)。段龙龙(2017)通过建立不同指标对中国不同区域进行了研究,并估算了各区域的最优分权指数,研究结果显示,中国各省份的财政分权程度依东、中、西呈现出阶梯状分布,东部省份财政分权程度最高,且已经超过了最优水平,西部省份最低。

(2)财政分权与经济增长的关系

自从 Tiebout 开创财政分权理论以来,财政分权与经济增长的讨论逐渐成为财政学界关注的焦点。国内外诸多学者对此进行了大量的实证研究,但实证结果却是有争议的。本著作借鉴和修改了谢贞发、张玮(2015)的方法,在"中国知网"平台中,以"财政分权""经济增长"为关键词检索文献标题,收集了发表在 CSSCI 索引刊物上的 60 篇文章;在 Sciencedirect 数据库,以"fiscal decentralization""economic growth"为关键词检索文献标题,收集了发表在 SSCI 索引刊物上的 21 篇文章;接着剔除理论研究、文献综述、评论类的文献,以及主题和侧重点不符合要求的文献;最后,筛选出 46 篇关于财政分权与经济增长实证研究的高质量文献,依实证结果和研究对象进行分类整理,如表 2-1 所示。

表 2-1 财政分权与经济增长实证研究结果分类

分类	中国/篇	其他国家/篇	多国情形/篇
结果为正向效应的文献数量	（30）	（5）	（6）
结果为负向效应的文献数量	（3）	（1）	（1）

注：作者整理。

表 2-1 的结果显示，在研究对象的选取上，大部分文献选择了中国作为研究对象，其中研究中国财政分权与经济增长的文献有 33 篇，研究美国、越南、日本等国家的有 6 篇，利用跨国数据（OECD 国家、LDC 国家、发展中国家等）进行实证研究的有 8 篇。中国案例受到学界的广泛关注，是因为自分税制改革以来，经济增速举世瞩目，而财政分权被认为是经济增长的重要动力源泉（Jin et al.，2005）。

从表 2-1 的数据来看，绝大部分研究支持财政分权有利于经济增长的理论命题。针对中国的实证研究中，有 30 篇文献[①]指出财政分权提高了中国的经济增速；其中，3 篇文献认为财政分权不利于中国的经济增长，分别是 Zhang and Zou(1998)，殷德生（2004），李文星等（2009）。Zhang and Zou(1998)得出了财政分权与经济增长呈负相关关系的结论，他们认为中央政府的基础设施建设投资减少，而基础设施建设对经济增长具有正面影响。之后，他们进一步指出，中国中央政府掌握了重要的全国性基础设施建设权，如全国性的铁路、高速公路、机场、能源、通信等，而这些基础设施对于经济增长有重大影响（Zhang and Zou,1998）。相似的，李文星等（2009）也指出，在分税制改革之前，财政分权促进了经济增长，他们认为当时的中国正处于转型期，制度改革一直在摸索和改进之中，财政制度也缺乏规范性，因此，财政分权的经济负面效应更加突出。而殷德生（2004）研究了分税制改革后的情形，发现财政分权既未能有效地推动经济增长，又加剧了地区间的发展失衡。殷德生（2004）与 Zhang and Zou(1998)、

---

① 30 篇文献分别是 Lin and Liu(2000)，Jin et al.(2001)，Jin and Zou(2005)，Chen(2006)，Ma and Gao(2017)，林毅夫、刘志强（2000），沈坤荣、付文林（2005），周业安、章泉（2008a）、周业安、章泉（2008b）、王德祥、李建军（2008），肖文、周明海（2008），骆永民（2008），李涛、周业安（2008），黄肖广、李睿鑫（2009），李一花、骆永民（2009），李国璋、刘津汝（2010），饶晓辉（2010），高伟华（2011），黄斌（2012），周东明（2012），王宏（2012），侯石安、靳友雯（2013），林勇、卓玛草（2013），张曙霄、戴永安（2012），贺俊、吴照（2013），徐绿敏、梅建明（2015），谢波、项城（2016），林春（2017），林春、孙英杰（2017），孙勇（2017）。

李文星等(2009)不同的是,他采用的是财政收入分权指标,后者所用的是财政支出分权指标。综上所述,中国在经济转轨的初期,各项制度改革处于摸索和试错阶段,因此短期内的财政分权对经济增长具有负向效应;而长期来看,随着改革的深化和制度体系的完善,财政分权的经济正向效应逐渐显现。同时,在分税制改革初期,税权上收,事权下放,地方财政捉襟见肘,地方政府难以提供高质量的公共基础设施,制约了地区经济增长;在1998年《土地管理法》修订后,地方政府获得了土地一级市场的垄断权,相当于获得了中央授予的土地收益财权,可以通过土地财政等方式筹集财源,有能力大量投资城市基础设施,进而促进经济增长(郑思齐等,2014)。这一结果,也较好地印证了部分财政分权的理论命题及其在诸多发展中国家的研究。

在针对其他国家和跨国数据的实证研究中,有11篇文献[①]得出了财政分权促进经济增长的结论;有2篇文献显示具有负向影响,分别是 Davoodi and Zou(1998)、Xie et al.(1999)。其中,Davoodi and Zou(1998)对46个国家1970—1989年数据进行检验,发现对于发展中国家而言,财政分权对经济增长存在负向影响;而 Xie et al.(1999)针对美国的实证结果并不稳健。如上所述,这一时期发展中国家普遍处于财政分权的摸索阶段,财政体制不完善、行政管理水平低下,这是财政分权阻碍经济增长的重要原因。

2.3 财政分权、政府间竞争与政府支出结构

2.3.1 财政分权体制下的要素流动与政府间竞争

政府间竞争是指政府通过财政收入或支出政策,使可流动的要素流入或流出辖区,如资本、劳动力(economy agent)等,这种竞争可能发生在横向政府间,也可能发生在上下级政府间(Tiebout,1956;Oates 1972;Qian and Xu,1993;张

[①]　11篇文献分别是 Woller and Phillips(1998)、Akai and Sakata(2002)、Akai et al.(2007)、Ulrich(2010)、Nguyen and Anwar(2011)、Kappeler et al.(2013)、Sacchi and Salotti(2014)、Gadenne and Singhal(2014)、Morgan and Trinh(2016)、Umaima and Eatzaz(2018)、李淑霞、苗翡(2007)。

晏,2005)。一般而言,政府通过调节税收竞争流动要素被称为税收竞争,通过财政支出政策或公共产品供给竞争被称为支出竞争。从理论研究来看,政府间竞争与要素流动基本可以分为两条主线,分别是政府间竞争与资本流动、劳动力流动的关系。

(1)政府间竞争与资本流动。Wildasin(1989)认为资本完全流动时会激励地方政府降低资本税,地方税收减少会进一步导致公共产品供给减少。这需要中央政府或上一级政府通过财政补贴或转移支付的形式弥补税收的减少量,使地方公共产品供给量不变。Wilson(1991)同时考虑了资本完全流动时的资本税和劳动税,他通过效用差、人口规模差之间的关系,讨论区域规模对政府间税收竞争的影响,发现区域规模或国家规模是影响税收竞争的重要因素。Bucovetsky(1991)研究了不对称的政府间税收竞争,结果显示不同地区、不同人口规模的区域的税收竞争同样会减少公共产品供给。他们的研究显示,政府通过调节税收竞争资本要素,会导致公共产品供给不足,出现所谓的“逐底竞争”效应(Oates,1972)。Zodrow and Mieszkowski(1986)的模型也验证了这种说法。但Lee(1997)给出了不同的结论,他在一个两期模型中纳入不完全流动资本,支出资本流动成本较大可能导致公共产品供给过剩。Oates and Schwab(1988)则同时考虑了政府间的税收和公共产品竞争,结果显示代理人倾向于选择更好的环境质量,这意味着政府间竞争并非一定造成效率损失。Cai and Treisman(2005)认为完全流动的资本是一种强有力的约束,使得地方政府提供更好的商业环境,减少浪费和腐败。他们进一步指出政府间竞争会对不同要素禀赋的地区产生不同的影响,若一个地区自然资源、人力资本和基础设施具有优势,该地区会通过激烈的竞争从那些要素禀赋较差的地区汲取流动资金。也有学者认为地区间竞争会通过“资本外逃”来“惩罚”地方政府的浪费或腐败行为(Qian and Roland,1998),且政府间竞争有利于增加基础设施供给进而促进经济增长(Stiglitz,2000)。

(2)政府间竞争与劳动力流动。Hoyt(1993)在Wildasin(1989)的基础上引入劳动力的流动性,研究政府间的不完全竞争,同时考虑了土地价值和房地产因素,结果显示政府公共服务供给与房地产市场的价格弹性有关。Wildasin(1991)进一步引入内生的劳动工资率,构建共同劳动市场的概念,进而详尽地讨论了劳动力和人口流动时的政府财政决策。此外,还有学者讨论了人口流动时的搭便车问题,或者是考虑人口迁移的心理情结,如 Bucovetsky(1995);还有学者分析了政府通过债务融资弥补税收竞争后的公共产品供应问题,结果显示地方公共产品仍供给不足(Schultz and Tomas,2001)。

(3)财政分权、要素流动和政府间竞争的实证研究。Gyourko and Tracy (1986)、Treyz et al.(1993)针对美国地方政府间竞争的研究指出,州政府或地方政府之间为竞争流动要素存在税收竞争行为。Qian and Xu(1993),Qian and Weingast(1996)认为在中国的财政分权体制下,地方政府具有财政收入最大化的激励,通过税收和支出竞争营造更好的商业环境,吸引更多资本和企业流入辖区。钟晓敏(2004)指出随着中国财政分权程度的提高,地方政府横向竞争可能出现财政税收竞争和支出竞争共存的现象,并且财政支出竞争效应将更为明显。相似的,李勇刚、李祥(2012)认为地方政府通过增加公共服务和公共产品的数量和质量,吸引更多的劳动力、资本要素流入辖区内,将进一步强化地方政府间的财政支出竞争。

2.3.2 政府间竞争与财政支出结构之生产性和非生产性支出

Barro(1990)在内生增长框架中引入公共支出,并将公共支出分为两部分,一是可直接用于提高产出水平的支出,如基建支出等;二是不能直接用于生产但有助于提高居民效用的非生产性支出,如图书馆运营支出。Devarajan et al. (1996)参考 Barro 的工作,直接把这两类支出定义为生产性支出和非生产性支出,讨论财政支出结构与经济增长的关系。之后,Keen and Marchand(1997)将政府支出分为生产性和福利性支出,并将这两类支出纳入财政分权的框架中,研究结果显示财政分权下的政府间竞争导致财政支出结构扭曲,政府在提高居民效用方面的福利性支出减少,而有利于经济增长的生产性支出增加。Oates and Schwab(1988)、Revesz(2001)认为财政分权引发政府间竞争,使得地方政府间竞相降低税率以及环境监管方面的支出。之后,越来越多的学者开始关注政府间竞争与政府支出结构的关系,如 Estache and Sarbajit(1994),Qian and Roland(1998),Zhang and Zou(1998),Persson and Tabellini(2002),张军等 (2007),傅勇、张晏(2007)。

针对财政分权背景下政府间竞争所产生的支出结构扭曲效应,国内外学者展开了大量实证研究,取得了一系列成果。国外方面,Sturm and Triggs

(1996)实证检验了 18 个 OECD 国家财政分权与支出结构的关系,指出财政分权增加了基础设施建设方面的公共支出,如机场、铁路等。Esteller and Solé (2005)的实证结果显示西班牙的财政分权增加了基础设施建设,提高了地区产出水平。Kappeler et al.(2013)研究了 20 个欧洲国家财政支出结构问题,结果表明财政分权会增加地方政府对基础设施建设的投资。Sacchi and Salotti(2014)利用 OECD 国家的跨国面板数据实证检验了税收分权的支出结构扭曲效应,他们指出税收分权与居民福利呈正相关关系,且会降低公共服务的支出,增加生产性公共产品的支出。Kis-Katos and Sjahrir(2017)在印度尼西亚财政分权的研究中发现,财政支出分权改革使得地方政府加大了基础设施建设的投入力度。

在国内方面,Qian and Roland(1998)指出由于激烈的横向竞争,地方政府为增加经济建设性支出而大幅缩减了社会福利、医疗卫生等非生产性支出。Zhang and Chen(2007)研究中国地方政府间竞争、资本流动与支出结构的关系,结果显示各个省份的 FDI(国际直接投资)份额与基础设施建设呈正相关关系,且基于 FDI 的基础设施建设挤出了地方对于公共服务的投资。张军等(2007)较好地解释了中国基础设施建设迅速发展的内在机理,他们指出财政分权导致地方政府更倾向于提供具有经济效益的公共产品,如高速公路、铁路等基建,这使得国家的基础设施水平得到了极大的提高。周黎安(2007;2008)则提出了"晋升锦标赛"机制,认为在以 GDP 为核心的晋升竞争机制下,地方政府通过大规模修建城市基础设施和道路交通设施,迅速提高经济增长速度。除此之外,还有许多文献表明,财政分权背景下的地方政府间竞争,减少了教育(乔宝云等,2005;傅勇,2010;储德银等,2018)、科学技术(傅勇、张晏,2007)、医疗(王永钦等,2007;龚锋、卢洪友,2013;余显财、朱美聪,2015)、社会保障(宋立,2007)、环境治理(黄寿峰,2017)等方面的支出。从上述文献分析可知,财政分权背景下的政府间财政竞争,使得中国财政支出结构扭曲,表现为政府职能在基础设施建设方面越位和在公共服务供给方面缺位并存的现象(范子英、张军,2009)。

2.3.3　政府间竞争与政府规模

Brennan and Buchanan(1977)提出了著名的"利维坦假说",将地方政府比喻为追求财政收入最大化的"利维坦怪兽"。而后,Brennan and Buchanan (1978;1980)指出,财政分权一方面强化地方政府间的税收竞争,促使政府为扩大税基而降低税率,另一方面会提高公众的政治参与度,加强民众对政府的约束,从而遏制地方政府规模扩张,遏制效果主要取决于分权的程度和相互竞争的同质性政府数目;而转移支付制度将扩大地方政府规模。Moesen et al. (2000)检验了财政分权遏制政府规模扩张的命题,但 Oates(1972)的实证结果给出了相反的结论。Oates(1985)在模型中假设地方政府追求辖区内居民效用最大化,以及居民充分了解政府行为,结果发现居民会督促政府提高税收,让政府提供更多适于他们偏好的公共产品,因此财政分权会增大政府规模。Rodden (2003)认为财政分权对政府规模的影响效应视不同情况而定,若地方政府依赖公共池资源,财政分权将扩大政府规模,反之亦然。Rodden(2003)的结论与 Brennan and Buchanan(1980)、Grossman(1989)的研究结果不谋而合,较好地解释了财政分权与政府规模的关系以及存在的争议。

随着财政分权与政府规模研究的不断发展,许多学者将其他影响财政规模的重要因素纳入模型中。如,Stein(2000)的研究结果发现,在财政软约束的情况下,财政分权会增加地方政府的代理人问题,很容易造成代理人的超收超支,进而扩大政府规模。Jin and Zou(2005)指出,如果转移支付成为地方政府提供公共产品的主要资金来源,那么财政分权会使得地方政府形成"吃饭财政",进而扩大政府规模。Stein(2000)和 Jin and Zou(2005)的成果为后期研究中国财政分权与政府规模的问题提供了较好的基础,许多关于中国的实证研究都较好地印证了他们的结论,如姚洋、杨雷(2003),孙琳、潘春阳(2009),袁飞等(2008),范子英、张军(2010)。自周黎安(2007)提出"晋升锦标赛"机制后,王贤彬、徐现祥(2009),王文剑(2010)进一步将以 GDP 为核心的官员晋升考核机制考虑到中国财政分权与政府规模的研究中,他们的结论显示,在官员晋升压力作用下,地方政府将更加偏向于采用财政支出竞争方式,而导致支出规模膨胀的主要原因是基础建设等生产性支出的膨胀。与此同时,许多学者指出,地方政府基础设施建设投入巨大,但税收不足,便通过扩大各类非税收入来获取更多财源,进而也扩大了地方的财政收入规模(王志刚、龚六堂,2009;张宇,2018)。

2.4　中央和地方政府间的事权与支出责任划分研究

2.4.1　政府间事权划分的理论基础和原则

科学合理的政府间事权与支出责任划分,有助于提高资源配置和社会生产的效率。提高效率通常被定义为资源固定条件下的居民福利提升,而福利主要是指人均收入和单位所得公共服务,以及居民对于公平的感知(Musgrave,1959;Oates,1972)。效率提高的原因是,地方政府拥有更多的辖区内的居民信息,更有能力调动辖区内的各项资源,进而提供更加符合本地居民偏好的公共服务和产品,提升居民福利(Peterson,1996)。当公共产品和服务出现外溢效应,使其他社区居民也享受到福利,那么财政分权的效应就被弱化了,但这种外溢并无害处,除非外溢效应涉及整个国家(Bird,1994)。因此,确定各级政府事权及其相应支出,应考虑事权所对应的公共产品或服务的外部性,并使其外部性停留在最小辖区范围内,进而实现财政政策和公共产品供应高效化。在实践中,财政分权是否能够达到理论所能产生的有益效应,取决于政府间事权与支出责任的划分模式。

对于怎样的政府间事权与支出责任划分模式才是科学合理的,虽然不同国家有不同的方案,但可以依据财政分权理论,结合国家实际情况,提炼出划分的重要原则(Musgrave,1993)。Vazquez(1999)提出了两条事权划分的原则:首先是效率原则,即政府应该尽可能地从民众实际需求出发,提出满足民众需求的财政政策;其次是受益范围原则,考虑政府职能和事权的受益范围,稳定性和资源再分配的职能由中央政府负责,如社会福利、保障房、大型公共设施投资、失业补助等,而区域内的公共产品则由地方提供。Guess(2007)提出了三条事权划分原则:第一,中央既要下放财政支出事权,也要配套相应的财力保障;第二,政府间事权划分要贴合辖区内居民需求,减少外溢效应;第三,公共产品和服务要建立国家最低标准,保质保量提供。

针对中国财政分权的实践情况,楼继伟(2013)提出了政府间事权与支出责任划分的三条原则,分别是外部性原则、信息处理的复杂性原则、激励相容原则。楼继伟(2013)提出的划分原则在理论和实践中都得到了广泛的认可,但依然存在其局限性,如刘尚希等(2018)指出这三条原则都只考虑了效率问题,对于公平等因素考虑不足。从财政职能的角度出发,财政制度应该兼顾效率和公平,尤其是在中国地区间、城乡间发展失衡的情况下,公平显得尤为重要(郭庆旺,2017)。因此,构建政府间事权与支出责任划分的原则体系和模式,不能照搬财政分权理论,而是要将财政分权理论与国家实际情况相结合,制定一套适于国家财政体制和发展现状的划分体系和模式。

2.4.2 中央和地方政府间事权与支出责任划分的国际案例

以 Tiebout(1956)的代表文献为开端,财政分权理论发展至今已有 60 余年,经历了蓬勃的发展,且在许多发达国家都得到了较好的实践和检验。但大多数发展中国家这个时候正从战争中挣脱出来,或者从殖民统治中独立出来,国家政权尚未稳定,不具备财政分权的条件。一直到 20 世纪末 21 世纪初,许多发展中国家才陆续开始财政分权改革,如 1994 年中国的分税制改革、玻利维亚的财政分权改革,2008 年缅甸的宪政改革等。发展中国家的财政体制改革普遍晚于发达国家,实践时间较短、经验不足,财政体系存在较多缺陷也不难理解。因此,本著作将国际案例文献分为发达国家和发展中国家案例,分别展开综述,以便更好地归纳两类国家之间的财政分权体系的区别。

(1)发达国家中央和地方政府间事权与支出责任划分的案例研究

Ferrario and Zanardi(2011)研究了意大利医疗事权划分和医疗服务资源再分配导致的地区间发展失衡的问题,他们指出意大利国家医疗服务体系将事权下放到各个地方政府后,中央缺少对地方的统一协调管理,这使得各地区医疗服务供给产生差异,在"用脚投票"的机制下,意大利地区间发展失衡。为此,意大利出台了"支出需求均衡体系"(expenditure needs equalizing system),用于补充这种医疗资源分配的不平衡。这套支出需求均衡体系卓有成效,使得地区间的人均收入差距缩小了约 7%。日本财政分权体系也比较完善,被称为财政分权的典范,甚至被认为是促进日本经济增长的重要原因之一(Bessho,2016)。日本财政体系有以下几个特征:首先,地方政府承担了大部分支出责任,并且在资源再分配中起到重要作用;其次,地方税收系统比较灵活,地方税率与国家规定的税率之间的差异较小;再次,虽然也存在严重的纵向财政失衡,但财政转移支付体系较好地解决了这一问题;最后,地方政府借债体系与地方税收体系、政府间财政转移支付体系形成良好的协调运作机制(Bessho,2016)。Buettner(2010)比较研究了美国和德国的财政分权和纵向财政失衡,德国的政府间财政转移支付有效地缓解了纵向财政失衡,也有助于抵消暂时的或永久性的财政冲击。他的研究显示,美国的政府间转移支付体系比德国要差很多,但美国市级政府的财政收支稳定性要比德国好。原因是,德国的市级政府严重依赖不稳定的商业税,但比土地税收的努力度要低很多,这反映了德国转移支付体系的道德风险效应:德国转移支付体系提供了大量的保障,地方政府就采取不稳定的商业税作为主体税,而不是像美国那样用财产税。

相似的,挪威和匈牙利也存在政府间财政失衡,但他们的财政转移支付体系并没有起到应有的作用。Borge and Rattsø(2010)研究了挪威1880—1990年财政分权结构的变化,结果显示百余年间,挪威财政事权不断下放,地方支出比例不断提高,但呈现出税收向中央集中的趋势,造成了政府间的财政纵向失衡,引发了公共池问题,降低了公共政策和生产的效率;尤其是在二战后,这种效应愈发明显,导致经济增长率和人均收入增长率下降。Goglio(2007)研究了匈牙利1990年颁布地方政府法后的财政分权情况,他指出政府间职能交叉重叠,财政支出划分模糊是财政效率低下的重要原因,且法律制度阻碍了事权与支出责任的划分,导致地方政府的自主权利不够。

(2)发展中国家中央和地方政府间事权与支出责任划分的案例研究

导致发展中国家财政分权改革没有出现理想政策效应的诸多问题中,最重要的是这两个问题:一是政府间财政失衡严重,二是事权与支出责任划分混乱(Faguet,2004,2008;Kim and Arnold,2016)。在巴西、保加利亚、罗马尼亚、越南这四个国家中,事权与支出责任划分混乱的问题较为突出。Baiocchi(2006)的研究指出,巴西政府间存在大量交叉重叠的财政支出责任,这是降低巴西财政分权改革政策效益的重要因素,也是使得地方政府腐败、被少数精英阶层掌控的潜在因素。Guess(2007)研究了巴尔干半岛国家保加利亚和罗马尼亚的财政分权案例后,也得出了类似的结论,认为政府间职能存在错位。Morgan and Trinh(2016)指出,越南自从2002年开展财政分权改革后,地方财政支出急剧增加,同时地方财权和财政转移支付也相应增加,这极大地促进了越南的经济发展,但是各级政府间事权与支出责任划分不清晰、财政体系缺乏透明度等问题降低了财政分权的政策效益。

在蒙古国、印度、阿根廷、墨西哥这四个国家中,政府间财政失衡的问题比较突出。Lkhagvadorj(2010)认为蒙古国财政分权体系主要存在三方面的问题:其一,地方政府缺乏筹集财力的自主权,加之转移支付无法提供稳定财力保障,造成了财政的纵向失衡;其二,政府间事权与支出责任的划分没有遵循财政分权理论提出的公共产品符合地方需求的原则,且事权划分不清、政府职能重叠;其三,财政支出结构扭曲,地方政府对于公共服务性项目投入不足。Sapovadia and Patel(2007)认为印度政府间财政纵向失衡是造成地方债务负担的重要原因。Smith and Revell(2016)比较研究阿根廷和墨西哥的财政分权案例,他们认为这两个国家均未产生应有的政策效应,共同原因是存在严重的政府间纵向财政失衡。阿根廷中央和地方政府间税收分配、事权划分以及转移支付没有任何经济依据,很大程度上取决于省级政府与中央政府的政治博弈,于是中央政府拥有大量财权,地方政府承担大部分事权,造成了巨大的财政纵向失衡;墨西哥的州和市政府在很大程度上依赖政府间转移预算,这是由当地法律制度安排所决定的,这些安排阻碍了地方税收的征收,并造成了巨大的垂直财政失衡。

2.4.3　中央和地方政府间事权与支出责任划分的中国案例

分税制改革并未明确划分中央和地方政府间的事权与支出责任,只做出了原则性的安排,导致当前的划分模式呈现出诸多问题(文政,2008)。其一,事权划分不清、支出责任界定不明,在以 GDP 为核心的晋升机制下,地方政府争抢投资具有经济效益的项目,相互推诿缺乏直接经济效益的项目,导致财政支出结构扭曲,出现基础设施建设蓬勃发展、医疗社保等福利性项目投入不足的现象(张军等,2007;范子英、张军,2009)。其二,各级政府事权交叉重叠,在当前官员任命机制下,下级政府在重叠事权分配的博弈中明显处于劣势地位,不得不接受更多事权(宋立,2007;刘剑文、侯卓,2017)。其三,事权与支出责任不相适,部分划分明确的中央事权由地方列支,加重了地方财政负担,如部队、武警和外国元首访问地方的部分经费(马万里,2013;于树一,2015)。其四,新增事权缺乏规范的协调机制,"属地化"原则进一步加重了地方政府负担(刘尚希等,

2018)。其五,划分过于随意,缺乏法律保障(李奕宏,2014)。这些问题导致地方政府承担了过多的支出责任,使得地方一般公共支出比例从1994年的69.71%增加到2017年的85.30%。事权与支出责任不断下沉,而地方财力无法得到稳定保障,使得地方政府产生巨大财政缺口(文政,2008)。于是,地方政府伸出"攫取之手",从税收之外寻求财源,不断地通过土地财政、"非正常收费"等方式增加收入,最后造成了宏观税负高企、地价房价激增、地方债务膨胀等一系列经济、社会、金融问题(陈抗等,2002;周飞舟,2006;陈志勇、陈莉莉,2011;李俊生等,2014;郑思齐等,2014)。

中央和地方政府间的事权与支出责任划分不清晰,角色错位、越位、缺位等问题相当严重(李俊生等,2014;王浦劬,2016;杨志勇,2016;刘尚希等,2018;党秀云、彭晓祎,2018)。为破解中国财政困局,许多学者针对如何划分央、地间的事权与支出责任,展开了大量研究,并提出了一系列方案和对策。如,文政(2008)从理论上将事权划分为纯中央事权、纯地方事权、混合型事权,着重讨论了中央和地方政府之间关于混合性事权划分的博弈,厘清了央、地间事权划分的模糊地带。李奕宏(2014)依据公共产品性质和通行规则,提出了事权划分方案:体现国家整体利益的公共项目、全国性公共产品和必须在全国范围内统筹安排的事务由中央政府承担;具体实施的社会事务和地方性公共产品由地方政府承担;跨地区或效益溢出特定地区的社会事务、公共工程由中央和地方政府共同承担;稳定经济、调节地区间和居民间收入分配的事务由中央政府负责。刘剑文、侯卓(2017)根据公共产品受益范围或效用溢出的程度将公共产品分为全国性公共产品、准全国性公共产品和区域性公共产品,他们认为全国性公共产品应当由中央政府来提供,以实现全国范围内公共服务均等化和高效率配置;准全国性公共产品具有较大的利益外溢性,需要协调区域之间的利益和分工合作,故而应由中央政府和地方政府共同提供;区域性公共产品由地方政府负责提供,不仅效率更高,而且有利于将成本分摊与收益分享直接挂钩。李俊生等(2014),郭庆旺(2017)则参照楼继伟(2013)提出的事权划分原则构建了央、地间的事权划分方案。刘尚希等(2018)指出楼继伟的划分原则偏重效率,忽略了公平性以及地方政府的债务风险,因此从风险管控的角度提出了政府间的事权划分方案。

为更深入地剖析央、地间事权与支出责任划分的问题,部分学者专门针对某项政府事权展开研究,如文化传媒事务(傅才武、宋文玉,2015),公安警察事务(陆强,2015),科学技术事务(张明喜、朱云欢,2016;聂常虹、冀朝旭,2017;李振国等,2018),环境保护事务(崔晶、孙伟,2014;祁毓等,2017),交通运输事务(于树一、杨远旭,2018),还有教育、社会保障、农林水等事务(李秉中,2014;姜国兵、梁廷君,2015;林治芬、魏雨晨,2015;刘柏惠,2017;郭敏、张伊珺,2017;李振宇、王骏,2017;孙开、王冰,2018)。值得注意的是,中国财政体系中有四本预算,分别是一般公共预算、政府性基金预算、国有资本经营预算和社会保险基金预算。但从已有研究来看,无论研究整体还是某项事权的划分,都还停留在一般公共支出事权的划分上,忽略了其他三本预算所对应的财政支出事权,因此全口径财政支出事权划分仍存在巨大的研究空间。

2.5 简要评述

从上述文献可知,全口径宏观税负是当前中国财政统计体系下能够全面反映国家税负水平的一个指标。同时,随着最优税负理论的发展以及相关实证检验的开展,学界普遍认为宏观税负存在促进经济可持续发展的合理区间,且对于中国宏观税负高于合理区间,制约了经济的可持续发展这一命题已基本达成共识。而中国宏观税负高企的原因在财政分权理论的应用和实践中也逐渐明晰。首先,分税制改革后,税权向中央集中,且随着改革的深化,税权在中央和地方政府之间的分配逐渐明晰,但事权在政府间的划分始终停留在原则制定阶段,缺乏具有可操作性的政策安排,导致事权与支出责任划分混乱。由于事权划分不清,支出责任界定不明,在中国的官员晋升机制和中央财政兜底预期下,地方政府大量投资具有直接经济效益的项目,如基础设施建设,忽视或推诿缺乏直接经济效益的项目,如环境保护、教育、社会保障等。这样的制度体系,不但扭曲了财政支出结构,导致财政政策效率低下,更重要的是造成了地方政府严重的财政超支行为,尤其是基建方面。其次,重叠事权的下放和新增事权的属地化原则进一步加大了地方的财政支出责任。最后,在税权上收和转移支付体系僵化呆板的现实情况下,地方政府伸出"攫取之手",通过土地财政、"非正常收费"等形式保证财源,这才造成了宏观税负的畸高。因此,厘清中央和地方政府间的财政关系,尤其是事权与支出责任的划分,是破解当前宏观税负畸高问题的重要途径。

从文献梳理来看,已有研究的局限主要体现在以下四个方面。其一,已有的可持续发展约束宏观税负文献,将宏观税负合理区间的下界、上界框定在[22.48%,33.3%),并指出下界优于上界,但并没有从财政支出事权层面讨论如何降低宏观税负,即没有考虑到划清政府与市场的边界,厘清央、地间的事权与支出责任划分问题,降低全口径财政支出,进而降低宏观税负。事实上,央、地间税权分配已经逐渐趋于规范化,而事权与支出责任划分才是央、地两级财政体系的积弊所在。其二,财政分权的理论和实证研究更加关注经济增长问题,如财政分权与经济增长的实证研究多如牛毛,事实上中国宏观税负过高抑制了经济的增长和转型升级,不利于国家的可持续发展,因此应该从更加宽阔的视野来研究宏观税负和财政分权问题,比如研究财政分权与可持续发展的关系。其三,中央和地方政府间事权与支出责任划分的研究局限性则更大,一方面仅划分了一般公共预算支出;另一方面没有将全口径财政收支和央、地间事权与支出责任划分纳入统一研究框架,既不能解决宏观税负畸高的问题,也难以量化支出责任的合理范围。其四,事权与支出责任是政府职能的体现,科学合理地划分各领域中央和地方的财政事权与支出责任,是建立现代财政体制的关键,也是推进国家治理能力现代化的必由之路,但已有相关研究仅停留在对现有事权与支出责任的划分,没有考虑政府是否存在职能过多、承担事权过多的现象,是否可以将部分事权交由市场主导。简而言之,事权与支出责任划分的重要前提是,划清政府与市场的边界,界定政府职能范围以及相应的事权与支出责任范围,将部分政府事权让渡给市场,实现政府职能转变。

综上,基于宏观税负、可持续发展、财政分权和政府间事权划分的已有研究及其仍存在的四个方面的局限,本著作将在吸收、借鉴已有成果的基础上,试图从以上四个方面的局限进行突破,以期为划清政府与市场的边界,界定政府职能与事权范围,进而厘清央、地间的事权与支出责任划分问题,切实降低宏观税负,构建中国现代财政制度体系,推进国家治理能力的现代化提供一套系统的理论依据和解决对策。

3

中央和地方政府间事权划分的国际比较

研究央、地间事权与支出责任划分这一重大命题,既要立足于本土实践,也要借鉴国际经验,通过国际比较归纳央、地事权划分的一般性与特殊性,总结不同划分模式的规律性和适用性。然而,央、地间事权划分又是一个非常复杂的问题,不仅在理论上要依据公共产品的外部性和层次性,也受到诸多现实因素的影响,尤其是国家结构形式和经济发展水平,如单一制国家和联邦制国家的政府间权力分配模式差距甚远,再如发达国家政府间的财政体系、行政管理体系相较于发展中国家更加健全。因此区分国家结构和经济发展水平,从不同国家类型的视角比较研究央、地间事权划分是归纳总结国际经验的重要前提。基于以上考虑,本章首先根据国家结构形式和经济发展水平的不同,将研究目标国家分为 4 类,即联邦制发达国家、联邦制发展中国家、单一制发达国家和单一制发展中国家,并从中选取典型案例进行分析;其次,利用 4 类 81 个国家的经验数据,对各类国家的央、地间事权划分模式进行比较分析;最后,在利用不同维度、不同方法进行比较分析的基础上,归纳和总结各类国家之间的共性和特性,提炼出一些重要的经验启示。这既有助于深化对央、地两级财政体制的认知和理解,也可为后文构建中国央、地间事权与支出责任的划分模式提供参考依据。本章结构安排如下:第一和第二节为典型案例,第三节为 4 类 81 个国家的比较分析,第三节为启示与借鉴,第四节是小结。

3.1 联邦制国家央、地间事权划分的案例分析

3.1.1 联邦制发达国家的划分模式——以美国为例

美国是世界上联邦制国家的典型代表,也是财政分权理论实践最成熟、财政分权体系构建最完善的国家之一。它不仅具有联邦制国家的财政分权特性,也与中国存在许多共性。中、美都是世界经济大国,两国 GDP 总量分别位于世界第二和第一,且都拥有十分广袤的领土和非常庞大的人口数量,而经济水平、领土面积和人口规模都是影响财政分权的重要因素。因此,选择美国作为典型案例,既能突显出美国以及联邦制发达国家的特性,加深对联邦制国家财政分权实践的认知,也有助于为中国央、地间事权划分提供更具实际意义的经验启示。

(1)概况介绍

美国的政府层级大致分为三层,即联邦政府、州政府和地方政府。从数量来看,联邦政府处于最高层级,是唯一的中央政府;州政府处于中间层级,共有50个;州以下的地方政府,主要可以分为两类,一类是一般目的政府,包含了3031个郡级政府和35748个次郡级政府(市政府和乡镇政府),另一类是特殊目的政府,包含了38542个特区政府和12754个独立学区政府。① 从各级政府的权力分配来看,首先,联邦政府和州政府作为拥有主权的政治实体,都具有独立的立法权、行政权和司法权,而州以下的地方政府的权力、法律由州法律所决定,其政府职能根据其设立目的的决定;其次,各级政府首脑通过普选产生,直接对选民负责;再次,州政府和地方政府具有较大的财政自主权,独立开展预算编制、财务审计等工作;最后,地方政府根据其设立目的的差异而具有不同的权责,县市类的一般目的政府执行综合职能,如公共安全、医疗、城市建设等,而学区、特区类的特殊目的政府执行特殊职能,仅管理辖区内某一方面的事务,如教育、

---

① 数据来源:"2017 Census of Government" in the U. S. Census Bureau(https://www.census.gov/)。

消防。

(2)各级政府间财政支出划分简况

21世纪以来,美国各级政府财政支出在GDP中比重以及财政支出结构都较为稳定。2002—2007年,全国财政支出在GDP中的比重始终保持在34.3%左右[如图3-1中的(a)图所示]。2007年金融危机爆发后,美国政府为稳定宏观经济形势,投入大量财政资金,财政支出在GDP中的占比从34.24%上升到2009年的41.31%。尤其是联邦政府,其财政支出(不含中央向地方的转移支付)在GDP中的占比从15.81%跃升到20.62%,在总支出中的占比从46.18%上升到48.92%,而州政府和地方政府支出在总财政支出中的占比小幅下降[如图3-1中的(b)图所示]。这意味着,联邦政府在挽救金融危机和稳定全国宏观经济中起到了较大的作用。2009年后,财政支出在GDP中比重逐渐回落,下降至2018年的34.84%。值得注意的是,2002年以来,美国财政支出结构始终保持十分稳定的状态,中央、州和地方财政支出占比分别维持在47%、25%、28%左右。

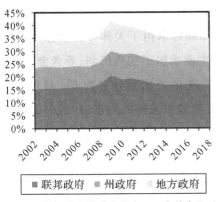

(a)各级政府财政支出在GDP中的占比

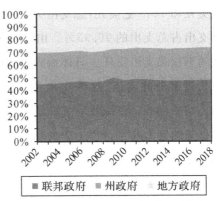

(b)各级政府财政支出在总财政支出中的占比

图3-1 美国各级政府的财政支出结构

注:为避免重复计算,联邦财政支出为去除转移支付后的本级支出。数据来源于the U. S. Census Bureau(https://www. census. gov/)和 the Office of Management and Budget(https://www. govinfo. gov/)。作者整理。

（3）各领域事权与支出责任的划分模式

美国是当前世界上将财政分权理论用于实践的较为成功的国家之一，其政府间事权与支出责任划分基本依据财政分权理论，遵从事权范围、信息获取、需求偏好等重要原则，而后通过宪法和法律的形式保障其事权配置结构。美国联邦《宪法》第一条第八款列举了国会和联邦政府专门享有的各项事权。另外，《宪法》第一条第十款列举了州和地方政府禁止涉足的一些事权，如缔结条约、发行货币、违背联邦宪法精神的立法、国防等。[①] 在分权理论框架和当前制度安排下，联邦政府主要负责主权性事务，收入再分配的事务，维护国家经济、社会稳定的事务，如外交、社会保障、社会福利等；州和地方政府主要负责资源分配、公共安全、区域经济发展的事务，如警察、消防、工业发展等；三级政府共同承担医疗、教育、交通运输、跨区域污染防治等职责。2018 年美国各级政府间事权与支出责任的具体划分状况[②]如下（见表 3-1）。

①社会保障与福利。2018 年，联邦政府、州政府和地方政府在社会保障和福利事务方面的支出分别为 13957 亿美元（包含向下级政府的转移支付）、3947 亿美元和 1443 亿美元，总支出为 18137 亿美元，占 GDP 的 8.85%，其中联邦政府支出占总支出的 76.95%。由此可见，联邦政府承担了大部分社会保障和福利的事权和支出责任。具体而言，联邦政府主要承担了扶残助弱、养老金、家庭与儿童事务的支出，这些支出在相应类别总支出的比重分别为 91.94%、73.86%、96.78%。三级政府共同承担了失业补助和住房补贴的事权，其中失业补助事务的支出几乎全部由中央政府和州政府负担，住房补贴则主要由联邦政府和地方政府承担。

②医疗卫生。联邦政府、州政府和地方政府在医疗卫生方面的支出分别为 11399 亿美元（包含向下级政府的转移支付）、6962 亿美元和 1758 亿美元，总支出为 15935 亿美元，占 GDP 的 7.78%，其中联邦政府支出占总支出的 71.53%。由此可见，联邦政府承担了大部分医疗卫生的事权和支出责任。具体而言，联邦政府支付了所有医疗服务（老年人）和医疗健康科

---

① 资料来源：美国宪法 U. S. Constitution.
② 美国财政数据更新至 2018 年，因此用 2018 年的数据表征美国政府间事权与支出责任划分现状更加合适。

研的费用,以及绝大部分医疗供应商的应付款项(主要通过转移支付的形式交由地方政府支付)。州和地方政府主要承担一般医疗服务和公共卫生服务的支出。

③教育。联邦政府、州政府和地方政府在教育方面的支出分别为1079亿美元(包含向下级政府的转移支付)、3267亿美元和6958亿美元,总支出为10739亿美元,占GDP的5.24%,其中联邦政府支出占总支出的10.05%。由此可见,州和地方政府承担了大部分教育的事权和支出责任。具体而言,地方政府主要承担了90%以上的学前教育和中小学教育支出,而州政府承担了大部分高等教育支出。

④国防与外交。联邦政府、州政府在国防与外交方面的支出分别为8590亿美元、6亿美元,总支出为8596亿美元,占GDP的4.19%,其中联邦政府负担了几乎所有的费用。联邦政府承担了几乎所有国防与外交的事权与支出责任,而州政府只负担了极少的退役军人事务支出。国防与外交属于主权性事权,且具有全国范围的外部性,因此由联邦政府承担几乎所有支出责任既符合宪法精神,也遵从财政分权理论。

⑤公共安全。联邦政府、州政府和地方政府在公共安全方面的支出分别为382亿美元(包含向下级政府的转移支付)、740亿美元和1848亿美元,总支出为2907亿美元,占GDP的1.42%,其中联邦政府支出占总支出的13.14%。由此可见,州和地方政府承担了绝大部分公共安全的事权和支出责任。具体而言,地方政府负担了全部的消防支出和大部分的警察经费,州政府和地方政府共同分担监狱和维护公共秩序稳定的支出。

⑥一般公共服务。联邦政府、州政府和地方政府在一般公共服务方面的支出分别为462亿美元(包含向下级政府的转移支付)、1024亿美元和1899亿美元,总支出为3343亿美元,占GDP的1.63%,其中联邦政府支出占总支出的13.82%。具体而言,三级政府分别承担相应级别的行政、立法、财政和法院等方面公共服务的支出责任,而州和地方政府数量庞大,其下辖的行政部门和机构更多,因此州和地方政府承担了绝大部分的财政支出。

表 3-1 2018 年美国各级政府财政支出事权划分

项目		财政支出数额/亿美元					财政支出占比/%	
		联邦	转移支付	州	地方	总支出	总支出/GDP	联邦/总支出
社保与福利	小计	13957	−1210	3947	1443	18137	8.85	76.95
	扶残助弱	1529	0	135	0	1663	0.81	91.94
	养老金	8945	0	2593	572	12111	5.91	73.86
	家庭与儿童	2679	−1077	718	449	2768	1.35	96.78
	失业补助	309	−71	413	1	653	0.32	47.32
	住房补贴	495	−62	88	421	942	0.46	52.55
医疗卫生	小计	11399	−4184	6962	1758	15935	7.78	71.53
	医疗服务（老年人）	5887	0	0	0	5887	2.87	100.00
	一般医疗服务	0	−292	1314	1680	2701	1.32	0.00
	公共卫生服务	42	0	39	0	80	0.04	52.50
	医疗健康研发	355	0	0	0	355	0.17	100.00
	供应商付款	5116	−3892	5610	78	6912	3.37	74.02
教育	小计	1079	−565	3267	6958	10739	5.24	10.05
	学前教育和中小学教育	395	0	68	6364	6827	3.33	5.79
	高等教育	246	0	2630	456	3332	1.63	7.38
	其他教育	438	−565	568	138	580	0.28	75.52

续表

项目		财政支出数额/亿美元					财政支出占比/%	
		联邦	转移支付	州	地方	总支出	总支出/GDP	联邦/总支出
国防与外交	小计	8590	0	6	0	8596	4.19	99.93
	军事支出	6312	0	0	0	6312	3.08	100.00
	退役军人事务	1789	0	6	0	1795	0.88	99.67
	国外军事援助	114	0	0	0	114	0.06	100.00
	外交事务	376	0	0	0	376	0.18	100.00
公共安全	小计	382	−63	740	1848	2907	1.42	13.14
	警察	313	−42	163	1023	1457	0.71	21.48
	消防	0	0	0	481	481	0.23	0.00
	监狱	68	0	491	290	850	0.41	8.00
	公共秩序维护	0	−21	86	54	119	0.06	0.00
一般公共服务	小计	462	−41	1024	1899	3343	1.63	13.82
	行政、立法机关和财政	158	0	349	546	1054	0.51	14.99
	法院	223	0	248	255	725	0.35	30.76
	其他公共服务	81	−41	427	1098	1564	0.76	5.18
环境保护	小计	214	−39	24	752	952	0.46	22.48
	废弃物管理	0	0	11	193	204	0.10	0.00
	废水管理	0	0	13	559	572	0.28	0.00
	污染防治	80	−39	39	0	80	0.02	100.00
	生物多样性和景观保护	134	0	0	0	134	0.07	100.00

续表

项目		财政支出数额/亿美元					财政支出占比/%	
		联邦	转移支付	州	地方	总支出	总支出/GDP	联邦/总支出
其他	交通运输	928	−648	1385	1699	3365	1.64	27.58
	基础研究	191	0	0	0	191	0.09	100.00
	农林渔猎	295	−149	210	90	446	0.22	66.14
	地方工业发展	0	0	70	13	83	0.04	0.00
	经济事务	93	0	13	58	165	0.08	56.36
	供水	60	0	5	752	818	0.40	7.33
	文娱体育	40	0	59	387	486	0.24	8.23
	其他	151	−11	91	750	981	0.48	15.39
总计		41090	−6917	18242	18994	71409	34.84	57.54

注:为避免重复计算,笔者在表格中列出转移支付。转移支付是指联邦政府向州和地方政府补贴的财政资金。转移支付、联邦财政支出、州财政支出和地方财政支出的总和,即全国财政支出。数据来源于 the U. S. Census Bureau(https://www.census.gov/)和 the Office of Management and Budget(https://www.govinfo.gov/)。作者整理。

⑦环境保护。联邦政府、州政府和地方政府在环境保护方面的支出分别为214亿美元(包含向下级政府的转移支付)、24亿美元和752亿美元,总支出为952亿美元,占GDP的0.46%。三级政府的财政支出结构呈"M"形,即联邦和地方政府负担了大部分事权与支出责任。具体而言,地方政府负担绝大部分地方的废水、废弃物管理事务。联邦政府承担所有污染防治、生物多样性和景观保护的支出,其中污染防治事务由联邦政府拨款,联邦与州政府共同负责。

⑧其他。其他支出事权包括了交通运输、基础研究、农林渔猎、地方工业发展、经济事务、供水和文娱体育等项目。交通运输和农林渔猎事权划分相似,均由三级政府共同负责,其中州和地方政府承担大部分事权,而联邦政府主要通

过转移支付的形式向地方政府拨款。基础研究全部由联邦政府列支。地方工业发展、文娱体育和供水事务则主要由州政府和地方政府负责。

综上，美国政府间事权与支出责任划分清晰，且划分模式基本遵从财政分权理论的外部性原则、信息偏好性原则，也完全符合宪法及法律的要求。具体而言，联邦政府主要承担了国防、外交、基础研究、社会保障与福利、医疗研发等具有全国外部性的事权。州和地方政府主要承担了污染防治、交通运输、教育、公共安全、供水等具有区域外部性、地方信息优势的事权。三级政府分别承担相应级别的行政、立法、司法、法院、财政等方面的一般公共服务事权。

3.1.2 联邦制发展中国家的划分模式——以俄罗斯为例

在苏联解体后，俄罗斯经历了社会主义向资本主义的转变，以及计划经济向市场经济的过渡，成为独立的联邦制国家，具有联邦制国家和转轨制国家的双重特性，且与中国存在许多共性。首先，中俄两国都是转轨制经济体，一方面深受马克思主义，尤其是受列宁关于民主集中制思想的影响，强调和维护中央政府的统一权威，另一方面其财政体制和经济体制改革始终带有计划经济色彩，突出政府的重要性。其次，中俄都是多民族国家，其行政结构划分兼顾公共产品的外部性、层次性和民族区域划分的天然属性，这必然会影响事权与支出责任的层级划分和区域范围。再次，中俄对于财政分权体系的探索起步较晚，发展较慢，存在大部分发展中国家的普遍性问题。最后，两国都拥有广袤的领土和庞大的人口数量，这也是影响事权划分的重要因素。因此，选择俄罗斯作为典型案例，不仅能突显出俄罗斯财政分权体系的特征，充分了解财政分权理论在联邦制发展中国家实践的优势与不足，也能为中国央、地间事权划分提供更有针对性的经验和教训。

（1）概况介绍

俄罗斯的行政体制结构大致可以分为三层，即联邦政府、联邦主体政府和地方政府。其中，联邦政府是唯一的中央政府，是最高层级政府；联邦主体政府属于中间层级政府，共有 85 个，包括 22 个自治共和国、46 个州、9 个边疆区、4 个自治区、1 个自治州和 3 个联邦直辖市[①]；联邦主体以下的地方政府分为高级

---

① 数据来源：俄罗斯联邦统计局，The Federal State Statistics Service of Russian Federation。

和低级两个层级,高级地方政府直接与联邦主体政府挂钩,如市政区、城市专区等,而低级地方政府是高级地方政府的下辖机构,如城市居民区和农村居民区。从各级政府的权力分配来看,首先,联邦和联邦主体在主权完整的条件下分享主权权力①,其中自治共和国和自治州的自主权较大,可以制定各自的宪法和建立各自的立法机构,且自治共和国拥有联邦政府管辖范围以外的所有权力。其次,地方政府的权力在不违背联邦宪法的前提下,由联邦主体政府分配,这形成了三个位阶的权力分配模式。② 再次,财政体制与行政管理体制相匹配,实行三级财政预算体系,即联邦财政、联邦主体财政和地方财政。具体而言,联邦政府需要制定联邦财政收支预算方案提交国家杜马审议,并向杜马报告财政预算的执行状态,保持和维护国家大政方针的统一实行,承担国防、外交等具有全国外部性的事权;联邦主体和地方政府则制定、审议、批准、执行和报告地方财政预算以及管理地方财产,承担公共安全、地区发展等具有区域外部性的事权。

(2)各级政府间财政支出划分简况

近年来,俄罗斯的财政支出以及各级政府支出在 GDP 中的比重都有所降低,同时政府支出责任呈现出向上级政府集中的趋势。随着俄罗斯经济状况从国际金融危机中逐渐恢复,全国财政支出在 GDP 中的比重逐步下降,从 2009 年的 46.63% 降至 2017 年的 36.62%(如图 3-2 中的(a)所示)。其中联邦政府支出和地方政府支出下降较为显著,分别从 15.86% 和 9.64% 降到 12.42% 和 5.03%。其间社保基金支出占 GDP 的比重始终保持稳定,在 10% 左右小幅波动。从各级政府财政支出比例来看,地方支出比重大幅下降(如图 3-2 中的(b)所示)。若按照 2013 年前的统计口径,将社保基金计入联邦政府财政,那么联邦、联邦主体和地方财政支出的比例从 2009 年的 56∶24∶20 变为 2017 年的 61∶25∶14;若按照 2013 年后的统计口径,将社保基金单列,不属于任何一级政府,联邦、联邦主体和地方财政支出的比例从 44∶30∶26 变为 47∶34∶19。以上数据显示,在无论何种统计口径下,俄罗斯联邦政府和联邦主体政府的财

① 《俄罗斯联邦宪法》第 3 条、第 5 条和第 11 条以及联邦与联邦主体签订的条约表明,中央和地方在主权完整的前提下分享主权权力。

② 《俄罗斯联邦宪法》第 11 条第 3 款规定,国家权力机关和联邦主体国家权力机关的管辖对象和权限,由《俄罗斯联邦宪法》《关于俄罗斯联邦国家权力机关与俄罗斯联邦主体国家权力机关之间划分管辖范围和职权的原则和办法的联邦法》以及划分管辖对象和权限的其他条约予以划分。

政支出比重明显提高,地方财政支出比重显著下降,呈现出事权与支出责任向中央政府收拢的趋势。

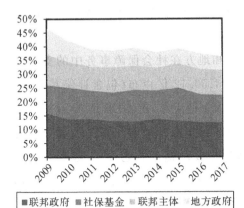

（a）各级政府财政支出在GDP中的占比　　（b）各级政府财政支出在总财政支出中的占比

图 3-2　俄罗斯各级政府的财政支出结构

注:需要说明的有两点,其一,俄罗斯社保基金在原有统计口径中属于联邦政府财政支出,从 2013 年起单列,不再计入联邦政府财政,可见于历年俄罗斯联邦财政统计年报;其二,为精确计算各级政府支出比重,剔除了各级政府支出和社保基金支出中转移支付和财政援助的部分。资料来源于 2009—2017 年俄罗斯联邦财政统计年报(Government Finance Statistics Reporting of the Russian Federation 2009—2017),俄罗斯联邦统计局数据库(The Federal State Statistics Service of Russian Federation),俄罗斯联邦财政局数据库(The Ministry of Finance of the Russian Federation)。作者整理。

（3）各领域事权与支出责任的划分模式

俄罗斯政府间事权与支出责任划分主要依据民族区域分布的特性和公共产品的外部性、层次性,是财政分权理论与多民族结构的国情相结合的产物,同时受到历史原因和社会主义民主集中制思想的影响,强调国家统一和中央权威,最后通过宪法和法律的形式保障其事权配置结构。《俄罗斯联邦宪法》规定联邦政府单独享有的事权和联邦政府可能参与地方事权的范围,剩余的均为地方事权。《关于俄罗斯联邦国家权力机关与俄罗斯联邦主体国家权力机关之间划分管辖范围和职权的原则和办法的联邦法》规定了联邦和联邦主体的管辖对象和权限。《俄罗斯联邦地方自治机构基本原则法》进一步明确了各级政府的事权范围和具体的支出责任,其中联邦政府需要承担外交、国防、基础研究、航空航天等具有全国范围外部性的事权,联邦主体主要承担基础设施建设、社会服务、社会文化等具有区域外部性的事权,地方政府则主要承担教育、卫生、体育、市政等外部性较小的事权。2017年俄罗斯各级政府间事权与支出责任的具体划分现状①如下(见表3-2)。

①社会保障。2017年,联邦、联邦主体和地方在社会保障事务中的支出分别为50828.92亿卢布、23813.71亿卢布和3150.12亿卢布(包含社保基金、各级政府之间的财政援助),总支出为120887.54亿卢布,占GDP的13.13%,其中联邦政府支出占总支出的42.05%。由此可见,联邦政府承担了大部分社会保障事权和支出责任。具体而言,联邦政府主要承担了养老金、家庭与儿童事务的支出,这些支出在相应类别总支出的比重分别为44.76%、81.17%,而联邦和联邦主体政府共同承担了大部分其他类型的社会保障,如失业补助、残疾人补助等。

②一般公共服务。联邦、联邦主体和地方在一般公共服务方面的支出分别为38959.68亿卢布、18847.50亿卢布和10709.98亿卢布(包含对其他层级政府的财政援助),总支出为61180.32亿卢布,占GDP的6.64%,其中联邦政府支出占总支出的63.68%。由此可见,联邦政府承担了一般公共服务事务的主要支出责任。具体而言,联邦政府承担了基础研究中几乎所有的经费,以及大部分债券交易的支出,这些支出在相应类别总支出的比重分别为98.93%、84.06%。三级政府共同分担相应级别的行政、立法、财政、金融事权与支出责任,其中联邦政府承担了大部分经费。

③教育。联邦、联邦主体和地方在教育方面的支出分别为6080.30亿卢布、26105.54亿卢布和32694.74亿卢布(包含对其他层级政府的财政援助),总支出为31967.46亿卢布,占GDP的3.47%,其中联邦政府支出占总支出的19.02%。由此可见,联邦主体和地方政府承担了绝大部分教育经费。具体而言,联邦主体和地方政府承担了绝大部分学前教育、初等教育和中等教育的支出责任,这些支出在相应类别总支出的比重超过90%;而联邦政府则主要承担了高等教育的经费。

---

① 俄罗斯财政支出数据细目更新至2017年,因此用2017年的数据表征俄罗斯政府间事权与支出责任划分现状更加合适。

④经济事务。联邦、联邦主体和地方在经济事务方面的支出分别为19417.10亿卢布、19189.42亿卢布和4742.43亿卢布（包含对其他层级政府的财政援助），总支出为35159.18亿卢布，占GDP的3.82%，其中联邦政府支出占总支出的55.23%。由此可见，联邦政府和联邦主体政府承担了经济事务的主要支出责任。具体而言，联邦政府承担了大部分一般经济商业活动与采矿、制造和建筑的支出责任，这些支出在相应类别总支出的比重分别为73.78%、96.92%。联邦和联邦主体共同分担了大部分农林渔猎、石油能源、交通运输和通信设施的支出责任。

⑤医疗卫生。联邦、联邦主体和地方在医疗卫生方面的支出分别为5989.83亿卢布、21738.92亿卢布和5903.38亿卢布（包含社保基金、各级政府之间的财政援助），总支出为27758.10亿卢布，占GDP的3.01%，其中联邦政府支出占总支出的21.58%。联邦主体和地方政府承担了绝大部分医疗卫生的支出责任。具体而言，联邦政府和联邦主体政府分担了大部分门诊服务、医院服务和公共卫生的支出责任；联邦主体政府和地方政府则主要承担了其他支出。需要说明的是，"其他支出"一栏的总额为20783.57亿卢布，占医疗卫生支出总额的74.87%，却并未做出详细分类，这意味着医疗支出方面的财政透明度、公开程度较低。

⑥公共安全。联邦、联邦主体和地方在公共安全方面的支出分别为20068.87亿卢布、1237.19亿卢布和306.27亿卢布（包含对其他层级政府的财政援助），总支出为21382.75亿卢布，占GDP的2.32%，其中联邦政府支出占总支出的93.86%。由此可见，联邦政府承担了公共安全事务的绝大部分支出。具体而言，联邦政府承担了几乎所有的警察和监狱支出，以及大部分消防和法院的支出。

⑦国防。联邦、联邦主体和地方在国防方面的支出分别为19041.02亿卢布、39.69亿卢布和37.76亿卢布（包含对其他层级政府的财政援助），总支出为18795.22亿卢布，占GDP的2.04%，其中联邦政府支出占了总支出的几乎全部。具体而言，联邦政府承担了所有的军费支出，绝大部分民兵事务支出。其中民兵事务的支出责任由联邦政府承担，而事权在联邦主体政府和地方政府，因此联邦通过财政援助的方式为其他两级政府提供所需的财政资金。

⑧其他。其他支出事权包括了住建事务、文娱宗教和环境保护三类项目，这些项目支出总额分别为9461.25亿卢布、8631.54亿卢布和1265.34亿卢布，

在 GDP 中的占比分别为 1.03％、0.94％和 0.14％。其中,环境保护事权主要由联邦政府承担支出责任,文娱宗教和住建事务主要由联邦主体政府和地方政府分担支出责任。

表 3-2　2017 年俄罗斯各级政府财政支出事权划分

项目		财政支出数额/亿卢布						财政支出占比/%	
		联邦	社保基金	联邦主体	地方	财政援助	总支出	总支出/GDP	联邦/总支出
社会保障	小计	50828.92	88497.79	23813.71	3150.12	−45403.00	120887.54	13.13	42.05
	养老金	35967.22	71670.33	1385.23	103.85	−28779.22	80347.41	8.73	44.76
	家庭与儿童	4306.04	3123.45	2310.73	881.43	−5316.76	5304.89	0.58	81.17
	其他支出	10555.66	13704.01	20117.75	2164.84	−11307.02	35235.24	3.83	29.96
一般公共服务	小计	38959.68	1470.50	18847.50	10709.98	−8807.34	61180.32	6.64	63.68
	行政、立法、金融、财政	24940.38	7.93	13453.64	9712.74	−6100.61	42014.08	4.56	59.36
	基础研究	1148.05	0.00	18.44	0.01	−6.05	1160.45	0.13	98.93
	债券交易	7068.73	0.00	1112.73	248.63	−20.82	8409.27	0.91	84.06
	其他支出	5802.52	1462.57	4262.69	748.60	−2679.86	9596.52	1.04	60.46
教育	小计	6080.30	1.41	26105.54	32694.74	−32914.53	31967.46	3.47	19.02
	学前和初等教育	62.64	0.00	5800.17	10786.31	−9436.61	7212.51	0.78	0.87
	中等教育	688.91	0.00	17211.40	20346.31	−21176.03	17070.59	1.85	4.04
	高等教育	4896.47	0.00	347.54	3.69	−163.27	5084.43	0.55	96.30
	教育津贴	74.77	0.00	589.70	482.29	−467.31	679.45	0.07	11.00
	其他支出	357.51	1.41	2156.73	1076.14	−1671.31	1920.48	0.21	18.62

项目		财政支出数额/亿卢布						财政支出占比/%	
		联邦	社保基金	联邦主体	地方	财政援助	总支出	总支出/GDP	联邦/总支出
经济事务	小计	19417.10	0.00	19189.42	4742.43	−8189.77	35159.18	3.82	55.23
	一般经济商业活动	999.26	0.00	375.61	18.89	−39.41	1354.35	0.15	73.78
	农林渔猎	2907.73	0.00	3446.50	221.73	−2182.29	4393.67	0.48	66.18
	石油能源	121.68	0.00	315.57	16.43	−93.90	359.78	0.04	33.82
	采矿、制造和建筑	281.64	0.00	12.34	0.00	−3.39	290.59	0.03	96.92
	交通运输	1245.46	0.00	2809.45	443.80	−313.31	4185.40	0.45	29.76
	通信设施	339.85	0.00	724.58	30.80	−118.13	977.10	0.11	34.78
	其他工业	6664.39	0.00	7511.50	3294.77	−4202.07	13268.59	1.44	50.23
	其他支出	6857.09	0.00	3993.87	716.01	−1237.27	10329.70	1.12	66.38
医疗卫生	小计	5989.53	33851.45	21738.92	5903.38	−39725.18	27758.10	3.01	21.58
	门诊服务	1354.21	0.00	2647.33	84.32	−1858.95	2226.91	0.24	60.81
	医院服务	1221.50	0.00	5085.20	86.66	−2293.10	4100.26	0.45	29.79
	公共卫生	387.10	0.18	524.62	18.64	−283.18	647.36	0.07	59.80
	其他支出	3026.72	33851.27	13481.77	5713.76	−35289.95	20783.57	2.26	14.56

续表

项目		财政支出数额/亿卢布						财政支出占比/%	
		联邦	社保基金	联邦主体	地方	财政援助	总支出	总支出/GDP	联邦/总支出
公共安全	小计	20068.87	0.00	1237.19	306.27	−229.58	21382.75	2.32	93.86
	警察	9843.60	0.00	2.92	0.28	−30.91	9815.89	1.07	100.28
	消防	1204.60	0.00	494.69	43.36	−67.90	1674.75	0.18	71.93
	法院	2246.93	0.00	264.90	13.59	−12.21	2513.21	0.27	89.40
	监狱	1915.87	0.00	0.00	0.00	−1.42	1914.45	0.21	100.07
	其他支出	4857.87	0.00	474.68	249.04	−117.14	5464.45	0.59	88.90
国防	小计	19041.02	0.00	39.69	37.76	−323.25	18795.22	2.04	101.31
	军费	17409.38	0.00	0.00	0.00	−250.94	17158.44	1.86	101.46
	民兵	70.96	0.00	24.90	37.30	−62.01	71.15	0.01	99.73
	其他支出	1560.68	0.00	14.79	0.46	−10.30	1565.63	0.17	99.68
住建	小计	999.60	0.00	8613.02	4615.54	−4766.91	9461.25	1.03	10.57
	社区建设	348.06	0.00	2363.00	1148.53	−963.17	2896.42	0.31	12.02
	其他支出	651.54	0.00	6250.02	3467.01	−3803.74	6564.83	0.71	9.92
文娱宗教	小计	2190.73	0.00	6361.04	4804.46	−4724.69	8631.54	0.94	25.38
	娱乐体育	572.67	0.00	2166.31	1059.56	−1522.41	2276.13	0.25	25.16
	文化服务	759.89	0.00	2937.90	3361.33	−2902.38	4156.74	0.45	18.28
	广播出版	706.76	0.00	341.00	95.79	−123.76	1019.79	0.11	69.30
	其他支出	151.41	0.00	915.83	287.78	−176.14	1178.88	0.13	12.84

项目		财政支出数额/亿卢布						财政支出占比/%	
		联邦	社保基金	联邦主体	地方	财政援助	总支出	总支出/GDP	联邦/总支出
环境保护	小计	1054.39	0.00	327.61	43.99	−160.65	1265.34	0.14	83.33
	废弃物	3.41	0.00	29.27	1.07	−13.77	19.98	0.00	17.07
	污染防治	0.00	0.00	2.45	0.06	−1.09	1.42	0.00	0.00
	生态多样性和景观	93.93	0.00	179.16	10.11	−71.45	211.75	0.02	44.36
	其他支出	957.05	0.00	116.73	32.75	−74.34	1032.19	0.11	92.72
总计		172526.34	123823.45	130959.46	68213.43	−159033.57	336489.12	36.54	51.27

注:需要说明的是以下三点,其一,俄罗斯社保基金在原有统计口径中属于联邦政府财政支出,从 2013 年起单列,不再计入联邦政府财政,可见于历年俄罗斯联邦财政统计年报。其二,为避免重复计算,列出财政援助数额(即重复项),援助数额、联邦支出、联邦主体支出、地方支出和社保基金支出的总和即总财政支出。其三,为简便起见,最后一列联邦支出在总财政支出中的占比没有剔除转移支付的数额,因此会出现个别项目的支出比重超过 100% 的现象,但这不影响分析结果。数据资料来源于 2017 年俄罗斯联邦财政统计年报(Government Finance Statistics Reporting of the Russian Federation 2017),俄罗斯联邦统计局数据库(The Federal State Statistics Service of Russian Federation),俄罗斯联邦财政局数据库(The Ministry of Finance of the Russian Federation)。作者整理。

相对于同是实行联邦制的美国,俄罗斯政府间事权与支出责任的划分不仅比较模糊,而且并未严格遵从财政分权理论中关于事权划分的原则,还存在透明度低下、财政失衡等问题。具体而言,俄罗斯联邦政府主要承担了国防、社会保障、公共安全、经济事务、环境保护、基础研究和高等教育等支出责任,而联邦主体和地方政府则主要承担了初等教育、医疗卫生、住建事务和文娱宗教等支出责任。俄罗斯政府间事权与支出责任存在明显的中央集权倾向,地方事权较少,且许多本应该由地方承担的事权却集中在联邦政府,如警察、消防、地区经济事务等。此外,与美国相比,俄罗斯的财政体制存在两方面的不足,其一,财政透明度和公开程度较低,大量财政支出未列出明细;其二,财政失衡严重导致转移支付过高,具体见表3-2。

3.2 单一制国家央、地间事权划分的案例分析

3.2.1 单一制发达国家的划分模式——以英国为例

英国是典型的单一制国家,它不仅具有高度发达的现代化市场经济体制,也拥有十分完善的财政体制和良好的社会保障制度,能够体现单一制发达国家财政分权的特性,值得学习和借鉴。同时,英国和中国都是单一制国家,与联邦制国家不同的是,地方政府的权力并非由国家宪法或同等法律确定,而是由中央政府及其下辖机构通过法律、规定等形式授予,因此中央和地方政府之间的权力分配模式是相似的。因此,选择英国作为典型案例,既能突显出单一制发达国家财政分权实践的特征,也能为中国央、地间事权与支出责任划分提供更具实际意义的经验启示。

(1)概况介绍

英国的政府层级结构大致可分为两层,即中央政府和地方政府,而地方政府下设有郡、区等次级地方政府。地方政府分为英格兰、威尔士、苏格兰和北爱尔兰四部分,其中英格兰下辖有6个都市郡和39个非都市郡,威尔士下设8个新郡,苏格兰下设9个管辖区和3个岛群,北爱尔兰分为6个郡。从权力分配来看,首先,中央政府是英国国家主权的唯一代表,也是最高权力机关,而国会是其权力执行机构,负责划分行政区域、自治单位和制定统一制度、法律体系,维护中央政府的统一领导;其次,地方政府虽然是自治的行政单位,拥有一定的自主权,但实际上是中央政府的代理和派出机构,其权力都由中央政府及其下辖机构或者相关法律授予,并受到中央政府的管理与监督;再次,各地方政府的权限与职责划分是不同的,即英格兰、威尔士、苏格兰、北爱尔兰政府的职权并不完全一致,如英格兰作为国家首都所在地,拥有最多的人口,需要承担更多事权与支出责任;最后,三级政府实行三级独立预算,即中央财政、地方财政和郡、区财政,其中中央政府拥有征税权和税收立法权,有权分配各地区的税收,主要负责国防、外交、社会保障等事权,而地方

财政和郡、区财政共同分担环境保护、初等教育、警察、消防、社区建设等区域性事务的支出责任。

（2）各级政府间财政支出划分简况

近年来，英国的财政支出以及央、地两级政府支出在 GDP 中的比重都有所降低，同时政府支出责任呈现出向中央政府集中的趋势。随着英国经济状况从国际金融危机中逐渐恢复，全国财政支出在 GDP 中的比重逐步下降，从 2009 年的 40.98％降至 2017 年的 35.76％（如图 3-3 中的（a）所示）。其中，中央政府和地方政府支出在 GDP 中的占比分别从 30.83％和 10.15％降至 28.42％和 7.34％。从央、地两级财政支出结构来看，中央财政支出比重小幅上升，从 2008 年的 74.76％上升到 2017 年的 79.47％，中央和地方财政支出比例从 75∶25 变为 79∶21（如图 3-3 中的（b）所示）。以上数据显示，中央财政支出比重小幅上升，呈现出财政支出责任向中央政府收拢的趋势。

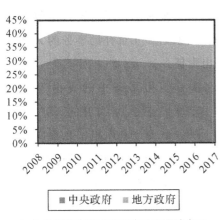

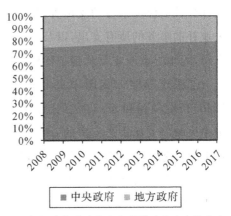

（a）各级政府财政支出在GDP中的占比　　　　（b）各级政府财政支出在总财政支出中的占比

图 3-3　英国各级政府的财政支出结构

注：数据来源于英国财政部（the HM Treasury）和 2009—2017 年公共支出统计分析（Public Expenditure Statistical Analyses 2009—2018）。作者整理。

（3）各领域事权与支出责任的划分模式

英国中央和地方政府间的事权与支出责任划分主要依据其国土面积、人口分布和公共产品的外部性、层次性，是财政分权理论与国土面积小、人口主要集中于英格兰等国情相结合的产物，呈现出政府间纵向事权划分向中央集中、横向权力分配向英格兰倾斜的特征,而后通过立法和司法干预的形式保障其事权配置结构。由于英国没有统一的宪法,因此《地方政府法》和《地方组织法》规定了中央和地方之间的事权划分,而《苏格兰法案》《威尔士政府法案》《北爱尔兰法案》则针对各个地区的事权进行了差异化的划分。在当前制度安排下,中央政府承担了绝大部分的事权和支出责任,承担资源配置、稳定经济、促进经济增长以及代表主权的职能,如国防、外交、社会保障、医疗卫生、交通运输、通信和石油能源等;地方政府则主要承担地区稳定、社区建设、初等教育等外部性在地方的事权。2016年英国中央和地方政府间事权与支出责任的具体划分现状①如下(见表3-3)。

①社会保障。2016年,英国中央和地方政府在社会保障事务中的支出分别为2079.62亿英镑和555.79亿英镑,总支出为2653.41亿英镑,占GDP的13.33%,其中中央政府支出占总支出的79.05%。由此可见,中央政府承担了大部分社会保障事务的支出责任。具体而言,中央政府承担了特困人员救助和失业补助事务的所有支出,以及助残扶弱、养老、家庭和儿童补助事务的大部分支出,而地方政府主要承担了住房补贴的支出责任。

②医疗卫生。英国中央和地方政府在医疗卫生事务中的支出分别为1390.36亿英镑和35.53亿英镑,总支出为1425.89亿英镑,占GDP的7.16%,其中中央政府支出占总支出的97.51%。由此可见,中央政府承担了几乎所有医疗卫生事务的支出责任。具体而言,中央政府承担了医疗研发的所有支出,以及医疗服务和公共卫生服务的大部分支出,后两项支出在相应类别总支出中的比重分别为97.45%和98.37%。

③教育。英国中央和地方政府在教育方面的支出分别为397.15亿英镑和451.91亿英镑,总支出为849.06亿英镑,占GDP的4.26%,其中中央政府支出占总支出的46.78%。由此可见,中央和地方政府共同承担教育事务的支出责任。具体而言,中央政府承担了高等教育和教育研究的所有支出,与地方政府分担了中学教育的支出,而地方政府承担了学前和小学教育、教育津贴的大部分支出,这两项支出在相应类别总支出中的比重分别为97.36%和86.00%。

---

① 英国中央和地方财政支出数据细目(相同口径的)更新至2016年,因此用2016年的数据表征英国央、地间事权与支出责任划分现状更加合适。

④一般公共服务。英国中央和地方政府在一般公共服务中的支出分别为537.05亿英镑和97.76亿英镑,总支出为634.81亿英镑,占GDP的3.19%,其中中央政府支出占总支出的84.60%。由此可见,中央政府承担了绝大部分一般公共服务的支出责任。具体而言,中央政府承担了对外援助和一般公共服务研究的所有支出,以及行政、立法、财政、金融、外交和综合服务、公共债券交易的大部分支出,后三项支出在相应类别总支出中的比重分别为79.79%、50.63%和88.81%。

⑤经济事务。英国中央和地方政府在经济事务中的支出分别为359.10亿英镑和125.55亿英镑,总支出为484.65亿英镑,占GDP的2.43%,其中中央政府支出占总支出的74.09%。由此可见,中央政府承担了大部分经济事务的支出责任。具体而言,中央政府承担了石油能源、通信设备和经济事务研究的所有支出,以及一般经济商业劳工、农林渔猎和交通运输的大部分支出,后三项支出在相应类别总支出中的比重分别为90.30%、94.35%和62.87%。地方政府主要承担了采矿、制造和建筑事务的支出。

⑥国防。英国中央和地方政府在国防方面的支出分别为368.94亿英镑和0.45亿英镑,总支出为369.39亿英镑,占GDP的1.86%,其中中央政府支出占总支出的99.88%。由此可见,中央政府承担了几乎所有的国防经费。具体而言,中央政府承担了军事防务、国外军事援助和军事科研的所有支出,而地方政府承担民防事业的所有支出。

⑦公共安全。英国中央和地方政府在公共安全方面的支出分别为159.83亿英镑和140.87亿英镑,总支出为300.70亿英镑,占GDP的1.51%,其中中央政府支出占总支出的53.15%。由此可见,中央和地方政府共同承担了公共安全事务的支出责任。具体而言,中央政府承担了监狱和公共安全研究的所有支出,以及大部分法院经费,而地方政府主要承担了警察和消防的经费,这两项支出在相应类别总支出中的比重分别为71.65%和83.06%。

表 3-3 2016 年英国各级政府财政支出事权划分

项目		财政支出数额/亿英镑			财政支出占比/%	
		中央	地方	全国	全国财政支出/GDP	中央/全国财政支出
社会保障	小计	2097.62	555.79	2653.41	13.33	79.05
	助残扶弱	438.69	95.96	534.65	2.69	82.05
	养老（养老服务和养老金）	1110.49	108.06	1218.56	6.12	91.13
	特困人员救助（Survivors）	11.57	0.00	11.57	0.06	100.00
	家庭和儿童	151.31	98.03	249.34	1.25	60.68
	失业补助	22.27	0.00	22.27	0.11	100.00
	住房补贴	5.83	245.69	251.53	1.26	2.32
	财政抵扣	316.92	5.93	322.86	1.62	98.16
医疗卫生	小计	1390.36	35.53	1425.89	7.16	97.51
	医疗服务	1338.39	34.98	1373.37	6.90	97.45
	医疗研发	18.72	0.00	18.72	0.09	100.00
	公共卫生服务	33.25	0.55	33.80	0.17	98.37
教育	小计	397.15	451.91	849.06	4.26	46.78
	学前和小学教育	8.21	302.24	310.45	1.56	2.64
	中学教育	276.53	112.75	389.28	1.95	71.04
	中等后非高等教育	0.00	5.94	5.94	0.03	0.00
	高等教育	60.66	0.00	60.66	0.30	100.00
	其他教育	6.55	1.53	8.08	0.04	81.10
	教育津贴	4.75	29.18	33.93	0.17	14.00
	教育研究	17.03	0.00	17.03	0.09	100.00

项目		财政支出数额/亿英镑			财政支出占比/%	
		中央	地方	全国	全国财政支出/GDP	中央/全国财政支出
一般公共服务	小计	537.05	97.76	634.81	3.19	84.60
	行政、立法、财政、金融、外交	82.57	20.92	103.49	0.52	79.79
	对外援助	87.29	0.00	87.29	0.44	100.00
	综合服务	5.77	5.63	11.40	0.06	50.61
	一般公共服务研究	3.08	0.00	3.08	0.02	100.00
	公共债务交易	356.59	44.94	401.53	2.02	88.81
经济事务	小计	359.10	125.55	484.65	2.43	74.09
	一般经济商业劳工	73.16	7.86	81.02	0.41	90.30
	农林渔猎	49.18	2.95	52.13	0.26	94.35
	石油能源	4.80	0.00	4.80	0.02	100.00
	采矿、制造和建筑	0.14	8.44	8.58	0.04	1.68
	交通运输	178.36	105.32	283.68	1.42	62.87
	通信设备	2.71	0.00	2.71	0.01	100.00
	其他工业	1.55	0.98	2.53	0.01	61.09
	经济事务研究	44.88	0.00	44.88	0.23	100.00
国防	小计	368.94	0.45	369.39	1.86	99.88
	军事防务	349.95	0.00	349.95	1.76	100.00
	民防	0.00	0.45	0.45	0.00	0.00
	国外军事援助	6.02	0.00	6.02	0.03	100.00
	军事科研	12.96	0.00	12.96	0.07	100.00

续表

项目		财政支出数额/亿英镑			财政支出占比/%	
		中央	地方	全国	全国财政支出/GDP	中央/全国财政支出
公共安全	小计	159.83	140.87	300.70	1.51	53.15
	警察	46.42	117.30	163.72	0.82	28.35
	消防	4.61	22.61	27.22	0.14	16.94
	法院	57.13	0.97	58.10	0.29	98.34
	监狱	42.49	0.00	42.49	0.21	100.00
	公共安全研究	0.38	0.00	0.38	0.00	100.00
文娱宗教	小计	72.21	43.85	116.06	0.58	62.22
	娱乐和体育	6.29	26.01	32.30	0.16	19.48
	文化服务	20.37	18.23	38.60	0.19	52.78
	新闻出版	42.32	0.00	42.32	0.21	100.00
	宗教	0.58	0.00	0.58	0.00	100.00
	文娱宗教研究	1.57	0.00	1.57	0.01	100.00
环境保护	小计	48.64	61.80	110.44	0.55	44.04
	废弃物处理	23.14	55.95	79.09	0.40	29.26
	污染防治	0.78	0.00	0.78	0.00	100.00
	生物多样性和景观保护	4.16	0.02	4.18	0.02	99.57
	环境保护研究	4.24	0.00	4.24	0.02	100.00

续表

项目		财政支出数额/亿英镑			财政支出占比/%	
		中央	地方	全国	全国财政支出/GDP	中央/全国财政支出
住建事务	小计	20.48	82.47	102.95	0.52	19.89
	住房建设	10.46	41.89	52.34	0.26	19.98
	社区建设	5.40	26.25	31.65	0.16	17.06
	供水	2.61	4.85	7.46	0.04	34.99
	街道灯光	0.20	8.27	8.47	0.04	2.36
总计		5630.25	1466.26	7096.50	35.64	79.34

注:需要说明的有两点,其一,由于地方财政支出只有大类,而没有细目,因此本著作使用全国财政支出与中央财政支出的差额表示地方支出(即地方支出＝全国支出－中央支出),且计算所得细目的总额与官方数据差异较小;其二,为精简起见,表格不汇报每类财政支出中的"其他支出"数据("其他支出"的数据量非常小)。数据来源于英国财政部数据库(the HM Treasury)和 2009—2018 年公共支出统计分析(Public Expenditure Statistical Analyses 2009—2018)。作者整理。

⑧文娱宗教。英国中央和地方政府在文娱宗教方面的支出分别为 72.21 亿英镑和 43.85 亿英镑,总支出为 116.06 亿英镑,占 GDP 的 0.58%,其中中央政府支出占总支出的 62.22%。由此可见,中央和地方政府共同承担了文娱宗教事务的支出责任。具体而言,中央政府承担了新闻出版、宗教和文娱宗教研究的所有支出,与地方政府分担了文化服务的支出,而地方政府主要承担了娱乐和体育活动的经费。

⑨环境保护。英国中央和地方政府在环境保护方面的支出分别为 48.64 亿英镑和 61.80 亿英镑,总支出为 110.44 亿英镑,占 GDP 的 0.55%,其中中央政府支出占总支出的 44.04%。由此可见,中央和地方政府共同承担了环境保护事务的支出责任。具体而言,中央政府承担了污染防治和环境保护研究的所有支出,以及生物多样性和景观保护的绝大部分支出,而地方政府主要承担了废弃物处理的支出责任。

⑩住建事务。英国中央和地方政府在住建事务方面的支出分别为 20.48

亿英镑和 82.47 亿英镑,总支出为 102.95 亿英镑,占 GDP 的 0.52％,其中中央
政府支出占总支出的 19.89％。由此可见,地方政府承担了环境保护事务的绝
大部分支出。具体而言,地方政府承担了住房建设、社区建设、供水和街道灯光
的支出责任,这些支出在相应类别总支出中的比重分别为 80.02％、82.94％、
65.01％和 97.64％。

综上,英国政府间事权与支出责任的划分比较清晰,兼顾了国土面积小的
实际情况,以及财政分权理论对公共产品层次划分的基本原则,呈现出大部分
事权和支出责任集中于中央政府的特点。具体而言,中央政府主要承担了国
防、外交、社会保障、医疗卫生、高等教育、污染防治、一般公共服务、通信、宗教、
新闻出版等事权,而地方政府主要承担了初等教育、消防、警察、娱乐体育、社区
建设、废弃物处理等外部性范围较小的事权。

3.2.2　单一制发展中国家的划分模式——以蒙古国为例

在 1992 年的新宪法颁布后,蒙古国开展了一系列政治、经济体制改革,由
计划经济国家转变为市场经济国家,它不仅具有单一制转轨制国家的双重特
性,且与中国存在许多共性。首先,中蒙两国都是转轨制国家,强调和维护中央
政府的统一权威,突出政府在市场运行中的重要性。其次,两国对于财政分权
体系的探索起步较晚,发展较慢,存在大部分发展中国家的普遍性问题。再
次,两国具有极其深厚的历史渊源,在中国元朝、清朝和民国早期甚至属于同
一国家,尤其是蒙古国,深受中国历史、政治、文化的影响,其政治体制、行政
区划等诸多方面与中国存在相似之处。因此,选择蒙古国作为典型案例,不
仅能突显出蒙古国财政分权体系的特征,充分了解财政分权理论在单一制发
展中国家实践的优势与不足,也能为中国央、地间事权划分提供更有针对性
的经验和教训。

(1)概况介绍

蒙古国的政府层级结构大致可分为两层,即中央政府和三级地方政府。最
高级地方政府为省级政府,共有 22 个,即 1 个国家首都和 21 个省(aimag)。次
于省级政府的是县、区级政府,其中各省政府下辖有若干县政府(soum),而蒙古
国首都乌兰巴托下设有 9 个区(district)。县、区级政府的下级是社区政府,分
为农村社区(bag)和城市社区(khoroo)。总体上,蒙古国共有 21 个省,329 个县

和 1615 个农村社区;首都有 9 个区和 152 个城市社区。① 从权力分配来看,首先,蒙古国《宪法》规定,中央政府是国家主权的唯一代表,而国家大呼拉尔(the State Great Khural,即国会)是国家最高权力机关,由国民选举产生,负责选举和监督总统、划分行政区域、制定统一制度和法律体系、维护中央政府的统一领导;其次,各级政府的自治权属于所在辖区的议会(khural),议会由当地公民民主选举产生,负责辖区内经济社会事务;再次,各级地方政府行政首长由议会提名,再由上一级政府任命,如县、区行政首长通过县、区级议会提名,再分别由省长、乌兰巴托市市长任命,这种逐级发包的行政体制与中国十分相似;又次,各级地方政府虽然是自治的行政单位,拥有一定的自主权,但实际上是中央政府的代理和派出机构,其权力都由中央政府及其下辖机构或者相关法律授予,并受到中央政府的管理与监督;复次,各省级政府的权限与职责划分是不同的,即乌兰巴托和其他省政府职权并不完全一致,如乌兰巴托作为国家首都所在地,拥有最多的人口,需要承担更多事权与支出责任,这与英国十分相似;最后,蒙古国各级政府实行独立预算,但中央财政不仅要负责国防、外交等代表主权的事务和社会保障等具有全国外部性的事权,也承担了许多本该由地方政府承担的支出责任,如经济发展和一般公共服务等,而地方政府负担的事权较少,如治安、消防、初等教育等区域性事务。

(2)各级政府间财政支出划分简况

近年来,蒙古国的财政支出和中央政府支出在 GDP 中的比重都呈现出剧烈的波动,同时地方财政支出占比则不断提高,进而表现为财政支出事权向地方政府分散的趋势。蒙古国财政支出在 GDP 中的比重从 2004 年的 31.87% 降至 2005 年的 25.14%(如图 3-4 中的(a)所示),接着又大幅上涨至 2008 年的 37.63%;2010 年由于受到国际金融危机的影响,回落至 31.58%;而后随着一系列财政改革措施的颁布和执行,财政支出占比从 2011 年的 37.93% 下降至 2013 年的 32.15%,尤其是中央财政支出,在总财政支出中的占比从 89.65% 骤降至 70.90%(如图 3-4 中的(b)所示)。从央、地两级财政支出结构的变化趋势来看,中央财政支出比重大幅下降,从 2004 年的 90.86% 降到 2013 年的 70.90%,之后维持在 70% 左右,这使得中央和地方财政支出

---

① 数据来源:《2017 年蒙古国统计年鉴》(*the Mongolian Statistical Yearbook 2017*)。

比例从 90∶10 变为 70∶30。以上数据显示,地方财政支出比重大幅上升,呈现出财政支出责任向地方政府分散的趋势。总体而言,这符合蒙古国从 20 世纪 90 年代以来实施财政分权改革的大方向,且有效地调动了地方发展经济的积极性,极大地促进了经济的增长(卡娃,2015),使得蒙古国在 2012—2017 年的平均 GDP 增长率超过 10%。①

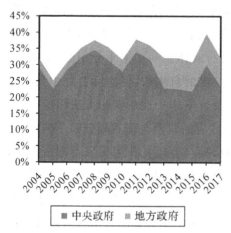

（a）各级政府财政支出在GDP中的占比　（b）各级政府财政支出在总财政支出中的占比

图 3-4　蒙古国各级政府的财政支出结构

注:数据来源于蒙古国统计局(the National Statistics Office of Mongolia),《2004—2017 年蒙古国统计年鉴》(*the Mongolian Statistical Yearbook 2004—2017*)和蒙古国财政部数据库(the Ministry of Finance)。作者整理。

(3)各领域事权与支出责任的划分模式

蒙古国中央和地方政府间的事权与支出责任划分主要依据其国土面积和人口分布,同时受到历史原因和社会主义民主集中制思想的影响,总体呈现出政府间纵向事权划分向中央集中、横向权力分配向乌兰巴托倾斜的特征,而后通过《宪法》和法律的形式保障其事权配置结构。蒙古国《宪法》是行政区域及其职能划分的基础,规定了中央政府是国家的主权代表,要求地方政府独立解决各自辖区内的社会、经济问题,并组织公民参与国家问题的决定。进一步的,

---

① 数据来源:蒙古国统计局(the National Statistics Office of Mongolia)。

《公共部门财政和管理法》(PSFML,the Public Sector Finance and Management Law)和《行政和领土单位法》(LATU,the law on Administrative and Territorial Units)明确了各级政府间财政关系。《行政和领土单位法》规定了各级政府的行政制度、结构和权力,以及各级地方政府首长的权限。《公共部门财政和管理法》规定了预算单位和政府首长在预算周期内的权限和责任,以及政府间事权与支出责任划分等内容,如将大部分社会保障服务事权交由中央政府负责,将一般公共服务分配给地方政府承担。根据当前制度安排,蒙古国各级地方政府的职责如下(见表3-4)。

①社区级政府的职责。蒙古国《宪法》规定,社区议会有权解决其管辖区域内的社会、经济问题,而无须上级行政机关的参与。同时,社区行政首长执行社区议会决议,并作为中央政府的代表,有责任在其管辖地域执行上级行政机关的决定。根据 LATU 中关于农村社区和城市社区职能的定义,社区行政首长在以下领域拥有权威:公共秩序和安全、农业、卫生、食品供应、教育、社会救助、邮政服务、环境保护、消防和统计数据等。此外,社区政府还需要配合中央政府政策。

表 3-4　蒙古国各级政府财政支出事权划分

项目		事权与支出责任安排		
		决定权	资金来源	执行单位
一般公共服务	中央行政服务	中央政府	中央政府	中央政府
	地方行政服务	中央政府	地方政府	地方政府
	公共秩序与安全	中央政府	中央政府	地方政府
	国防	中央政府	中央政府	中央政府
	外交	中央政府	中央政府	中央政府
	各级议会经费	中央政府	中央政府	中央/地方
教育	学前教育	中央政府	中央政府	地方政府
	初等教育	中央政府	中央政府	地方政府
	中学教育	中央政府	中央政府	地方政府
	高等教育	中央政府	中央政府	中央/地方

续表

项目		事权与支出责任安排		
		决定权	资金来源	执行单位
医疗	医疗服务	中央政府	中央政府	地方政府
	健康服务	中央政府	中央政府	地方政府
	公共卫生和流行病学	中央政府	中央政府	地方政府
社保	社会保障	中央政府	中央政府	中央/地方
	社会救助	中央政府	中央政府	中央/地方
住建事务	住房	中央/地方	中央/地方	中央/地方
	环境卫生	中央政府	地方政府	地方政府
	供水	中央政府	中央/地方	中央/地方
	废水处理	中央政府	中央/地方	中央/地方
文娱	娱乐	中央政府	中央政府	地方政府
	运动与文化	中央政府	中央政府	地方政府
经济事务	石油能源	中央政府	中央政府	中央/地方
	金融经济活动	中央政府	中央/地方	中央/地方
	农业	中央政府	中央/地方	中央/地方
	矿产勘探与开采	中央政府	中央/地方	中央/地方
	道路与建筑	中央政府	中央/地方	中央/地方
	交通运输与通信设备	中央政府	中央/地方	中央/地方
其他	环境保护	中央/地方	中央/地方	中央/地方
	其他服务	中央政府	中央/地方	中央/地方

注:资料来源于蒙古国的《宪法》《行政和领土单位法》《公共部门财政和管理法》以及蒙古国财政部数据库(the Ministry of Finance)中2014—2017年的预算数。由于蒙古国财政部和统计局没有公布确切数据,因此以上内容为笔者根据相关法律和财政部预算数据整理所得。

②县、区级政府的职责。县、区议会有权管理辖区内的社会、经济问题,把握社会经济发展的总体方向,同时需要向上级政府提交财政预算,监管预算实施情况,在法律规定的范围内征收地方税和费用,但没有开征某项税收或税收立法的权力。进一步的,LATU第29条和第31条规定了县、区政府的

一般权限：财政规划、税收、地方财产管理、农业、矿产资源和土地使用、公园、交通、道路建设、通信、能源供应、教育、文化体育、社会保障、卫生、治安。

③省级政府和首都的职责。根据 LATU 规定，省、首都与县、区政府有相类似的职能，并在县、区职能的基础上，拥有债券发行，决定地方国有财产转让、私有化的权力。

如上所述，蒙古国《宪法》和相关法律划分了各级政府间的事权与支出责任，但事实上仍然存在职能重叠、划分不清的情况。首先，无论是作为国家基本法的《宪法》，还是作为政府间财政关系法律的 LATU 和 PSFML，都没有明确划分中央和地方政府间的事权，这使得诸多财政事权依然保持高度集中于中央政府的态势。其次，LATU 和 PSFML 对省级政府和县、区级政府分配的职能，存在大量重叠的部分。

总体而言，蒙古国政府间事权与支出责任划分过于集中（见表 3-4），部分事权交叉重叠。从 1992 年经济体制转轨以来，蒙古国开展了一系列财政分权改革分权措施，颁布了《公共部门财政和管理法》和《行政和领土单位法》，做出了巨大的努力，显著增加了地方财政支出比重，提高了地方发展经济的积极性，推动地区经济的发展。尤其是在 2011 年后，蒙古国意识到财力和资源分配向乌兰巴托倾斜过多，导致其他地区发展滞后、缺乏积极性，进而增加了诸如后杭爱省、巴彦洪戈尔省等落后地区的财力配给和产业补助，以及地方政府的自主权。这是近年来蒙古国区域经济迅速发展的重要原因。但蒙古国政府间事权与支出责任划分仍存在三方面亟待解决的问题，其一，蒙古国中央和地方政府的事权范围依然不明确，事权过于集中在中央政府；其二，地方政府间存在大量职能重叠的情况；其三，地区间资源分配过度倾向于乌兰巴托。

3.3　各国央、地间事权与支出责任划分的比较分析

前文选取了联邦制发达国家、联邦制发展中国家、单一制发达国家和单一制发展中国家的典型代表，即美国、俄罗斯、英国和蒙古国作为研究对象进行案例分析。案例分析利用四个国家的统计年鉴、财政支出数据和法律文件，分析了这些国家政治体系、行政区划、权力分配结构以及各级政府间的财

政支出结构和事权划分现状,并总结了每个国家事权划分的优点、缺点和特点。本小节将比较分析美、俄、英、蒙四国政府间的事权与支出责任划分模式,并在此基础上将 4 个国家拓展为 81 个国家,通过对比分析这 4 种类型的国家,试图归纳不同类型国家央、地间事权划分的共性和特性,总结其规律性和适用性。

3.3.1　美、俄、英、蒙四国央、地间事权与支出责任划分的比较分析

(1)美、俄、英、蒙四国央、地间财政支出划分的比较分析

从国家结构形式来看,联邦制国家的财政体制更倾向于分权。美、俄、英、蒙四国的中央政府财政支出在全国财政支出中的占比分别为 47.86%、47.97%、79.47%、72.84%(如表 3-5 所示)。相对而言,作为单一制国家的英国和蒙古国,中央财政支出占比高于 70%,其财政体制呈现出中央集权的特征;而联邦制国家中,美国和俄罗斯中央政府财政支出的占比都低于 50%,财政体制倾向于分权。基于前文案例分析和以上数据可知,联邦制国家往往在法律层面就规定了联邦和联邦主体的权力,并给予联邦主体较多的自主权,因此联邦制国家政府间事权划分更倾向于分权,单一制国家则更倾向于集权,尤其像英国、蒙古国这样领土面积较小、大量人口集中在首都的国家。

从经济发展水平来看,发达国家的财政体制可能更倾向于分权。就联邦制国家而言,若按俄罗斯原先的统计口径计算,社保基金由中央财政负责,那么俄罗斯中央财政支出在全国财政支出中的比重高达 61.34%,这一比重远高于同为联邦制国家的美国。对于单一制国家而言,在 2011 年之前,蒙古国的中央财政支出在全国财政支出中的比重高达 90%(如图 3-3 所示),这一比例远高于同一时间的英国,相对英国而言更倾向于集权。同时需要注意的是,影响财政分权和政府间事权划分的因素还有很多,如历史文化、领土面积、人口规模等。因此,发达国家的财政体制是否更倾向于分权,或者经济水平是否会影响财政分权,这还有待进一步的研究。

表 3-5　美、俄、英、蒙政府间财政支出划分　　　　　（单位：%）

项目		美国 （2018）	俄罗斯 （2017）	英国 （2017）	蒙古国 （2017）
财政支出 /GDP	中央政府	16.67	12.42	28.42	23.47
	联邦主体	8.90	8.99	—	—
	地方政府	9.27	5.03	7.34	8.75
	总计	34.84	26.44	35.76	32.22
财政支出 /全国财政 支出	中央政府	47.86	47.97	79.47	72.84
	联邦主体	25.55	34.01	—	—
	地方政府	26.60	19.02	20.53	27.16

注：由于 2013 年后，俄罗斯社保基金不再列入中央财政，成为单列预算，也不属于任何一级政府预算，因此表中俄罗斯的数据是不含社保基金的数据。数据来源于美、俄、英、蒙四国的财政部、统计局数据库。作者整理。

（2）美、俄、英、蒙四国央、地间事权与支出责任划分的比较分析

由于国家结构形式、经济发展水平等诸多因素的影响，美、俄、英、蒙四国的央、地间事权划分模式存在许多显著的差异（如表 3-6 所示）。第一，高等教育和监狱事务，在美国由州和地方政府承担主要支出责任，而在俄、英、蒙三国由中央政府或州政府承担。第二，农林渔猎、法院事务、医疗服务在美国由各级政府分担支出责任，而在俄、英、蒙三国由中央政府或州政府承担。第三，石油能源管理在美国由州和地方政府分担支出责任，而在俄、英、蒙三国由中央政府或州政府承担。第四，采矿、制造和建筑事务，警察和消防事务在美、英两国由较低层级政府承担支出责任，而在俄、蒙两国由较高层级政府承担支出责任。第五，住房、社区建设事务和废水、废弃物处理在美、俄两国由较低层级政府承担支出责任，而在英、蒙两国由中央和地方共同承担。第六，文娱体育事务在美国由地方政府承担，而在俄、英、蒙三国由各级政府承担。基于上述现实情况可知，这些事权项目在政府间的划分并没有因为国家结构形式或经济发展水平的异同而呈现出显著的规律性，其原因可能是事权划分也受到历史文化、领土面积、人口特征等因素的重要影响。

虽然四个国家的国家结构形式、经济发展水平、历史文化、领土面积、人口特征各有差异，但这些国家的央、地间事权划分模式也存在许多共同点（如表 3-6

所示）。第一，社会保障方面，首先，养老金事务一般由较高等级政府承担，这是由于养老金事务具有全国外部性，且需考虑各地区的公平性，需要中央政府统一协调、分配；其次，家庭和儿童事务都由各级政府分担支出责任，这是由于该事务不仅具有全国外部性，也要兼顾公平性和地方偏好性，需要中央政府统一协调、地方政府配合。第二，一般公共服务主要是指行政、财政、司法等方面的公共服务，而各级政府往往都配有相应级别的行政、财政、司法等服务部门，因此这项事权应由各级政府共同承担。第三，基础研究的经费都由中央政府承担，这是因为基础研究投入大、风险高，且难以直接产生经济效益，但有助于国家科技进步和经济发展，具有全国范围的外部性。第四，学前教育和中小学教育一般由较低层级政府承担相应支出责任，这是由于初等教育的外部性范围较小，且需考虑地区居民偏好。第五，国防和外交都由中央政府承担全部支出责任，这是因为国防和外交都是主权性事务，且具有全国外部性。第六，公共卫生事权一般由较高层级政府承担支出责任，这是由于公共卫生事务往往需要中央统一协调，如中国"非典"时期，卫健委需要从全国范围协调各地区，对疾病进行防控。第七，医疗研发事务一般由中央政府负责，这与基础研究有相似之处。第八，生态多样性和景观保护一般由较高层级政府承担支出责任，如俄罗斯由联邦和联邦主体政府承担，美、英都由中央政府承担，这是因为这项事务难以产生直接经济效益，但有助于国家的生态环境保护，且涉及的地区领域可能较广，需要中央或联邦主体进行协调。第九，交通运输事务一般由各级政府共同承担，这是由于不同级别的交通运输事务的外部性存在差异，如跨省的高速公路、铁路和乡村小道显然是不同的，应由不同级别的政府承担。第十，通信事务属于基础设施建设，一般都由较高层级政府负责，这是因为通信设备建设事务具有全国外部性，而且全国统一规划建设，有利于发挥规模经济效应。

表 3-6 美、俄、英、蒙政府间事权划分的主要归属（一般情况）

	项目	美国	俄罗斯	英国	蒙古国
社会保障	养老金	C,S	C	C	C
	家庭儿童	C,S,L	C,S,L	C,L	C,L
	扶残助弱	C	—	C,L	C,L

项目		美国	俄罗斯	英国	蒙古国
一般公共服务		C,S,L	C,S,L	C,L	C,L
基础研究		C	C	—	—
教育	学前和初等教育	L	S,L	L	L
	中等教育	L	S,L	C,L	L
	高等教育	S,L	C,S	C	C
经济事务	农林渔猎	C,S,L	C,S	C	C
	石油能源	S,L	C,S	C	C
	采矿、制造和建筑	S,L	C	L	C,L
	交通运输	C,S,L	C,S,L	C,L	C,L
	通信	C	C,S	C	C
医疗卫生	医疗服务	C,S,L	C,S	C	C
	公共卫生	C,S	C,S	C	C
	医疗研发	C	—	C	—
公共安全秩序	警察	S,L	C	C,L	C
	消防	L	C,S	C,L	C,L
	法院	C,S,L	C,S	C	C
	监狱	S,L	C	C	C
国防外交	军费（含军事科研）	C	C	C	C
	民兵	—	C,S,L	L	—
	外交	C	C	C	C
住建事务	社区建设	L	S,L	C,L	—
	住房	L	—	C,L	C,L

续表

项目		美国	俄罗斯	英国	蒙古国
文娱体育	娱乐体育	L	C,S,L	C,L	C,L
	文化服务	—	C,S,L	C,L	C,L
	广播出版	—	C,S,L	C	—
环境保护	废弃物和废水处理	L	S	C,L	C,L
	污染防治	C,S	S,L	C	C,L
	生态多样性和景观保护	C	C,S	C	—

　　注:表中 C、S、L 分别表示中央政府、州(联邦主体)政府、地方政府,"—"表示不存在该事权项目,或没有统计,或数量极少可忽略不计。由于英国和蒙古国为单一制国家,不存在联邦主体这一行政级别,因此将这两国的政府分为中央和地方两个级别。资料来源于各国的法律文献和前文的数据资料。作者整理。

　　综合数据资料和上述分析,可以得到如下三个结论。首先,尽管四个国家存在国家结构形式、经济发展水平等方面的诸多差异,但部分事权在中央和地方政府间的划分模式却是相似的,如养老金、家庭儿童、一般公共服务、基础研究、初等教育、国防、外交、公共卫生等事务,这是由各项公共产品的外部性、区域层次性和信息偏好性所决定的。其次,由于受到历史文化、领土面积、人口特征等因素或者样本数量太少的影响,部分事权在政府间的划分并没有因为国家结构形式或经济发展水平的异同而呈现出显著的规律性。再次,美国是四个国家中财政分权程度最高、财政分权理论实践情况最好的国家,也是经济最发达的国家,其政府间事权划分模式值得世界各国借鉴学习。

3.3.2　央、地间财政支出划分比较的拓展——基于 81 个国家的数据

　　(1)数据来源

　　本节考虑到数据可得性、国家代表性等因素,选取和搜集了 81 个国家 2015年的数据,并将这些国家按国家结构形式和经济发展水平分为 4 类(如表 3-7 所示)。所选的 81 个国家的 GDP 总量占当年全世界的 85.45%,人口总量占全世

界的 54.49％,具有统计意义,能够代表一般情况。这些国家的数据来源于不同的国际数据库,其中财政支出数据来源于 IMF 的 GFS 数据库和 GFS yearbook 2017,国家 GDP、人均 GDP 和人口数据来源于 UN data,国际贸易数据来源于 UNCTAD 数据库,国家面积、发达国家标准来源于 *The World Factbook 2015*。

表 3-7　81 个国家的分类情况

国家类型	国家
联邦制 发达国家	美国、加拿大、澳大利亚、奥地利、比利时、德国、瑞士
联邦制 发展中国家	俄罗斯、南非、巴西、波斯尼亚和黑塞哥维那、印度尼西亚、阿拉伯联合酋长国
单一制 发达国家	英国、新西兰、塞浦路斯、捷克、丹麦、芬兰、法国、希腊、匈牙利、冰岛、爱尔兰、意大利、卢森堡、马耳他、荷兰、挪威、葡萄牙、斯洛伐克、斯洛文尼亚、西班牙、瑞典、以色列、日本、韩国、新加坡
单一制 发展中国家	中国、蒙古国、哥斯达黎加、萨尔瓦多、洪都拉斯、基里巴斯、汤加、埃及、肯尼亚、卢旺达、塞内加尔、塞舌尔、乌干达、智利、哥伦比亚、巴拉圭、秘鲁、阿尔巴尼亚、白俄罗斯、保加利亚、克罗地亚、爱沙尼亚、拉脱维亚、立陶宛、马其顿、摩尔多瓦、波兰、罗马尼亚、圣马力诺、塞尔维亚、乌克兰、阿富汗、亚美尼亚、阿塞拜疆、不丹、格鲁吉亚、哈萨克斯坦、吉尔吉斯斯坦、缅甸、泰国、东帝汶、土耳其、乌兹别克斯坦

注:资料来源于 *The World Factbook 2015*。作者整理。

(2)央、地财政支出结构的比较分析

前文开展了美、俄、英、蒙的四国案例研究,并没有发现中央、地方财政支出结构和事权划分模式因国家结构形式、经济发展水平等因素的异同而表现出显著的规律性。为进一步地探索和剖析可能的规律性,下面利用 81 个国家的数据进行比较分析。

比较分析结果(表 3-8)显示,首先,联邦制发达国家、联邦制发展中国家、单一制发达国家和单一制发展中国家的地方财政支出比例均值分别为 33.47％、29.56％、15.50％和 7.64％。这些数据显示,联邦制国家和经济发达国家的地方财政支出比例均值分别高于单一制国家和发展中国家,前者更倾向于财政支出分权;此外,第三、第四列的 GDP 数据也表现出了这种经济水平和地方财政支出比例之间的规律性。其次,第五列数据显示,在国家结构相同的情况下,领土面积较大的国家的地方财政支出比例均值更低;而在经济水平接近的情况下,领土面积较大的国家的地方财政支出比例均值更高。这一结果非常有趣,领土面积与地方财政支出比例之间,因国家结构和经济水平的不同,表现出两种不同的规律性。因此,领土面积与央、地财政支出结构的关系还有待进一步实证检验。再次,国家人口规模与领土面积的情况相似,在国家结构和经济水平不同的情况下,表现出两种不同的规律性。最后,第七列的数据显示,人口集中度较高的国家,即人口更集中于首都的国家,地方财政支出比例均值较低,更倾向于财政支出集权。综上,中央和地方政府间的财政支出是个非常复杂的问题,受到诸多因素影响,如国家结构形式、经济发展水平、领土面积、人口特征等,还需要进一步实证研究其影响因素,才能确定央、地财政支出结构在不同国家之间变化的规律性。

表 3-8   81 个国家央、地财政支出比例的比较

国家类型	地方财政支出/全国财政支出/%	GDP/亿美元	人均GDP/美元	国家领土面积/km²	人口数量/万人	首都人口集中度/%	国家数量
联邦制发达国家	33.47	37024.98	51427.80	3947080	7012.69	6.14	7
联邦制发展中国家	29.56	7872.25	11840.70	4813470	11265.31	10.50	6
单一制发达国家	15.50	7337.34	38521.68	170750	2134.75	19.36	25
单一制发展中国家	7.64	3513.60	6807.79	584680	5099.59	21.4	43

注:需要说明的有三点。其一,以上数据中,地方财政支出在全国财政支出中的占比、GDP、人均GDP、国家领土面积、人口数量和首都人口集中度均为各类国家的平均值。其二,地方财政支出是中央政府支出以外的广义地方财政支出。其三,首都人口集中度表示国家人口在首都的集中程度,首都人口集中度=首都人口数/全国人口数。作者整理。

（3）央、地财政支出结构划分的影响因素分析

在已有文献中，央、地财政支出结构或地方财政支出比重通常被作为财政分权的指标进行研究。Roddon（2002）利用跨国数据，实证检验了政府公共治理需求对财政分权的重要影响。吕炜（2005）指出经济水平、国家结构、历史文化、地理疆域等因素都是影响财政分权和事权划分的重要因素。Freinkman and Plekhanov（2009）研究了财政转移支付体系对财政分权和地方财政支出的影响，他们认为过度的转移支付容易造成财政软约束，使得地方政府支出规模膨胀。Wu and Wang（2013）的研究发现，辖区人口规模是决定地方政府公共产品供给量的重要因素，人口规模越大，所需的公共产品数量也越多，进而财政支出也越高。Stegarescu（2010）的实证结果显示，贸易开放程度越大的国家，财政分权水平越高。Bodman and Hodge（2010）研究了 OECD 国家财政分权的影响因素，结果显示市场化水平、收入差异、政府规模、城市化进程、社会民主程度都是至关重要的因素。财政部财政科学研究所课题组（2010）通过比较分析多个国家的政府间事权划分模式，指出国家历史文化也是影响其财政支出分权的重要因素。段龙龙（2017）对中国财政分权的变迁进行了空间计量分析，认为人口规模、经济水平、开放程度与财政分权呈正相关关系。

从已有研究来看，经济发展、国家结构、地理疆域、人口规模、历史文化等因素都将可能影响到中央和地方政府之间的财政支出事权划分。

其一，经济发展方面，由于收入水平增加和社会财富积累，公民对于公共产品的种类、质量、范围、数量的要求逐步提高，使得地方政府为扩大公共产品供应能力而扩大财政支出规模，进而促进财政支出分权。

其二，国家结构方面。不同于单一制国家的"地方权力、中央赋予"的政府间权力分配模式，联邦制国家往往在法律层面直接将权力赋予联邦和联邦主体。因此联邦主体政府相对于单一制国家的地方政府，可以争取到更多财政自主权，以充分发挥地方优势和满足地区需求偏好。尤其是在"用脚投票"的机制下，联邦主体为了吸引更多劳动力和资本要素，会提供更多数量、更高质量的公共产品，进而提高地方财政支出规模。

其三，地理疆域方面。国家领土面积越大，中央政府就越需要更多的地方政府帮助其管辖偏远地区，并在这些地区提供质量相似、数量相近的公共产品，以维护国家的公平和统一，这意味着疆域越大的国家，地方财政支出比重越高。

但如前所述,在国家结构相同或经济水平接近的情况下,领土面积与地方财政支出比例呈现出不同的相关关系,因此领土面积对央、地财政支出结构的影响效应还有待检验。

其四,人口规模和首都人口集中度方面。理论上,人口规模越大的国家,如中国、美国,就需要划分更多的行政层级和区域数量,实施分级管理,这意味着数量更多的地方政府,以及更多的地方性公共产品和更高的地方财政支出比例。但前文指出,在国家结构相同或经济水平接近的情况下,人口规模与地方财政支出比例呈现出不同的相关关系,因此人口规模对央、地财政支出结构的影响效应还有待检验。此外,首都人口集中度也可能是重要的影响因素,如前文案例中的英国和蒙古国,由于大量人口集中在英格兰和乌兰巴托,其他地区"地广人稀",进而使得财政支出事权向中央集中。

其五,历史因素。如前文所述,转轨制国家受到社会主义关于民主集中制的思想,以及过去计划经济体制的影响,在政府间权力分配中强调中央政府的统一权威,在政府与市场的关系中突出政府的重要性,进而更加倾向于中央集权。这意味着,历史上是不是,或现在是不是社会主义国家,可能影响政府间的权力分配,进而影响央、地财政支出结构。

根据已有文献研究和以上理论分析,本章设置如下变量,实证检验这些因素对央、地财政支出结构划分的影响(见表3-9)。被解释变量为央、地财政支出结构,解释变量为经济水平、国家结构、领土面积、人口规模、历史因素和首都人口集中度,控制变量为贸易开放程度,虚拟变量为各国所属大洲,工具变量为人均出口贸易额,各个变量的名称、含义、赋值以及与解释变量的相关性预期都列于表3-9中。其中需要说明的是,由于解释变量经济水平存在内生性问题,且与被解释变量之间存在互为因果的关系,因此本章采取工具变量法消除该解释变量的内生性。本著作选取出口贸易额作为经济水平的工具变量的原因是,出口贸易额度与经济增长存在显著的相关性,与央、地财政支出结构或地方财政支出比例没有直接关系,这保证了工具变量的严格外生。

表 3-9　影响央、地财政支出划分的变量说明

变量类型	变量与变量名称	含义与赋值	预期
被解释变量	央、地财政支出结构	地方财政支出/全国财政支出	—
解释变量	经济水平	人均 GDP	正向
	国家结构	单一制国家＝1； 联邦制国家＝2	正向
	领土面积	国家实际面积的对数值	未知
	人口规模	国家人口数量	未知
	历史因素	曾是或现在是社会主义 国家＝1；否＝0	负向
	首都人口集中度	首都人口数/全国人口数	负向
控制变量	贸易开放程度	进出口贸易总额/GDP	—
工具变量	人均出口贸易额	人均出口贸易额	—
虚拟变量	北美洲	是否属于北美洲？否＝0； 是＝1	—
	南美洲	是否属于南美洲？否＝0； 是＝1	
	欧洲	是否属于欧洲？否＝0；是＝1	
	亚洲	是否属于亚洲？否＝0；是＝1	
	大洋洲	是否属于大洋洲？否＝0； 是＝1	
	非洲	是否属于非洲？否＝0；是＝1	

　　本章利用多元线性回归（OLS，ordinary least square）和工具变量法（两阶段最小二乘法，2SLS，2－stage least square）实证检验央、地财政支出划分的影响因素，回归分析结果见表 3-10。其中列Ⅰ的结果显示，经济水平、国家结构、领土面积和人口规模的回归系数分别为 0.03、0.11、0.02 和 0.05，都在 1% 或

5％水平上通过了显著性检验,且 R^2 和 F 统计量分别为 0.53 和 13.98,表明模型良好拟合。这一结果表明,经济水平、国家结构、领土面积和人口规模对央、地财政支出结构具有显著影响,且都与地方财政支出比例呈正相关关系。进一步的,在Ⅱ~Ⅶ的模型中加入贸易开放程度的控制变量和地区虚拟变量后,经济水平、国家结构、领土面积变量的系数依然稳定,并在 1％ 的水平上显著,而领土面积变量的系数减小,且没有通过 10％ 的显著性检验。这一结果意味着:首先,经济水平、国家结构、领土面积对央、地财政支出结构的影响效应依然稳健,进一步地印证了列Ⅰ的结果;其次,贸易开放、地区虚拟变量和领土面积对地方财政支出比例具有交叉影响作用,虽然在列Ⅱ~Ⅶ的结果中并不显著,但回归系数非常稳定,依然可以说明领土面积变量的影响效应。此外,历史因素和首都人口集中度的影响效应并不显著,但在列Ⅱ~Ⅶ模型中的回归系数稳定,这意味着历史因素、首都人口集中度可能与地方财政支出呈负相关关系,符合理论预期。

表 3-10　央、地财政支出划分的影响因素分析

变量	Ⅰ	Ⅱ	Ⅲ	Ⅳ	Ⅴ	Ⅵ	Ⅶ	Ⅷ
	OLS	OLS	OLS	OLS	OLS	OLS	OLS	2SLS
经济水平	0.03***	0.03***	0.03***	0.03***	0.03***	0.03***	0.03***	0.03**
国家结构	0.11***	0.12***	0.11***	0.12***	0.11***	0.11***	0.12***	0.10**
领土面积	0.02**	0.01	0.01	0.01	0.01	0.01	0.01	0.02**
人口规模	0.05***	0.05***	0.05***	0.04***	0.05***	0.05***	0.05***	0.05***
历史因素	−0.03	−0.02	−0.04	−0.04	−0.04	−0.03	−0.04	−0.04
人口集中	−0.03	−0.04	−0.03	−0.04	−0.03	−0.02	−0.02	−0.03
开放程度		−0.02	−0.03	−0.03	−0.03	−0.02	−0.03	
北美洲							−0.01	
南美洲						−0.04		

续表

变量	I	II	III	IV	V	VI	VII	VIII
	OLS	OLS	OLS	OLS	OLS	OLS	OLS	2SLS
欧洲					−0.01			
亚洲				0.05				
大洋洲			0.01					
非洲		−0.06						
常数项	−0.24***	−0.17***	−0.17	−0.18	−0.17	−0.19	−0.17	−0.27***
R^2	0.53	0.54	0.53	0.55	0.54	0.54	0.53	0.52
F/Wald	13.98***	10.70***	10.34***	10.84***	10.36***	10.46***	10.35***	81.63***
样本容量	81	81	81	81	81	81	81	81

注:**、*** 分别表示变量在5%、1%的统计水平上显著。

工具变量回归的结果如列 VIII 所示,R^2 为 0.52,Wald 统计量为 81.63,说明模型拟合良好,具有统计意义。从各个变量的回归系数和显著性来看,经济水平、国家结构、领土面积和人口规模的回归系数分别为 0.03、0.10、0.02 和 0.05,都在 1% 或 5% 水平上通过了显著性检验,结果依然十分稳健。剔除了经济水平变化的内生性影响后,该变量对央、地财政支出结构的影响效应依然存在,这意味着经济水平与地方财政支出比例呈正相关关系,经济越发达的地区越倾向于财政分权。以上实证结果不仅符合理论预期,也进一步验证了吕炜(2005)、财政部财政科学研究所课题组(2010)、Wu and Wang(2013)等的研究结论。

3.4 启示与借鉴

所谓"择其善者而从之,其不善者而改之",不论发达国家还是发展中国家,它们在央、地间事权与支出责任划分方面,对某些问题的技术性处理方法值得参考和借鉴,有些经验教训值得总结和反思。这些启示和借鉴主要可以分为四个方面:划清政府、市场边界的启示与借鉴,优化中央、地方财政支出比例和分权体系的启示与借鉴,划分中央、地方的事权与支出责任的启示与借鉴,健全中央、地方两级财政法制体系的启示与借鉴。

3.4.1 划清政府、市场边界的启示与借鉴

划清政府与市场的边界,是央、地间事权与支出责任划分的重要基础。若市场与政府的边界混乱,该由市场承担的事务却由政府承担,而政府应承担的事务却不到位,造成政府职能越位、缺位和错位并存,这既不利于保证政府提供公共服务的效率,也不利于充分激发市场的活力。如何划清政府与市场的边界,关键在于确立市场优先原则,即凡是市场可以承担的事务,政府决不直接承担,而是做到事前立法立规、事中监督管控、事后统计公告、事败酌情救场。

以美国为例(见表3-1),美国政府在科学技术事权领域只负责基础研究工作,将应用研究、技术开发等事务都交由市场承担。这是因为基础研究事务所需资金大、失败风险高,缺乏直接经济效益,属于纯公共产品,应该由政府承担;而应用研究、技术开发等事务虽然也需要资金投入,也存在风险,但具有直接经济效益,可以作为私人产权,因此该事务可交由企业或企业联合高校、研究所完成,由市场自行管理成本、风险和收益。与此同时,美国政府通过《专利法案》建立系统的专利保护机制,保障私人研发部门的应有收益,做到事前立法立规和事中监督管控。于是,一方面政府不需要承担应用研究、技术开发等事务,可以更好地把握国家或地区发展的大政方针,另一方面可以极大地激发社会各阶层的创新活力,推动科学技术发展。

反观中国政府承担的科学技术领域事务,包括了基础研究、应用研究、科学技术研发、科学技术普及、社会科学研究、科技交流合作、科技条件服务等①多项内容。可见,中国政府承担了许多可以由市场完成的事务,存在明显的越位现象;同时,其建立的专利保护机制早已备受诟病,造成市场中"山寨产品"横行,存在严重的缺位现象。这表明中国政府在科学技术事权领域,既没有做到放权

---

① 资料来源:中国财政部数据库中的历年财政决算表。

让利,也没有做好事前立法立规、事中监督把控,存在越位、缺位并存的现象。

在对比中、美两国科技领域的事权范围后,管中窥豹,可见一斑,中国政府职能过于宽泛,亟须转变职能,简政放权,为重新划分央、地间事权与支出责任奠定基础。从美国和英国的经验来看,诸如外交、国防、司法等纯公共物品由政府提供是毫无疑问的;准公共物品需要视情况而定,可以政府、市场合作的方式提供,同时放大市场的作用;对于非公共物品,全部由市场提供,政府应当充当市场规则制定者、市场竞争监督者和市场失灵救助者的角色。就当前实际情况而言,中国政府承担了许多准公共物品和非公共物品责任,如国家体育总局下辖的中国篮球协会承担了中国职业篮球比赛的所有事务,而这应交由市场负责。

3.4.2　优化中央、地方财政支出比例和分权体系的启示与借鉴

科学合理的央、地两级财政支出比例,是央、地间事权与支出责任划分的重要参考依据,也是发挥中央和地方政府各自优势的重要手段。若地方财政支出比例过高,意味着过度分权,会加剧地方保护主义和地区发展的不均衡,不利于国家经济的协调发展;若中央财政支出比例过高,意味着过度集权,这将抑制地方政府发展经济的积极性,也不利于发挥地方政府的信息、地理优势。如何才能确定科学合理的央、地两级财政支出比例,关键在于两点:其一要实现财力、事权相匹配,其二要综合考虑各方面现实情况,进行动态调整优化。

首先,财力、事权两者相匹配,是优化公共资源配置的重要途径。以美国和俄罗斯为例,美国是世界上财政分权实践最完善的国家之一,以高效的财政资源利用率和公共产品供给能力著称,而俄罗斯的财政体制存在许多发展中国家普遍存在的问题,如央、地间财力与事权不匹配、转移支付体系不完善等,影响了其公共产品供给和财政资源配置的能力。表3-1和表3-2的数据显示,美国政府间转移支付在全国财政支出中的比重仅为9.69%,而俄罗斯则高达47.26%。在央、地间财力与事权严重不匹配的情况下,即使财政转移支付体系完善,也会因为财政资源在政府间的往返流动时滞而导致公共产品供给时间延长、效率下降。

其次,不存在最优的央、地两级财政支出结构,应综合考虑各个因素、各方实情进行动态调整优化。从美、俄、英、蒙四国案例和81个国家的经验数据来看,即

使是发达国家,也不存在最优的央、地财政支出比例,而是由经济发展水平、国家结构、人口规模、领土面积、首都人口集中度等因素综合决定的。例如,人口规模大、领土面积大、经济发达的国家,应保持较高的地方财政支出比例,而领土面积小、人口规模小、首都人口集中度高的国家,其财政支出应向中央政府集中。

反观中国的央、地两级财政支出结构,主要存在两方面的问题。首先,中国与俄罗斯及许多发展中国家相似,央、地间财力、事权不匹配,且转移支付体系不完善,不仅造成了公共产品供应和财政资源配置效率低下,也造成了巨大的地方财政缺口,进而引发了诸如"土地财政"、房价畸高等经济社会问题。其次,尽管中国疆域辽阔、人口规模庞大、首都人口集中度较低,但近三年的地方财政支出比例均值超过85%,大幅超过单一制发达国家15.50%的平均比例,呈现出过度分权的状态,不利于各地区协调均衡发展。

综上,通过国际比较可以发现,中国存在央、地间财政失衡和地方财政支出比例过高的问题。从美国等发达国家的经验来看,中国的央、地间财政关系应从三个方面进行完善:其一,重新划分央、地间事权,并适度加强中央事权,尤其是社会保障这一事权,具有全国范围的外部性,涉及全国人民的福利,关乎国家的公平和稳定,应由中央政府承担,如参考美国、英国、俄罗斯的经验;其二,建立健全地方税系,使地方政府能够有稳定、透明、规范的财政资金来源,缩小地方财政缺口;其三,构建规范、系统、透明、科学的转移支付体系,作为央、地财政失衡的调节剂。

3.4.3　划分中央、地方的事权与支出责任的启示与借鉴

合理划分中央和地方政府之间事权与支出责任的重要前提是构建一套系统综合、适用性强的划分原则。"系统综合"和"适用性强"两个要点意味着,构建事权划分原则既不能盲目遵从财政分权理论,也不能简单照搬发达国家的事权划分模式。这是因为世界上并不存在最优的政府间事权划分模式,而是要寻求最适合本国情况的划分模式,即使是美国这样财政分权实践完善的国家,其事权划分模式也是将分权理论和自身实际情况相结合而制定的,若放置于英国可能无法产生相同的效果,反之亦然。因此,制定系统综合、适用性强的事权划分原则,应当借鉴财政分权理论,同时充分结合国家结构、人口规模、领土面积、经济发展水平等因素综合规划。

从美国、英国的政府间事权划分模式反观其划分原则或方法,它们既遵从财政分权理论,充分考虑公共产品的外部性、信息偏好性等,也很好地结合了国家自身的实际情况。英、美两国由于国家结构不同,领土面积、人口规模等存在巨大差异,其医疗服务、监狱、建房和社区建设等公共事务在政府间的配置存在差异,在美国一般由州或地方政府承担,而在英国一般由中央政府或央、地共同承担。同时,两国尽管存在许多天然差异,但它们在养老金、国防、外交、学前教育、中小学教育、公共卫生、医疗研发、基础研究、生态多样性保护等领域的政府间事权划分是非常相似的,基本遵循财政分权理论对事权划分的要求。

就中国央、地间各领域事权与支出责任划分情况而言,其划分原则和划分模式存在较大问题。首先,在划分原则方面,当前中国的事权划分,主要依据是楼继伟(2013)根据财政分权理论所提出的三条原则。但这三条原则因过分依赖财政分权理论,缺乏对中国实际情况的思考而备受诟病。其次,在过分依赖财政分权理论的划分原则的指导下,中国的政府间事权划分模式弊端尽显,其中比较重要的几个事权领域,如社保基金中养老金未能统筹到中央,一些社会保障事务甚至没有统筹到省级政府;再如义务教育根据财政分权理论应当全部由地方政府承担,但中国的现实是存在大规模流动人口,这种义务教育事务过度分权的划分方式导致了流动人口子女上学难的问题。

综上,通过国际比较分析可以发现,中国存在事权划分原则和模式过分依赖财政分权理论的问题。从美、英国家的经验来看,重构事权划分原则和政府间事权配置结构应从两个方面进行考虑。首先,立足国家现实情况,充分考虑国家结构、经济发展水平、人口规模、领土面积以及其他因素,结合财政分权理论构建新的事权划分原则体系。其次,基于以上条件,参考和借鉴政府间事权划分的先进国际经验,避免重复其他发展中国家普遍存在的共性问题,重新划分中央和地方政府间的事权与支出责任,以求责权清晰,防止各级政府根据经济效益推诿或争抢提供公共产品。

3.4.4 健全中央、地方两级财政法制体系的启示与借鉴

科学系统的财政法制体系,是维持央、地间事权与支出责任划分合理配置的根本保障和重要支撑。若在划分央、地间事权与支出责任后,没有通过法律的形式保障事权配置结构,或者法律体系缺乏科学性、系统性和明确性,将导致

地方政府权力缺乏依托和归属感。进一步的,在联邦制国家中可能造成联邦与联邦主体的责任推诿、讨价还价,如俄罗斯;在单一制国家中,尤其是采取"地方官员,上级任命"的官员任命机制的国家,可能造成事权与支出责任自上而下的推脱,出现"事权下沉"效应,如中国。

从各国的经验来看,健全央、地两级财政法制体系的关键在于三点,即科学性、系统性和明确性。其一,科学性是指在立法之前,不仅要构建科学合理的政府间事权划分原则和模式,作为塑造法制体系的基础,也要考虑到事权划分不是一成不变的,而是根据国家现实情况动态调整的,因此还需要给予适度的调整空间。其二,系统性是指要建立由上至下的法制体系。具体而言,如美国首先从《宪法》这一基本法的层面划分联邦和州政府之间的权力,再到各州则以《宪法》《国内收入法》等法律进一步细化;再如英国,先是《地方政府法》和《地方组织法》这两部基本法规定了中央和地方之间的事权划分,而后《苏格兰法案》《威尔士政府法案》《北爱尔兰法案》则针对各个地区的事权进行了差异化的划分。其三,明确性是指央、地间事权与支出责任的划分及其范围是明确的,否则仍然会引起政府间的讨价还价和相互扯皮,如俄罗斯联邦,上至《俄罗斯联邦宪法》,下到《关于俄罗斯联邦国家权力机关与俄罗斯联邦主体国家权力机关之间划分管辖范围和职权的原则和办法的联邦法》《俄罗斯联邦地方自治机构基本原则法》,虽然规定了联邦和联邦主体的权力、管辖对象等,但划分不够细致、明确,导致政府间事权分配关系相对混乱。

就中国而言,央、地两级财政法制体系建设任重而道远。首先,中国不仅没有关于中央和地方权力分配的专门法律,也没有在《宪法》和《预算法》层面做出明确规定,而且单项法律又自成一体,有些规定甚至存在冲突,使得事权在各级政府的配置比较分散模糊。其次,1993年国务院颁布的《关于实行分税制财政管理体制的决定》中,对于央、地间事权分配仅做出了原则性的指导,依然没有明确事权分配。再次,国务院在十八届三中全会以来,陆续颁布了基本公共服务、医疗卫生、教育、科学技术领域的改革方案①,虽然明确了部分领域事权和支

---

① 资料来源:中华人民共和国中央人民政府官网,以及《基本公共服务领域中央与地方共同财政事权和支出责任划分改革方案》《医疗卫生领域中央与地方财政事权和支出责任划分改革方案》《科技领域中央与地方财政事权和支出责任划分改革方案》《教育领域中央与地方财政事权和支出责任划分改革方案》。

出责任在中央和地方政府间的分配,但依然没有上升到制定法律的高度,更谈不上法律保障。

3.5　本章小结

本章在国家结构、经济水平差异化的视角下进行央、地间事权划分的国际比较研究。本章首先将样本国家分为联邦制发达国家、联邦制发展中国家、单一制发达国家和单一制发展中国家,从中选取了美国、俄罗斯、英国和蒙古国作为典型开展案例研究,分析了这四国的政治体系、行政区划、权力分配结构以及各级政府间的财政支出结构和事权划分现状,并进行比较分析。其次,基于以上案例分析,将研究样本扩展到 81 个国家,比较分析各个国家央、地间财政支出划分情况,并实证研究其影响因素,结果显示:经济水平、人口规模、领土面积与地方财政支出比例呈正相关关系;首都人口集中度越高的国家越倾向于集权;联邦制国家相对于单一制国家而言,地方财政支出分权程度更高。最后,提炼出了四个方面的启示与借鉴,分别是划清政府与市场的边界,优化中央与地方的财政支出比例结构,厘清中央与地方的事权与支出责任,以及财政体制法制化改革方向。

4

中国央、地间财政关系的历史变迁、现状和比较

新中国成立至今70余载,中国经济在不断的探索中历经了无数变革和曲折,最终取得了举世瞩目的成就,而这一切都绕不开财政体制的不断改革和完善。尤其是央、地两级财政体制,在财权、事权划分不断制度化和规范化的进程中,逐渐构成了财政体制变革最显著的特征。本章将在梳理央、地间财政关系变迁历程的基础上,讨论财政体制的现实困境,分析央、地间事权与支出责任划分的现状,结合前文总结的国际经验与启示,比较国内外央、地间事权划分模式的差异,指出中国模式的不足和未来的改革方向,并为后文的进一步研究提供参考依据。本章结构安排如下:第1节为新中国成立以来央、地间财政关系的历史变迁,第2节为当前的央、地间财政体制困境及其思考,第3节为各领域央、地间事权与支出责任划分的现状与比较,第4节为本章小结。

4.1 新中国成立以来央、地间财政关系的变迁

对于央、地间财政关系的历史变迁及其各个发展阶段,不同学者基于不同视角提出了不同的阶段划分方案。孙开(1994)根据财政分权的内涵和特征,以改革开放为界,将央、地间财政关系形象地划分为"一灶吃饭"和"分灶吃饭"。文政(2008)根据财政体制的变迁和分权程度的差异,将央、地两级财政体制的变迁历程分为四个阶段,即统收统支的财政体制(1950—1952年),统一领导、分级管理的财政体制(1953—1979年),分级包干财政体制(1980—1993年),分税制财政体制(1994—2008年)。崔运政(2011)从分权和集权的差异变化出发,将

央、地两级财政体制的变迁历程划分为三个阶段,分别是统收统支的财政集权阶段(1950—1980 年),分级包干的财政分权阶段(1980—1993 年)和分税管理的适度收权阶段(1994—2011 年)。张欣怡(2014)将财政管理体制的变革划分为四个阶段,即"统收统支"阶段(1950—1953 年)、"财政分成"阶段(1953—1980 年)、"财政包干"阶段(1980—1993 年)和"分税制"阶段(1994—2014 年)。段龙龙(2017)结合经济体制变革和分权程度差异,将央、地间的财政关系变迁分为三个阶段,即计划经济体制下的"统收统支"阶段,"分灶吃饭"阶段,社会主义市场经济体制下的"分税制阶段"。

上述划分方案虽然形式上各有差别,但实质上大同小异,都是根据经济、财政体制的变革和分权程度的不同,将央、地间财政关系的变迁历程大致划分为"1950—1952 年""1953—1980 年""1980—1993 年""1993 年至今"四个阶段。"四阶段论"的划分方式受到学界的广泛认可,但党的十八届三中全会以来,财政体制现代化改革不断推进,这种划分方式呈现出时效性不足的问题。"四阶段论"没有涉及近期财政体制深化改革过程中关于央、地间财政关系的改革措施,如党的十八届三中全会、《国民经济和社会发展第十三个五年规划纲要》(以下简称《"十三五"规划纲要》)中关于"加强中央事权和支出责任"的重要指示,以及 2019 年国务院相继发布了科技和教育等领域央、地间事权和支出责任划分的具体改革方案等。

综上,本章在"四阶段论"的基础上,加入"财政体制现代化改革"这一阶段,同时结合中国经济体制的变革,将央、地间财政关系的变迁历程划分为"三个时期、五个阶段"(见图 4-1)。第一个时期为"计划经济体制下集权与分权的动荡变化时期(1950—1980 年)",这一时期的最大特征一是具有浓厚的计划经济体制色彩,二是央、地间财政关系始终处于集权和分权的动荡变化中(见图 4-2,图 4-3)。这一时期又可以分为"统收统支"阶段(1950—1953 年)和"统一领导、分级管理"阶段(1954—1980 年)。第二个时期为"改革开放背景下财政分权体系探索和建设时期(1980—2013 年)",这一时期最鲜明的特点是经济体制趋于市场化、开放化,以及中央政府为发挥地方政府积极性和完善财政体制而展开的一系列分权化探索和制度化建设,其中包括了"分级包干"阶段(1980—1993 年)和"分税制"阶段(1994—2013 年)。第三个时期为"财政体制现代化改革时

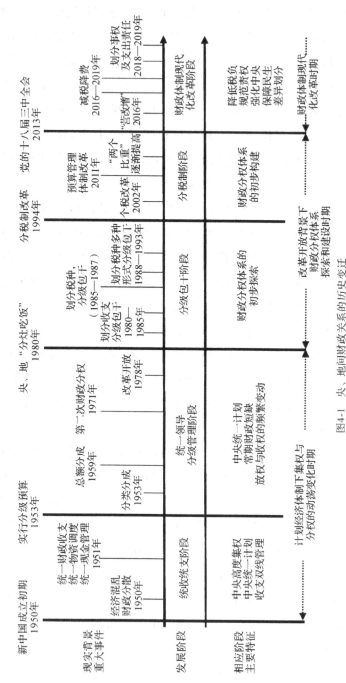

图4-1 央、地间财政关系的历史变迁

期(2013年至今)",这一时期的重要特征是,充分认识到分税制改革以来的财政体制积弊及其对中国政治、经济发展的负面影响,进而开展财政体制的现代化改革,特别是降低宏观税负、厘清政府间财政事权配置这两个方面。

4.1.1 计划经济体制下集权与分权的动荡变化时期(1950—1980年)

(1)"统收统支"阶段(1950—1953年)

新中国成立之初,国家财政领导不统一、财权分散、管理混乱,中央政府宏观调控能力不足,难以迅速恢复国家经济。于是,政务院(1949—1954年,国家政务的最高执行机关)出台了《关于统一国家财政经济工作的决定》,明确规定在全国范围内统一财政收支,统一物资调度,统一现金管理,以将财权向中央政府集中,提高中央的宏观调控、配置资源的能力。这标志着中国财政体制进入了高度集权的"统收统支"阶段。

在统收统支的制度安排下,中央政府掌握了绝大部分的财权和支出事权。中央政府的财政收入包括公粮、货物税、工商业税、国企收入、公债收入、关税等,而地方政府仅有少量地方税收和零星收入。1953年,地方财政收入的比重仅为16.99%,见图4-2。由于中央政府收缴了大部分财政资金,各级地方政府需要根据其政府职能和实际支出,向中央提出申请,在通过审核和批准后,才能得到中央向地方逐级按月划拨的财政资金。支出方面,地方政府仅需提供农村、文教卫生、市政建设及其他临时性公共产品。1953年,地方的财政支出比重仅为26.08%,而中央承担了70%以上的财政支出。

统收统支财政体制的特征主要有以下两点。首先,带有浓厚的计划经济色彩和高度集权的特色,地方政府缺乏自主性和独立性,其财政收入和公共产品供给很大程度上取决于中央政府的计划和安排。其次,采取"收支两条线"的财政管理模式,地方政府充当中央行使资源配置和经济发展职能的隶属和派出机构,负责收缴税费并直接上缴中央国库,而中央政府则根据地方的申请,逐级拨发钱款。

在特定时代背景下,高度集权的"统收统支"财政体制具有明显的优势。它在短期内扭转了财政分散、管理混乱的局面,加强了中央政府资源配置和宏观调控的能力,这既有助于抑制恶性通货膨胀和稳定物价,也有助于增加中央政府的财政收入,进而有利于维护国家的稳定和加快经济的恢复。

但过于集权的财政体制只能是"非常时期的非常手段",其弊端也是十分明显的。首先,中央政府统揽全局,而地方政府基本没有自主权,只是中央政府的派出机构,这严重地压抑了地方增收、发展经济的积极性。其次,中央政府的职能和工作纷繁复杂,使其难以较好地把握国家重大问题和政策方针。再次,这种税收先上缴,而后通过申请、审核,逐级按月拨付的财政收支管理模式,不仅增加了资金使用的迟滞,降低了公共产品供应速率,也使得资金难以灵活调度、使用效率较低。

中央政府很快就意识到"统收统支"的弊病,试图改变这种过于集权的财政局面。1951年,《关于1951年度财政收支系统划分的决定》出台,要求在中央政府的统一领导下,实行"中央—大区—省"三级行政体制,各级单独编制预算。虽然国家财政体制已经有了"分级管理"的形式和萌芽,但实际上仍然实行统收统支的模式,大部分财政资金仍集中在中央,分级财政管理体制并没有真正得到贯彻落实。

(2)"统一领导,分级管理"阶段(1953—1980年)

为了发挥地方政府的积极性,推动经济、社会的建设和发展,中央政府在1953年撤销了"大区"这一行政级别,实行"中央—省—县"的三级管理体制,规定各级政府独立编制预算,展开了财政分级管理的改革和探索。由此,中国财政体制进入"统一领导1953"的阶段。

分级管理改革的初期(1953—1958年),"中央—省—县"三级财政采用"分类分成"的收支管理体系。分类分成是指,在收入方面,将财政收入分为中央收入、地方收入和调剂收入三类,其中中央收入又分为固定收入、分成收入和地方上缴收入,而地方收入则分为地方固定收入和分成收入,并实行不同的分成比例;同时,为充分发挥地方政府的积极性,对财政超收的部分特定比例分成,使地方政府能够"多收多留"。财政支出方面,被分为中央财政支出和地方财政支出,按中央和地方政府的职能以及企事业和行政单位的隶属关系决定各级政府的支出预算;同时,依据财政支出需求确定财政预算收入,总体上是"以支定收"。财政调剂方面,由中央政府统一安排,收大于支的地方上缴收入,收不抵支的地方接受中央补助；此外，中央政府财政预算另设专项拨款，由中央政府分配。

"1953"财政管理体系主要特点有三个。首先，依然保留着浓厚的计划经济色彩，地方要服从中央的"统一计划"，其预算要根据中央计划安排进行制定。其次，呈现出放权的趋势，地方政府的财力显著扩大，地方财政收入比重从1953年的16.99％增加到1957年的26.47％。再次，尽管有分权的迹象，但地方政府的财政支配权仍然较小，如1957年地方财政收入和支出的比重分别为26.47％和29.03％。

随着1957年"第一个五年计划"顺利完成，"统一领导，分级管理"体制和"分类分成"的财政收支管理体系取得了初步的成功。于是，中央大幅扩大地方权力，以进一步地提高地方政府的积极性。1958年，《关于改进财政管理体制的规定》规定，实行"以收定支，五年不变"的财政管理体制。在这种管理体制下，地方收入包括固定收入、企业分成收入和调剂分成收入，地方预算支出包括正常支出和由中央专案拨款解决的支出，并根据地方的不同情况分别确定各省市的收入项目划分和分成比例计算，在保证国家重点建设项目资金充足的情况下，适当增加地方机动财力。

"以收定支，五年不变"财政体制极大地提高了地方政府的权力，但过度、过快放权明显是弊大于利。地方财政收入比重从1957年的26.47％上涨到1959年的75.62％，两年时间增长了近200％；相应时期内，地方财政支出比重从29.03％上涨到54.10％，增长了近100％。这是新中国成立以来首次大规模的财政分权，也是财政体制改革的一次重要探索和试错。但由于权力下放过快、过多，各地方不顾全国的协调发展，盲目建设，浮夸风盛行，地区分割也日趋严重，造成经济效率的极大浪费。

为了缓解过度放权对社会、经济产生的负面影响，中央政府迅速对此进行调整。1959年，《关于进一步改进财政管理体制和改进银行信贷管理体制的几项规定》颁布，要求重新上收地方权力，实施"计划包干、总额分成、一年一变"的财政体制。由此，财政收支管理体系从"分类分成"转变为"1959"。

在"计划包干、总额分成、一年一变"的财政收支管理体系下，财政支出和收入均采取统一的分成比例。收入方面，不再分为地方固定收入、企业分成收入和调剂分成收入,除了部分中央直管企业的收入和难以按地区划分的收入以外,其他各种收入全部下放作为地方财政收入。支出方面,不再区别地方正常支出和专案拨款支出,除中央各部门直接办理的部分支出外,所有其他支出,全部划给地方作为地方的财政支出。期限方面,由几年不变改为一年一定,有助于破解财政计划与国民经济计划不配套的难题。同时,中央上收了地方的部分权力,使得地方财政收入比重从 1959 年的 75.62％降至 1966 年的 64.83％,相应年份的地方财政支出比重从 54.10％降至 36.93％,见图 4-2。"总额分成"和"分类分成"都属于平均比例法,其特点是各级政府利益均沾。相对而言,总额分成的方法更加简单方便,适应性强,但其缺点在于使得地方只关注大笔收入,忽略零星收入。

1970 年,一场放权浪潮又被掀起,国有企业隶属关系和管理权限被陆续下放。1971 年,《关于实现财政收支包干的通知》出台,开始实施"定收定支、收支包干、保证上缴(或差额补贴)、结余留用、一年一定"的体制,扩大了地方政府的收支规模,并按绝对数包干,收大于支的部分归于地方财政,以充分提高地方增加收入、节约支出的积极性。这场被称为新中国史上 1971,使得地方财政收入占比从 1966 年的 64.83％增加到 1976 年的 87.26％,相应时期的地方财政支出比重从 36.93％上升至 53.16％,见图 4-2。

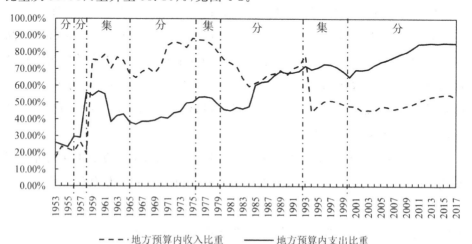

图 4-2 地方财政收支比重的历史变迁

注:数据来源于历年《中国财政年鉴》。作者整理。

但在当时混乱的政治经济背景下,财政分权改革和"包干制"并未起到良好的财政增收作用,因此,改革开放后,中央重新调整央、地间财政关系,集中权力,降低地方财政收入和支出比重。1978 年在许多地区试行了"增收分成、收支挂钩"的收支管理制度。但"增收分成"只有在经济发展相对平稳,财政收入稳定增加的条件下,才能使地方政府得到利益。于是在 1979 年国民经济调整的大背景下,又对绝大部分省(市)实行"收支挂钩、超收分成"办法,将"增收分成"转变为"超收分成"。

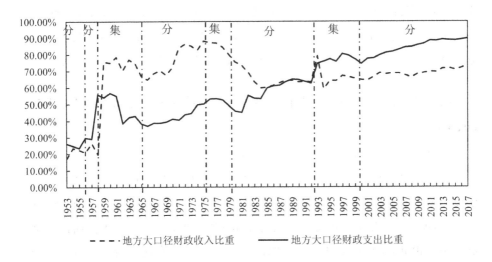

图 4-3 地方大口径财政收支比重的历史变迁

注:数据来源于历年《中国财政年鉴》,由笔者测算所得。由于数据的可得性和统计口径差异,地方大口径财政收支数额在不同年份有不同的计算方法。计算方法如下,地方大口径财政收入:1953—1981 年为预算内收入,1982—1993 年为预算内、外收入总和,1993—1998 年为预算内收入、预算外收入、土地出让金、社保基金收入的总和,1998—2010 年为预算内收入、预算外收入、土地出让金、社保基金收入、住房公积金、国有资本经营收入的总和,2011—2017 年为一般公共预算收入、政府性基金收入、社保基金收入、国有资本经营收入和住房公积金的总和。地方大口径财政支出:1953—1981 年为预算内支出,1982—1993 年为预算内、外支出总和,1994—2010 年为预算内支出、预算外支出、国有资本经营支出、土地出让金相关支出的总和,2011—2017 年为一般公共预算支出、政府性基金支出、社保基金支出和国有资本经营支出的总和。作者整理。

（3）小结

1950—1980 年间，中央和地方政府间的财政关系在计划经济制度下，处于"集权—分权—再集权"的循环和财政体制的频繁变革中，经历了高度集权的"统收统支"阶段和风云变化的"统一领导、分级管理"阶段。这一时期，虽然央、地间财政关系经历了集权与分权的频繁调整，地方财政收支比重也经历了高低起伏的剧烈波动，但实质上始终没有摆脱"中央统揽大权"的模式和"财政大锅饭"的特性。地方政府也始终只是中央政府行使资源配置和经济发展职能的隶属和派出机构，没有自主权和独立性可言，需要服从中央政府的统一领导、统一计划、统一政策，因此短缺型财政一直是该时期较为突出的特征。综上，在高度集权的计划经济体制下，地方政府发展经济和财政增收的积极性始终得不到充分发挥。

4.1.2　改革开放背景下财政分权体系探索和建设时期（1980—2013 年）

（1）"分级包干"阶段（1980—1993 年）

在改革开放的大背景下，社会主义市场经济体制逐渐确立。为适应市场经济发展的需求，国家开展了一系列财政体制的重大改革。在分级管理和"包干制"的基础上，中央政府开展了以权力下放和"分级包干"为主要方向的财政体制改革。由此，中国财政体制进入"分级包干"阶段。在这一阶段中，围绕"分级包干"，国家财政管理体制经历了两次重要调整，将该阶段分为三个部分，分别是："划分收支、分级包干"（1980—1985 年），"划分税种、分级包干"（1985—1987 年），"多种形式分级包干"（1988—1993 年）。

① 划分收支，分级包干

为了明确央、地间的责权关系，以及进一步地调动地方政府的积极性，1980 年初，《关于实行"划分收支、分级包干"财政管理体制的暂行规定》出台，划分了央、地间的财政收支，要求地方"以收定支，自求平衡，包干使用"。此后，便拉开了"划分收支、分级包干"财政体制改革的序幕，中央和地方政府的关系从"一灶吃饭"变为"分灶吃饭"。①

---

① 事实上，1979 年"分级包干"体制已经分别在江苏、四川两省进行了试点。然而，"分级包干"体制在全国范围内建立的正式标志还是 1980 年出台的《关于实行"划分收支、分级包干"财政管理体制的暂行规定》。

在"划分收支、分级包干"的制度安排下,地方具有一定的独立权和自主性。首先,独立性和自主性体现在明确的央、地收支划分。按照企业隶属关系,把财政收入划分成中央固定财政收入、地方固定财政收入、固定比例分成收入和调剂收入;同时,按照企事业隶属关系划分财政收支,地方在划定的收支范围内自行负责财政平衡,地方财政支出由各省(自治区、直辖市)根据国民经济的计划和财税状况自主安排,中央政府不再下达财政支出的相关指标。其次,独立性和自主性体现在"包干"体系中。中央政府规定地方政府收入和支出的包干基数,而包干基数以1979年财政收入和支出的决算为基础,经过适当修改后确定,地方政府依据划定的收支包干基数实行"多收多支、少收少支、自求平衡"的办法。

"划分收支、分级包干"主要有两个显著特点。首先,"分灶吃饭"后,地方政府具有一定的财政自主权,提高了增收创收、节约用度的积极性。其次,一方面,财力分配由以"条条为主"变为以"块块为主",另一方面,地方财政支出大幅增加,1980—1985年间,地方大口径财政支出比例从45.74%增加到59.83%,这使得地方财政收支趋于平衡(见图4-3)。

"划分收支、分级包干"是新中国成立以来央、地两级财政体制改革的一次全新探索,虽然有积极的现实意义,但也存在局限性。"划分收支、分级包干"的财政体制下,地方发展经济和增收创收的积极性有所提高,国家财政状况逐步好转,国民经济也得到了较好的发展。但这一体制的局限性也十分明显。各级政府权责依然不够明确,预算体制上执行包干制,实际操作中却没有"真包实干",如一些支出本应由地方列支,却要求上级财政解决。

② 划分税种、分级包干

随着"两步利改税"的实施,政府收入结构从"利税并重"转变为"以税为主",政府与国企、中央与地方的关系发生了巨大的改变。1985年,为应对这种财政体制变革,国务院出台《关于实行"划分税种、核定收支、分级包干"财政管理体制的规定》,要求除广东、福建两省以及实行财政自治的民族自治区外,所有省、直辖市实施"划分税种、分级包干"的办法。这一办法的核心是按照税种而非隶属关系来划定中央和地方间的财权。

在"划分税种、分级包干"的制度安排下,央、地间的财政收入依税种分配,支出仍根据行政隶属关系划分。财政收入被分为中央财政收入、地方财政收入和央地共享固定收入。财政支出被分为中央财政支出、地方财政支出,以及少量不宜实行分级包干的专项支出(由中央财政负责)。在此基础上,根据地方政府的支出与固定收入、共享收入的匹配情况,测算各地的上解、补助额度和共享财政收入的划分比例,划定后五年不变。在实际执行过程中,由于经济体制中诸多限制因素,无法直接由旧体制转换到"划分税种",因此中央在1985—1987年期间采取了变通措施,除中央固定收入外,将地方政府的固定和共享收入与支出挂钩,确定一个分成比例,对这两部分收入暂时采取"总额分成"办法,以此作为过渡。

"划分税种、分级包干"体制主要有如下三个特点。第一,保留了原来"分灶吃饭"财政体制中分级包干、几年不变的方法,总体上有助于调动地方政府的积极性。第二,开始将税种作为财政收入分配的依据,向按税种划分的体制转变跨出了重要的一步。第三,不仅适度增加了中央财政收入的比重,也兼顾了地方政府的既得利益。

"划分税种、分级包干"体制具有积极的现实意义。首先,进一步明晰了各级财政的责权关系。为避免中央出台减收增支政策影响地方财政平稳运行,此次体制调整时明确指出,若中央各部门没有取得国务院和财政部的许可,不得对地方出台减收增支政策,这一规定至今仍然是规范政府间财政关系的一项基本准则和要求。其次,以税种为划分各级财政收入的依据和标准。尽管1985年"划分税种"改革并不彻底,但一改以往按企业隶属关系分配财政收入的做法,突破了原有体制的局限性,为今后按税种划分央、地间财政收入的改革奠定了基础。

但这种财政体制也产生了一些新问题。其一,部分财政收入较多、上解比例较高的省、市,财政创收的积极性备受打击,从而出现减税让利过多、"藏富于民"、"藏富于企业"的情况,个别地区甚至出现了财政收入减少的现象。其二,减税让利固然有助于经济增长,但也造成了中央财政收入减少、常年赤字以及中央政府资源配置和宏观调控能力不足的问题,这同样不利于财政体制和宏观经济的可持续发展。

③ 多种形式分级包干

为了提高财政收入和保持政府持续高效的调控能力,中央决定对原有的各地"一刀切"的包干方法做出改进。1988年,《关于地方实行财政包干办法的决定》出台,要求除广州、西安之外的 37 个省、自治区、直辖市和计划单列市,分别实行六种包干形式:收入递增包干、总额分成、总额分成加增长分成、上解递增包干、定额上解和定额补助。这六种包干形式在不同地区并存的财政体制,被称为"多种形式分级包干"。

"分级包干"是中国财政体制演变史中具有里程碑意义的环节,打破了国家财政中央独统的局面,使央、地间财政关系发生了质的变化,对于财政体制的发展和健全具有非常重要的意义。首先,地方财政成为独立财政,地方政府成为税收主体,需要自主管理和控制财政征收努力程度,自主负责地区利益和财政收支平衡,进而激发了地方发展经济、创造税收、节约支出的积极性。其次,扩大了地方政府的财权、事权范围,使得地方可以更加充分地发挥因地制宜的优势:1988—1993 年,地方财政收入比重从 67.13% 提高到 77.98%,大口径财政收入比重从 64.35% 提高到 79.19%,地方财政支出比重也有所上调,见图 4-2 和图 4-3。再次,扩大了地方政府职能,将过去为中央筹集财政资金和提供农村、文教卫生、市政建设及其他临时性公共产品的简单职能,扩大到包括优化资源配置、调整产业结构、实现公平分配、促进经济发展等全方位职能。最后,按照税种划分财政收入,为后期央、地间财政关系走向制度化、规范化奠定了重要基础。

但"分级包干"的缺陷及其负面效应也不容忽视。其一,财权过于分散,引起"两个比重"过低和"诸侯经济"现象。首先,中央财政收入比重过低,由 1984 年的 40.51% 降至 1993 年的 22.02%[①],这不仅弱化了中央的宏观调控能力,影响了中央政府在平衡地区差距、实施产业导向、抑制通货膨胀等方面的效果,也使得政府在支出范围内提供服务时,常常会因为规模经济未被充分实现而导致更高的边际成本。其次,财政收入在国内生产总值中的占比过低,政府财政沦为"吃饭财政",使得政府难以有效配置资源、调节市场、发展城市建设。再次,在中央政府调控能力弱化的背景下,由于中央和地方财政关系通过各种形式大包干固定下来,地方得到了财政收入增长的大部分红利,这加强了地方保护主义,严重影响了全社会的资源配置,扩大了地区间的发展失衡,进而破坏了国家经济的和谐稳定发展。

①　数据来源:历年《中国财政年鉴》。

其二,"分级包干"并未形成规范、系统的央、地间收支分配体系,使得中央和地方政府在收入分配上讨价还价,在支出责任划分上相互扯皮、转嫁。首先,央、地间税收分配缺乏科学性和规范性,财力分配主要取决于上解、补助数额或分成的比例和基数,而相应指标的计算又缺乏客观性,受到人为因素的影响,这使得各省的分成方式和分成比例都不一样,讨价还价、压低收入基数、抬高支出基数,甚至故意隐瞒财政收入、相互扯皮现象层出不穷。其次,财政支出划分方面,由于"分级包干"仅打破了中央统收的局面,并未改变统支的局面,地方承担的支出事权不规范、不完整,这使得分级包干不够彻底、各级权责仍不明确,最后导致地方"包而不干"与中央"开口子"现象共存,向上转嫁矛盾与向下转移负担共存。

其三,"分级包干"还造成了预算外收入的膨胀。预算外收入是指财政制度许可,但没有纳入政府财政预算,由地方政府机关和企事业单位自行征收和安排使用的资金。"分级包干"强化了地方政府增加预算外收入的动机,因为这部分收入完全由地方自主支配,且无须与上级政府分成。由此出现了诸如减少税收、"乱收费、乱摊派"等将预算内收入向预算外转移的财政扭曲现象。"分级包干"体制产生的预算外资金问题直到2011年的预算管理改革后才得到有效解决。

(2)"分税制"阶段(1994—2013年)

为解决"分级包干"体制的诸多弊病,切实提高"两个比重",中央政府在总结包干制经验教训的基础上实施了分税制改革。1993年底,《关于实行分税制财政管理体制的决定》出台,要求从制度上规范央、地两级财政体制,试图厘清政府与市场、中央与地方的关系,从而提高资源配置效率和宏观经济调控质量。分税制改革主要包括以下三个方面(见表4-1)。

表4-1 分税制改革的主要内容

	中央	地方	共担或共享
财政支出	国防费,外交和援外支出,中央直属企业的技术改造和新产品试制费,地质勘探费,国内外债务还本付息支出	民兵事业费,地方企业的技术改造和新产品试制经费,城市维护和建设经费,价格补贴支出	基建投资,行政管理,武警经费,支农支出,公检法,文化、教育、卫生、科学支出

续表

	中央	地方	共担或共享
财政收入	关税,海关代征消费税和增值税,消费税,中央企业所得税,地方金融企业所得税,铁道部门、各银行总行、各保险总公司等集中交纳的收入(包括营业税、所得税、利润和城市维护建设税),中央企业上缴利润	营业税(不含铁道部门、各银行总行、各保险总公司集中交纳的营业税),地方企业所得税(不含地方金融企业),地方企业上缴利润,个人所得税,城镇土地使用税,固定资产投资方向调节税,城市维护建设税(不含铁道部门、各银行总行、各保险总公司集中交纳的部分),房产税,车船使用税,印花税,屠宰税,农牧业税,农业特产税,耕地占用税,契税,遗产和赠予税,土地增值税,国有土地有偿使用收入	增值税(中央75%,地方25%),资源税(海洋石油资源税归中央,其他资源税归地方),证券交易税(中央50%,地方50%)
转移支付体系	1993年中央净上划收入全额返还地方,保证现有地方既得财力,并以此作为税收返还基数。1994年以后,税收返还额在1993年基数上逐年递增,递增率按全国增值税和消费税的平均增长率的1:0.3系数确定	实行递增上解的地区,按原规定继续递增上解;实行定额上解的地方,按原确定的上解额,继续定额上解;实行总额分成的地区和原分税制试点地区,暂按递增上解办法,即按1993年实际上解数,并核定一个递增率,每年递增上解	—

注:资料来源于《关于实行分税制财政管理体制的决定》。作者整理。

其一,进一步明确中央和地方政府之间的事权配置。基本参照受益范围、信息优势、激励相容和支出效率等理论原则,修改央、地间的政府职能和事权划分,并在此基础上划分财政支出责任,并构建以财政支出为导向的央、地间收入分配基准,制定了广义的税基分配原则。中央政府主要负责调整国家经济结构、协调地区发展、实施宏观调控等事权,如国防、外交等;地方政府主要负责辖区内经济发展、社会安定等方面事权,如警察、消防、医疗卫生等。

其二,按照财权与事权相匹配的原则,依据税种和税基划分央、地间财政收入。保障国家权益和提高宏观调控质量的税种被划为中央税,方便地方征缴且利于地方经济发展的税种被划为地方税,其他税种被划为中央、地方共享税;在此基础上设立国税、地税两套税收管理机构,国税机构负责中央税和共享税,地税机构负责征缴地方税;此外,土地使用权出让收入全部归为地方收入。

其三,基于财政收支的划分,构建财政转移支付体系。为了保持现有地方既得利益格局,逐步达到改革的目标,1993年,地方上划给中央的收入全部返还给地方,并将此作为中央对地方税收返还的基数。1994年之后,税收返还数额在1993年基数上逐年增长,增长率由增值税和消费税的平均增长率决定;若地方上划中央收入不足1993年基数,则减少税收返还数额。这种以税收返还和补助为主的财政转移支付制度,减少了制度变革中的摩擦成本,使税收弹性分成的契约能够迅速推进。

分税制改革是新中国成立以来牵涉最广、调整最大、影响最深远的财政体制改革,根本性地改变了央、地间的财政关系,初步构建了符合市场经济实际需求的央、地两级财政体系,对于发挥两个“积极性”、提高政府宏观调控能力、完善财税制度建设以及健全社会主义市场经济体制都有着重要意义。首先,分税制优化了央、地间的财政配置结构,充分调动了地方政府促进经济发展、加强税收征管、依法组织税收的积极性,政府收入由1994年的5218.10亿元增加到2013年的129209.64亿元,增长了约24倍。其次,分税制改革切实提高了“两个比重”,强化了政府资源配置和宏观调控的质量,尤其是中央政府。中央本级收入占比由1993年的22.02%提高到1994年的55.70%,而后在1994—2013年间一直在50%~55%波动。① 中央收入比重的提高大幅增强了财政的再分配能力,为中央平衡地区间财力差异提供了重要保障。中央对地方的财政转移支付总额从1993年的590亿元上升到2013年的48019亿元,增长了约81倍。② 由此可见,分税制改革有效地扭转了中央财政比重的下降趋势,是中央财权的振兴。再次,分税制体制规范了央、地间的财税分配,改变了“分级包干”体制的主观性和随意性,打破了过去财力分配依靠“讨价还价”的局面。

---

① 数据来源:历年《中国财政年鉴》。
② 数据来源:历年《中国财政年鉴》。

分税制相对于分级包干制,更符合我国政治、经济体制的基本特征,更适应市场经济发展的基本要求,是探索和建设中国特色财政分权体系的一次重大进步,但分税制的不足之处及其对财政、经济体制产生的负面影响同样不可忽视。分税制的弊端主要体现在政府间事权与支出责任划分不清晰、财力与事权不匹配、转移支付体系不完善、省级以下地方政府间财税关系混乱四个方面。

第一,关于央、地间事权配置和支出责任划分,仅停留在描述原则的层面,造成了一系列财政支出乱象。首先,由于央、地间事权与支出责任划分没有以规范的形式固定下来,政府间职能越位、缺位和错位现象并存,如科教文卫事业投入不足、基建投资过热、部分职能交叉重叠等。其次,政府间事权划分不清晰,支出责任界定不明确导致央、地间事权和支出责任调整过于随意,尤其是在中国的官员任命机制下,地方在央、地间财政支出责任分配的博弈中处于明显的劣势地位,这使得财政支出责任不断下放。在支出责任下放的同时,中央在委托性事务或共担事权方面,没有制定规范、系统的补助办法和资金分担办法,拨款存在随意性,导致"中央请客,地方买单"的现象屡见不鲜,这使得地方财政支出比例从 1994 年 69.71%上升到 2013 年的 85.4%①,加重了地方的财政负担。

第二,央、地间财政收支分配不合理,造成政府间纵向财政失衡,强化了地方谋求税收以外收入的动机。分税制初步分配了央、地间的财政收入,但没有建立独立的地方税体系。从分税制改革后央、地间财力结构来看,地方财政收入约占四成,而地方政府承担了繁重的经济社会发展职能,需要提供更多的公共产品和服务,其财政支出比重超过八成,这使得地方政府难以通过税收实现财政均衡。于是,地方政府通过非税手段"攫取"收入,引发了一系列更加严重的财政问题,如土地财政、地方债台高筑等。

第三,财政转移支付体系本应是调节央、地间纵向财政失衡和地方政府间横向差异的润滑剂,但该体系构架僵硬、呆板,根本无法起到其应有的作用。首先,税收返还方面,一些本应为地方税的税种却被划定为中央税,征收后又返还给地方。其次,一般性转移支付少而专项性转移支付多,中央对地方专项补助

---

① 数据来源:历年《中国财政年鉴》。

发放的条件、程序、使用管理不透明,极易引发权力寻租和滋生腐败,加剧利益冲突。再次,地方政府间财力性转移支付体系基本上已演变成"劫富济贫",而不是加强落后地区"自我造血"能力的横向再分配政策,"鞭打快牛"问题已备受诟病。

第四,分税制分配了央、地间的财政关系,更确切地说是分配了中央和省级财政,并未触及"中央—省—市—县—乡"的五级财政体系。一方面,省以下各级地方政府间存在更严重的事权与支出责任交叉错位问题,尤其是县、乡两级政府,这严重影响到了地方公共产品和服务的供给效率。另一方面,省以下政府间的财力分配体系更加混乱,市、县、乡三级政府财政逐级盘剥问题严重,导致基层政府财政状况十分窘迫,甚至被戏称为"县级财政拆东墙补西墙,乡镇财政哭爹喊娘"。

(3)小结

改革开放后,为适应市场经济体制改革的需要,中央和地方政府间的关系进入了财政分权体系探索和建设的时期,其间经历了探索央、地间财政分权的"分级包干"阶段和以制度手段规范财政分权体系的"分税制"阶段。在分级包干阶段,中央和地方政府"分灶吃饭",改变了长达三十年的中央统收的局面,使央、地间财政分权体系有了最初的萌芽。在分税制阶段,基于分级包干经验教训,中央和地方的财政分配体系有了基本的制度化框架,尤其是税收方面的分配逐渐清晰。但分税制改革后财力与事权不匹配、事权与支出责任划分不清晰、财政支出支付体系不完善的弊病十分显著,并产生了一系列财政、经济、社会方面的问题,其中比较严重的诸如土地财政、地方大肆举债、基建投资过热、财政支出结构扭曲、宏观税负畸高等问题,成为阻碍中国经济稳定增长和转型升级的重要因素。

4.1.3 财政体制现代化改革时期(2014年至今)

为充分解决分税制改革后财政体制存在的弊病及其引发的诸多问题,构建有助于实现国家治理体系和治理能力现代化的财政体制,中央政府决定开启新一轮的财政改革。新一轮财政体制改革的重心主要体现在以下两个方面(见表4-2)。

第一,重构央、地间的事权与支出责任划分体系,适度强化中央事权,构建责权明晰的现代化财政体制。2013 年,《中共中央关于全面深化改革若干重大问题的决定》提出,"财政是国家治理的基础和重要支柱"的重要论断,将财政定义为国之支柱,要求厘清政府间的事权和支出责任,构建责权明晰的现代财政制度。该文件不仅对中央和地方政府的事权做出了进一步的划分,也首次将事权与支出责任联系起来,要求事权与支出责任相适应,明确指出若中央将事权支出责任交由地方承担,则需要安排转移支付,并要求适度增加中央事权。之后,党的十八届五中全会、《"十三五"规划纲要》进一步强调"适度加强中央事权和支出责任"。

根据以上重要指示,国务院在 2018—2019 年陆续出台了央、地间多个领域的事权和支出责任改革方案。2018 年 2 月 8 日,国务院颁布了《基本公共服务领域中央与地方共同财政事权和支出责任划分改革方案》,重新划分了中央与地方的义务教育、学生资助、基本就业服务、基本养老保险、基本医疗保险、卫生医疗、基本生活救助、基本住房保障这 8 项公共服务财政事权,规定了央、地间的分担比例,且不同地区实行不同分担比例。之后,国务院相继出台了《医疗卫生领域中央与地方财政事权和支出责任划分改革方案》《科技领域中央与地方财政事权和支出责任划分改革方案》《教育领域中央与地方财政事权和支出责任划分改革方案》。以上文件都对相应领域中央和地方政府间的事权与支出责任做出了明确划分方案,其共同特点是规范权责、强化中央、保障民生、差异划分。

第二,要求切实降低宏观税负。在 2016 年 7 月 26 日的中央政治局会议上,习近平总书记要求"降低宏观税负"[①]。此后,国务院出台了一系列"减税降费"政策,如下调增值税税率、减免部分行政性事业收费、提高个人所得税起征点、降低社保基金费率等。减税降费固然好,但必须同时降低政府支出,使政府收入和支出相匹配,否则将会走上赤字化的老路,仍然不利于国家的可持续发展(高培勇,2017)。2018 年 12 月,全国财政会议提出要"树立过紧日子的思想,严格压缩一般性支出"。2019 年的全国两会中,李克强总理进一步强调"各级政府要过紧日子"。以上政策或指示对于"减税降费"提出了具体可行的实践操作

[①] 2016 年 7 月 26 日中共中央政治局会议:http://news.xinhuanet.com/politics/2016-07/26/c11192 85168.htm.

方案,但对于降低财政支出却依然停留在喊口号或讲原则层面,缺乏实际操作层面的安排或时间表。

表 4-2　财政体制现代化改革的主要内容

涉及领域	时间	文件或会议	改革措施或重要指示
央、地间事权与支出责任划分	2013	《中共中央关于全面深化改革若干重大问题的决定》	财政是国家治理的基础和重要支柱
			要求明确划分事权和支出责任,构建责权明晰的现代财政制度
			要求事权与支出责任相适应
			中央可通过安排转移支付将部分事权支出责任委托地方承担
			要求适度增加中央事权
	2015 年	党的十八届五中全会	适度加强中央事权和支出责任
	2016 年	《"十三五"规划纲要》	适度加强中央事权和支出责任
	2018 年	《基本公共服务领域中央与地方共同财政事权和支出责任划分改革方案》	划分了央、地间义务教育,学生资助,基本就业服务,基本养老保险,基本医疗保险,卫生医疗,基本生活救助,基本住房保障的财政事权
	2018 年	《医疗卫生领域中央与地方财政事权和支出责任划分改革方案》	划分了医疗卫生领域中央与地方政府间的事权与支出责任
	2019 年	《科技领域中央与地方财政事权和支出责任划分改革方案》	划分了科学技术领域中央与地方政府间的事权与支出责任
	2019 年	《教育领域中央与地方财政事权和支出责任划分改革方案》	划分了教育领域中央与地方政府间的事权与支出责任

续表

涉及领域	时间	文件或会议	改革措施或重要指示
降低宏观税负与财政支出	2016 年	中共中央政治局会议	明确要求降低宏观税负
	2018 年	《中华人民共和国个人所得税法》修改	提高个人所得税起征点
	2018 年	全国财政会议	树立过紧日子的思想,严格压缩一般性支出
	2019 年	《2019 年深化增值税改革纳税服务工作方案》	降低增值税税率
	2019 年	《降低社会保险费率综合方案》	降低社会保险费率
	2019 年	全国两会	各级政府要过紧日子

注:资料来源于中国政府网、人民网等网站。作者整理。

因此,党的十八届三中全会以来的财政体制现代化改革很有可能成为与分税制改革具有同等影响力的一次改革,甚至超越后者,成为构建责权明晰的现代财政制度的重要开端。新一轮财政体制现代化改革主要侧重于明晰央、地间的事权与支出责任和切实降低宏观税负,一方面弥补了分税制没有明确划分政府间事权的缺陷,另一方面试图纠正分税制弊病导致的宏观税负畸高、财政支出结构扭曲等问题。这一轮财政改革最鲜明的特点就是"降低税负、规范权责、强化中央、保障民生、差异划分"。其中"降低税负"体现在一系列"减税降费"措施上;"规范权责"主要体现在进一步规范了央、地间的事权及其支出责任;"强化中央"体现在在原有基础上提高了中央的财政支出责任;"保障民生"体现在试图强化教育、医疗卫生、社会保障等基本公共服务领域的事权和支出责任,改变以往财政倾向于基建投资的支出结构扭曲局面;"差异划分"体现在根据不同地区的经济发展、财政收入状况,将全国的各个省、自治区、直辖市分为多个档次,对于央、地间事权与支出责任划分实施差异化改革战略。

4.2 分税制改革后央、地间财政关系的总体现状——财政困境和思考

如前所述,分税制改革之后,央、地间财政关系产生了实质性的改变,两级财政体制有了长足的发展,但在当前财政体制现代化改革开端,改革效果还没有充分显现的背景下,分税制改革的遗留问题及其产生的负面影响仍然十分严重。因此,本节将对分税制改革后央、地间财政关系的总体现状展开分析,并结合现状讨论当前财政体制的困境,试图剖析制约中国经济可持续发展的财政症结。考虑到分税制改革后主要产生了如下的财政问题:央、地间财政关系严重失衡,加之财政转移支付制度的不完善,造成了巨大的地方财政收支缺口,于是地方政府通过土地财政等方式,攫取税收外收入,弥补财政缺口,最终导致宏观税负畸高。因此,本节将分别讨论"央、地间财政关系严重失衡""转移支付体系不完善""土地财政和地方债务""宏观税负畸高"这四个方面的财政困局。

4.2.1 财政现状之央、地间财政失衡的困境及其思考

(1)中央和地方政府之间的财政收入分配现状

根据预算编制的安排,政府财政收入(指一般公共收入)分为两块内容,即税收收入、非税收入。税收收入又依据征收和使用权限的差异,被分为三类,即中央税、地方税和中央、地方共享税。2018年中央、地方政府财政收入分配情况见表 4-3。非税收入主要包括专项收入、行政事业性收费、罚没收入、国有资本经营收入、国有资源(资产)有偿使用收入、其他收入等。

表 4-3　2018 年中央、地方政府财政收入分配情况

财政收入细目		财政收入数额/亿元			财政收入比重/%	
		全国	中央	地方	中央	地方
中央税	关税	2847.78	2847.78	0	100	0
	国内消费税	10631.75	10631.75	0	100	0
	进口货物增值税	16235.19	16235.19	0	100	0
	进口货物消费税	643.78	643.78	0	100	0
	出口货物退增值税	−15897.1	−15897.1	0	100	0
	出口货物退消费税	−16.83	−16.83	0	100	0
	车辆购置税	3452.53	3452.53	0	100	0
	船舶吨税	49.78	49.78	0	100	0
地方税	城镇土地使用税	2387.6	0	2387.6	0	100
	土地增值税	5641.38	0	5641.38	0	100
	房产税	2888.56	0	2888.56	0	100
	车船税	831.19	0	831.19	0	100
	契税	5729.94	0	5729.94	0	100
	耕地占用税	1318.85	0	1318.85	0	100
	烟叶税	111.35	0	111.35	0	100
	环境保护税	151.38	0	151.38	0	100
	其他税收入	0.04	0	0.04	0	100
中央、地方共享税	国内增值税	61530.77	30753.32	30777.45	50	50
	企业所得税	35323.71	22242.11	13081.6	63	37
	个人所得税	13871.97	8324.42	5547.55	60	40
	城市维护建设税	4839.98	159.31	4680.67	3	97
	印花税	2199.36	976.88	1222.48	44	56
	资源税	1629.9	45.15	1584.75	3	97

续表

财政收入细目		财政收入数额/亿元			财政收入比重/%	
		全国	中央	地方	中央	地方
非税收入	专项收入	7523.38	325.94	7197.44	4	96
	行政事业性收费	3925.45	404.56	3520.89	10	90
	罚没收入	2659.18	167	2492.18	6	94
	国有资本经营收入	3574.2	3217.94	356.26	90	10
	国有资源(资产)有偿使用收入	7075.98	789.11	6286.87	11	89
	其他收入	2198.79	103.84	2094.95	5	95
总计		183359.84	85456.46	97903.38	47	53

注:数据来源于中国财政部数据库、《2018年全国财政决算表》。作者整理。

2018年,中央和地方政府的财政收入分成大致为"五五开",如表4-3所示。税收方面,中央税和地方税的收入分别归中央和地方政府所有;各共享税种的划分情况存在差异,其中地方政府所得的增值税、企业所得税、个人所得税、城市维护建设税、印花税和资源税收入的占比分别为50%、37%、40%、97%、56%和97%。非税收入方面,地方政府所得的专项收入、行政事业性收费、罚没收入、国有资本经营收入、国有资源(资产)有偿使用收入和其他收入的占比分别为96%、90%、94%、10%、89%和95%。从税收收入和非税收入在央、地间分配来看,税收收入集中在中央,而非税收入主要归地方。与2017年相比,地方政府的税收比例从47.57%[①]提高到48.56%,财政收入比例从53.00%上升到53.39%。总体来看,2018年央、地间财政收入分成结构与往年大致相同,地方财政收入比重略有提高。

如前所述,由于地方政府缺乏主体税种,于是通过"收费"作为补贴财政的一种途径,但这种途径给社会、经济造成了许多负面影响。税和费都是政府财政收入的重要来源,但两者存在许多差别,其中最主要的是,税收具有较高的法

---

① 数据来源:2017年《中国财政年鉴》。

制性和规范性,易于监管,而费往往由政府机构自行决定,容易造成"非正常收费"的现象。

进一步的,除了税收分配过度向中央集中、非税收入比重过高之外,当前央、地间税收分配体系还存在其他明显的缺陷。若以课税对象分类,中央税主要是商品税和所得税,如增值税、消费税、企业所得税、个人所得税;而地方税兼有商品税、所得税和财产税。这种分配结构在理论上是合理的,既有助于中央政府稳定经济发展和再分配的职能,也有利于地方政府的财源稳定,美、英等发达国家都是如此。但与发达国家不同的是,当前中国居民财产存量过少,尤其是中西部地区,通过征收财产税难以保证地方有足够的财源。因此在当前的经济发展水平下,强化地方税系不应该过多着眼于财产税,而是应从商品税和所得税入手。其中商品税又优于所得税,尤其是商品税中的增值税,这主要体现在两个方面:一是,在中国流动人口规模庞大的现实背景下,增值税比所得税更加稳定,符合地方政府对财源稳定的需求;二是,若将个人和企业所得税作为地方主体税种,将进一步加剧地方政府间的要素竞争,进而扩大地区间发展失衡的态势。综上分析,中国央、地间财政收入分配的现状是税权过度向中央集中,应强化地方税系,而现阶段强化地方税系则要优先考虑商品税。

(2)中央和地方政府之间的财政支出划分现状

分税制改革明确了央、地间的税收分配,但对各领域的事权与支出责任划分只是做了原则性的安排。如表4-1所示,中央政府负责国防、外交、中央直属企业经费、地质勘探费等,地方政府承担民兵事业费、地方企业经费、城市维护建设经费等,中央和地方分担基建投资,行政管理,武警经费,支农支出、公检法、文化、教育、卫生、科学支出。这样简单、笼统的划分方式,造成了央、地间事权与支出责任划分的诸多问题,其中最主要的是以下三个方面。

首先,央、地间事权划分模糊,各级政府职能存在严重的交叉重叠。如表4-4所示,除了援助其他地区事务之外,其他所有支出项目都是由中央和地方共同承担的。而美国、英国则完全不同,各项事权在政府间的划分是十分明确的,如基础研究、医疗研发属于中央政府事权,地方政府不需要承担任何工作和支出责任。中国各领域央、地间事权的划分方法,在当前官员任命机制下造成的后果是,地方政府在重叠事权分配的博弈中处于劣势地位,不得不接受更多事权和支出责任,进而产生事权与支出责任下沉的效应,使得地方财政支出压力巨大。

其次,央、地间事权过于随意,缺乏理论依据。如上文所述,美、英两国结合财政分权理论和国家结构、人口规模、领土面积、首都人口集中度等因素制定央、地间事权划分模式。从美、英两国各领域央、地间事权划分现状(表 3-1 和表 3-3)中可以发现十分明显的规律性,如国防、外交这样的主权性事务全部由中央政府承担;再如社会保障事权,由于其全国范围的外部性和收入再分配的职能,主要由中央政府承担支出责任。反观中国,地方政府承担了少部分的国防和外交支出,以及绝大部分的社会保障与就业支出(见表 4-4)。在 1994 年关于分税制改革的政策文件中,甚至没有任何关于社会保障事权划分的内容。

再次,划分过于笼统,只是停留在讲原则层面,严重缺乏细致性和全面性。缺乏全面性表现在两个方面,其一,对于社会保障、粮油储备、节能环保、国土海洋气象等重要事权的划分,甚至没有原则性的指示;其二,对于新增事权归属,没有任何指示,默认遵从新增事权属地方原则。缺乏细致性是指没有安排各项财政支出责任的细目,如"中央和地方分担教育支出",那么教育事权中的中小学、高等教育、职业教育分别由哪一级政府承担主要支出责任?事权划分缺乏细致性和全面性所导致的后果是:地方政府承担了绝大部分所谓"中央、地方分担"的支出项目,以及未被提及的事权和新增事权的支出责任。

以上三个方面的问题最终导致的结果是,许多中央和地方共同承担的事权和支出责任以及新增事权,不断向地方政府转移,使得地方财政支出比例居高不下。如表 4-4 所示,地方承担了多项事权的主要支出责任,如一般公共服务、公共安全、教育、社会保障、文化体育、医疗卫生、节能环保、资源勘探信息事务在地方的支出比例分别为 91.82%、85.19%、94.62%、95.61%、92.05%、98.65%、93.21%、92.48%,而地方政府财政支出在全国财政支出中的比重高达 85.19%。这一数据与地方财政收入数据形成鲜明的对比,表现为财政收入向中央集中,财政支出向地方分散的状态。综合 2018 年的财政收支数据来看,央、地间财政失衡已经十分严重。

表 4-4　2018 年中央、地方政府财政支出划分情况

财政支出细目	财政支出数额/亿元			财政支出比重/%	
	全国	中央	地方	中央	地方
一般公共服务支出	18374.69	1503.68	16871.01	8.18	91.82
国防支出	11280.46	11069.7	210.76	98.13	1.87
外交支出	586.36	583.37	2.99	99.49	0.51
公共安全支出	13781.48	2041.51	11739.97	14.81	85.19
教育支出	32169.47	1731.23	30438.24	5.38	94.62
科学技术支出	8326.65	3120.27	5206.38	37.47	62.53
文化体育与传媒支出	3537.86	281.13	3256.73	7.95	92.05
社会保障和就业支出	27012.09	1184.55	25827.54	4.39	95.61
医疗卫生与计划生育支出	15623.55	210.65	15412.9	1.35	98.65
节能环保支出	6297.61	427.56	5870.05	6.79	93.21
城乡社区支出	22124.13	86.38	22037.75	0.39	99.61
农林水支出	21085.59	592.3	20493.29	2.81	97.19
交通运输支出	11282.76	1313.71	9969.05	11.64	88.36
资源勘探信息等支出	5076.42	381.52	4694.9	7.52	92.48
商业服务业等支出	1606.96	73.28	1533.68	4.56	95.44
金融支出	1379.62	845.59	534.03	61.29	38.71
援助其他地区支出	442.16	0	442.16	0.00	100.00
国土海洋气象等支出	2273.58	353.67	1919.91	15.56	84.44
住房保障支出	6806.37	506.45	6299.92	7.44	92.56
粮油物资储备支出	2060.75	1375.64	685.11	66.75	33.25
债务付息支出	60.21	37.23	22.98	61.83	38.17
其他支出	7402.72	4161.65	3241.07	56.22	43.78
总计	220904.13	32707.81	188196.32	14.81	85.19

注:数据来源于中国财政部《2018 年全国财政决算表》。作者整理。

（3）央、地间财政关系严重失衡

事实上，央、地间财政失衡并非 2018 年或近年来才有的情况，而是已经持续了二十余年，且越来越严重（如图 4-4 所示）。分税制改革前，地方政府的财政收入比重约占八成，支出比重约占七成。在这种情况下，中央财政常常捉襟见肘，进而使得中央政府宏观经济调控乏力，地方财政保护主义抬头，加剧了地方发展的失衡（章和杰、金辉，2020）。于是，中央政府在 1994 年实施了以提高"两个比重"为核心的分税制改革。分税制改革后，地方财政支出比例基本维持不变，而地方财政收入比重从 1993 年的 78.00% 骤降至 1994 年的 44.30%。在之后的几年里，分税制改革初显成效，不仅充分调动了"两个积极性"，也实现了"提高两个比重"的目标。但随着时间进一步的推移，分税制改革了央、地收入分配而没有明确划分事权，使得地方财政收入比重基本保持在 45%～50%，地方财政支出比重逐渐提高并稳定在 85%，进而造成了严重的央、地间财政失衡。这时，通过财政转移支付体系弥补财政失衡显得尤为重要，但事实上转移支付体系并没有起到相应的作用，详见下节内容。

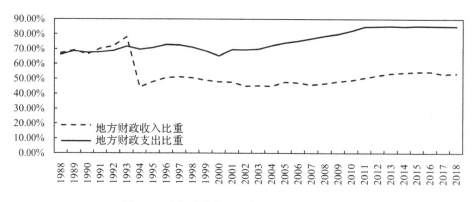

图 4-4　地方财政收入和支出比重的变化趋势

注：地方财政收入比重＝地方财政收入/全国财政收入，地方财政支出比重＝地方财政支出/全国财政支出。作者整理。

4.2.2　财政现状之转移支付体系不完善与地方财政缺口的困境及其思考

财政转移支付是用于弥补政府间财政失衡，缩小区域经济发展差异和促进公共服务均等化的重要手段(Oates,1999;Wilson,1999;贾俊雪等,2010;吴永求、赵静,2016)。广义的财政转移支付包括税收返还、一般性转移支付和专项转移支付三类,其中税收返还是指中央对地方上缴税收的比例返还,其额度由中央从该地征缴的总税收和返还比例决定;一般性转移支付和专项转移支付都是指中央对地方的财力补助,其区别是前者由地方自由支配,而后者需专款专用。在中国的财政转移支付体系中,除了上述三类转移支付,还包括体制补助、结算补助等项目(李萍,2010;安体富等,2007;张金艳,2007)。

一套系统灵活、结构合理的转移支付体系,对于推进地区间协调发展和公共产品均衡供给等多个方面具有重要作用。杜放、常余(2001)指出,财政转移支付体系主要有四项功能,分别是保障功能、配置功能、激励功能和救济功能。谷成(2009)认为转移支付的主要作用,一是弥补政府间财政失衡,二是实现公共产品供应的均等化,三是破解地区间的外溢性问题,四是强化中央的宏观调控能力。同时,高效、灵活的转移支付制度有助于提高地方政府的财政努力度(薛黎明、王宁,2002;伏润民等,2008)。

但中国的财政转移支付体系还存在以下三点缺陷。其一,转移支付体系缺乏规范性。首先,转移支付在执行过程中,缺乏科学合理的计算公式,人为因素过多,随意性过大(马万里、李齐云,2012);其次,在财政转移支付预算编制方面,中央没有较好地与地方政府预算编制相衔接(王永礼,2007)。其二,转移支付结构不合理,专项转移支付占比过多、范围过宽,且项目设置存在盲目性和随意性,影响地方统筹安排预算(秦藏,2007;谢旭人,2009)。其三,中西部地区财政转移支付过多(见表4-5),如西藏、青海、甘肃、宁夏、贵州地区收到的税收返还和转移支付总额分别是地方本级一般公共预算收入的8倍、4.5倍、2.7倍、2倍、1.7倍。

表4-5　2017年各地区财政缺口和转移支付　　单位/亿元

| 地区 | 财政缺口 | 税收返还和转移支付 | | | | 转移支付后的财政缺口 |
		税收返还	一般性转移支付	专项转移支付	总额	
北京	1393.74	537.35	54.18	237.87	829.4	564.34
天津	972.18	196.92	234.25	118.21	549.38	422.8

续表

地区	财政缺口	税收返还和转移支付				转移支付后的财政缺口
		税收返还	一般性转移支付	专项转移支付	总额	
河北	3405.35	312.98	1644.38	911.52	2868.88	536.47
山西	1889.42	138.21	1030.34	497.27	1665.82	223.6
内蒙古	2826.72	169.35	1285.89	1071.91	2527.15	299.57
辽宁	2486.65	288.93	1342.52	621.67	2253.11	233.54
吉林	2514.81	131.21	1169.87	766.68	2067.76	447.05
黑龙江	3397.77	102.76	1672.48	1229	3004.24	393.53
上海	905.36	408.76	58.69	111.66	579.1	326.26
江苏	2449.5	645.15	356.71	540.72	1542.58	906.92
浙江	1725.94	343.44	240.49	375.6	959.53	766.41
安徽	3391.36	287.28	1692.42	900.9	2880.6	510.76
福建	1875.12	255.2	562.62	409.69	1227.51	647.61
江西	2864.41	241.92	1374.93	694.92	2311.77	552.64
山东	3159.77	499.52	1081.55	956.14	2537.22	622.55
河南	4808.3	368.71	2462.79	1141.7	3973.2	835.1
湖北	3552.94	297.61	1736.83	895.39	2929.82	623.12
湖南	4111.57	274.25	1963.4	1023.47	3261.12	850.45
广东	3717.13	513.12	505.55	455.85	1474.52	2242.61
广西	3293.42	221.92	1664.4	741.39	2627.72	665.7
海南	769.86	92.43	427.54	179.43	699.4	70.46
重庆	2083.9	211.93	887.05	616.05	1715.04	368.86
四川	5116.77	459.34	2497.59	1353.74	4310.67	806.1
贵州	2998.68	184.08	1536.47	1034.04	2754.58	244.1
云南	3826.8	333.33	1532.96	1162.54	3028.83	797.97
西藏	1496.11	47.34	892.34	542.79	1482.47	13.64
陕西	2826.5	144.04	1282.21	801.97	2228.22	598.28

地区	财政缺口	税收返还和转移支付				转移支付后的财政缺口
		税收返还	一般性转移支付	专项转移支付	总额	
甘肃	2488.71	127.29	1279.07	776.35	2182.71	306
青海	1284.24	32.31	633.11	455.7	1121.13	163.11
宁夏	955.19	44.73	502.6	268.36	815.7	139.49
新疆	3170.72	111.42	1540.35	990.83	2642.59	528.13
总额	81758.93	8022.83	35145.59	21883.36	65051.78	16707.15

数据来源：2018 年《中国财政年鉴》和《2017 年全国财政决算表》。作者整理。

转移支付体系的这些缺陷导致了以下三方面的问题。

第一，财政转移支付体系并没有起到调节政府间财政失衡的作用，地方政府依然存在巨大的财政缺口。从全国数据来看（见图 4-5），2014—2018 年，中央对地方的税收返还和转移支付总额持续上涨，但始终没有弥补央、地间财政的失衡，而且地方财政缺口不断扩大。2018 年，中央对地方转移支付后，地方财政缺口仍然高达 16707.15 亿元。从各省数据来看（见表 4-5），所有省、自治区、直辖市均存在不同程度的财政缺口。

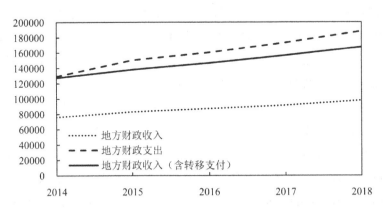

图 4-5　再分配后的地方财政收入和支出比重的变化趋势

数据来源：中国财政部数据库、《全国财政决算表（2014—2018）》。作者整理。

第二，财政转移支付体系并没有实现公共服务和公共产品供给的均等化。首先，税收返还后，反而拉大了地方政府之间的财政收入差距，甚至导致地区间累积性的不平衡,不仅加剧了地方政府间的财政竞争,也不利于公共产品供给的均等化(李金龙、武俊伟,2016)。其次,中国现行转移支付存在方式不规范、结构复杂、基层财政收支矛盾加剧等问题,弱化了地方政府的财政自主能力,尤其是落后地区,因此对基层的转移支付目标应由维持政府机构运转逐步改进为促进地区基本公共服务均等化(王金秀,2006)。

第三,过度依赖转移支付会产生"粘蝇纸效应",使得地方财政支出规模扩大、财政资金使用效率降低,尤其是中西部落后地区。不同于对东部沿海地区的税收补偿,中央对中西部落后地区的财政补助大多是一般性转移支付和专项转移支付,如表4-5所示。这种单纯的财力转移虽然有效地弥补了中西部地区的财政缺口,但也降低了这些地区的财政自主能力和财政努力度,反而不利于经济的健康增长(王贤彬、周海燕,2016)。范子英、张军(2010)也指出,财政转移支付效率低下的现象主要出现在中西部的落后省、自治区、直辖市,转移支付产生了激励扭曲效应,抑制了经济的增长。部分地方政府,特别是中西部落后地区,他们对于转移支付的资金使用不像本地税收一样珍惜和谨慎,存在转移支付资金的利用低效率甚至是无效率的现象。

4.2.3　财政现状之土地财政和地方债务困境及其思考

如前文所述(见图4-4),分税制改革后,央、地间财政关系严重失衡,加之转移支付体系弱有效,使地方财政产生巨大缺口。同时,分税制改革将当时收益规模较小的土地使用权出让金全部划归地方所有。于是,攫取土地收益逐渐成为地方政府弥补财政缺口的重要途径(章和杰、金辉,2020)。

分税制改革之初,由于经济、政策等多方面因素的影响,地方政府难以从土地出让中获得较多收益,而1998年出台的一部法律和两项政策为此打开了突破口。法律是《土地管理法》的第二次修订,形成地方政府对土地有偿使用和规划管制以及土地一级市场的垄断制度体系。两项政策,一是停止住房实物分配,实施住房分配货币化,构建住房金融制度,准许贷款购房;二是住房制度改革要求住房公积金主要用于个人购买、建造、大修理自住住房,次年,国务院又要求住房公积金只能用于个人住房贷款。这一部法律和两项政策,释放出住房计划分配制下压抑已久的巨大能量,也使地方政府逐步走上依赖土地收益的道路,而这种地方财政依赖于土地收益的财政模式被称为"土地财政"(吴宇哲、孙小峰,2018)。

1998年后,土地财政规模出现了井喷式的增长(见图4-6)。1997—2002年,城镇住宅新开工面积年均增速达25.9%,住宅销售面积年均增速达到24.7%,政府土地出让收入从1998年的499.56亿元增长到2002年的2416.79亿元,增长了3.8倍。[①] 2002年,个人所得税改革,60%归中央,地方仅得40%,地方税权进一步缩小,由于与土地开发密切相关的建筑业和房地产业属于营业税征收范畴,而营业税是地方税,由此激励地方政府大搞土地开发,助推商品房市场发展和房价飞涨(周飞舟,2007)。房价上涨又反作用于地价,2003—2008年,住房销售面积增加99%,住房销售额增加223.9%,政府土地出让价款增加1791.87%(刘守英,2017)。

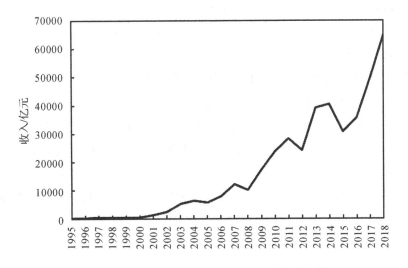

图4-6　1995—2018年土地出让金的变化趋势[②]

随着房价和地价的飞涨,2007年的土地出让金高达12216.72亿元,在地方政府财政收入中的占比接近50%。土地出让金规模巨大,却并未纳入预算,其

---

① 数据来源:刘守英.不告别以地谋发展,就别指望房子"用来住"不"用来炒"[EB/OL].澎湃网.(2017-07-30)[2021-11-10]. https://www.thepaper.cn/newsDetailforward1746271.

② 土地出让金数据来源:2018年的数据来源于财政部《财政收支情况(2018)》,2011—2017年的数据来源于《全国财政决算表(2011—2017)》,1999—2010年的数据来源于《中国国土资源统计年鉴(2006—2011)》,1998年的数据来源于《中国国土资源年鉴(1999)》,1995—1996年的数据来源于《中国土地年鉴(1996—1997)》,1997年的数据缺失,1997年的数据是1996年和1998年的平均值。作者整理。

支出更是一笔糊涂账。为强化对土地出让金的监管,2007 年后中央出台了一系列监管条例,如要求明确"收支两条线"的预算管理,这对地方政府以土地出让金为主的土地财政行为产生了一定约束。2008 年,为缓解国际金融危机的冲击,中央出台"4 万亿经济刺激计划",地方政府从中找到了新的土地财政模式。中央为鼓励地方提供"4 万亿计划"的配套资源,支持地方拓展融资渠道。于是,各级地方政府成立各类融资平台,并利用融资平台抵押土地进行借贷,造成了地方融资平台数量和融资规模的迅速增长(王永钦,2014;Bai et al.,2016;张莉等,2018)。2011 年全国土地抵押贷款率总体保持在 50% 左右(3000 平方公里),土地抵押贷款金额则达到了 4.8 万亿元人民币①,甚至超过了当年的土地出让金(3.1 万亿元)。土地出让和土地融资相结合的土地财政模式遂成为地方弥补财政缺口和投资城市发展的重要途径。

尽管在 2010 年后,为了遏制房价、地价快速上涨的势头,中央出台了一系列"住房限购"政策,但始终没有产生实质性的影响。如 2010 年北京颁发的"国十条",规定"每户家庭只能新购一套商品房";2013 年 9 月 29 日"国五条"颁布后,上海、广州、杭州等 16 个一、二线城市陆续开始实行商品房限购政策;以及 2017 年后,全国各大城市相继出台了被称为"史上最严限购令"的摇号购房政策。尽管限购政策层层加码,但始终无法撼动土地财政规模和地方债务规模扩大的趋势(见图 4-6)。截至 2017 年底,部分省市的债务率甚至超过了 100% 这一警戒线,如贵州、云南、陕西(见表 4-6)。同时,2018 年土地出让金的规模高达 65096 亿元,占当年地方政府性基金收入的 91.21%,相当于地方公共预算本级收入的 66.49%。② 这意味着,土地出让金和地方债务规模持续扩大的内在动因,主要是地方政府的财政动机。

表 4-6　2017 年底部分地区的债务余额

地区	债务余额/亿元	债务率/%	负债率/%	城投平台数/个
浙江	9239.1	89.8	17.9	174
湖南	7756.0	90.1	22.4	130

---

① 数据来源:《中国城市发展报告(2011)》。
② 数据来源:财政部《2018 年财政收支情况》。

地区	债务余额/亿元	债务率/%	负债率/%	城投平台数/个
江苏	12026.3	63.1	14.0	163
贵州	8607.2	161.7	63.6	72
云南	6736.8	119.0	41.0	36
山东	10196.8	81.0	14.0	114
重庆	4018.5	63.0	21.0	90
四川	8497.0	80.0	23.0	126
福建	5462.8	88.3	16.9	58
江西	4269.1	67.1	20.5	70
湖北	5715.5	65.4	15.6	90
安徽	5823.4	65.0	22.0	84
新疆	3377.8	75.0	31.0	44
河南	5548.5	55.0	13.0	49
陕西	5395.4	100.5	24.6	42

注:需要说明的是地方债务数据没有准确的官方数据,表中地方债务和城投平台数据来源于国盛证券研究所,且只有部分省、自治区、直辖市的数据。其中,债务率=政府债务余额/综合财力,负债率=政府债务余额/GDP。作者整理。

综上,地方政府为弥补央、地间财政失衡产生的巨大财政缺口,一方面"卖地生财",另一方面开展"土地融资",并利用各种手段对银行信贷进行干预(贾俊雪等,2016),使得"征地—卖地生财—收税收费—抵押贷款—再征地"成为典型的"土地财政"模式(刘守英、蒋省三,2005)。这种土地财政模式尽管带动了国内基础设施建设的迅速发展,推动了地方经济短期内的高速增长(张军等,2007),但对中国金融、经济、社会长远而稳定的发展构成了巨大威胁(吕炜、许宏伟,2012)。金融方面,随着地方债务不断膨胀,地方政府的财政风险和债务违约风险积聚,而政府债务违约甚至会引发金融危机(Reinhart and Rogoff,2011;刘尚希等,2018)。经济方面,随着土地财政规模扩大,房产的金融属性和价格不断提高,房产的投资和投机功能持续增强,不仅吸引了大量的社会资金流入房市,而且使得部分制造业企业转向房地产业,还带动了银行贷款投向房地产业,产生所谓"脱实向虚"的现象,显然不利于经济的可持续发展(刘守英,

2017)。社会方面,在房价畸高的背景下,普通居民买房可能需要几代人的积蓄用于首付,并偿还几十年的贷款,他们为在城市里能有落脚之地、盖头之瓦,承受着巨大的经济负担;同时,随着房价的飞涨,社会贫富差距因住房财产的不同而迅速拉大,不利于社会的和谐稳定(梅冬州等,2018)。

4.2.4 财政现状之宏观税负畸高的困境及其思考

全口径宏观税负的现状与变化趋势如图 4-7 中的(a)所示。分税制改革以来,央、地间财政关系严重失衡,于是地方政府从土地资源中"攫取"大量财政收入,使得全口径宏观税负居高不下。全口径宏观税负从 1994 年的 16.14%,以平均每年 4.67%的增速增长到 2014 年的 39.20%,并于 2014 年之后趋于平稳,在[37.52%,39.85%]的区间内小幅波动。这一税负水平不仅高于中国宏观税负的合理区间,如 Zhang and Li(2015)测定的[15%,22%),李斯斯(2017)测定的[22.48%,33.3%)等,还明显高于新兴市场国家和发展中国家的平均水平,甚至超过了许多欧美发达国家。这些只是明面上能够查到的数据,还不包括一些没法拿到桌面上讲的项目(高培勇,2012)。由此可见,中国的宏观税负之高,居民和企业的负担之重。

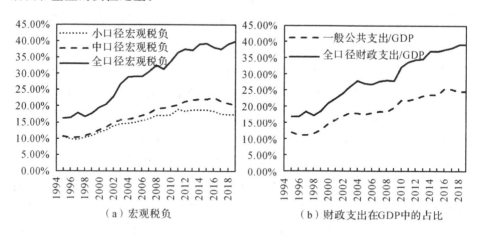

图 4-7 不同口径下的宏观税负和财政支出

全口径财政支出在 GDP 中的占比的现状与变化趋势如图 4-7 中的(b)所示。1994 年以来,全口径财政支出以平均每年 17.50%的增速从 8183.01 亿元增长到 2018 年的 353039.72 亿元,增长了 40 余倍;同一时期内,全口径财政支出占 GDP 的比重,从 16.82% 涨到 39.66%,并依然呈现出上升的趋势。如上所述,由于财政透明程度差、部分数据难以统计等原因,中国的实际财政支出数额可能更高。高培勇(2017)指出减税降费固然好,但必须与降低政府支出一同进行,否则政府收入和支出不匹配,将会走上赤字化的老路,仍然不利于经济的健康发展。

从其他口径财政数据的变化趋势来看,土地出让金规模的急剧扩大,正逐渐成为全口径宏观税负和财政支出快速增长的重要原因。尤其是在 2015 年后,税收收入、一般公共预算收入和一般公共预算支出在 GDP 中的占比均出现下滑,而全口径宏观税负和全口径财政支出却持续走高,其中最主要的原因是土地出让金的激增。如图 4-6 所示,2015—2018 年,土地出让金从 30783 亿元激增到 65096 亿元,年均增幅超过 37%。土地出让金不是税,却有商品税的特性,其"税收负担"会发生转嫁,且属于混转型的"商品税"。这意味着土地出让金的负担,一方面会向购房者转嫁,造成普通居民的经济负担;另一方面向房地产建造商转嫁,导致房屋质量下降。因此,减税降费不能仅停留在降税或社会保险费率,更应从降低土地出让金入手。

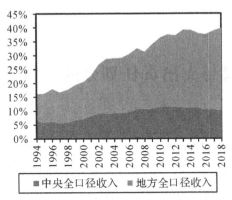 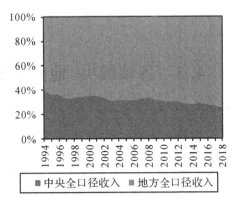

(a)央、地全口径收入在GDP中的占比　　(b)央、地全口径收入在全口径收入中的占比

图 4-8　1994—2018 年央、地全口径财政收入结构

中央和地方政府全口径财政收入分配结构的变化趋势如图 4-8 所示。1994 年以来,虽然地方政府的税收比例骤降,但地方的全口径财政收入占比却持续增长,从 1994 年的 59.22% 上升到 2018 年的 74.52%。同一时期内,地方全口径财政支出占比也几乎是同步扩大的(见图 4-9)。这进一步印证了上文的观

点,即全口径宏观税负畸高的根源在地方,而地方全口径财政支出和收入居高不下则是因为地方承担的事权过多和土地出让金规模巨大。因此,降低宏观税负首先要从地方入手,而降低地方税负和支出则要"收支两条腿走路",一是缩小土地出让金规模,改变当前过度依赖土地财政的局面;二是推进政府职能转变,切实降低财政支出,并厘清央、地间事权与支出责任的划分。

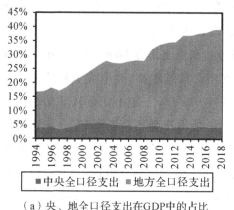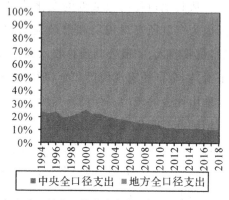

(a)央、地全口径支出在GDP中的占比　　(b)央、地全口径支出在全口径支出中的占比

图 4-9　1994—2018 年央、地全口径财政支出结构

4.3　各领域央、地间事权与支出责任划分的现状与比较

在前文介绍央、地间财政关系总体现状的基础上,本节将进一步聚焦。首先分别从一般公共预算、政府性基金预算、国有资本经营预算和社会保险基金预算,分析各领域央、地间事权与支出责任划分的现状,同时结合其他国家的事权划分现状进行比较和讨论,归纳和总结中国央、地间事权划分模式的特色、优势和不足,最后为各领域央、地间事权与支出责任划分改革提供参考意见。

4.3.1　一般公共预算中的央、地间事权与支出责任划分

(1)一般公共服务

一般公共服务是国家执行政治职能和社会职能的必要手段,国家不仅要为

公民提供社会安定的环境,还要通过行政、社会、经济管理以及协调各方关系,维系正常的社会、商务往来,实现社会经济的可持续发展,保证国家社会的长治久安。在中国,一般公共服务主要包括了人大、政协、发展改革、统计、财政、税收、海关、人力资源、商贸、工商管理、民族、档案等项目。这些公共服务,是由中央和地方政府设立相应级别的行政机构来实施履行的,因此在各级政府都会有一套功能接近、体系相似的行政体系,以及与此对应的一般公共服务支出。那么这些公共服务及其支出在中央和地方政府之间的划分,即表示一般公共服务领域央、地间事权及其支出责任的划分。

2018 年,全国一般公共服务支出为 18374.69 亿元,而中央和地方政府的支出分别为 1503.68 亿元和 16871.01 亿元,占比分别为 8.18% 和 91.82%(见表 4-7)。这意味着地方政府承担了一般公共服务领域的绝大部分支出责任。具体而言,地方政府承担了人大、政协、政府办公室及其相关机构、发展与改革、统计信息、财政、审计、人力资源、商贸、工商行政管理、民族、档案、群众团体事务的主要支出责任,这些支出在相应类别总支出的比重均超过了 90%;而中央政府主要承担了海关和知识产权事务。

中国一般公共服务领域央、地间事权与支出责任的划分模式与其他国家相比,既存在差异,也有相似之处。差异性主要表现在两个方面,其一,中国一般公共服务事务较多、支出较高,该领域财政支出在 GDP 的比重为 2.04%,而美国(2017 年)为 1.37%;其二,在该领域,中国地方政府支出的占比高达 91.82%,远高于美国和俄罗斯(见表 3-1 和表 3-2)。共同点主要表现在,无论是中国,还是英国、美国、俄罗斯或蒙古国,各级政府分担相应级别的一般公共服务。

中国一般公共服务领域央、地间事权及其支出责任的划分存在以下四个方面的问题。首先,中国政府职能过多,行政事务繁杂,尤其是在央、地间事权划分不清的背景下,地方政府承担了绝大部分事权和支出责任,财政支出压力巨大。其次,行政机构设置采取上下对口的原则,这意味着中央每设置一个机构,全国县以上就要设 3000 多个机构,且还不包括庞大的乡镇行政机构。再次,各级行政机构过多的直接后果就是财政供养人员数量庞大,进而加大财政压力,尤其是地方政府。最后,在财政软约束的背景下,行政机构和人员队伍庞大,行政经费过多,滋长了官僚主义,助长了铺张浪费,也成为贪污腐败的温床。

综上分析,中国一般公共服务领域央、地间事权及其支出责任的划分改革应从以下两个方面入手。首先,加快政府职能转变,改变过去大包大揽的局面,与之相适应,推进相似部门合并和党政合署办公的"双合"改革,同时压缩人员编制。其次,明确各项一般公共服务事权在中央和地方之间的划分,如海关事务具有全国范围的外部性,不应由地方承担任何支出责任;同时改变上下对口的原则,即地方不承担某项事权,就不再设置相应的行政机构。

表 4-7　2018 年一般公共服务领域的事权与支出责任划分

项目	财政支出数额/亿元			财政支出比例/%	
	全国	中央	地方	中央	地方
人大事务	341.07	8.26	332.81	2.42	97.58
政协事务	244.27	7.33	236.94	3.00	97.00
政府办公室(厅)及其相关机构	5961.67	71.02	5890.65	1.19	98.81
发展与改革事务	602.99	6.97	596.02	1.16	98.84
统计信息事务	273.84	45.44	228.4	16.59	83.41
财政事务	898.41	14.62	883.79	1.63	98.37
税收事务	2027.44	640.99	1386.45	31.62	68.38
审计事务	250.61	17.69	232.92	7.06	92.94
海关事务	193.27	173.32	19.95	89.68	10.32
人力资源事务	667.31	26.24	641.07	3.93	96.07
商贸事务	718.52	9.35	709.17	1.30	98.70
知识产权事务	93.24	61.66	31.58	66.13	33.87
工商行政管理事务	726.49	11.36	715.13	1.56	98.44
质量技术监督事务	455.54	122.2	333.34	26.83	73.17
民族事务	54.4	1.93	52.47	3.55	96.45
档案事务	126.87	5.43	121.44	4.28	95.72
群众团体事务	348.3	30.44	317.86	8.74	91.26

续表

项目	财政支出数额/亿元			财政支出比例/%	
	全国	中央	地方	中央	地方
其他	1465.98	117.27	1348.71	8.00	92.00
未统计	2924.47	132.16	2792.31	——	——
总额	18374.69	1503.68	16871.01	8.18	91.82

注:需要说明的是,倒数第二行是"未统计"数据,即未统计在任何一个财政支出项目中的费用,未统计=总额-(各项支出+其他支出),下同。数据来源于中国财政部、《2018年全国财政决算表》。作者整理。

(2)国防和外交

将国防和外交放在一起讨论,看似风马牛不相及。事实上,国家一经建立,要立足于国际社会,就必须构建国防力量,抵御外敌侵犯,保卫国家安全,这是其他政治、经济、贸易事务得以顺利开展的根本保障;而外交则是巩固国家国际社会地位,加强国际交流合作的重要手段。因此,国防和外交是国家的基本职能,属于国家主权性事务,且都是由中央政府提供的纯公共物品,存在许多共性。在中国,外交支出主要用于外交管理事务、对外援助、国际组织、驻外机构、对外合作交流等事务,而国防支出包括军队人员费、维持训练费和装备费三个方面。

2018年,中国国防和外交的支出分别为11280.46亿元和586.36亿元,其中由中央政府承担的支出分别为11069.7亿元和583.37亿元,占比分别为98.13%和99.49%(见表4-8)。这意味着中央政府承担了国防和外交事务的绝大部分支出责任。具体而言,中央政府承担了所有国际组织、驻外机构和对外合作交流的支出,以及绝大部分国防、外交管理事务和对外援助的支出;而地方政府承担了民兵训练及其人员生活的支出,总共为210.76亿元。

中国国防和外交领域央、地间事权与支出责任的划分模式与其他国家相比,既存在差异,也有相似之处。相似之处在于,中国和美、英、俄、蒙等国都明确将国防和外交划为中央政府事权。但中国国防和外交事权在中央和地方政府之间的划分不够明确,也没有通过相关法律加以保障,这是与其他国家不同的地方。中国地方政府承担了民兵费用和少量外交管理事务、对外援助的支出,而其他国家则不同,如美国中央政府承担了所有国防费用,以及外交支出;再如俄罗斯和英国,具有民防事务,由地方政府负责,但中央政府通过转移支付或财政补贴的方式承担了民防支出。

中国国防和外交领域央、地间事权及其支出责任的划分主要存在以下两个方面的问题。首先,虽然分税制改革明确规定中央政府承担国防和外交事权,但在实践过程中,由于诸多方面的原因,地方政府支付了少量外交管理事务和对外援助的费用。其次,民兵费用由地方政府承担缺乏合理性,民兵担负战备勤务,保卫边疆,维护社会治安的职责,需要随时准备参军参战,抵抗侵略,保卫祖国,因此民兵相关事务具有全国范围的外部性和受益性,不应由地方政府承担事权和支出责任。再次,国防支出数据透明度不足,在财政决算表中没有任何细目。

综上分析,中国国防和外交领域央、地间事权及其支出责任的划分改革应从以下两个方面入手。首先,将民兵事权移交中央政府,或者仍由地方政府负责,而中央政府通过转移支付的方式间接承担民防支出;相似的,外交支出也是如此,若中央政府需要地方负责部分外事接待等事务,应通过转移支付承担相关费用。其次,深化国防和军队改革,要从透明、公开国防支出细目入手,落实军队训练、人员生活和装备研究制造等各项费用,防止军队成为贪污腐败的温床,这是强军兴军的必由之路,也是决定军队未来的关键一招。

表 4-8　2018 年国防和外交领域的事权与支出责任划分

项目	财政支出数额/亿元			财政支出比例/%	
	全国	中央	地方	中央	地方
国防支出	11280.46	11069.7	210.76	98.13	1.87
外交管理事务	10.88	10.24	0.64	94.12	5.88
对外援助	204.83	204.6	0.23	99.89	0.11
国际组织	192.24	192.24	0	100.00	0.00
驻外机构	131.84	131.84	0	100.00	0.00
对外合作交流	33.48	33.48	0	100.00	0.00
未统计数据(外交)	13.09	10.97	2.12	——	——
外交支出总额	586.36	583.37	2.99	99.49	0.51

注:数据来源于中国财政部,《2018 年全国财政决算表》。作者整理。

（3）公共安全

公共安全服务是指国家为了维护社会的秩序稳定,保障公民的合法权益,以及社会各项活动的正常进行而提供的各种公共产品的总和。国家一经建立,既需要抵御外部侵略,也要防范内部的各种安全隐患,通过提供警察、消防、司法等服务,维护民众生产生活的正常秩序。因此,公共安全也是国家的一项基本职能。在中国,公共安全主要包括武装警察、公安、检察、法院、司法、缉私警察等项目。

2018年,全国公共安全支出为13781.48亿元,而中央和地方政府的支出分别为2041.51亿元和11739.97亿元,占比分别为14.81%和85.19%(见表4-9)。由此可见,地方政府承担了公共安全事务的绝大部分支出责任。具体而言,地方政府承担了几乎所有的公安、检察、法院、司法支出,这些支出在相应科目总支出中的比重分别为96.54%、99.05%、99.23%、98.31%;而中央政府主要承担了武装警察和缉私警察的经费。

中国公共安全领域央、地间事权与支出责任的划分模式与其他国家相比,既存在差异,也有相似之处。相似之处在于,公共安全服务往往由较低层级政府承担主要支出责任,如英国,而美国的警察和消防事务也都由地方政府负责,这一共性是由公共安全服务的内在属性和国家的实际情况所决定的。但也有例外,如俄罗斯由于历史原因,更加强调中央集权和维护国家统一,其中央政府承担了绝大部分公共安全事权和支出责任。差异性表现在,中国公共安全领域央、地间事权和支出责任划分不够清晰,而美国联邦政府和州政府不需要承担任何消防支出,各级政府事权划分是非常明确的。

表4-9　2018年公共安全领域的事权与支出责任划分

项目	财政支出数额/亿元			财政支出比例/%	
	全国	中央	地方	中央	地方
武装警察	2055.71	1535.19	520.52	74.68	25.32
公安	7262.06	250.98	7011.08	3.46	96.54
检察	751.99	7.11	744.88	0.95	99.05
法院	1281.42	9.9	1271.52	0.77	99.23
司法	404.88	6.83	398.05	1.69	98.31

续表

项目	财政支出数额/亿元			财政支出比例/%	
	全国	中央	地方	中央	地方
缉私警察	24.66	24.26	0.4	98.38	1.62
其他	443.11	23.36	419.75	5.27	94.73
未统计数据	1557.65	183.88	1373.77	—	—
总额	13781.48	2041.51	11739.97	14.81	85.19

注:数据来源于中国财政部、《2018年全国财政决算表》。作者整理。

中国公共安全领域央、地间事权及其支出责任的划分主要存在以下两个方面的问题。首先,央、地间事权划分不够清晰,如武装警察主要负责出入境管理、反恐、对党和国家领导人以及重要外宾的安全警卫等事务,这些应由中央政府承担全部支出责任,但事实上地方政府担负了25.32%的武装警察经费。其次,地方政府在公共安全领域承担了过多的支出责任,尤其是公安、检察、法院、司法。综上,中国公共安全领域央、地间事权及其支出责任的划分改革应从以下两个方面入手,一是明确中央和地方政府在公共安全领域的职责划分,二是适度强化中央的支出责任。

(4)教育

"百年大计,教育为本",教育发展程度和投入水平是衡量一个国家素质和文明程度的重要标准。尤其是在知识经济时代中,科学技术进步已经成为经济增长的重要动力来源,而科技进步又源于教育水平的提高。因此,教育事业体现了国家发展经济、提高国民素质的战略目标,教育支出则成为国家财政支出的重要组成部分。在中国,教育主要包括了普通教育、职业教育、成人教育、广播电视教育、留学教育、特殊教育等项目。

2018年,全国教育支出为32169.47亿元,而中央和地方政府的支出分别为1731.23亿元和30438.24亿元,占比分别为5.38%和94.62%(见表4-10)。由此可见,地方政府承担了教育事务的绝大部分支出责任。具体而言,地方政府承担了几乎所有的教育管理事务、学前教育、小学教育、初中教育、高中教育、职业教育、成人教育、广播电视教育、特殊教育等的支出,与中央政府分担了高等教育的支出;而中央政府则主要承担了留学教育的支出。

中国教育领域央、地间事权与支出责任的划分模式与其他国家相比,既存在差异,也有相似之处。相似之处在于,学前教育和中小学教育都由较低层级政府或地方政府负担,如美国、英国、俄罗斯。差异性主要体现在三个方面,其一,中国政府承担的教育项目,除普通教育外,还包括成人教育、职业教育、留学教育、广播电视教育,而美国、英国、俄罗斯则没有这些教育支出,即使有也是极少量的;其二,中国教育投入水平较低,中国教育支出在 GDP 中的占比为3.57%,而美国和英国分别为 5.24% 和 4.26%;其三,中国地方政府承担的教育支出比重为 94.62%,这一比例远高于英国和美国。

中国教育领域央、地间事权及其支出责任的划分主要存在以下两个方面的问题。首先,中国政府在教育职能领域同时存在"缺位"和"越位"现象,缺位表现在教育投入不足,尤其是普通教育方面,远低于发达国家;越位表现在政府负担了成人教育、职业教育、留学教育、广播电视教育等项目,这些项目的受教育者本身可以从中获得更多的、更高层次的知识和技能,为将来找到一份收入更高的工作或职业晋升而奠定基础,因此这些教育不同于义务教育,实际上并非纯公共物品,应该交由市场负责。其次,地方承担了过多普通教育事权和支出责任,如地方承担了几乎所有的义务教育支出,这造成了各地区教育资源分配和教育发展水平的巨大差异,加速了教育阶层的分化。

表 4-10　2018 年教育领域的事权与支出责任划分

项目		财政支出数额/亿元			财政支出比例/%	
		全国	中央	地方	中央	地方
教育管理事务		709.99	2.44	707.55	0.34	99.66
普通教育	普通教育小计	25253.82	1506.94	23746.88	5.97	94.03
	学前教育	1319.89	8.43	1311.46	0.64	99.36
	小学教育	8564.9	17.27	8547.63	0.20	99.80
	初中教育	5497.28	32.66	5464.62	0.59	99.41
	高中教育	3033.78	19.31	3014.47	0.64	99.36
	高等教育	4649.88	1424.41	3225.47	30.63	69.37
	其他普通教育	2188.09	4.86	2183.23	0.22	99.78

续表

项目	财政支出数额/亿元			财政支出比例/%	
	全国	中央	地方	中央	地方
职业教育	2829.5	7.73	2821.77	0.27	99.73
成人教育	48.49	0.13	48.36	0.27	99.73
广播电视教育	46.59	1.53	45.06	3.28	96.72
留学教育	85.07	84.65	0.42	99.51	0.49
特殊教育	128.11	0.05	128.06	0.04	99.96
进修及培训	468.79	30.33	438.46	6.47	93.53
教育附加费安排的支出	1649.12	0.62	1648.5	0.04	99.96
其他	950	96.81	853.19	10.19	89.81
总额	32169.47	1731.23	30438.24	5.38	94.62

注:数据来源于中国财政部,《2018年全国财政决算表》。作者整理。

综上分析,中国教育领域央、地间事权及其支出责任的划分改革应从以下三个方面入手。首先,划清政府和市场的边界,政府应该更加注重普通教育,提高普通教育的投入水平,尤其是义务教育,将部分高层次教育项目交由市场负责,并承担起立法立规、监督管控的职责。其次,适当强化中央政府在教育领域的事权和支出责任,尤其是义务教育方面。再次,均衡和协调中国各地区间、城市与乡镇间的教育资源分配,减缓教育分层的趋势。

(5)科学技术

随着科学技术的不断进步,科技对经济、社会发展的作用越来越突出,科技逐渐成为决定社会生产力水平的关键因素,而技术密集型产业也成为经济长期稳定增长的主导因素。由于科技进步对经济增长和社会发展的这种促进作用,各个国家都越来越重视科学技术的投入,而科学技术支出也成为财政支出中的重要项目。在中国,科学技术包括了科技管理事务、基础研究、应用研究、技术研究与开发、科技条件与服务、社会科学、科学技术普及、科技交流与合作等项目。

2018 年,全国科学技术支出为 8326.65 亿元,而中央和地方政府的支出分别为 3120.27 亿元和 5206.38 亿元,占比分别为 37.47％和 62.53％(见表 4-11)。由此可见,地方政府承担了科学技术事务的绝大部分支出责任。具体而言,地方政府承担了几乎所有的科技研发和科技管理事务的支出,以及大部分科技条件与服务、科技普及的支出,与中央政府分担了社会科学、科技交流与合作的支出;而中央政府则主要承担了基础研究和应用研究的支出。

中国科学技术领域央、地间事权与支出责任的划分模式与其他国家相比,存在许多差异性,主要表现在两个方面。首先,中国政府承担的科学技术事权项目类别繁多、缺乏重心,其他国家则不然,如俄罗斯、美国政府只承担基础研究和医疗研发事权及其支出责任,将其他科研都交由市场负责;英国虽然除军事研究、医疗研究之外,还有经济研究、教育研究和公共安全研究等,但其他研究项目经费极少。其次,中国地方政府承担了大部分的科学技术支出,而俄罗斯、美国和英国则相反,都是中央政府承担了几乎所有的科研经费。

中国科学技术领域央、地间事权及其支出责任的划分主要存在以下两个方面的问题。首先,中国政府在科学技术事权领域同时存在"缺位"和"越位"现象,越位表现在科学技术支出项目繁多,承担了许多本应交由市场负责的项目,如应用研究、科学技术开发等;缺位一方面表现在基础研究投入不足,这一支出在 GDP 中的占比远低于美国和俄罗斯,另一方面表现在没有构建全面系统的专利保护机制和科技研究监督管控机制,致使假冒伪劣产品横行,自主创新缺乏活力。其次,地方政府承担了过多的科学技术研究经费,由于科学技术的发展和进步具有全国范围的外部性,因此由中央政府承担主要支出责任是理所应当的。

综上分析,中国科学技术领域央、地间事权及其支出责任的划分改革应从以下三个方面入手。首先,明确界定政府和市场的边界,确保合理的政府投入规模和结构,从国际经验和科学技术这一公共产品的内在属性来看,中国政府应当将部分科技研发事务交由市场负责,如技术研发等。其次,强化中央在科学技术领域的支出责任,尤其是基础研究方面。再次,政府应当承担专利保护和监督管控的职责,保障私人科学技术产权,激发社会创新研究的活力。

表 4-11　2018 年科学技术领域的事权与支出责任划分

项目	财政支出数额/亿元			财政支出比例/%	
	全国	中央	地方	中央	地方
科学技术管理事务	241.14	9.76	231.38	4.05	95.95
基础研究	649.33	552.64	96.69	85.11	14.89
应用研究	1757.54	1502.85	254.69	85.51	14.49
技术研究与开发	1960.03	27.58	1932.45	1.41	98.59
科技条件与服务	342.45	59.11	283.34	17.26	82.74
社会科学	108.37	51.52	56.85	47.54	52.46
科学技术普及	161	20.88	140.12	12.97	87.03
科技交流与合作	41.6	18.91	22.69	45.46	54.54
未统计数据	3065.19	877.02	2188.17	—	—
总额	8326.65	3120.27	5206.38	37.47	62.53

注:数据来源于中国财政部,《2018 年全国财政决算表》。作者整理。

(6)文体传媒

文体传媒支出主要包含了文化、文物、体育、新闻出版等项目。其中,文化支出是指国家在特色文化建设、文化宣传推广等方面的经费,主要包括图书馆、文化馆、纪念馆的建设和维护以及文艺表演、文化交流合作、文化创作保护等。文物支出是指国家保护历史文物所产生的费用,主要包括文物保护、历史古迹保护等。体育支出是指国家在体育事业建设方面的经费,主要包括体育竞赛、运动员训练、体育场馆建设等。新闻出版支出是指国有新闻媒体、出版管理的相关支出,主要包括广播、电视、电影、出版管理、出版发行等。

2018 年,全国文体传媒支出为 3537.86 亿元,而中央和地方政府的支出分别为 281.13 亿元和 3256.73 亿元,占比分别为 7.95% 和 92.05%(见表 4-12)。由此可见,地方政府承担了文体传媒事务的绝大部分支出责任。具体而言,地方政府承担了大部分的文化、文物、体育、新闻出版支出,这些支出在相应类别支出中的占比分别为 95.06%、94.79%、94.20% 和 80.38%。

中国文体传媒领域央、地间事权与支出责任的划分模式与其他国家相比,既存在差异,也有相似之处。相似之处在于文娱体育事务一般由较低层级政府承担主要支出责任,如美国、俄罗斯。差异性主要表现在两个方面,其一,中国地方政府在该领域地方政府支出占比远高于美国、俄罗斯和英国;其二,文化传媒领域央、地间事权与支出责任划分模糊,缺乏明确标准和法律文件作为支撑,而其他国家则不然,如英国地方政府主要负责娱乐体育支出,中央政府则承担了所有新闻出版的支出(见 3.2.1 节与表 3-3)。

中国文体传媒领域央、地间事权及其支出责任的划分主要存在以下三个方面的问题。首先,中国政府在文体传媒领域存在越位的现象,承担了过多的职责,尤其是在体育和新闻出版方面,如政府对于中国篮球协会及其赛事的管理和干预过多,而这些事务完全可以交由市场负责,美国篮球协会就是非常好的例证。其次,地方政府承担了过多的文体传媒支出,其原因仍是"上下对口"的原则,即中央设有电视台、体育局或其他文化纪念馆、文物保护机构,省级政府、市级政府、县区级政府都会设有相应级别的电视台、体育局或其他文化纪念馆、文物保护机构,这使得地方相应机构、财政供养人员数量庞大,地方财政负担巨大。再次,文体传媒领域央、地间事权与支出责任划分模糊,这也是地方财政支出比重过高的重要原因。

综上分析,中国文体传媒领域央、地间事权及其支出责任的划分改革应从以下两个方面入手。首先,加速政府职能转变,将部分事务交由市场负责,如 CBA(中国职业篮球联赛)等体育竞赛以及一些新闻出版机构。其次,厘清各项事务在央、地间的划分,同时摒弃"上下对口"原则,如当前许多地方电视台收视率低下,影响力较小,常常不能够通过常规业务维持收支平衡,只能通过电视购物的方式赚取利润,最后沦为电视购物平台,应当予以裁撤,或交由市场负责。

表 4-12 2018 年文体传媒领域的事权与支出责任划分

项目	财政支出数额/亿元			财政支出比例/%	
	全国	中央	地方	中央	地方
文化	1285.73	63.47	1222.26	4.94	95.06
文物	392.29	20.42	371.87	5.21	94.79
体育	494.72	28.71	466.01	5.80	94.20

续表

项目	财政支出数额/亿元			财政支出比例/%	
	全国	中央	地方	中央	地方
新闻出版广播影视	774.84	152	622.84	19.62	80.38
其他	590.29	16.53	573.76	2.80	97.20
总额	3537.86	281.13	3256.73	7.95	92.05

注:数据来源于中国财政部,《2018年全国财政决算表》。作者整理。

(7)社会保障与就业

社会保障是政府弥补市场机制失灵、调节收入分配的重要手段。在市场经济体制下,社会经济资源得到有效的配置,经济效率得到提高,这种体制承认个人对财产占有和劳动者个人天赋与能力的差别,有利于激励人们不断进取、勇于开拓,但也会出现分配不公,导致社会成员之间的收入差距扩大,不利于社会长期的安定繁荣。因此,政府需要通过提供社会保障服务来弥补这种市场失灵,将收入差距保持在合理的范围内,既有利于提高效率,也保证了收入的相对公平,进而使经济社会始终保持稳定、有序的发展状态。在中国,社会保障包括了人力资源和社会保障管理事务、行政事业单位退休、企业改革补助、就业补助、抚恤、退役安置、社会福利、残疾人事业、自然灾害生活救助、红十字事业、最低生活保障、临时救助、特困人员救助供养、道路事故社会救助基金、补助基本养老保险金等项目。

2018年,全国社会保障与就业支出为27012.09亿元,而中央和地方政府的支出分别为1184.55亿元和25827.54亿元,占比分别为4.39%和95.61%(见表4-13)。由此可见,地方政府承担了社会保障与就业事权的绝大部分支出责任。具体而言,地方政府几乎承担了所有人力资源和社会保障管理事务、民政管理事务、企业改革补助、就业补助、抚恤、退役安置、社会福利、残疾人事业、自然灾害生活救助、红十字事业、最低生活保障、临时救助、特困人员救助供养、道路事故社会救助基金、补助基本养老保险金等事权支出,这些支出在相应类别支出中的占比均超过95%,而中央政府仅承担了补充全国社保基金的事务。

表 4-13　2018 年社会保障和就业领域的事权与支出责任划分

项目	财政支出数额/亿元			财政支出比例/%	
	全国	中央	地方	中央	地方
人力资源和社会保障管理事务	1049.88	9.34	1040.54	0.89	99.11
民政管理事务	939.80	11.83	927.97	1.26	98.74
补充全国社保基金	200.00	200.00	0	100.00	0.00
行政事业单位退休	8529.86	595.57	7934.29	6.98	93.02
企业改革补助	133.01	0.05	132.96	0.04	99.96
就业补助	845.19	9.21	835.98	1.09	98.91
抚恤	1004.62	1.85	1002.77	0.18	99.82
退役安置	749.21	0.36	748.85	0.05	99.95
社会福利	738.33	1.5	736.83	0.20	99.80
残疾人事业	581.5	5.29	576.21	0.91	99.09
自然灾害生活救助	126.49	2.17	124.32	1.72	98.28
红十字事业	24.98	0.52	24.46	2.08	97.92
最低生活保障	1462.49	3.43	1459.06	0.23	99.77
临时救助	159.99	0.91	159.08	0.57	99.43
特困人员救助供养	296.37	0.24	296.13	0.08	99.92
道路事故社会救助基金	0.70	0	0.70	0.00	100.00
其他生活救助	109.22	0.09	109.13	0.08	99.92
对基本养老保险的补助	8271.39	150.46	8120.93	1.82	98.18
其他	1602.19	191.73	1410.46	11.97	88.03
未统计数据	186.87	0	186.87	—	—
总额	27012.09	1184.55	25827.54	4.39	95.61

注:数据来源于中国财政部、《2018 年全国财政决算表》。作者整理。

中国社会保障与就业领域央、地间事权与支出责任的划分模式与其他国家相比,存在巨大差异,主要表现在四个方面。首先,在中国,社会保障支出几乎都由地方政府承担,而其他国家恰恰相反,在美国、英国、俄罗斯都由中央政府承担主要支出责任。其次,中国将退役安置事务列为社会保障的项目,并将该项目交由地方政府承担,而美国、俄罗斯都将这一项目列为国防开支,由中央政府承担主要支出责任。再次,中国政府将社会保障事务分置于两本预算中,与俄罗斯的处理方式相似,而英国、美国并没有这样做。最后,中国社会保障领域的央、地间事权划分非常模糊,而美国的划分模式是比较清晰的,如扶残助弱和事业补助都由联邦政府和州政府负责,地方政府不需要承担任何支出。

中国社会保障与就业领域央、地间事权及其支出责任的划分主要存在以下两个方面的问题。首先,该领域央、地间事权与支出责任划分模糊,且地方政府承担了几乎所有的支出责任,这加剧了地区间的收入分配不公平,进一步扩大了地区间的发展失衡,不利于国家社会的和谐稳定。其次,退役安置是指退役军人安置,一方面,军人戍边守国,具有全国范围的外部性,另一方面退役军人可视为潜在的国家军事力量,在战时可以发挥更大的作用,因此退役安置无论如何不应该列为社会保障支出的项目,更不应该由地方承担主要支出责任。

综上分析,中国社会保障与就业领域央、地间事权及其支出责任的划分改革应从以下两个方面入手。首先,重新划分社会保障与就业事权在中央和地方政府之间的分配,并适度加强中央事权和支出责任。其次,应将退役军人安置事务划为国防支出的一部分,并由中央政府承担所有支出责任。

(8)医疗卫生和计划生育

医疗卫生和计划生育同样也是政府弥补市场失灵而提供的公共服务。市场在医疗卫生和计划生育领域存在着广泛的缺陷,尤其是公共卫生方面,如饮用水安全、传染疾病防控、病菌传播媒介控制、计划生育等服务,不存在排他性,不能防止搭便车行为,市场不会提供或者不会充分提供。同时,在市场机制下,收入分配由劳动者个人能力决定,但疾病风险却都存在,这就使得低收入者在面临重大疾病时,没有足够能力支付医疗费用。因此为保障公民的基本健康权,缓解或消除因收入差距而可能给未来健康带来的不利影响,政府必须提供医疗卫生服务作为公共产品。在中国,医疗卫生和计划生育包括了公立医院、基层医疗卫生机构、公共卫生、中医药、计划生育事务、食品药品监督管理、行政事业单位医疗、对基本医疗保险基金的补助、医疗救助、优抚对象医疗等项目。

2018 年,全国医疗卫生与计划生育支出为 15623.55 亿元,而中央和地方政府的支出分别为 210.65 亿元和 15412.90 亿元,占比分别为 1.35% 和 98.65%(见表 4-14)。由此可见,地方政府几乎承担了所有的医疗卫生与计划生育支出。具体而言,地方政府承担了几乎所有的公立医院、基层医疗卫生机构、公共卫生、中医药、计划生育事务、食品药品监督管理、对基本医疗保险基金的补助、医疗救助支出,这些支出在相应类别支出中的占比均超过 95%;而中央政府承担了支出较少的行政事业单位医疗和优抚对象医疗事务。

中国医疗卫生与计划生育领域央、地间事权与支出责任的划分模式与其他国家相比,差异较大,主要体现在以下两个方面。首先,中国政府在医疗卫生与计划生育领域的支出项目较多,除了医疗服务、公共卫生外,还包括中医药、计划生育、行政事业单位医疗、优抚对象医疗等,而美国、俄罗斯、英国都只有医疗服务、公共卫生服务、医疗研发这三个项目。其次,中国医疗卫生与计划生育领域的各项事权在中央和地方政府之间的划分十分模糊,且地方政府承担了绝大部分支出责任,而其他国家则不同,如美国将老年人的医疗服务列为中央事权,将一般医疗服务交由州政府和地方政府负责。

中国医疗卫生与计划生育领域央、地间事权及其支出责任的划分主要存在以下两个方面的问题。首先,"越位"和"缺位"并存,越位表现在政府承担的支出项目过多,如中医药、计划生育、行政事业单位医疗、优抚对象医疗等;缺位则表现为对于基础医疗和公共卫生服务投入不足,这两项支出在 GDP 中的占比远低于发达国家。其次,基础医疗卫生服务投入不足,加之地方政府承担了绝大部分医疗卫生的支出事权,这使得中央对于医疗卫生领域调控乏力,造成地区间、城乡间的医疗资源分配严重失衡。

表 4-14　2018 年医疗卫生和计划生育领域的事权与支出责任划分

项目	财政支出数额/亿元			财政支出比例/%	
	全国	中央	地方	中央	地方
医疗卫生与计划生育管理	493.04	5.69	487.35	1.15	98.85
公立医院	2294.74	72.48	2222.26	3.16	96.84

续表

项目	财政支出数额/亿元			财政支出比例/%	
	全国	中央	地方	中央	地方
基层医疗卫生机构	1379.09	8.35	1370.74	0.61	99.39
公共卫生	2038.52	16.67	2021.85	0.82	99.18
中医药	49.51	2.32	47.19	4.69	95.31
计划生育事务	694.81	4.46	690.35	0.64	99.36
食品药品监督管理	456.85	19.08	437.77	4.18	95.82
行政事业单位医疗	61.77	61.77	0	100.00	0.00
对基本医疗保险基金的补助	5482.71	11.42	5471.29	0.21	99.79
医疗救助	469.68	1.20	468.48	0.26	99.74
优抚对象医疗	0.13	0.13	0	100.00	0.00
其他	528.64	7.08	521.56	1.34	98.66
未统计数据	1674.06	0	1674.06	—	—
总额	15623.55	210.65	15412.9	1.35	98.65

注:数据来源于中国财政部,《2018年全国财政决算表》。作者整理。

综上分析,中国医疗卫生与计划生育领域央、地间事权及其支出责任的划分改革应从以下三个方面入手。首先,剔除部分支出项目,促使政府相关部门能够更加聚焦于基础医疗卫生服务的供给,如中医药、计划生育、行政事业单位医疗、优抚对象医疗等。其次,加大基础医疗卫生服务的投入力度,主要是公立医院、基层医疗卫生机构、公共卫生的经费。最后,重塑医疗卫生与计划生育领域的央、地间事权划分格局,强化中央事权和支出责任。

(9)环保节能

环保节能是国家为节约使用能源、保护生态环境而开展的一系列活动。与医疗卫生相似,环保节能也不存在排他性,不能防止搭便车行为,市场不会提供或者不会充分提供。但环保节能关乎每一个公民的生活、健康以及经济社会的可持续发展,因此政府必须提供环保节能这一公共产品,来弥补市场的不足。在中国,环保节能主要包括了环境保护管理、环境监测与监察、污染防治、自然生态保护、天然林保护、退耕还林、风沙荒漠治理、退牧还草、退耕还草、能源节约利用、污染减排、可再生能源、循环经济、能源管理事务等项目。

2018年，全国环保节能支出为6297.61亿元，而中央和地方政府的支出分别为427.56亿元和5870.05亿元，占比分别为6.79％和93.21％（见表4-15）。由此可见，地方政府承担了绝大部分的环保节能支出。具体而言，地方政府承担了全部的风沙荒漠治理和退耕还草支出，以及绝大部分环境保护管理、环境监测与监察、污染防治、自然生态保护、天然林保护、退耕还林、退牧还草、能源节约利用、污染减排、可再生能源、循环经济支出；而中央政府则主要承担了能源管理事务的支出。

中国环保节能领域央、地间事权与支出责任的划分模式与其他国家相比，存在较大差异，主要表现在以下两个方面。首先，中国环保节能事权的支出项目繁多，而美国和俄罗斯都只有废水和废弃物管理、污染防治、生态多样性和景观保护、能源管理这四个项目。其次，中国地方政府承担了几乎所有的环保节能支出，而其他国家则不同，如在美国、俄罗斯，环保节能事务由联邦和州（联邦主体）政府承担，在英国则是由中央和地方分担。

中国环保节能领域央、地间事权及其支出责任的划分主要存在以下两个方面的问题。首先，政府承担支出项目繁多，这是由当前经济发展阶段和过去对环境保护不够重视所决定的，本无可厚非，但过度细分支出项目的直接结果是管理机构和工作人员的增加，在机构设置"对口原则"的安排下，使得地方各类环保机构数量庞大而繁杂，加重了地方政府的财政负担。其次，环保节能领域央、地间事权与支出责任划分模糊，且绝大部分由地方政府承担，不利于跨区域性的污染防治和能源管理。

综上分析，中国环保节能领域央、地间事权及其支出责任的划分改革应从以下两个方面入手。首先，简化环保节能领域的支出项目，但简化并非缩减环保节能的投入力度，而是合并相似的项目，如天然林保护是自然生态保护的一部分，不必单列，这样做有利于精简地方机构和工作人员。其次，重构环保节能事权在中央和地方之间的配置结构，适度强化中央事权，提高中央政府在跨区域性污染防治或能源管理事务上的协调管理能力。

表 4-15 2018 年环保节能领域的事权与支出责任划分

项目	财政支出数额/亿元			财政支出比例/%	
	全国	中央	地方	中央	地方
环境保护管理	355.81	9.02	346.79	2.54	97.46
环境监测与监察	94.77	8.11	86.66	8.56	91.44
污染防治	2441.29	9.28	2432.01	0.38	99.62
自然生态保护	616.6	5.73	610.87	0.93	99.07
天然林保护	282.7	25.99	256.71	9.19	90.81
退耕还林	240.11	2.67	237.44	1.11	98.89
风沙荒漠治理	17.28	0	17.28	0.00	100.00
退牧还草	18.63	0.23	18.4	1.23	98.77
退耕还草	3.92	0	3.92	0.00	100.00
能源节约利用	645.64	48.54	597.1	7.52	92.48
污染减排	309.47	19.29	290.18	6.23	93.77
可再生能源	56.73	10.24	46.49	18.05	81.95
循环经济	59.85	0.03	59.82	0.05	99.95
能源管理事务	259.9	193.05	66.85	74.28	25.72
其他	894.9	95.38	799.52	10.66	89.34
总额	6297.61	427.56	5870.05	6.79	93.21

注:数据来源于中国财政部、《2018 年全国财政决算表》。作者整理。

(10)城乡社区事务

城乡社区事务主要是指政府在社区层面提供的建设和管理服务,主要包括城乡社区管理事务、城乡社区规划管理、城乡社区公共设施、城乡社区环境卫生、建设市场管理与监督等。其中,城乡社区管理事务是指城乡秩序和市场的管理,如城管执法、工程建设标准规范制定、国家重点风景区规划与保护、住宅建设与房地产市场等。

2018 年,全国城乡社区事务支出为 22124.13 亿元,而中央和地方政府的支出分别为 86.38 亿元和 22037.75 亿元,占比分别为 0.39% 和 99.61%(见表 4-16)。由此可见,地方政府承担了几乎所有的城乡社区事务支出。具体而言,地方政府承担了几乎所有的城乡社区管理事务、城乡社区规划管理、城乡社区公共设施、城乡社区环境卫生、建设市场管理与监督支出。

中国城乡社区事务领域央、地间事权与支出责任的划分模式与其他国家相比,既存在差异,也有相似之处。差异性主要体现在,中国城乡社区事务支出过多,该领域支出在 GDP 中的占比高达 2.45%,而美国、英国、俄罗斯则分别为0.21%、1.03%、0.58%。这可能是口径不同造成的,但口径不同不是关键因素,关键在于中国城乡社区支出中仅社区公共设施建设花费就高达 10238.28亿元,在 GDP 中的占比为 1.14%。相似之处主要表现在,城乡社区事务一般由较低层级政府或地方政府承担主要支出责任,美国、俄罗斯和英国都是如此。

表 4-16 2018 年城乡社区事务领域的事权与支出责任划分

项目	财政支出数额/亿元			财政支出比例/%	
	全国	中央	地方	中央	地方
城乡社区管理事务	3030.72	11.2	3019.52	0.37	99.63
城乡社区规划管理	455.13	1.19	453.94	0.26	99.74
城乡社区公共设施	10292.49	54.21	10238.28	0.53	99.47
城乡社区环境卫生	2576.93	4.77	2572.16	0.19	99.81
建设市场管理与监督	58.12	0.06	58.06	0.10	99.90
其他	5710.74	14.95	5695.79	0.26	99.74
总额	22124.13	86.38	22037.75	0.39	99.61

注:数据来源于中国财政部、《2018 年全国财政决算表》。作者整理得。

中国城乡社区事务领域央、地间事权及其支出责任的划分主要存在以下两个方面的问题,一是政府承担了过多的事权,存在大包大揽的现象,如工程建设标准规范编制可以交由相关行业协会制定;二是政府在社区基础设施方面的投资过多,导致公共设施泛滥、荒废,同时挤出了其他民生保障方面的支出。因此,城乡社区事务领域事权与支出划分改革,首先应简化政府职能,将部分事权交由市场负责;其次,缩减公共设施投入,将更多财政支出用于民生事业。

(11)农林水

农林水事务是指政府在农业、水利、林业方面的开发、建设、管理工作,包括了农业事务、林业事务、水利事务、南水北调、扶贫、农业综合开发、农业综合改革、普惠金融发展等项目。其中,农业事务是指农业、农村管理事务,如农垦运行、病虫害控制、农产品质量安全、农业业务管理、防灾救灾等。林业事务是指林业产业、森林生态保护、林业管理等方面的事务,如林业技术推广、森林生态效益补偿、动植物保护、湿地保护、林业资源管理监测等。水利事务是指水利工程、江河水库环境治理、饮水安全管理等方面的事务,如水利工程运行与维护、水土保持、防汛抗旱、水利安全等。农村综合开发是指农业产业创新示范、土地治理方面的事务。农村综合改革是指农村综合改革示范和集体经济补助。

2018年,全国农林水事务支出为21085.59亿元,而中央和地方政府的支出分别为592.3亿元和20493.29亿元,占比分别为2.81%和97.19%(见表4-17)。由此可见,地方政府承担了几乎所有的农林水事务支出。具体而言,地方政府承担了绝大部分的农业事务、林业事务、水利事务、扶贫、农业综合开发、农业综合改革、普惠金融发展支出,并与中央政府分担了南水北调项目的支出责任。

中国农林水事务领域央、地间事权与支出责任的划分模式与其他国家相比,存在巨大差异,主要表现在以下三个方面。首先,中国在农林水事务领域投入巨大,农林水支出在GDP中的占比为2.34%,而美国、俄罗斯、英国分别为0.22%、0.48%、0.26%。其次,中国农林水事务支出的项目繁多庞杂,而其他国家的相关项目极少,一般都只有农、林、渔、猎四个项目,如美国、俄罗斯、英国。再次,中国农林水事权在中央和地方政府之间没有明确划分,几乎全部由地方政府承担,而其他国家则是各级政府共同承担,如美国和英国。

中国农林水事务领域央、地间事权及其支出责任的划分主要存在以下两个方面的问题。首先,政府在农林水事务领域承担了过多的事权,存在明显的越位,如农业综合开发和农业综合改革中的创新示范,完全可以交由市场负责,政府承担这方面事务反而容易造成权力寻租和腐败滋生。其次,地方政府承担了绝大部分农林水事务的支出,这会产生许多不良后果,其一,跨地区的林业、水利工程缺乏中央协调管理,往往由"多头管理"最后变为"谁都不管";其二,扶贫事务本身是全国性的,而贫困人口主要集中在中西部地区,若缺乏中央协调均衡,扶贫事务难以有效实现其价值。

综上分析,中国农林水事务领域央、地间事权及其支出责任的划分改革应从以下两个方面入手。首先,将部分事权交由市场负责,如农业综合开发和综合改革,与之相适应,压缩相关行政机构和财政供养人员,切实降低农林水事务支出。其次,重构农林水事务支出事权在中央和地方政府之间的配置结构,并强化中央支出责任,提高中央政府的宏观协调能力,尤其是在跨区域水利、林业工程和扶贫事务方面。

表 4-17　2018 年农林水事务领域的事权与支出责任划分

项目	财政支出数额/亿元			财政支出比例/%	
	全国	中央	地方	中央	地方
农业支出	6156.09	177.19	5978.9	2.88	97.12
林业支出	1931.32	47.24	1884.08	2.45	97.55
水利支出	4523.02	142.69	4380.33	3.15	96.85
南水北调	130.5	76.18	54.32	58.38	41.62
扶贫	4863.84	10	4853.84	0.21	99.79
农业综合开发	575.6	22.43	553.17	3.90	96.10
农业综合改革	1530.28	16.9	1513.38	1.10	98.90
普惠金融发展支出	557.45	27.84	529.61	4.99	95.01
目标价格补贴	306.3	60	246.3	19.59	80.41
其他	511.18	11.83	499.35	2.31	97.69
总额	21085.59	592.3	20493.29	2.81	97.19

注:数据来源于中国财政部、《2018年全国财政决算表》。作者整理。

(12)交通运输

交通运输是指政府部门在交通类技术设施的投资、建设和管理事务。交通基础设施建设一方面有助于企业降低运输成本和时间成本,提高经济效率,另一方面为普通居民的出行带来了方便。但交通运输设施难以排除搭便车行为,且投资额度巨大,市场难以有效供给,同时在达到一定的拥挤程度后就会出现排他性。因此交通运输是一种准公共产品,需要政府和市场联合供给。在中国,政府承担了绝大部分的交通运输设施建设支出,主要包括公路水路运输、铁路运输、民用航空、油价改革对交通运输补贴、邮政业、车辆购置税支出等项目。其中车辆购置税支出主要包括公路、农村公路、汽车报废等事务。

2018 年,全国交通运输支出为 11282.75 亿元,而中央和地方政府的支出分别为 1313.71 亿元和 9969.04 亿元,占比分别为 11.64% 和 88.36%(见表 4-18)。由此可见,地方政府承担了大部分的交通运输支出。具体而言,地方政府承担了几乎所有的公路水路运输、民用航空和车辆购置税支出,与中央政府分担了铁路运输支出;而中央政府主要承担了支出较小的邮政业事务。

中国交通运输领域央、地间事权与支出责任的划分模式与其他国家相比,存在较大差异,主要表现在以下三个方面。首先,政府在交通运输领域承担了过多的事权,如民用航空在英国和美国都是由市场负责的。其次,中国政府承担了几乎所有的交通运输设施建设支出,而在英国、美国等发达国家,交通基础设施建设的市场化体系更加完善,采取政府投资和政府、企业合作相结合方式,如 PPP(public private partnership)项目。再次,中国地方政府承担了绝大部分的交通运输支出,其他国家的地方支出比例较低,如英国、美国地方承担的交通运输支出占比分别为 37.13%、72.42%。

表 4-18　2018 年交通运输领域的事权与支出责任划分

项目	财政支出数额/亿元			财政支出比例/%	
	全国	中央	地方	中央	地方
公路水路运输	4856.03	176.12	4679.91	3.63	96.37
铁路运输	1339.46	798.32	541.14	59.60	40.40
民用航空	409.08	59.59	349.49	14.57	85.43
油价改革对交通运输补贴	437.01	1.47	435.54	0.34	99.66
邮政业	82.57	78.25	4.32	94.77	5.23
车辆购置税支出	2993.39	194.81	2798.58	6.51	93.49
其他	1165.21	5.15	1160.06	0.44	99.56
总额	11282.75	1313.71	9969.04	11.64	88.36

注:数据来源于中国财政部,《2018 年全国财政决算表》。作者整理。

中国交通运输领域央、地间事权及其支出责任的划分主要存在以下三个方面的问题。首先,政府在交通运输领域存在明显的越位,承担了许多可以交由市场负责的事权,如邮政、民用航空,尤其是邮政业务在中国快递行业、电子信息产业迅速发展的背景下,已成为"鸡肋"事务。其次,中国政府承担了过多的交通设施建设支出,尤其是地方政府,支付了绝大部分的公路水路运输和民用航空项目经费,而这些项目的外部性往往是跨区域的,如飞机场的建设不仅方便了当地居民的出行,也方便了外地居民,这容易导致地方财政支出效用外溢,降低公共产品供给效率。

综上分析,中国交通运输领域央、地间事权及其支出责任的划分改革应从以下两个方面入手。首先,将部分事权交由市场负责,如邮政业和民用航空,或者采取政府、市场合作的机制,如公路、铁路建设,发挥市场潜力,切实降低政府在交通运输事务中的支出,将政府的决算角色由实施者向合作者和监管者转变。其次,强化中央政府的支出责任,提高中央的交通运输财政支出比例,增强中央在交通运输领域的宏观调控能力,减少公共产品效用外溢,充分发挥基础设施建设的规模经济效应。

(13)资源勘探信息

资源勘探信息事务主要是指国家在资源探勘开发、产业监管方面的行政管理工作,主要包括资源勘探开发、制造业、建筑业、工业和信息产业监管、安全生产监管、国有资产监管、支持中小企业发展支出等项目。其中,资源勘探开发主要是指矿产、煤炭、金属、石油、天然气等资源的探勘和开发;制造业、建筑业是指这两个行业的投资和行政监管事务;工业和信息产业监管主要是指战备应急、信息安全建设、专用通信以及相关行业监管事务;支持中小企业发展和管理支出是指国家扶持中小企业创新、发展方面的事务。

2018 年,全国资源勘探信息支出为5076.43亿元,而中央和地方政府的支出分别为 381.52 亿元和4694.91亿元,占比分别为 7.52%和 92.48%(见表 4-19)。由此可见,地方政府承担了绝大部分的资源勘探信息支出。具体而言,地方政府承担了大部分资源勘探开发、制造业、建筑业、工业和信息产业监管、安全生产监管、国有资产监管、支持中小企业发展支出,这些支出在相应项目支出中的占比分别为 93.54%、67.04%、99.90%、87.62%、95.57%、95.04%、99.93%。

中国资源勘探信息领域央、地间事权与支出责任的划分模式与其他国家相比,存在较大差异,主要表现在以下三个方面。首先,中国政府在资源勘探信息领域的支出项目繁多庞杂,国外相似支出项目较少,如英国和俄罗斯只有采矿、制造和建筑三个项目。其次。中国政府在该领域承担的事权较多,投入较大,该类支出在 GDP 中的占比为 0.56%,而俄罗斯、英国的采矿、制造和建筑支出在各自 GDP 中占比分别为 0.03%、0.04%,不到中国的十分之一。再次,该领域支出责任在中央和地方政府之间的配置结构各不相同,在中国和英国,地方政府承担了大部分支出;而在俄罗斯,中央政府负担了大部分支出。

中国资源勘探信息领域央、地间事权及其支出责任的划分主要存在以下三个方面的问题。首先,政府在资源勘探信息领域明显存在越位,承担了许多可以交由市场负责的事权,该领域支出在 GDP 中的占比远超其他国家。其次,该领域央、地间事权与支出责任划分模糊,没有明确的标准和界限,任何项目都是中央和地方公共承担的,如中央政府参与了支持中小企业发展的事务。再次,该领域央、地间事权划分模式缺乏合理性,如石油、稀土资源都是国家战略性资源,同时具有区域外部性,应由中央政府承担主要责任,地方合作开发,事实上却由地方政府承担 90% 以上的支出责任。

综上分析,中国资源勘探信息领域央、地间事权及其支出责任的划分改革应从以下两个方面入手。首先,转变政府职能,将部分该领域的事务交由市场完成,相应地缩减行政机构和财政供养人员,切实降低财政支出。其次,结合财政分权理论和中国实际情况,重构资源勘探信息领域央、地间事权及其支出责任的划分模式,适度加强中央事权,尤其在资源勘探开发方面。

表 4-19　2018 年资源勘探信息领域的事权与支出责任划分

项目	财政支出数额/亿元			财政支出比例/%	
	全国	中央	地方	中央	地方
资源勘探开发	256.61	16.57	240.04	6.46	93.54
制造业	731.19	240.99	490.2	32.96	67.04
建筑业	41.55	0.04	41.51	0.10	99.90
工业和信息产业监管	693.33	85.84	607.49	12.38	87.62
安全生产监管	363.32	16.11	347.21	4.43	95.57

项目	财政支出数额/亿元			财政支出比例/%	
	全国	中央	地方	中央	地方
国有资产监管	182.12	9.03	173.09	4.96	95.04
支持中小企业发展支出	1983.64	1.35	1982.29	0.07	99.93
其他	824.67	11.59	813.08	1.41	98.59
总额	5076.43	381.52	4694.91	7.52	92.48

注：数据来源于中国财政部，《2018年全国财政决算表》。作者整理。

（14）住房保障

住房保障是政府在保障居民住房、租房和旧房改造等方面提供的公共服务，主要包括保障性安居工程、住房改革和城乡社区住宅三个项目。其中，保障性安居工程是指居民住房、租房方面的保障事务，如廉租住房、沉陷区治理、棚户区改造、农村危房改造、公共租赁住房等。住房改革是指住房补贴和公积金方面的业务，如住房公积金支出、购房补贴、提租补贴。城乡社区住宅是指公有住房建设和住房公积金管理。

2018年，全国住房保障支出为6806.37亿元，而中央和地方政府的支出分别为506.45亿元和6299.92亿元，占比分别为7.44%和92.56%（见表4-20）。由此可见，地方政府承担了绝大部分的住房保障支出。具体而言，地方政府承担了保障性安居工程、住房改革和城乡社区住宅事务的大部分支出，这些支出在相应类别支出中的占比分别为99.39%、83.04%、99.97%。

中国住房保障领域央、地间事权与支出责任的划分模式与其他国家相比，存在巨大差别，因为其他国家并没有住房保障这一支出项目。事实上，可将部分住房保障事务交由市场负责，如廉租住房可以鼓励企业为内部员工提供，公共租赁住房可以要求慈善机构负责，在不盈利、不亏损的状态下运营；再如农村危房改造也可以鼓励旅游企业到乡村发展旅游业，并承担危房改造的事务，其中杭州市桐庐县戴家山旧房改造就是非常好的案例。同时，部分住房保障事务，如棚户区改造早已备受诟病，虽然美化了市容市貌，但带来了许多城市问题。实际上,随着城市的发展、居民收入的增长,以及居民审美情趣的提高,加之城市化进程的推进,棚户区自然会随着时间的推移而消失殆尽,不需要政府强行改造。与之相适应的,政府应压缩相关行政机构和财政供养人员,切实降低住房保障支出。

表 4-20 2018 年住房保障领域的事权与支出责任划分

项目	财政支出数额/亿元			财政支出比例/%	
	全国	中央	地方	中央	地方
保障性安居工程	3697.45	22.53	3674.92	0.61	99.39
住房改革	2852.8	483.84	2368.96	16.96	83.04
城乡社区住宅	256.12	0.08	256.04	0.03	99.97
总额	6806.37	506.45	6299.92	7.44	92.56

注:数据来源于中国财政部、《2018 年全国财政决算表》。作者整理。

(15)粮油物资储备

粮油物资储备支出主要由三部分组成,分别是粮油事务、物资储备事务和粮油储备支出。物资储备是指国家直接掌握的关系国计民生和国家安全的战略原料、生产设备、主要农产品、医药器材等物资的储备;粮油储备是指为保证非农业人口的粮食消费需求,调节国内粮食供求平衡、稳定粮食市场价格、应对重大自然灾害或其他突发事件而建立的粮食、食用油、肉禽蛋、蔬菜、化肥、煤炭、柴油等商品的储备。

2018 年,全国粮油物资储备支出为 2060.75 亿元,而中央和地方政府的支出分别为 1375.64 亿元和 685.11 亿元,占比分别为 66.75% 和 33.25%(见表 4-21)。由此可见,中央政府承担了绝大部分的粮油物资储备支出。具体而言,中央政府承担了绝大部分的物资储备事务和粮油储备支出,两项支出分别为 40.77 亿元和 1039.37 亿元;而地方政府承担了大部分粮油事务支出。

中国粮油物资储备领域央、地间事权与支出责任的划分模式与其他国家相比,存在巨大差别,因为其他国家并没有粮油物资储备这一支出项目。粮油物资储备在计划经济时期具有重要作用,由于当时社会生产力水平低下,粮油物资匮乏,国家需要统一调节全国各地的粮食、物资用度,才能尽可能地满足各地区的物资需求。然而,当前国家经济体制已经基本完成了计划经济向市场经济的转轨,经济发展已经进入了新时代,社会生产力得到了极大的提高,粮油物资也不再是难以保障的事务。就像许多市场经济国家那样,如美国粮食基本可以自给自足,再如日本虽然土地数量有限,但是通过进口满足国内粮食物资需求。因此,中国政府是否还需继续承担粮油物资储备的事权,这是值得深入思考的问题。

综上分析,中国粮油物资储备领域央、地间事权及其支出责任的划分改革应从以下三个方面入手。首先,政府在粮油物资储备领域承担了过多的支出责任,应将部分事务交由市场负责,如粮食、物资价格由市场供需自行调节,而政府可以继续保留国家战略物资储备的事务,以及少量应对重大自然灾害或其他突发事件的粮食物资储备。其次,若政府只负责国家战略物资和受灾应急物资储备,那么这部分事权应交由中央政府负责。再次,政府应压缩相应的地方政府机构和财政供养人员,切实降低粮油储备领域财政支出。

表 4-21　2018 年粮油物资储备领域的事权与支出责任划分

项目	财政支出数额/亿元			财政支出比例/%	
	全国	中央	地方	中央	地方
粮油事务	603.86	62.24	541.62	10.31	89.69
物资储备事务	50.09	40.77	9.32	81.39	18.61
粮油储备	1157.88	1039.37	118.51	89.76	10.24
未统计数据	248.92	233.26	15.66	——	——
总额	2060.75	1375.64	685.11	66.75	33.25

注:数据来源于中国财政部、《2018 年全国财政决算表》。作者整理。

(16)金融

金融是国民经济的血脉,若金融发展稳健,监管得当,则利国利民;若金融发展无序,监管不力,可能产生系统性风险,危及国家的经济安全和社会稳定。因此,金融事务是政府维护经济稳定、提高经济效率的重要职能之一。在中国,金融事务主要由三部分组成,分别是行政管理、金融监管和金融发展。

2018 年,全国金融支出为 1379.63 亿元,而中央和地方政府的支出分别为 845.59 亿元和 534.04 亿元,占比分别为 61.29% 和 38.71%(见表 4-22)。由此可见,中央政府承担了大部分的金融支出。具体而言,中央政府承担了金融部门行政管理和金融监管的大部分支出,两项支出数额分别为 63.67 亿元和 11.11 亿元,这些支出中的占比为 87.81% 和 75.12%。而地方政府承担了大部分金融发展事务的支出,占比为 95.98%。

中国金融领域央、地间事权与支出责任的划分模式与其他国家相比,存在较大差别,主要体现在以下两个方面。首先,中国政府承担了金融发展的事务,而其他国家,如美国、英国政府只负责金融监管事务,将金融发展事务交由市场负责,政府承担立法者、监管者和"守夜人"的角色。其次,中国地方政府承担了部分金融监管的支出责任,而国外金融监管事务以及相应的行政部门经费一般都由中央政府承担。

中国金融领域央、地间事权及其支出责任的划分主要存在以下三个方面的问题。首先,政府在金融领域存在缺位和越位现象,越位表现在承担了过多的事权,如金融发展事务;缺位表现在金融监管投入太少。其次,金融系统性风险的起因可能是局部性的,但影响范围往往是全国性的,而中国地方政府却承担了部分金融监管的支出,这既不符合财政分权理论的精神内涵,也没有遵从这一公共产品的内在属性。再次,金融支出项目缺乏透明度早已备受诟病,金融支出中没有列出细目的支出有 943.69 亿元,占了全部支出的 68.40%,这意味着有 68.40% 金融支出没有公布具体去向。

综上分析,中国金融领域央、地间事权及其支出责任的划分改革应从以下三个方面入手。首先,让渡部分可以由市场负责的事务,如金融发展事务可以交由商业银行、金融机构负责,同时加强金融监管以及相应投入,尤其要强化中央政府的金融监管职能。其次,由于中国金融机构大部分是国家或集体所有,在一定程度上受到政府的隐形保护,不利于金融经济的可持续发展,因此应该持续推进国有金融机构改革。再次,提高金融支出的透明度,让金融事务及其支出"暴露在阳光下"。

表 4-22　2018 年金融领域的事权与支出责任划分

项目	财政支出数额/亿元			财政支出比例/%	
	全国	中央	地方	中央	地方
行政管理	72.51	63.67	8.84	87.81	12.19

续表

项目	财政支出数额/亿元			财政支出比例/%	
	全国	中央	地方	中央	地方
金融监管	14.79	11.11	3.68	75.12	24.88
金融发展	348.64	14.01	334.63	4.02	95.98
其他	943.69	756.8	186.89	80.20	19.80
总额	1379.63	845.59	534.04	61.29	38.71

注:数据来源于中国财政部、《2018年全国财政决算表》。作者整理。

(17)商业服务业

商业服务业是指政府为盘活国内经济、推进地区间经济交流合作而开展的一系列行政、监管工作,主要包括商业流通事务、涉外发展服务、旅游管理与服务。其中,商业流通事务包含了食品流通安全补贴、民贸企业补贴、民贸民品贷款贴息、市场监测及信息管理等项目;涉外发展服务主要是指外商投资环境建设等事务;旅游管理与服务主要是指旅游宣传、旅游行业业务管理等事务。

2018年,全国商业服务业支出为1606.96亿元,而中央和地方政府的支出分别为73.28亿元和1533.68亿元,占比分别为4.56%和95.44%(见表4-23)。由此可见,地方政府承担了大部分的商业服务业支出。具体而言,地方政府承担的商业流通事务、旅游管理与服务、涉外发展服务支出分别为391.44亿元、406.16亿元、277.75亿元,在相应支出中的占比分别为93.75%、99.24%、86.44%。

中国商业服务业领域央、地间事权与支出责任的划分模式与其他国家相比,存在较大差别,主要体现在以下两个方面。首先,中国政府承担了旅游业务及其管理工作,而美国、英国、俄罗斯的政府支出中没有旅游管理支出,只有一般商业和劳工支出两个项目。其次,各个国家的商业服务业领域央、地间事权与支出责任的划分模式都不相同,中国是地方政府承担主要支出,俄罗斯和英国则相反,而美国是联邦政府承担经济事务的主要支出责任。

中国商业服务业领域央、地间事权及其支出责任的划分主要存在以下三个方面的问题。首先,中国政府在商业服务业领域存在越位现象,主要表现在对于旅游业务及其管理事务的涉足。中国的政府部门及其下辖机构经营了许多旅游风景区,而这些旅游事务完全可以交由市场负责,让企业经营、自负盈亏。其次,对于外资引进事务,地方政府承担了过多的支出责任,事实上中央政府有责任和义务营造公平、高度法治的商业环境,吸引外资流入。

综上分析,中国商业服务业领域央、地间事权及其支出责任的划分改革应从以下两个方面入手。首先,将旅游业务经营交由市场负责,同时加强旅游事务的管理、监督工作,尤其是地方政府,更加了解当地的民风民俗、旅游特色,更能胜任旅游监管工作。其次,应强化中央政府对于吸引外资的责任意识,督促中央政府在全国范围内营造稳定的经济金融环境和制定公平公正的商业法治体系。

表 4-23　2018 年商业服务业领域的事权与支出责任划分

项目	财政支出数额/亿元			财政支出比例/%	
	全国	中央	地方	中央	地方
商业流通事务	417.55	26.11	391.44	6.25	93.75
旅游管理与服务	409.29	3.13	406.16	0.76	99.24
涉外发展服务	321.32	43.57	277.75	13.56	86.44
其他	458.81	0.47	458.34	0.10	99.90
总额	1606.96	73.28	1533.68	4.56	95.44

注:数据来源于中国财政部、《2018 年全国财政决算表》。作者整理。

(18)援助其他地区

2008 年"5·12 汶川大地震"后,中央政府要求沿海省份"对口援建"地震灾区县,于是就有了"地震灾后恢复重建支出"。该支出项目在 2012 年被拆分为"地震灾后恢复重建支出"和"援助其他地区支出",在 2014 年又改为"援助其他地区支出"。早期的"地震灾后恢复重建支出"是指沿海发达地区支援汶川地震灾区的支出项目;而当前的"援助其他地区支出"是指沿海发达省份对口援助其他受灾地区或贫困地区的相关支出,如 2010 年沿海省份对青海玉树的地震灾后援助、上海对万州的经济援助。援助其他地区支出项目包含一般公共服务、教育、农业、住房保障、交通运输等,2018 年各项支出数额、占比见表 4-24。

援助其他地区支出主要包含两个方面,灾区对口援建和贫困地区对口援助支出。灾区对口援建方面,初期援建确实加速了四川受灾县的恢复重建,但后期却滋生了受灾地区的"荷兰病"现象,造成了受灾地区的制造业萎缩(Bulte et al.,2018)。贫困地区对口援助方面,援助政策确实给贫困地区带来了经济增长和社会进步,但受援地区形成了援助依赖,出现越援助相对越贫困的现象,主要原因是,当前援助形式多为财政资金补助,不注重受援地区的"自我造血"机制建设,使得受援地难以形成自我发展的能力,进而依赖援助;同时不排除某些受援地区政府官员存在"懒政"现象,或为了得到援助,采取保持贫困的博弈策略。这种以财政资金补贴为主要形式的援助极易造成受援地区政府的依赖性,反而制约了受援地区经济、社会的可持续发展。因此援助其他地区支出项目是否应该被取消或者换成其他非现金的形式,这一问题值得深入思考。

表 4-24 2018 年地区援助领域的事权与支出责任划分

项目	财政支出数额/亿元			财政支出比例/%	
	全国	中央	地方	中央	地方
一般公共服务	51.73	0	51.73	0.00	100.00
教育	21.12	0	21.12	0.00	100.00
文体传媒	1.89	0	1.89	0.00	100.00
医疗卫生	8.81	0	8.81	0.00	100.00
节能环保	1.55	0	1.55	0.00	100.00
农业	16.21	0	16.21	0.00	100.00
交通运输	5.68	0	5.68	0.00	100.00
住房保障	13.16	0	13.16	0.00	100.00
其他	322.01	0	322.01	0.00	100.00
总额	442.16	0	442.16	0.00	100.00

注:数据来源于中国财政部、《2018 年全国财政决算表》。作者整理。

(19)国土海洋气象事务

国土海洋气象支出主要由五部分组成,分别是国土资源事务、海洋管理事务、测绘事务、地震事务和气象事务支出。其中,国土资源事务主要包含国土资源规划管理、国土整治、地质灾害防治等项目;海洋管理事务包含海洋环境监察保护、海洋使用管理、海洋矿产资源勘探、海岛和海域保护等;测绘事务包含了航空摄影、基础测绘和测绘工程建设等项目;地震事务主要包含地震监测预报、地震应急救援等;气象事务包括气象卫星、气象装备维修、气象预测、气象服务等。

2018 年,全国国土海洋气象支出为 2273.58 亿元,而中央和地方政府的支出分别为 353.67 亿元和 1919.91 亿元,占比分别为 15.56% 和 84.44%(见表 4-25)。由此可见,地方政府承担了大部分的国土海洋气象支出。具体而言,地方政府承担了大部分国土资源事务支出,并与中央政府分担了海洋管理、测绘、地震和气象事务的支出,地方政府的这些支出分别为 1675.5 亿元、65.45 亿元、39.38 亿元、25.52 亿元、74.01 亿元,在相应类别支出中的占比分别为 94.03%、43.22%、62.73%、48.98%、39.94%。

中国国土海洋气象领域央、地间事权与支出责任的划分模式与其他国家相比,存在较大差别。中国政府在国土海洋气象领域的支出较多,尤其是国土资源事务,而英国、美国、俄罗斯在这方面的支出极少。造成这种差别的主要原因是,英、美等国主要实行土地私有制,而中国实行土地公有制,同时土地使用权流通频繁,因此国土资源事务支出较高,尤其是地方政府支出。事实上,中国政府在海洋管理、测绘、地震和气象方面的支出也并不多。

中国国土海洋气象领域央、地间事权及其支出责任的划分主要存在以下两个方面的问题。首先,没有明确划分国土海洋气象领域央、地间事权及其支出责任,如所有事务都是中央政府和地方政府共同承担。其次,划分模式不合理,如地震事务,一旦发生重大地震灾害,如 2008 年汶川地震,若地方政府几乎丧失自救能力,且中央政府没有协调各方力量开展救助,灾区人民将难以迅速恢复正常的生产、生活秩序,这会严重威胁到社会的稳定与和谐,因此中央应承担地震事务的主要支出责任,地方配合中央工作,承担次要责任,但事实上是中央和地方平均分摊了地震事务支出。

表 4-25　2018 年国土海洋气象领域的事权与支出责任划分

项目	财政支出数额/亿元			财政支出比例/%	
	全国	中央	地方	中央	地方
国土资源事务	1781.86	106.36	1675.5	5.97	94.03

项目	财政支出数额/亿元			财政支出比例/%	
	全国	中央	地方	中央	地方
海洋管理事务	151.45	86	65.45	56.78	43.22
测绘事务	62.78	23.4	39.38	37.27	62.73
地震事务	52.1	26.58	25.52	51.02	48.98
气象事务	185.29	111.28	74.01	60.06	39.94
未统计数据	40.1	0.05	40.05	——	——
总额	2273.58	353.67	1919.91	15.56	84.44

注:数据来源于中国财政部、《2018年全国财政决算表》。作者整理。

4.3.2　政府性基金预算中的央、地间事权与支出责任划分

政府性基金是依照法律、行政法规的规定在一定期限内向特定对象征收、收取或者以其他方式筹集的资金,专项用于特定公共事业的发展。新《预算法》规定,在一般公共预算之外单独编制政府性基金收支预算,构成政府预算体系的重要组成部分。当前,政府性基金预算已成为国家第二大预算,2018年政府性基金收入为75479.10亿元,相当于一般公共预算收入的41.16%,政府性基金支出为80601.62亿元,相当于一般公共预算支出的36.49%。

政府性基金收入规模庞大,相应支出对于国家的基础设施建设和改善民生发挥了积极作用,尤其是土地出让金相关支出。2018年土地出让金收入在政府性基金收入中的占比高达83.35%,土地出让金相关支出在政府性基金支出中的占比为84.57%。考虑到土地出让金在政府性基金中的重要性,下文将政府性基金预算中的央、地间事权与支出责任划分现状分为两部分展开讨论,其一是土地出让金相关支出,其二是其他政府性基金支出。

(1)土地出让金相关支出

土地出让金支出是指地方政府在获得土地出让金后,根据《国有土地使用权出让收支管理办法》,用于征地拆迁补偿、土地开发、城市基础设施建设、安居保障、支农、支教等方面的支出。2012—2014年,土地出让金支出

的均值为 34543 亿元,其中征地和拆迁补偿、土地开发、城市建设、农村基础设施建设、补助被征地农民、土地出让金业务、廉租房、教育资金、破产改制企业职工安置、棚户区改造、公共租赁房、农田水利建设和其他支出(主要是对于地方一般公共支出的补充)在土地出让金支出中的平均占比分别为 53.10%、21.63%、10.55%、1.42%、2.15%、0.62%、1.08%、0.28%、0.21%、0.07%、0.16%、0.22% 和 8.55%,见表 4-26。由于 2014 年后,《全国财政决算表》不再公布各项支出的详细数据,因此可根据 2012—2014 年各项支出的平均占比以及历年的土地出让金支出总额,推算 2015—2018 年各项支出的数据(见表 4-26)。

土地出让金支出可分为两类,成本支出和补充财政支出。成本支出是指政府补偿被征地居民的支出,以及土地开发、土地出让过程中产生的费用,主要包括征地拆迁补偿、被征地农民补偿、土地开发支出和土地出让金业务费。补充财政支出是指政府用于基建、教育、城市化改造等补充政府财政的支出,如城市建设支出、教育资金安排支出等。2010—2014 年的土地出让金支出中,成本支出的平均占比 77.50%,补充财政支出的平均占比为 22.50%。可见,土地出让金中大部分是成本性支出,大约四分之一作为地方财政的补充,被用于基建、教育、城市化改造等方面的支出。由此推算,2018 年的土地出让金中约有 15562.58 亿元用于补充地方财政。

中国地方政府的土地出让金支出事权与其他国家比较存在巨大差异,表现在中国实行土地公有制,土地出让金相当于土地使用租金,而美、英等国的绝大部分土地归私人所有,政府向房、地产所有者征收财产税,不存在土地出让金。中国是否开征房地产税的问题已受到了社会各界的关注,但至今没有具体的计划或时间表,这是因为除了计税依据评估等技术性难题之外,还面临着一系列制度性难题。首先,在城乡土地双轨制的背景下,房地产税制度极有可能被割裂,建立在两种不同的土地性质和不同的使用范围之上,这将会加剧因双轨制形成的各种社会矛盾,如加速社会阶层分化、扩大城乡差距、阻碍城市化发展进程等。其次,房地产税被定义为财产税,是以公民个人所有的房产、地产为税收基础的。在当前的制度安排下,房屋属于个人,房屋所依附的土地属于国家。由于土地并非个人所有的财产,这就要求向房屋所有者征缴财产税时,必须剥离土地的价值。但如前文所述,房产价值极大程度上取决于土地价值,又包含了其所有者向国家缴纳的"土地租金",使得房屋价值几乎无法剥离土地价值。因此,向房屋所有者征缴以房产价值为税基的财产税是存在制度性矛盾的,若在以上制度性难题得不到妥善解决的情况下开征房地产税,则会产生巨大争议和许多可预见的社会危害。

中国土地出让金体系所引发的诸多问题中,最主要是土地财政问题(见前文 4.2.3),而对于如何破解土地财政问题,学界从不同角度提出了三条途径。其一,从矫正地方财政失衡的角度提出的解决途径,即提高地方税收分成或降低地方支出比例,缩小地方财政缺口,缓解地方政府对土地收益的强烈需求。其二,从土地出让金制度改革的角度提出的解决途径,一种是通过征收财产税替代土地出让金,另一种是土地出让金制度改革,即取消土地出让金。其三,通过改变政府激励目标的角度提出的解决途径,即改变当前以 GDP 为核心的政绩考核制度,构建综合考核指标。这三种途径孰优孰劣还有待进一步的探讨和研究。

表 4-26　2012—2018 年土地出让金相关支出变化趋势

项目	2012 实际 /亿元	2013 实际 /亿元	2014 实际 /亿元	2012— 2014 平均值 /亿元	2012— 2014 平均占比/%	2015 估计 /亿元	2016 估计 /亿元	2017 估计 /亿元	2018 估计 /亿元
征地和拆迁补偿	13829	20918	20282	18343	53.10	16256	19500	26874	36728
土地开发	5116	8350	8952	7473	21.63	6622	7944	10948	14963
城市建设	3079	3775	4076	3643	10.55	3229	3873	5338	7296
农村基础设施建设	486	527	459	491	1.42	435	521	718	982
补助被征地农民	521	852	857	743	2.15	659	790	1089	1488
土地出让金业务	181	239	222	214	0.62	190	228	314	429
廉租房	356	392	368	372	1.08	330	395	545	745

续表

项目	2012实际/亿元	2013实际/亿元	2014实际/亿元	2012—2014平均值/亿元	2012—2014平均占比/%	2015估计/亿元	2016估计/亿元	2017估计/亿元	2018估计/亿元
教育资金	291	—	—	97	0.28	86	103	142	194
破产改制企业职工安置	213	—	—	71	0.21	63	75	104	142
棚户区改造	68	—	—	23	0.07	20	24	33	46
公共租赁房	170	—	—	57	0.16	50	60	83	114
农田水利建设	231	—	—	77	0.22	68	82	113	154
其他	2152	3223	3485	2953	8.55	2617	3140	4327	5914
总计	26664	38266	38701	34543	100.00	30613	36722	50610	69167

注:需要说明的是,2014年后不再公布土地出让金支出细目,因此2015—2018年的支出细目数据为估计值,估计方法:支出细类估计值=平均占比×当年土地出让金支出总额。数据来源于中国财政部数据库、《全国财政决算表(2012—2018)》。作者整理。

(2)其他政府性基金支出

政府性基金按照征收和支配权限的不同,可分为中央政府性基金、地方政府性基金和中央、地方共享政府性基金,如表4-27所示。其中,中央政府性基金包含铁路建设基金、中央特别国债经营基金财务、核电站乏燃料处理处置基金、船舶油污损害赔偿基金、废弃电器电子产品处理基金;地方政府性基金包含海南省高等级公路车辆通行附加费、国有土地收益基金、农业土地开发资金、中央水库移民扶持基金、城市基础设施配套费、地方水库移民扶持基金、车辆通行费、污水处理费等;共享政府性基金包含农网还贷资金、民航发展基金、港口建设费、旅游发展基金、国家电影事业发展专项资金、彩票公益金、国家重大水利工程建设基金、可再生能源电价附加收入安排、彩票发行和销售机构业务费安排。

2018年,全国政府性基金支出为80601.62亿元,而中央和地方政府的支出分别为3089.29亿元和77512.33亿元,占比分别为4％和96％(见表4-27)。这意味着,政府性基金主要是地方财政的基金性财源,主要由地方政府负责安排支出用度。具体而言,中央政府性基金和地方政府性基金支出分别由中央和地方政府负责;各共享政府性基金支出的划分情况存在差异,其中地方政府负责的农网还贷资金、民航发展基金、港口建设费、旅游发展基金、国家电影事业发展专项资金、彩票公益金、国家重大水利工程建设基金、可再生能源电价附加收入安排、彩票发行和销售机构业务费安排的占比分别为22％、55％、72％、91％、88％、63％、46％、8％、84％。

中国的政府性基金财源安排与其他国家相比存在巨大差异,主要表现在其他国家,如美国、英国并未设置政府性基金,它们的绝大部分财政收入都来源于税收,即使存在收费,也是数量较少的行政性收费、罚没收入等。需要说明的是,政府性基金和税收尽管都是政府筹集财政资金的途径,但其规范性、用途安排都存在较大差异。首先是规范性的差异,税种的设置及其税率的高低往往是由法律规定的,而政府性基金的设置或取消存在很大的随意性,尤其是部分地方性政府基金,地方行政机构就能决定其废立,这容易造成地方政府的"巧立名目非正常收费"。其次是用途安排的差异,政府性基金往往专款专用,而税收一般不规定支出用途(除了个别税种),财政支出自主性更强。

中国的政府性基金自设立以来,虽然在基础设施建设中发挥了重要作用,但也存在许多问题。其一,政府性基金缺乏规范性,项目庞杂,且疏于管理,使得近年来基金规模不断扩大,造成了财政收入环境的混乱和居民、企业的巨大负担。其二,政府性基金缺乏法律约束,管理权限也不明确,有些政府性基金甚至被用于补充部门经费,成为行政部门的"小金库"。其三,虽然政府性基金也编制预算,但基础资料不够完整,也不像税收那样有固定的税率和可测算的税基,这使得收支预测准确率低下,预算执行效果不佳,大量结余沉淀,财政资金使用效率低下。其四,政府性基金与一般公共预算、社会保险基金之间没有建立起衔接和协调的关系,不能发挥对一般公共预算、社会保险基金的支持的作用。

综上分析,中国政府性基金改革应从以下三个方面入手。首先,政府性基金繁多庞杂,且承担了部分应由市场承担的项目,应取消部分基金项目,如旅游发展基金、电影事业发展基金等。其次,政府性基金规模庞大,但缺乏规范性,一方面应压缩政府性基金规模,或将部分政府性基金转为税收,另一方面建立政府性基金法制体系,加以规范。再次,建立政府性基金与一般公共预算、社会保险基金的衔接关系,大力支持公共预算和社会保险事务,切实提高政府性基金收入的使用效率。

表 4-27 2018 年央、地间政府性基金支出划分

项目		支出数额/亿元			支出比重/%	
		全国	中央	地方	中央	地方
中央政府性基金	铁路建设基金	565.34	565.34	0	100	0
	中央特别国债经营基金财务	632.92	632.92	0	100	0
	核电站乏燃料处理处置基金	14.97	14.91	0.06	100	0
	船舶油污损害赔偿基金	0.16	0.16	0	100	0
	废弃电器电子产品处理基金	22.74	22.74	0	100	0
地方政府性基金	海南省高等级公路车辆通行附加费	33.79	0	33.79	0	100
	国有土地收益基金	1660.35	0.03	1660.32	0	100
	农业土地开发资金	126.09	0.15	125.94	0	100
	中央水库移民扶持基金	240.66	1.09	239.57	0	100
	城市基础设施配套费	1707.56	0.41	1707.15	0	100
	地方水库移民扶持基金	51.01	0	51.01	0	100
	车辆通行费	2402.63	0	2402.63	0	100
	污水处理费相关	474.44	0	474.44	0	100
	其他	1082.44	0	1082.44	0	100

续表

项目		支出数额/亿元			支出比重/%	
		全国	中央	地方	中央	地方
中央、地方共享政府性基金	农网还贷资金	202.33	158.11	44.22	78	22
	民航发展基金	476.72	212.26	264.46	45	55
	港口建设费	209.78	58.73	151.05	28	72
	旅游发展基金	20.31	1.82	18.49	9	91
	国家电影事业发展专项资金	26.42	3.16	23.26	12	88
	彩票公益金	1130.84	413.33	717.51	37	63
	国家重大水利工程建设基金	326.77	177.88	148.89	54	46
	可再生能源电价附加收入安排	838.79	768.56	70.23	92	8
	彩票发行和销售机构业务费安排	187.22	29.16	158.06	16	84
总计(含土地出让金相关支出)		80601.62	3089.29	77512.33	4	96

注:数据来源于中国财政部数据库,《2018年全国财政决算表》。作者整理。

4.3.3 国有资本经营预算中的央、地间事权与支出责任划分

国有资本经营预算是对国有资本收益做出安排的收支预算。国有资本经营预算应当按照收支平衡的原则编制,不列赤字,并安排资金调入一般公共预算,用于国企改革、国企注资、社会保障等,且分不同行业按不同比例上缴。国有资本经营预算收入包括国有企业上缴利润,股利、股息收入,产权转让收入,清算收入等(见表4-28);国有资本经营支出大致可分为五类,分别是补充社保基金支出、解决历史遗留问题及改革成本支出、国有企业资本金注入、国有企业政策性补贴、其他国有资本经营预算支出(见表4-29)。

2018年,国有资本经营收入为2905.79亿元,而中央和地方政府的收入分别为1326.38亿元和1579.41亿元,占比分别为45.65%和54.35%(见表4-28)。具

体而言,中央政府的国有资本经营收入主要来源于烟草企业利润,电力企业利润,电信企业利润,股利、股息收入,建筑施工企业利润,境外企业利润,石油石化企业利润,分别为405.38亿元、167.77亿元、155.13亿元、111.91亿元、74.31亿元、69.67亿元、55.43亿元。地方政府的国有资本经营收入主要来源于股利、股息收入,产权转让收入,投资服务企业利润,机械企业利润,分别为232.47亿元、256.53亿元、180.22亿元、80.79亿元。

2018年,国有资本经营支出为2153.28亿元,而中央和地方政府的支出分别为1024.85亿元和1128.43亿元,占比分别为47.59%和52.41%(见表4-29)。具体而言,中央政府的补充社保基金支出、解决历史遗留问题及改革成本支出、国有企业资本金注入、国有企业政策性补贴支出分别为13.29亿元、393.19亿元、324.65亿元、81.08亿元,在各类支出中的占比分别为100.00%、59.35%、34.80%、66.90%。

中国国有资本经营事务与其他国家相比存在较大差异,主要体现在以下两个方面。首先,大部分市场经济国家没有国有企业,进而不存在所谓的国有资本经营预算。其次,虽然一些欧洲发达国家也有国有企业,但政府对国有企业的干预较少,如英国采用"黄金股制",政府在国有企业中保留象征性的"黄金一股",不干预国有企业的日常运作,在必要时采用一票否决权,由企业自由参与市场竞争、自负盈亏;而中国政府则相反,往往直接参与国企的日常运营,且实施隐性保护措施。

当前中国国有资本经营预算收支主要存在以下三个方面的问题。首先,政府投资了许多竞争性行业,如轻纺工业、化工、运输、房地产、建筑等等,且对这些国有企业实施隐性保护,这不仅容易导致国有企业腐败和国有资产流失,也不利于市场的正常竞争和经济的健康发展。其次,国有企业上缴利润比例太低,当前国企利润上缴比例分为五个等级:第一,烟草类国企,上缴利润比例为25%;第二,石油、石化、电力、电信、煤炭等资源型企业,上缴比例为20%;第三,钢铁、运输、电子、贸易、施工等一般竞争型企业,上缴比例为15%;第四,军工、转制科研院所、中国邮政集团公司、文化企业等,上缴比例为10%;第五,中储粮、中储棉等政策性企业,免交利润。国有企业利润上缴比例不仅低于"上市公司股东分红比例为税后可分配利润30%~40%"这一国际惯例,更是大幅度低于法国、德国、瑞典、韩国、挪威等的国家企业80%~90%的利润上缴比例。再次,国有企业上缴的为数不多的利润中大部分又流回国企,用于民生保障的支出少之又少,2018 年国有资本经营预算支出中用于补充社保基金的仅为 13.29 亿元,占比不足 1%。

表 4-28　2018 年央、地间国有资本经营收入分配

项目		收入数额/亿元			收入比重/%	
		全国	中央	地方	中央	地方
国有企业上缴利润	烟草企业利润	405.38	405.38	0	100.00	0.00
	石油石化企业利润	56.74	55.43	1.31	97.69	2.31
	电力企业利润	191.75	167.77	23.98	87.49	12.51
	电信企业利润	155.2	155.13	0.07	99.95	0.05
	煤炭企业利润	51.97	31.12	20.85	59.88	40.12
	有色冶金采掘企业利润	2.79	0	2.79	0.00	100.00
	钢铁企业利润	19.01	0.2	18.81	1.05	98.95
	化工企业利润	4.08	0	4.08	0.00	100.00
	运输企业利润	64.39	31.32	33.07	48.64	51.36
	电子企业利润	7.28	1.52	5.76	20.88	79.12
	机械企业利润	134.68	53.89	80.79	40.01	59.99
	投资服务企业利润	198.06	17.84	180.22	9.01	90.99
	纺织轻工企业利润	47.66	0	47.66	0.00	100.00
	贸易企业利润	51.87	33.5	18.37	64.58	35.42
	建筑施工企业利润	101.54	74.31	27.23	73.18	26.82
	房地产企业利润	26.49	0	26.49	0.00	100.00
	建材企业利润	4.01	0.14	3.87	3.49	96.51
	境外企业利润	69.9	69.67	0.23	99.67	0.33
	对外合作企业利润	1.83	0.77	1.06	42.08	57.92
	医药企业利润	10.05	6.3	3.75	62.69	37.31
	农林牧渔企业利润	16.13	0.82	15.31	5.08	94.92
	邮政企业利润	27.56	27.56	0	100.00	0.00
	军工企业利润	1.01	0	1.01	0.00	100.00

续表

项目		收入数额/亿元			收入比重/%	
		全国	中央	地方	中央	地方
国有企业上缴利润	转制科研院所利润	4.48	2.68	1.8	59.82	40.18
	地质勘查企业利润	2.24	0.57	1.67	25.45	74.55
	卫生体育福利企业利润	0.07	0	0.07	0.00	100.00
	教育文化广播企业利润	18.98	4.45	14.53	23.45	76.55
	科学研究企业利润	0.42	0	0.42	0.00	100.00
	机关社团所属企业利润	8.75	7.64	1.11	87.31	12.69
	新疆生产建设兵团所属企业利润	3.57	3.57	0	100.00	0.00
	其他企业利润	450.6	58.28	392.32	12.93	87.07
	小计	2138.49	1209.86	928.63	56.58	43.42
非国企上缴利润所得	股利、股息收入	344.38	111.91	232.47	32.50	67.50
	产权转让收入	259.65	3.12	256.53	1.20	98.80
	清算收入	11.66	0.01	11.65	0.09	99.91
	其他收入	151.61	1.48	150.13	0.98	99.02
	小计	767.3	116.52	650.78	15.19	84.81
总额		2905.79	1326.38	1579.41	45.65	54.35

注:数据来源于中国财政部数据库、《2018年全国财政决算表》。作者整理。

综上分析,中国国有资本经营事务改革应从以下三个方面入手。首先,国有资本从竞争行业中撤出,如轻纺工业、化工、运输、房地产、建筑等,完全交由市场运作,同时可以参考"黄金股制",保留象征性的股份和一票否决权。其次,大幅提高国企上缴利润比例,国有企业作为全民所有制企业,上缴一定比例的经营利润,是国有金融机构出资人享有经营收益权的重要表现,而且当前国有企业也已经具备了保障民生的能力。再次,将国有资本经营预算与一般公共预算、社保基金预算对接,提高国有资本经营预算对于公共预算和社保的支持力度。

表 4-29   2018 年央、地间国有资本经营支出划分

项目	支出数额/亿元			支出比重/%	
	全国	中央	地方	中央	地方
补充社保基金支出	13.29	13.29	0	100.00	0.00
解决历史遗留问题及改革成本支出	662.44	393.19	269.25	59.35	40.65
国有企业资本金注入	932.84	324.65	608.19	34.80	65.20
国有企业政策性补贴	121.2	81.08	40.12	66.90	33.10
其他国有资本经营预算支出	423.51	212.64	210.87	50.21	49.79
总额	2153.28	1024.85	1128.43	47.59	52.41

注:数据来源于中国财政部《2018 年全国财政决算表》。作者整理。

4.3.4   社会保险基金预算中的央、地间事权与支出责任划分

社会保险基金预算是通过社会保险缴款、公共预算安排和其他方式筹集的资金,专项用于社会保险的收支预算。社会保险基金预算应当按照统筹层次和社会保险项目分别编制,做到收支平衡。社会保险基金可分为 5 类,分别是基本养老保险基金、基本医疗保险基金、失业保险基金、工伤保险基金、生育保险基金。其中,基本养老保险基金依据参与人员所在单位、地区的不同分为企业职工基本养老保险基金、城乡居民基本养老保险基金、机关事业单位基本养老保险基金;基本医疗保险基金可分为城镇职工基本医疗保险基金、城镇居民基本医疗保险基金、新型农村合作医疗基金、城乡居民基本医疗保险基金。

2018 年,全国社会保险基金支出为 67380.69 亿元,而中央和地方政府的支出分别为 532.49 亿元和 66848.20 亿元,占比分别为 0.79% 和 99.21%(见表 4-30)。由此可见,社保基金收入及其用度主要由地方政府统筹安排。具体而言,地方政府安排的企业职工基本养老保险基金、城乡居民基本养老保险基金、机关事业单位基本养老保险基金、城镇职工基本医疗保险基金、城镇居民基本医疗保险基金、新型农村合作医疗基金、城乡居民基本医疗保险基金、工伤保险基金、失业保险基金、生育保险基金支出,分别为 31274.29 亿

元、2938.06 亿元、12496.88 亿元、10482.94 亿元、157.45 亿元、711.34 亿元、6394.25 亿元、722.53 亿元、912.91 亿元、757.55 亿元。

中国社会保险基金预算与其他国家相比,存在较大差别,主要体现在以下三个方面。首先,大部分国家不单独设立社会保险基金,如美国通过征收社会保险税,再经由社会保障体系支付养老金、失业补助、扶残助弱的经费,此外美国的商业医疗保险体系非常发达,不需要政府提供医疗保险服务。其次,少部分国家也单独设立了社会保险基金,如俄罗斯,但与中国不同的是,俄罗斯的绝大部分社保基金业务都是统筹到中央政府的,尤其是养老保险和医疗保险。再次,许多发达国家商业保险体系发达,政府不提供医疗、生育、工伤方面的保险。

表 4-30　2018 年央、地间社会保险基金支出划分

项目	支出数额/亿元			支出比重/%	
	全国	中央	地方	中央	地方
企业职工基本养老保险基金	31567.28	292.99	31274.29	0.93	99.07
城乡居民基本养老保险基金	2938.39	0.33	2938.06	0.01	99.99
机关事业单位基本养老保险基金	12680.94	184.06	12496.88	1.45	98.55
城镇职工基本医疗保险基金	10524.54	41.6	10482.94	0.40	99.60
城镇居民基本医疗保险基金	163.86	6.41	157.45	3.91	96.09
新型农村合作医疗基金	711.34	0	711.34	0.00	100.00
城乡居民基本医疗保险基金	6394.25	0	6394.25	0.00	100.00
工伤保险基金	725.03	2.5	722.53	0.34	99.66
失业保险基金	915.31	2.4	912.91	0.26	99.74

项目	支出数额/亿元			支出比重/%	
	全国	中央	地方	中央	地方
生育保险基金	759.75	2.2	757.55	0.29	99.71
总额	67380.69	532.49	66848.2	0.79	99.21

注:数据来源于中国财政部《2018年全国财政决算表》。作者整理。

目前中国社会保险基金事务存在诸多问题,其中最主要的问题之一是社保基金的统筹层级太低,难以实现跨地区的收入再分配,无法保障全国范围内的公平性。如表4-30所示,中央政府承担的社保基金支出仅占0.79%,而地方政府负责了几乎所有社保事务的统筹安排工作。这意味着,中央政府没有足够的宏观调控能力去协调社保基金在全国范围内的均衡分配。社会保险基金的一个重要职能是收入再分配和保障公平性,但当前社保基金都由地方统筹的运作模式,极易造成各自为政的现象,制约了地区间的收入再分配,使得富有的地区更加富有,贫困的地区更加贫困,进而加剧地区间的发展失衡。根据《中华人民共和国社会保险法》(以下简称《社会保险法》)第八章第六十四条的指示,基本养老保险基金逐步实行全国统筹,其他社会保险基金逐步实行省级统筹。因此,需要尽快提高社保基金的统筹层次,尤其是养老保险,关乎全国老年人的福利公平和生活质量,应由中央政府统筹安排。

4.3.5　央、地间事权与支出责任划分现状、比较的总结

基于前文的讨论和分析,本小节将对央、地间事权与支出责任划分现状及其国际比较做出总结,以期能够归纳出中国央、地两级财政支出结构以及事权划分模式与美、英、俄等国之间的区别,并指出中国模式的现存问题和未来的改革方向。下文总结将分为四部分:一是中国央、地两级财政支出结构,二是中国央、地间事权划分模式与美、英、俄等国的划分模式之间的区别,三是中国模式的现存问题,四是未来的改革方向。

(1)中国央、地两级财政支出结构

如表4-31所示,2018年中国全口径财政支出为357072.30亿元(已扣除重

复项),占当年 GDP 的 39.66%,其中地方政府负责了绝大部分支出,地方政府的全口径财政支出为 320093.10 亿元,占全国总支出的 89.64%。分不同预算来看,地方政府安排的一般公共预算、政府性基金支出、国有资本经营支出、社保基金支出分别为 188196.32 亿元、77512.33 亿元、1128.43 亿元和 66848.20 亿元,在相应预算支出中的占比分别为 85.19%、96.17%、52.41%、99.21%。地方政府负责安排的支出主要是土地出让金相关支出、社会保险基金支出、教育支出、社会保障和就业支出、城乡社区支出、农林水支出、一般公共服务支出、公共安全支出等(按支出数额排列),这些支出分别为 68138.81 亿元、66848.20 亿元、30438.24 亿元、25827.54 亿元、22037.75 亿元、20493.29 亿元、16871.01 亿元和 11739.97 亿元。由此可见,地方全口径支出在全国总支出中的比重较高,主要是因为地方政府负责安排了绝大部分的土地出让金事务、社会保险基金事务、教育事务、社会保障和就业事务、城乡社区事务、农林水事务、一般公共服务和公共安全事务。与地方政府相比,中央政府主要负责的事务的支出数额则要低很多,其中支出数额最高的国防支出为 11069.70 亿元,次高的科学技术支出为 3120.27 亿元,其余支出项目的数额均低于 2200 亿元。因此,地方全口径财政支出在全国的全口径财政支出中占了绝大部分。

表 4-31 2018 年各领域央、地间支出责任划分

项目		支出数额/亿元			支出占比/%	
		全国	中央	地方	全国支出/GDP	地方支出/全国支出
一般公共预算	一般公共服务支出	18374.69	1503.68	16871.01	2.04	91.82
	国防支出	11280.46	11069.7	210.76	1.25	1.87
	外交支出	586.36	583.37	2.99	0.07	0.51
	公共安全支出	13781.48	2041.51	11739.97	1.53	85.19
	教育支出	32169.47	1731.23	30438.24	3.57	94.62
	科学技术支出	8326.65	3120.27	5206.38	0.92	62.53
	文化体育与传媒支出	3537.86	281.13	3256.73	0.39	92.05
	社会保障和就业支出	27012.09	1184.55	25827.54	3.00	95.61
	医疗卫生与计划生育	15623.55	210.65	15412.9	1.74	98.65

续表

项目		支出数额/亿元			支出占比/%	
		全国	中央	地方	全国支出/GDP	地方支出/全国支出
一般公共预算	环保节能支出	6297.61	427.56	5870.05	0.70	93.21
	城乡社区支出	22124.13	86.38	22037.75	2.46	99.61
	农林水支出	21085.59	592.3	20493.29	2.34	97.19
	交通运输支出	11282.76	1313.71	9969.05	1.25	88.36
	资源勘探信息等支出	5076.42	381.52	4694.9	0.56	92.48
	商业服务业等支出	1606.96	73.28	1533.68	0.18	95.44
	金融支出	1379.62	845.59	534.03	0.15	38.71
	援助其他地区支出	442.16	0	442.16	0.05	100.00
	国土海洋气象等支出	2273.58	353.67	1919.91	0.25	84.44
	住房保障支出	6806.37	506.45	6299.92	0.76	92.56
	粮油物资储备支出	2060.75	1375.64	685.11	0.23	33.25
	债务付息支出	60.21	37.23	22.98	0.01	38.17
	其他支出	7402.72	4161.65	3241.07	0.82	43.78
	小计	220904.13	32707.81	188196.32	24.54	85.19
政府性基金	土地出让金支出	68167.34	28.53	68138.81	7.57	99.96
	其他政府性基金支出	12434.28	3060.76	9373.52	1.38	75.38
	小计	80601.62	3089.29	77512.33	8.95	96.17
国有资本经营	国有资本经营支出	2153.28	1024.85	1128.43	0.24	52.41
社会保险基金	社会保险基金支出	67380.69	532.49	66848.2	7.48	99.21
总额		357072.3	36979.27	320093.03	39.66	89.64

注:总额=一般公共预算支出+政府性基金支出+国有资本经营支出+社会保险基金支出-重复项。其中重复项主要是指一般公共预算、国有资本经营预算对社保基金预算的补助。数据来源于中国财政部《2018年全国财政决算表》。作者整理。

（2）央、地间事权与支出责任划分国际比较的总结

中国的央、地间事权与支出责任划分模式与美、英、俄、蒙等国的划分模式相比，部分事权在政府间的配置结构存在相似性。这种相似性主要表现在，一些事权是根据财政分权理论的要求和公共产品的内在属性而进行划分的。具体而言，主权性事务或具有全国外部性的事权一般由中央政府承担支出责任，如国防和外交；外部性范围较小，且具有信息复杂性的事务往往由地方政府承担主要支出责任，如学前教育、初等教育、消防、城乡社区事务等；不同层级政府提供的一般公共服务具有不同的外部性范围，因此无论在中国，还是在英国、美国、俄罗斯，各级政府分别承担相应级别的一般公共服务。

中国的央、地间事权与支出责任划分模式与美、英、俄、蒙等国的划分模式相比，存在许多差异，主要体现在以下四个方面。

其一，在央、地两级财政支出结构方面，中国与其他国家相差较大。中国的中央财政支出比重为 14.81％，而美、俄、英、蒙四国的这一比重分别为47.86％、47.97％、79.47％、72.84％（如表 3-5 所示），与中国相差较大。从不同国家类别来看，部分联邦制发达国家、联邦制发展中国家、单一制发达国家、单一制发展中国家地方财政支出比重的平均值分别为 33.47％、29.56％、15.50％、7.64％（如表 3-8 所示）。中国作为典型的单一制发展中国家，地方财政支出比重为 85.19％，甚至超过了联邦制发达国家的平均值。

其二，在政府承担的事权范围方面，中国与其他国家相差较大。首先，中国政府承担的事权较多，全口径财政支出高达 39.66％，甚至超过了英、美这两个发达国家。其次，中国政府承担了许多可交由市场负责的事务，如技术研究开发、商业性体育赛事、旅游发展等事务在英、美等国都是由市场负责的；同时，存在某些公共产品供应不足的情况，如基础科研、专利保护机制、医药食品质量监督等。再次，中国政府掌握了大量的国有资产，通过经营国有企业或入股混合制企业，直接或间接地参与市场活动，甚至对国有企业实施隐性保护，而其他市场经济国家一般没有国有企业，或者政府在国有企业仅保留象征性的股份，不参与日常经营，如英国。

其三，由于国家结构形式、经济水平、领土面积、人口规模等多方面的差异，中国部分事权与支出责任在央、地间的配置结构与其他国家相差较大。中国拥有世界第一的人口数量和世界第三的领土面积，在许多事权的划分上倾向于高

度分权,如中、小学教育、公共安全等;而人口数规模、领土面积较小的国家,如英国、蒙古国则更倾向于集权。从国家结构和经济水平的差异来看,联邦制国家和发达国家的分权程度往往高于单一制国家和发展中国家,但中国作为单一制发展中国家,许多事权配置甚至比美国更加分散,如社会保障、科技研究等。这是有待深入思考和探讨的,是什么原因造成了中国的高度分权? 这种高度分权的事权配置模式是否更有利于提高经济效率或公共产品供给效率,抑或是更有利于公平和均衡发展?

其四,在财政支出事权管理的规范性方面,中国与其他国家相差较大,主要体现在两个方面。首先是财政收支规范性的差异,中国的财政收入中,除税收之外还包括大量的政府性基金收入、行政事业收费等,财政支出除一般公共支出外,还有政府性基金支出等;反观其他国家,如美国和英国,税收占政府全部收入的绝大部分。其次是财政收支和事权划分的法制体系的差异,中国的税收体系的二十余个税种中,从法律层面加以规范的税种不到十个,而财政支出以及支出事权划分方面则更加缺乏规范性,有的是缺乏法律规定,有的是法律规定了,却没有付诸实施,如《社会保险法》明确指出养老保险基金应统筹到中央,也有的是法律与其他条例文件存在冲突。反观其他国家,如美国首先从《宪法》这一基本法的层面划分联邦和州政府之间的权力,再到各州《宪法》《国内收入法》等法律进一步细化;再如英国,先是《地方政府法》和《地方组织法》这两部基本法规定了中央和地方之间的事权划分,而后《苏格兰法案》《威尔士政府法案》《北爱尔兰法案》则针对各个地区的事权进行了差异化的划分。

(3)中国央、地间事权与支出责任划分模式的现存问题

中国央、地间事权与支出责任划分模式存在诸多问题,其中最主要的问题如下。

其一,事权范围界定不明确,中国政府承担了过多的事权,同时对某些公共产品供应不足,存在越位、错位和缺位并存的现象。越位表现在两个方面,首先政府承担的事权范围过大,如棚户区改造,确实具有改善市容市貌、维护社会稳定等诸多好处,但事实上,随着经济的发展、居民收入和生活水平的提高,加之政府的规划管理,棚户区将随着时间的推移而自然消失,不必为了急于清除棚户区而大费周章、劳民伤财;其次,中国政府通过控制国有企业或入股混合制企

业,直接或间接地参与市场活动,并通过行政、财政手段进行干预,不利于市场的完善和经济的健康发展。错位表现在政府承担了许多可由市场负责的事务,如国有的旅游业务、技术研发事务等,这在一定程度上挤出了私人投资,不利于激发社会活力。缺位如对于许多政府行为、市场行为的监管不足,对政府行为的监管不足是指"三公经费"难以控制、豪华楼堂馆所屡禁不止等;对于市场行为的监督不足是指专利体系不完善、食品药监不严等问题。

其二,中央和地方政府间职能交叉重叠,事权与支出责任划分模糊。首先,中央和地方政府所承担的事权几乎一模一样,地方政府几乎是中央政府剔除外交、国防事权后的低级翻版,如中央由于在文体传媒方面具有文化传播的职能,建立了中央电视台,而后各省、各市、各县区都设立相应级别的电视台。这种现象产生的主要原因是政府行政机构设置需遵循"上下对口"原则,即中央政府建立某个职能部门或机构(除国防、外交等主权性事务),地方就要设置相应的职能部门。其次,各项事权在央、地间缺乏明确的划分,如义务教育,中央政府和地方政府分别应承担的支出责任比例等,都没有明确规定,而且几乎所有事权都存在这种划分不明确的现象。再次,虽然少量事权在中央和地方间的划分是十分明确的,如国防和外交,但事实上地方政府也承担了少量国防和外交的支出。

其三,央、地间事权与支出责任划分缺乏科学性和合理性。缺乏科学性和合理性的表象是中国的地方政府承担了过多的支出责任,地方财政支出比重过高,远超作为联邦制发达国家典型代表的美国,这种过度分权的模式极易导致地区间公共产品供应失衡,进而加剧地区间发展差异,不利于国家社会的公平和稳定。而缺乏科学性和合理性的本质则是各领域央、地间事权划分不清晰,过于随意,且过度依赖财政分权理论,缺乏对中国实际情况的思考,加之在中国式的官员任命机制下,地方政府承担了绝大部分事权及其支出责任,最终表现为地方财政支出比重过高。以义务教育为例,根据财政分权理论的要求,义务教育的外部性在地方,且信息量大、需要结合地方偏好进行管理,应由地方政府承担所有支出责任,但在中国的现实背景下,这种缺乏中央政府协调管控、完全由地方政府安排的义务教育制度,导致流动人口子女入学困难,城乡间、地区间教育质量天差地别,显然有悖于义务教育的公平理念。

其四,央、地间事权与支出责任划分严重缺乏规范性,这主要表现在两个方面。首先,政府性基金支出已逐渐成为地方财政支出的重要组成部分,然而政府性基金缺乏监管和规范,早已备受诟病。由于缺乏监管,同时也没有明确的法律文件加以规范,许多地方政府或其下辖行政机构,巧立名目、私设项目,甚至将政府性基金收入作为部门"小金库"。其次,当前各领域事权与支出责任划分主要参考 1994 年国务院出台的《关于实行分税制财政管理体制的决定》,而该文件只是在原则层面上做出了事权划分的简单说明,既没有任何法律或具体政策加以规范,也没有明文规定各项事权在中央和地方政府间的分配结构,或者任何实际操作层面的指导意见。尽管 2018 年以来,国务院陆续颁布了《基本公共服务领域中央与地方共同财政事权和支出责任划分改革方案》《医疗卫生领域中央与地方财政事权和支出责任划分改革方案》《科技领域中央与地方财政事权和支出责任划分改革方案》《教育领域中央与地方财政事权和支出责任划分改革方案》,但仍然没有从法律层面加以规范,最终改革效果如何,还需拭目以待。

(4)中国央、地间事权与支出责任划分的改革方向

基于以上国际经验归纳和现存问题总结,中国各领域央、地间事权与支出责任的划分改革应从以下三个方面入手。

其一,划清政府与市场的边界,明确界定政府事权范围。首先,放弃某些不需要承担或者暂时不需要承担的事权,减轻政府负担和财政支出压力,尤其是地方政府。如地方电视台过去承担着丰富人民生活和宣传普及的职能,但随着互联网的发展和网络视频的普及,部分地方电视台的影响力和宣传能力早已不复当年,甚至沦为电视购物平台,应予以裁撤、整合。其次,让渡部分政府事权于市场,遵循市场优先原则,如技术研究开发;同时应尽快将国有资本撤出竞争性行业,减少政府对于国有企业的干预和隐性保护,鼓励私人投资。再次,简政后还需精兵,缩减相应职能部门的财政供养人员。最后,强化个别领域的事权及其支出责任,如中央政府应加大基础研究的投入力度。

其二,科学合理地划分各领域中央和地方政府间的事权与支出责任,构建责权明晰的央、地间财政分配模式。首先,重构央、地间财政支出划分结构,提高中央政府财政支出比重,具体则要从重新划分央、地间事权与支出责任入手。其次,科学合理地划分各领域中央和地方政府间的事权与支出责任,"科学合理"是关键,这意味着不仅要遵循财政分权理论和公共产品理论等财政理论,也

要借鉴财政分权体制完善的国家的先进经验,更要立足于中国实际,充分考虑到中国的人口规模、经济发展水平等因素,构建一套政府间事权划分的原则体系,用于指导事权划分的具体操作。再次,"权责明晰"则要求各项事权在中央和地方政府间的划分是十分明确的,规定哪些事权必须中央政府承担,哪些由地方政府承担,哪些央、地共同承担,共同承担的事权如何分配支出责任等。最后,明晰政府间权责关系应落实到明晰财政预决算上,进一步规范预决算编制、审核、监管的流程和制度体系,提高预决算透明度和公开度,尤其是国防支出中各个项目的透明度和公开度。

其三,建立健全央、地间事权与支出责任配置的法制体系,强化各级政府的财政收支的规范性。首先,构建自上而下的央、地两级财政法制系统,明确各级政府的财政支出事权范围及其划分结构。具体而言,上至国家基本法,从《宪法》层面明确各级政府的权力范围;下到财政法律和地方性法规,都应基于《宪法》精神,建立财政支出责任分配的法律制度和地方性法规,出台操作层面上的事权与支出责任划分的规定文件,保障地方政府权力及其职能的充分发挥,同时约束地方政府的财政支出行为。其次,从法律层面强化政府在政府性基金收入和支出方面的规范性,防止地方政府随意增设项目收费、随意使用财政资金。

4.4　本章小结

本章梳理和讨论了中央和地方政府间财政关系的历史变迁、现状和比较。首先,本章结合中国经济体制和财政体制的变革,梳理了央、地间财政关系的变迁历程,将其划分为三个时期,即"计划经济体制下集权与分权的动荡变化时期(1950—1980年)""改革开放背景下财政分权体系探索和建设时期(1980—2013年)""财政体制现代化改革时期(2014年至今)",并分别介绍了各个时期央、地间财政关系的演变过程、特点、不足之处,以及所处的社会经济背景。其次,讨论了央、地间财政关系的总体现状,分析了央、地两级财政体制的困境,即"央、地间财政关系严重失衡""转移支付体系不完善与地方财政缺口""土地财政和地方债务""宏观税负畸高"。再次,聚焦央、地间事权与支出责任划分的现状,分别从一般公共预算、政府性基金预算、国有资本经营预算和社会保险基金预算,分析各领域央、地间事权与支出责任划分的现状,同时结合其他国家的事权划分现状进行比较和讨论,归纳和总结中国央、地间事权划分模式的特色、优势和不足。最后,基于以上国际经验探讨和现存问题分析,指出了中国各领域央、地间事权与支出责任划分的改革方向,一是划清政府与市场的边界,明确界定政府事权范围;二是科学合理地划分各领域中央和地方政府间的事权与支出责任,构建责权明晰的央、地间财政分配模式;三是建立健全央、地间事权与支出责任配置的法制体系,强化各级政府财政收支的规范性。

5

可持续发展与央、地财政支出结构研究

本章通过理论分析和实证检验,深入剖析财政支出分权、财政支出结构对可持续发展的影响,以期为后文重构央、地间的事权与支出责任划分模式提供参考依据。具体而言,本章首先界定"可持续发展"的概念,从理论层面分析财政支出分权、财政支出结构对可持续发展的影响;其次,基于概念界定和理论分析,构建可持续发展的综合评价指数;再次,利用跨国数据检验财政支出分权对可持续发展的影响效应,同时采用 Lind-Mehlum 方法估算财政支出分权的最优水平;最后,实证检验财政支出结构对可持续发展的影响,并开展深入讨论,为重构央、地间事权与支出责任划分的"中国方案"提供理论支撑和经验证据。本章结构安排:第 1 节为理论分析,第 2 节为可持续发展指数的构建与测度,第 3节、第 4 节均为实证研究,第 5 节为小结。

5.1　可持续发展与央、地财政支出结构的理论分析

可持续发展的定义广阔、内涵丰富,涉及经济、生态、资源、社会等多个范畴(Adrián and Américo,2002;Tuazon et al. ,2013;Bolcárová and Kološta,2015;Jin et al,2020a)。自从这一概念被提出后,它就逐步成为大多数国家追求的发展目标和政府行为决策的坚实基础,并最终在政府的财政预决算中体现出来(叶文虎、栾胜基,1996)。因此,政府财政支出事权的范围边界、配置结构等,都是影响国家可持续发展的重要因素。本节将首先界定可持续发展概念,进而基于 Barro 模型从理论层面讨论财政支出分权、财政支出结构对可持续发展的影响。

5.1.1 可持续发展的概念界定

工业革命以来,人类社会经历了前所未有的高速发展,但随之而来的自然资源耗竭、生态环境恶化、社会发展失衡、经济增速放缓等问题日益严峻,制约了发展的稳定性和可持续性,于是人类开始探索和寻求可持续的发展方式。1962年,雷希尔·卡逊出版了《寂静的春天》,抨击了破坏生态环境以谋求经济增长的"自我毁灭"式发展模式,促使人们开始思考可持续的发展方式,这也标志着"可持续发展思想"的萌芽(Tuazon et al.,2013)。1980年,《世界自然保护大纲》定义了"可持续发展"的概念。1987年,世界环境与发展委员会(WCED)做了题为"我们共同的未来"的报告,把可持续发展界定为"既满足当代人的需求又不危及后代人满足其需求的发展"。之后,"可持续发展"问题便成为政府、社会公众关注的热点和各学科专家学者研讨的焦点(Böhringer and Jochem, 2007;Tso et al.,2011)。

关于可持续发展问题的研究,各界学者的研究视角和研究内容不尽相同,且各有侧重(Hodge,1997;Jin et al.,2020)。生态学者往往从生态环境污染、生物多样性和生态系统优化等方面入手研究可持续发展问题,以人类长期、健康的生存为主题,侧重于研究生态系统和区域环境的可持续性,如Atkinson and Hatcher(2001)、Adrián and Américo(2002)、Ebert and Welsch(2004)、Kondyli(2010)、茶娜等(2013)、秦大河(2014)、刘红玉等(2015)。经济学者揭示人口、贫困、环境、能源、增长问题产生的根源,利用经济学理论和方法,以经济的可持续发展为抓手,探讨如何运用有效的经济手段,激活推进可持续发展的经济动力,如Ranis et al.(2000)、Bilbao-Ubillos(2013)、Bolcárová and Kološta(2015)、张艳磊等(2015)。社会学者研究可持续发展,侧重于如何建立一个包括市场、政策、道德准则、科技等因素的激励性质的结构体系,来最大限度地将自然、人类及社会的关系引向可持续发展的轨道,如马艳梅等(2015)研究了城镇化的可持续发展。

由于研究视角和内容的差异,各界学者对于可持续发展的概念界定也有所区别。叶文虎、栾胜基(1996)指出,可持续发展是不断提高人类生活质量和环境承载力的发展,是满足当代人需求又不损害后代满足其需求能力的发展,是满足一个地区或一个国家人群需求又不损害其他地区和国家人群满足其需求能力的发展。方行明等(2017)、张晓玲(2018)等也给出了类似的定义,他们认为可持续发展的核心要素是公平,既要代内公平,也要代际公平。陈迎(1997)、曾珍香等(1998)、牛文元(2012)认为,可持续发展包括了经济、生态和社会这三个基本要素,是以生态发展为前提、经济发展为手段、社会发展为目的,使人类社会和生态系统和谐发展。社会学者和生态学者强调"和谐"与"公平",经济学者往往利用经济增长、效用和福利来表征可持续发展。Dasgupta(1995)认为,当代际跨期效用最大化相当于权衡当代人和后代人之间的福利,那么实现各代总效用最大化便是实现了可持续发展。彭水军、包群(2006)认为可持续发展是人均福利水平随时间推移不断增长或至少不下降的发展途径。林伯强、杨芳(2009)认为可持续发展是在保护生态和合理利用资源的条件下,最大化经济发展的福利,并尽量保证每一代人都拥有平等获取资源的机会。陈诗一(2009)认为可持续发展的本质是经济的可持续增长,而保护环境和合理利用资源则是为经济可持续增长而服务的。肖文、唐兆希(2012)认为可持续发展是指经济在有限资源和技术进步的双重作用下保持持续稳定增长,或者说是经济的可持续性发展。

尽管可持续发展的概念表述存在差异,但本质内涵却是相同的。可持续发展的核心是权衡当前与未来、部分与整体的利益关系,谋求长远而稳定的发展,既不能为了当前的发展危及将来的发展,也不能为了部分人的发展危及地球上所有人的发展。如果用经济学术语加以概括,可持续发展就是权衡代际福利,使经济、社会、生态资源等多方面协调发展,实现跨期效用最大化,即实现各代总效用的最大化(Jin et al.,2020)。

5.1.2 可持续发展与财政支出分权——基于 Barro 模型的理论分析

如前所述,可持续发展是要实现跨期效用最大化,即实现各代总效用的最大化。因此,本著作参考 Barro(1990)和 Zhang and Zou(1998)的做法,将代理人的效用函数设定为式(5-1),研究代际效用最大化前提下的央、地财政支出分权。

$$U = \int_0^\infty u(c,g) \, e^{-\rho t} dt \qquad (5-1)$$

式(5-1)中,c 为人均私人消费,g 为财政支出,ρ 为正的时间贴现率。效用函数 $u(c,g)$ 是单调递增的凹函数,纳入了私人消费和财政支出。财政支出用于提供公共产品和服务,如建设图书馆、公园或其他基础设施等,是增加居民福利的体现,因此将财政支出纳入效用函数(Barro,1990)。那么当各代际总效用(U)实现最大化,即实现可持续发展,而政府财政支出将是影响居民效用和可持续发展的重要因素。

为了刻画中央和地方政府,以及财政支出分权,本节进一步将财政支出 g 分为中央政府财政支出和地方政府财政支出,并分别用 n,l 来表示中央财政支出和地方财政支出。假设经济模型中存在 I 个国家,那么将有 I 个中央政府,同时可得中央政府支出向量 $\boldsymbol{n}$ 的表达式,见式(5-2);相应的,假设存在 $J(J>I)$ 个地方政府,可得地方政府支出向量 $\boldsymbol{l}$ 的表达式,见式(5-3)。

$$\boldsymbol{n}=(n_1,\cdots,n_i,\cdots,n_I) \tag{5-2}$$
$$\boldsymbol{l}=(l_1,\cdots,l_j,\cdots,l_J) \tag{5-3}$$

那么可得 Cobb-Douglas 形式下的生产函数:

$$y = k^\alpha \Big[\prod_{i=1}^{I} n_i\Big]^\beta \Big[\prod_{j=1}^{J} l_j\Big]^\gamma \tag{5-4}$$

式(5-4)中,y 为人均资本产出,k 为人均资本存量,$1>\alpha>0,1>\beta>0,1>\gamma>0$,且 $\alpha+\beta+\gamma=1$。央、地两级政府的财政支出分别为:

$$\sum_{i=1}^{I} n_i = \theta_n\, g \tag{5-5}$$
$$\sum_{j=1}^{J} l_j = \theta_l\, g \tag{5-6}$$

令 $\theta_n+\theta_l=1,0<\theta_n<1,0<\theta_l<1$。$\theta_n$ 表示中央财政支出在总财政支出中的占比,θ_l 表示地方财政支出在总财政支出中的占比。令

$$n_i = \delta_i\,\theta_n\,g,\sum_{i=1}^{I}\delta_i = 1 \tag{5-7}$$
$$l_j = \delta_j\,\theta_l\,g,\sum_{j=1}^{J}\delta_j = 1 \tag{5-8}$$

假设财政均衡的情况下,宏观税负等于政府支出 g 在 GDP 中的占比,即 $\tau=g/y$。同时,将 n 和 l 代入效用函数(5-1),可得:

$$U = \int_0^\infty u(c,n,l)\,\mathrm{e}^{-\rho t}\mathrm{d}t \tag{5-9}$$

进而可得效用 U 现实最大化的动态预算约束为：

$$\frac{dk}{dt} = (1-\tau)y - c = (1-\tau)\Big[\prod_{i=1}^{I} n_i^{\beta_i}\Big]^{\beta}\Big[\prod_{j=1}^{J} l_j^{\gamma_j}\Big]^{\gamma} - c \tag{5-10}$$

为方便处理，令效用函数：

$$u(c,n,l) = \ln c + \sigma_n \ln \prod_{i=1}^{I} n_i^{\beta_i} + \sigma_l \ln \prod_{j=1}^{J} l_j^{\gamma_j} \tag{5-11}$$

其中，σ_n，σ_l 为正。当各级政府财政支出的产出率用 β，γ 衡量，那么它们对代理人效用的影响可用 σ_n，σ_l 衡量。

在平衡增长路径下假设外生不变的税负 τ，那么 g/y 也是不变的，可得：

$$\frac{y}{k} = \frac{g}{\tau k} = \tau \frac{1-\alpha}{\alpha}\Big[\prod_{i=1}^{I} n_i^{\beta_i}\Big]^{\frac{\beta}{\alpha}}\Big[\prod_{j=1}^{J} l_j^{\gamma_j}\Big]^{\frac{\gamma}{\alpha}}\theta_n^{\frac{\beta}{\alpha}\sum_{i=1}^{I}\beta_i}\theta_l^{\frac{\gamma}{\alpha}\sum_{j=1}^{J}\gamma_j} \tag{5-12}$$

代理人的最大化决策取决于其效用函数，即式（5-9）。那么当代际效用总和达到最大化时，实现可持续发展，经济进入平衡增长路径，此时人均资本增长率为：

$$\frac{dy/dt}{y} = \alpha(1-\tau)\frac{y}{k} - \rho \tag{5-13}$$

或者是：

$$\frac{dy/dt}{y} = \alpha(1-\tau)\tau \frac{1-\alpha}{\alpha}\Big[\prod_{i=1}^{I} n_i^{\beta_i}\Big]^{\frac{\beta}{\alpha}}\Big[\prod_{j=1}^{J} l_j^{\gamma_j}\Big]^{\frac{\gamma}{\alpha}}\theta_n^{\frac{\beta}{\alpha}\sum_{i=1}^{I}\beta_i}\theta_l^{\frac{\gamma}{\alpha}\sum_{j=1}^{J}\gamma_j} - \rho \tag{5-14}$$

由于 $\sum_{i=1}^{I}\beta_i = 1$，$\sum_{j=1}^{J}\gamma_j = 1$，那么式（5-14）可以简化为：

$$\frac{dy/dt}{y} = \alpha(1-\tau)\tau \frac{1-\alpha}{\alpha}\Big[\prod_{i=1}^{I} n_i^{\beta_i}\Big]^{\frac{\beta}{\alpha}}\Big[\prod_{j=1}^{J} l_j^{\gamma_j}\Big]^{\frac{\gamma}{\alpha}}\theta_n^{\frac{\beta}{\alpha}}\theta_l^{\frac{\gamma}{\alpha}} - \rho \tag{5-15}$$

从式（5-14）和式（5-15）可知，代际效用总和最大化，或者说可持续发展与宏观税负、财政分权水平密切相关。当代际效用总和实现最大化时，可以求得央、地两级政府的最优支出分权水平：

$$\theta_n^* = \frac{\beta}{\beta+\gamma} \tag{5-16}$$

$$\theta_l^* = \frac{\gamma}{\beta+\gamma} \tag{5-17}$$

如式（5-16）、式（5-17）所示，$\frac{\beta}{\beta+\gamma}$ 和 $\frac{\gamma}{\beta+\gamma}$ 分别为中央政府和地方政府的最优支出分权水平。这意味着，当财政支出分权水平超过 $\frac{\gamma}{\beta+\gamma}$ 时，降低支出分权

水平,使其接近$\frac{\gamma}{\beta+\gamma}$,有助于实现可持续发展;当财政支出分权水平低于$\frac{\gamma}{\beta+\gamma}$时,提高支出分权水平,使其接近$\frac{\gamma}{\beta+\gamma}$,有助于实现可持续发展。综上,财政支出分权与可持续发展呈倒"U"形关系。

5.1.3 可持续发展与财政支出结构的理论分析

已有文献主要讨论了财政支出结构对经济可持续增长的影响,研究内容大致可分为三类。第一类,将财政支出划分为生产性支出和非生产性支出,或分为投资性支出和消费性支出,研究财政支出结构对经济可持续增长的影响效应,如 Arrow and Kurz(1970),Landau(1986),Barro(1990),Easterly et al.(1993),Kneller et al.(1999),郭庆旺等(2003),贾俊雪等(2006),严成樑(2012),孙正(2014),张凯强、台航(2018)等。第二类,将财政支出划分为中央财政支出和地方财政支出,研究财政支出分权对经济可持续增长的影响效应,如 Oates(1972),Davoodi and Zou(1998),Qian and Roland(1998),Lin and Liu(2000),Jin et al.(2001a),Kappeler et al.(2013),Morgan and Trinh(2016),张晏、龚六堂(2005),沈坤荣、付文林(2005),陈志勇、陈莉莉(2011)等。第三类,按财政支出功能分类,分为国防支出、教育支出、基建支出等,研究各财政支出项目对经济可持续增长的影响效应,如 Zhang and Zou(1996),杨友才(2009),孙丽(2019)等。

与已有文献不同的是,本章主要研究财政支出结构对可持续发展的影响效应,一方面研究央、地财政支出结构,即财政支出分权对可持续发展的影响,这在前文5.1.2中已有涉及;另一方面,按财政支出功能分类,研究各财政支出项目与可持续发展的关系,这还未涉及。因此,下文参考国际货币基金组织(IMF,International Monetary Fund)的划分方式,将财政支出分为国防支出、经济事务支出、环境保护支出、公共安全支出、医疗卫生支出、教育支出、社会福利与保障支出、社区住宅支出,从理论层面分析这些支出项目对可持续发展的影响。

国防支出与可持续发展。国防支出是指国家财政用于国防、军事建设的经费,而国防军事力量是抵御外敌侵犯,保卫国家安全,使得其他政治、经济、贸易事务得以顺利开展的根本保障。国防支出是否足够,国防军事力量是否强大,是关系国家经济、贸易发展能否稳定的重要因素,如美国强大的军事力量是美元能够成为世界货币的重要因素。但是,国防支出对于可持续发展的影响是不确定的,还有待实证检验。

经济事务支出与可持续发展。经济事务支出是指国家财政用于交通、通信等基础设施建设,以及其他有利于经济发展的支出经费。这项支出一般被定义为生产性支出(Barro,1990;Devarajan et al.,1996),或投资性支出(Easterly et al.,1993;贾俊雪等,2006)。从已有研究来看,学界普遍认为经济事务支出有助经济增长(郭庆旺,2003;孙正,2014)。但部分基础设施建设在产生巨大经济效益的同时也会破坏生态环境,如三峡大坝。如前所述,可持续发展是经济、生态、社会的和谐发展,因此加大经济事务投入是否能够促进可持续发展还需实证检验。

环境保护支出与可持续发展。环境保护支出是指国家用于保护生态环境、自然资源所产生的费用。具体而言,各国将保护环境支出用于环境监测与监察、污染防治、自然生态保护、天然林保护、风沙荒漠治理等事务,这显然有利于生态环境的可持续发展。但是,环境保护支出的多少也反映了国家对生态环境的管控治理力度,而管控治理力度大的国家往往限制许多高污染企业的运作,以及资源密集型企业对自然资源的开发,这将抑制这些企业的发展。如前所述,可持续发展是经济、生态、社会的和谐发展,因此加强环境保护是否能够促进可持续发展有待实证检验。

公共安全支出与可持续发展。公共安全事务是指国家为了维护社会的秩序稳定,保障公民的合法权益,以及社会各项活动的正常进行而提供的各种公共产品的总和,如警察、公安、法院、司法等,而相应经费即公共安全支出。国家增加公共安全事务的投入力度,将有助于社会的公平、安定与和谐。因此,理论上提高公共安全支出有利于社会的可持续发展,但事实结果还有待实证检验。

医疗卫生支出与可持续发展。医疗卫生支出是指国家在医疗、公共卫生方面的支出经费,如公立医院、饮用水安全、传染疾病防控、病菌传播媒介控制等。医疗卫生事务是公民基本健康权的重要保障,有助于缓解或消除因收入差距而可能给未来健康带来的不利影响。因此,加大医疗卫生投入力度有利于社会的可持续发展。

教育支出与可持续发展。"百年大计,教育为本",教育发展程度和投入水平是衡量一个国家素质和文明程度的重要标准。尤其是在知识经济时代,科学技术进步已经成为经济增长的重要动力来源,而科技进步又源于教育水平的提高。因此,教育事业体现了国家发展经济、提高国民素质的战略目标,教育支出则成为国家财政支出的重要组成部分。因此,加大教育投入力度有利于国家的可持续发展。

社会福利、保障支出与可持续发展。社会保障是政府弥补市场机制失灵、调节收入分配的重要手段。在市场经济体制下,社会经济资源得到有效的配置,经济效率得到提高,这种体制承认个人对财产占有和劳动者个人天赋与能力的差别,有利于激励人们不断进取、勇于开拓,但也会出现分配不公的情况,导致社会成员之间的收入差距扩大,不利于社会长期的安定繁荣。因此,政府需要通过提供社会保障服务来弥补这种市场失灵,将收入差距保持在合理的范围内,既有利于提高效率,也保证了收入的相对公平,进而使经济社会始终保持稳定、有序的发展状态。因此,强化社会福利、保障支出有利于社会的可持续发展。

社区住宅支出与可持续发展。社区住宅支出是指政府在社区层面提供的建设和管理服务所产生的费用,如社区管理、城乡社区公共设施、城乡社区环境卫生等。由此可见,社区住宅事务有助于优化社区范围内的公共卫生、环境等,直接关乎当地居民的实际福利和主观幸福感受。因此,提高社区住宅事务支出,有助于社会的可持续发展。

基于以上分析可知,各财政支出项目将影响到国家经济、生态资源、社会的可持续发展。具体而言,理论上公共安全支出、教育支出、社会福利与保障支出、医疗卫生支出、社区住宅支出对可持续发展具有正向的影响效应,国防支出、经济事务支出、环境保护支出的影响效应不明确。但事实上财政支出结构对可持续发展具有怎样的影响效应,还有待实证检验。

5.2 可持续发展评价指数的构建与测度

基于前文的概念界定和理论分析,本节将从经济增长、生态资源、社会发展三个维度选取指标元素,利用熵值法测算各元素指标的权重,进而构建可持续发展的综合评价指数,测度世界 81 个国家的可持续发展指数,为后文进一步的实证研究做铺垫。

5.2.1 可持续发展评价指数的构建

(1)可持续发展指数的构建原则

如前所述,可持续发展需要兼顾和协调经济、资源环境、社会等多方面的发展,进而实现代际效用总和的最大化。可见,可持续发展的评价与度量是一个全方位的系统性工程,涉及面广,复杂度高(Krank et al.,2010;Jin et al.,2020)。相较于采用单一指数法,通过综合指标评价方法构建一个涉及面广、系统性强的综合评价指数,得到的测评结果将更加科学、全面。同时,构建可持续发展指数是希望通过简明且易形成共识的指标,突出经济、资源环境、社会的三重持续发展,为可持续发展水平树立一个标尺,实证研究财政支出分权、财政支出结构与可持续发展的问题,并促使各国对照检查,采取最具可持续性的发展战略。

因此,在构建可持续发展指数的过程中,应遵守如下四条原则。

其一,全面性与系统性相结合的原则(Böhringer and Jochem,2007)。全面性是指可持续发展指数包含经济、资源、生态、社会等多个方面,其元素指标选择也应是全方位、多角度的。系统性是指可持续发展的各个子指标、元素指标应形成一个有机关联的整体,而非散乱的元素堆砌,因此各个子指标、元素指标之间应富有层次性、关联性。那么全面性与系统性相结合就意味着,在构建可持续发展指数以及选择元素指标时,一方面要从经济、资源环境、社会等多个角度、不同领域选择元素指标,另一方面要根据元素指标的属性、特点,构建一个具有层次性的关联整体,如将可持续发展指数分为经济可持续发展、资源环境可持续发展、社会可持续发展三个二级指标,并依据各个二级指标的特性选择相应的三级指标。

其二,简洁性与代表性相结合的原则(Pezzey,1992;Ebert and Welsch,2004)。简洁性是指可持续发展指数应简明且易形成共识,能够让更多国家、更多专家学者所接受,如人类发展指数(HDI,human development index)仅包含收入、健康、教育水平三个维度,且元素指标选择也并不复杂。代表性是指选择各个元素指标及其关联整体都能够代表相应指标,这也是 HDI 能够被广泛接受的重要原因。那么简洁性与代表性就意味着,构建可持续发展指标时,在保证各指标结构全面、完备的基础上,不需要太多元素指标,但必须确保每一个元素指标都具有充分的代表性,尽可能选用在国际上被公认的标准或判定指标,同时避免出现一些主观判断成分过高的元素指标。

其三,科学性与可操作性相结合的原则(Nardo et al.,2005)。科学性一方面是指元素指标选择的科学性,即前文所说的代表性,另一方面是指权重计算的科学性。可操作性一方面是指基于现行的统计体系,选用既有的成熟指标反映可持续发展,提高数据的可获得性;另一方面是指基于现有的指标权重计算方法,选择科学性强、认同度高、易于操作的方法,以便于权重赋值。科学性与可操作性相结合意味着,应首选科学、易操作的指标和权重计算方法。

其四,有效性与可比性相结合的原则(Stehling,1988)。纵向比较和实证检验是构建可持续发展指数的重要目标,因此该指数既要能够有效衡量一国的可持续发展水平,也要便于各个国家进行纵向比较。有效性与可比性相结合就意味着,要尽量选择有效且连续可比的元素指标。

(2)可持续发展指数的指标体系框架

已有的可持续发展指标体系已相当多。除了世界银行的财富核算与生态系统服务评价指标(WAVES)(The Word Bank,2010)、联合国开发计划署的人类发展指数(HDI)(United Nations Development Programme,1990)、联合国环境规划署的绿色经济指标使用指导①、经济合作与发展组织的绿色增长指标②等国际组织构建的指标之外,许多专家学者也构建了一系列的评价指标。陈迎(1997)将可持续发展指数分为经济、社会、资源环境三个子系统,选取了数十个元素指标。曹利军、王华东(1998)用发展的水平、效率、发展、协调度、开放度、调控度、均衡度 7 个角度的指标,测度区域可持续发展水平。林伯强、杨芳(2009)从资源、环境和社会三个层面出发,以成人识字率、出生时的预期寿命、综合入学率、GDP、人均 CO_2 排放量、资源耗减率为表征变量,构建可持续人文发展指数。李杰兰等(2009)构建了包括生产、人口、人力资本、人造资本、不可更新资源、可更新自然资源、技术、环境污染这 8 个子系统的可持续发展测评指

---

① 联合国环境规划署:《全球环境展望 5:我们未来想要的环境》,内罗毕,2012 年。
② 经济合作与发展组织:《迈向绿色增长:给决策者的简介》,巴黎,2011 年。

数。郭存芝等(2010)从资源、环境、经济、社会 4 个角度,构建了可持续发展指标体系。盖美等(2011)从水资源、社会、经济 3 个角度,选择 24 个评价指标,构建了区域社会经济可持续发展测度指标。苗韧等(2013)在指标构建中,综合考虑了经济社会、资源环境、技术进步、政策影响等因素。杨建辉等(2013)构建了经济、社会、生态、开放和潜力 5 个属性层的子系统,共 18 个指标、26 个要素,构建中国沿海经济区可持续发展水平的测度指标。李晓西等(2014)参考联合国开发计划署的人类发展指数,建立基于社会经济和生态资源环境可持续发展 2 个维度的"人类绿色发展指数"。孙晓等(2016)建立了含有经济发展、社会进步、生态环境 3 个维度 24 个指标的城市可持续发展评价体系。

如何在众多指标体系中,形成独树一帜而又具实用性的可持续发展指数,是本节研究要努力探索的方向。理想的指数应通俗易懂、简洁明了,以最简单明确的方式衡量可持续发展水平,不宜因过分强调全面细致而导致难以理解和操作,或出现多个功能重复的元素指标。在这方面,联合国开发计划署的人类发展指数(HDI)和李晓西等(2014)的人类绿色发展指数做出了榜样。因此,本节通过收集各类可持续发展指标体系,并对影响力大、接受范围广、实用性强的指标进行深入分析和比较,从中学习有益的指数体系构建经验。

本节基于可持续发展的概念和指标构建原则,借鉴国内外相关指标构建的先进做法,如 Jin et al.(2020),确立了经济、资源环境和社会 3 个维度可持续发展指数。其一,经济的可持续发展,简而言之就是经济发展水平高,收入水平高且相对公平,经济增长潜力大,经济结构合理。相应的,需要设置经济增速、经济规模、收入水平、经济结构的指标。其次,资源环境的可持续发展,简而言之就是天朗气清、植被丰富、耕地充足、粮食安全有保障及可再生能源利用率高。再次,社会的可持续发展便是幼有所教,病有所医,卫生和饮水等能够得到保障。社会的可持续发展借鉴了李晓西等(2014)、Jin et al.(2020)的做法,虽然不算严格精确,但其体现的与其说是科学主义的追求,不如说是人文关怀的理念。综上分析,本节确立了 3 个可持续发展二级指标和 13 个相应的三级指标,而每一个三级指标都选取较成熟且兼具代表性的 1 个元素指标,详见表 5-1。

如表 5-1 所示,本节构建的可持续发展指数是一个简单明晰、科学系统的综合指标体系,元素指标数量少却极具全面性和代表性,指标层次少却极具关联性和系统性。为合理安排著作篇幅,表5-1汇报了各个元素指标的含义和权重,详细内容会在5.2.2节进行分析与说明。表5-2则详细介绍了元素指标的含义、数据来源。

表 5-1　可持续发展测评指标体系

一级指标	二级指标	三级指标	元素指标	指标属性
可持续发展综合指数 SDEI	经济发展指标 SDEI_eco (55.53%)	经济增速(4.77%)	GDP 增长率	正向
		经济规模(74.11%)	人均 GDP	正向
		收入水平(10.70%)	不平等调整后收入指数	正向
		经济结构(10.42%)	第三产业就业人口比重	正向
	资源环境指标 SDEI_envir (26.78%)	气候(14.26%)	人均 CO_2 排放量	逆向
		空气(13.10%)	PM2.5	逆向
		森林(15.92%)	森林覆盖率	正向
		耕地(42.90%)	人均可耕种土地	正向
		能源(13.82%)	可再生能源消费比重	正向
	社会发展指标 SDEI_social (17.69%)	教育(34.47%)	平均受教育年限	正向
		健康(32.08%)	不平等调整后预期寿命指数	正向
		饮水(12.87%)	获得改善饮用水源人数占比	正向
		卫生(20.58%)	获得改善卫生设施人数占比	正向

注:括号中为各指标的权重,测算方法为熵值法,详见5.2.2。

表5-1中所示的3个维度的13个元素指标,是在关系到经济、资源环境、社会可持续发展的13个领域中选择的,体现了对经济发展、环境保护与发展、社会发展3个方面的重视。这些指标对于人类经济、社会发展,对于地球自然环境保护和资源可持续利用,是一些最基本、最初级的要求。

表 5-2 可持续发展综合指数的元素指标介绍

元素指标	指标含义与数据来源
GDP 增长率	实际 GDP 增长率。 数据来源:世界银行数据库(https://data. worldbank. org/indicator)
人均 GDP	人均实际 GDP。 数据来源:联合国数据库(http://data. un. org/browse. aspx? d = ComTrade)
不平等调整后收入指数	借鉴 Atkinson(1970)的测度方法,在考虑不平等分布因素下,以人均家庭可支配收入或消费为基础,计算得出能体现公平、平等的收入指数。指数值越高,说明各国的经济状况越好,国家的收入分配越公平、平等。 数据来源:联合国开发计划署(http://hdr. undp. org/en/data♯)
第三产业就业人口比重	第三产业就业人口在总劳动人口中的占比,用于衡量一国的经济结构。 数据来源:联合国开发计划署(http://hdr. undp. org/en/data♯)
人均 CO_2 排放量	指煤炭、石油、天然气、液体等化石能源燃烧所产生的 CO_2 排放,单位:吨/人。 数据来源:国际能源署(http:/ /www. iea. org/)
PM2.5	表示直径小于 2.5 微米、大于 0.1 微米的细悬浮颗粒在大气中的浓度,PM2.5 能深入渗透呼吸道并导致严重的健康损害,单位:微克/米³。 数据来源:世界银行数据库(https://data. worldbank. org/indicator)
森林覆盖率	森林面积指由自然生长或人工种植且原地高度至少为 5 米的直立树木所覆盖的土地,森林覆盖率则是森林面积在土地总面积中的占比。 数据来源:联合国开发计划署(http://hdr. undp. org/en/data♯)
人均可耕种土地	包括临时作物用地(双季稻种植面积计算一次)、割草或牧场用临时草地、市场或厨房花园用地和临时休耕地。不包括因轮作而废弃的土地。 数据来源:世界银行数据库(https://data. worldbank. org/indicator)
可再生能源消费比重	指可再生能源消费量在总能源消耗量中的比重,用于衡量可再生能源的利用情况,可再生能源消费比重越高越有利于资源环境的可持续发展。 数据来源:联合国开发计划署(http://hdr. undp. org/en/data♯)

续表

元素指标	指标含义与数据来源
平均受教育年限	25岁以上成年人的平均受教育年限,单位:年。 数据来源:联合国开发计划署(http://hdr.undp.org/en/data♯)
不平等调整后预期寿命指数	借鉴 Atkinson(1970)的测度方法,在考虑不平等分布因素下,以联合国生命表数据为基础,计算能体现公平、平等的预期寿命指数。指数值越高,居民健康状况越好,居民获取健康的机会越公平、平等。 数据来源:联合国开发计划署(http://hdr.undp.org/en/data♯)
获得改善饮用水源人数占比	改善饮用水源是指由于其自身结构或通过积极的干预,不受外界污染,尤其是不受排泄物污染的饮用水源。 数据来源:世界卫生组织(http://www.wssinfo.org/data-estimates/table/)
获得改善卫生设施人数占比	具有最基本的处理排泄物设施的人口所占的比例,这些设施能够有效防止人畜及蚊蝇与排泄物接触。经改善的卫生设施包括简单但有防护的厕坑、连通污水管道的直冲式厕所,且确保可以正常使用。 数据来源:世界卫生组织(http://www.wssinfo.org/data-estimates/table/)

注:作者整理。

5.2.2 可持续发展评价指数的指标权重计算——基于改进后的熵值法

(1)改进后的熵值法及其原理介绍

熵值法是一种基于熵值的思想,计算指标体系中各指标权重的方法。具体而言,若某项指标的数据变异程度越大,则表明其信息熵值越大,那么该指标在综合评价中的作用也越大,应被赋予更高的权重。可见,熵值法计算所得的权重表示该指标在指标体系中变化的相对速率,而各个指标的相对水平则必须由其数据的标准化值表示(张卫民等,2003)。熵值法的优势是能够在一定程度上避免主观赋值法的缺陷(马艳梅等,2015;Jin et al.,2020)。

根据以上介绍可知,在使用熵值法之前需要先对样本数据进行无量纲化处理,也就是标准化处理,使原有数据能够统一量纲。传统的熵值法中,第一步便是将各指标进行标准化处理,如式(5-18)所示,x_{ij}表示第i个国家的第j项指标，s_{ij} 则为标准化处理的结果。

$$s_{ij} = x_{ij} / \left(\sum_{i=1}^{n} x_{ij} \right) \tag{5-18}$$

考虑到这种标准化方法的缺陷，本节采用了最大最小值法进行标准化。需要说明的是，指标体系中存在个别逆向指标，需要对逆向指标进行正向化处理，取其倒数。具体的标准化方法如式(5-19)所示，$\widetilde{x}_{ij}$ 为标准化处理的结果，$x_{ij\,\text{max}}$ 为每组指标数据的最大值，$x_{ij\,\text{min}}$ 为每组指标数据的最小值。

$$\widetilde{x}_{ij} = [(x_{ij} - x_{ij\,\text{max}})] / [(\max x_{ij} - x_{ij\,\text{min}})] \tag{5-19}$$

再计算各指标的熵值，如式(5-20)和式(5-21)所示，e_j 为各指标的熵值。

$$k = 1/\ln(n) \tag{5-20}$$

$$e_j = -k \sum_{i=1}^{n} \widetilde{x}_{ij} \ln \widetilde{x}_{ij} \tag{5-21}$$

接着计算各指标的信息效用值 g_j：

$$g_j = 1 - e_j \tag{5-22}$$

最后得到指标 x_j 的权重 ω_j：

$$\omega_j = g_j / \sum_{j=1}^{p} g_j \tag{5-23}$$

相比传统的熵值法，改进后的熵值法的优势是，采用最大最小值法进行标准化，一方面，如果指标历年数据的最大、最小值相对稳定或者不变，这种方法的计算结果具有年度可比性；另一方面，这种方法能在一定程度上缓和各个样本数据的悬殊差异，计算结果比较稳定可靠(李晓西等，2014；Jin et al.，2020)。

(2)原始数据的标准化处理

本节通过调查大量文献、资料，借鉴已有研究的经验，结合统计学专家的意见，最后确定了各个元素指标的最大、最小值。具体分为四种情况(见表5-3)，其一，借鉴人类发展指数的方法，剔除数列中异常高或异常低的数值的影响，具体而言，将数据折算为0—1的标准化值时，对于超过第95个百分位值的个别样本数据，若是正向指标的极大值则赋值为1，极小值则赋值为0，逆向指标则相反。采用这种方法的指标有GDP增长率、人均GDP、人均CO_2排放量、PM2.5、人均可耕种土地。其二，对于不存在异常高或异常低的数值的指标，若是正向指标的极大值则赋值为1，极小值则赋值为0，逆向指标则相反。采用这种方法的指标是第三产业就业人口比重、森林覆盖率、平均受教育年限、不平等调整后的收入指数、不平等调整后的预期寿命指数。其三,将第二种方法与第一种方法相结合,如可再生能源消费比重这一指标。其四,有些指标的最大值为 100／100,即最大值为 1,如"获得改善卫生设施人数占比"和"获得改善饮用水源人数占比",这些指标极小值则赋值为 0。

表 5-3　13 个元素指标最大值和最小值的选择

元素指标	最小值确定	最大值确定
GDP 增长率	第 95 个百分位值	第 95 个百分位值
人均 GDP	第 95 个百分位值	第 95 个百分位值
不平等调整后收入指数	原最小值	原最大值
第三产业就业人口比重	原最小值	原最大值
人均 CO_2 排放量	第 95 个百分位值	第 95 个百分位值
PM2.5	第 95 个百分位值	第 95 个百分位值
森林覆盖率	原最小值	原最大值
人均可耕种土地	第 95 个百分位值	第 95 个百分位值
可再生能源消费比重	第 95 个百分位值	原最大值
平均受教育年限	原最小值	原最大值
不平等调整后预期寿命指数	原最小值	原最大值
获得改善饮用水源人数占比	原最小值	100％
获得改善卫生设施人数占比	原最小值	100％

(3)可持续发展指数的指标权重确定

在完成数据的标准化处理后,本节采用改进后的熵值法,通过 STATA 软件计算各指标的权重,计算结果如表 5-1 所示。二级指标中,经济发展指标(SDEI_eco)、资源环境指标(SDEI_envir)、社会发展指标(SDEI_social)的权重分别为 55.53％、26.78％、17.69％。经济发展指标的三级指标中,经济增速指标、经济规模指标、收入水平指标、经济结构指标的权重分别为 4.77％、74.11％、10.70％、10.42％;资源环境指标的三级指标中,气候指标、空气指标、森林指标、耕地指标、能源指标的权重分别为 14.26％、13.10％、15.92％、42.90％、13.82％;社会发展指标的三级指标中,教育指标、健康指标、饮水指标、卫生指标的权重分别为 34.47％、32.08％、12.87％、20.58％。

5.2.3 世界81个国家可持续发展指数的测度及排序

（1）测评国家和年份的选择

本节根据上文构建的指标体系，测度了世界81个国家2015年的可持续发展指数（见表5-4）。首先要说明的是可持续发展指数测评国家和年份的选择方式。测评国家的选择主要基于三个原因：其一，可持续发展指数中各个元素指标数据相对完整，进入测评的国家必须有12个或以上指标的准确数据；其二，可持续发展指数需要服务于后文的实证研究，因此进入测评的国家不仅要有各指标的数据，也要有财政支出分权、财政支出结构等方面的详细数据；其三，对于国际公认的非主权实体，包括属地、领地及其他地区，不作为国家纳入测评。测评年份选择2015年主要基于两个原因：其一，部分指标的数据统计难度大且年度变化率小，5年统计一次，如"获得改善饮用水源人数占比""获得改善卫生设施人数占比"等，因此这些指标只有2000年、2005年、2010年、2015年的数据；其二，2015年的统计数据是最新的数据。这81个测评国家基本覆盖了世界上主要的发达国家和发展中国家，且这些国家2015年的GDP总量占当年全世界GDP总量的85.45%，具有统计意义。

表 5-4　可持续发展指数的测评国家

大洲	国家名称	数量/个
亚洲	阿富汗、亚美尼亚、阿塞拜疆、不丹、中国、东帝汶、格鲁吉亚、印度尼西亚、以色列、日本、哈萨克斯坦、韩国、吉尔吉斯斯坦、蒙古国、缅甸、新加坡、泰国、土耳其、阿拉伯联合酋长国、乌兹别克斯坦	20
欧洲	阿尔巴尼亚、奥地利、白俄罗斯、比利时、波斯尼亚和黑塞哥维那、保加利亚、克罗地亚、塞浦路斯、捷克、丹麦、爱沙尼亚、芬兰、法国、德国、希腊、匈牙利、冰岛、爱尔兰、意大利、拉脱维亚、立陶宛、卢森堡、马其顿、马耳他、摩尔多瓦、荷兰、挪威、波兰、葡萄牙、罗马尼亚、俄罗斯、圣马力诺、塞尔维亚、斯洛伐克、斯洛文尼亚、西班牙、瑞典、瑞士、乌克兰、英国	40
南美洲和北美洲	巴西、加拿大、智利、哥伦比亚、哥斯达黎加、洪都拉斯、巴拉圭、秘鲁、萨尔瓦多、美国	10

大洲	国家名称	数量/个
大洋洲 和非洲	澳大利亚、基里巴斯、新西兰、汤加、埃及、肯尼亚、卢旺达、塞内 加尔、塞舌尔、南非、乌干达	11

注:作者整理。

(2)测评结果

在构建可持续发展指数的基础上,运用上述统计测评方法,测评得到 81 个国家 2015 年的可持续发展指数及排名。受篇幅限制,本节只汇报了排名在前 25 名和后 25 名的国家的可持续发展指数、排名以及其他相关信息,见表 5-5 和表 5-6。

从测评结果中可以发现,各国可持续发展指数在经济水平和空间层次上都具有鲜明的特征。可持续发展指数高的国家往往是发达国家,主要分布于北欧、西欧、北美、大洋洲、东亚这些地区。如表 5-5 所示,排名前 25 位的国家中,16 个是欧洲发达国家。尽管当前许多发展中国家迅速发展,在国际社会中发挥着越来越重要的作用,但可持续发展指数仍比较低,处于落后地位。如表 5-6 所示,排名后 25 位的国家均为发展中国家,还包括许多新兴市场国家①,这些国家主要分布在亚洲和非洲。新兴市场国家是指市场经济体制逐步完善、经济发展速度较快、市场发展潜力较大的国家,这些国家凭借其劳动力、资源和环境成本价格低廉的优势,引进了大量劳动密集型、资源密集型以及可能污染环境的工业企业,取得了经济的高速发展,但国内环境遭到破坏、资源面临枯竭,从而使得可持续发展指数处于落后地位。

表 5-5　81 个国家的可持续发展指数及其排名(前 25 名)

排名	国家	指数	大洲	发达国家	新兴市场国家
1	挪威	0.800	欧洲	是	否
2	澳大利亚	0.788	大洋洲	是	否
3	瑞士	0.785	欧洲	是	否

---

① 新兴市场国家由摩根士丹利新兴市场指数确定。

续表

排名	国家	指数	大洲	发达国家	新兴市场国家
4	美国	0.780	北美洲	是	否
5	瑞典	0.775	欧洲	是	否
6	爱尔兰	0.775	欧洲	是	否
7	冰岛	0.769	欧洲	是	否
8	卢森堡	0.765	欧洲	是	否
9	丹麦	0.763	欧洲	是	否
10	加拿大	0.742	北美洲	是	否
11	芬兰	0.708	欧洲	是	否
12	新加坡	0.697	亚洲	是	否
13	奥地利	0.664	欧洲	是	否
14	英国	0.648	欧洲	是	否
15	圣马力诺	0.645	欧洲	否	否
16	德国	0.638	欧洲	是	否
17	荷兰	0.635	欧洲	是	否
18	新西兰	0.627	大洋洲	是	否
19	法国	0.623	欧洲	是	否
20	比利时	0.607	欧洲	是	否
21	日本	0.578	亚洲	是	否
22	以色列	0.576	亚洲	是	否
23	西班牙	0.547	欧洲	是	否
24	意大利	0.542	欧洲	是	否
25	立陶宛	0.531	欧洲	否	否

因此,发展中国家如何加速经济和产业的转型升级,如何推进全方位的可持续发展,还需要向这些可持续发展指数较高的国家学习。如前文所述,国家财政支出结构是影响可持续发展的重要因素,从财政支出结构的国际比较来看,发达国家的财政分权程度更高(见表3-8),主要表现在发达国家地方财政支出的平均比例高于发展中国家;同时,地方财政支出比例又不会高得离谱,发达

国家中财政分权程度最高的美国,其 2017 年的地方财政支出比例不超过 50%,而中国的这一数值则约为 85%。根据财政支出分权与可持续发展的理论分析,财政支出分权和地方财政支出存在最优值,中国的财政支出分权是否已经超过了最优值？此外,财政支出分权和财政支出结构对国家的可持续发展究竟存在怎样的影响效应？对中国财政分权和央、地间事权与支出责任划分有怎样的政策启示？回答这些问题,还需要进一步的实证研究。

表 5-6　81 个国家的可持续发展指数及其排名(后 25 名)

排名	国家	指数	大洲	发达国家	新兴市场国家
57	摩尔多瓦	0.344	欧洲	否	否
58	阿尔巴尼亚	0.344	欧洲	否	否
59	泰国	0.338	亚洲	否	是
60	格鲁吉亚	0.334	亚洲	否	否
61	阿塞拜疆	0.328	亚洲	否	否
62	汤加	0.324	大洋洲	否	否
63	亚美尼亚	0.318	亚洲	否	否
64	南非	0.317	非洲	否	是
65	印度尼西亚	0.313	亚洲	否	是
66	中国	0.303	亚洲	否	是
67	洪都拉斯	0.303	北美洲	否	否
68	萨尔瓦多	0.303	北美洲	否	否
69	吉尔吉斯斯坦	0.302	亚洲	否	否
70	不丹	0.293	亚洲	否	否
71	乌兹别克斯坦	0.291	亚洲	否	否
72	东帝汶	0.278	亚洲	否	否
73	蒙古国	0.268	亚洲	否	否
74	缅甸	0.265	亚洲	否	否
75	埃及	0.255	非洲	否	是
76	基里巴斯	0.248	大洋洲	否	否
77	肯尼亚	0.246	非洲	否	否

续表

排名	国家	指数	大洲	发达国家	新兴市场国家
78	塞内加尔	0.224	非洲	否	否
79	卢旺达	0.224	非洲	否	否
80	乌干达	0.193	非洲	否	否
81	阿富汗	0.177	亚洲	否	否

5.2.4 可持续发展指数与人类发展指数的排序比较

为验证可持续发展指数的客观性和可靠性,本小节将利用2015年的数据,比较可持续发展指数(SDEI)和人类发展指数(HDI)的排序,如表5-7所示。人类发展指数(HDI)是联合国开发计划署提出的发展评估指数,由经济、社会、环境等多个元素指标构成。HDI被广泛用于测度各国的发展情况,是目前国际上较为权威的可持续发展评估指数(Moran et al.,2008;Estoque and Murayama,2014;Bravo,2014)。因此,本节将对比可持续发展指数(SDEI)和人类发展指数(HDI)的排序情况。

表5-7的对比结果显示,SDEI与HDI排名差异较小。在81个样本国家中,SDEI与HDI排名差异小于10的国家有72个,约占样本总数的89%;排名差异小于5的国家有47个,约占样本总数的58%;排名相同的国家有9个,约占样本总数的11%。由此可见,SDEI与HDI的排名非常接近,本著作构建的SDEI具有较强的客观性和可靠性。

表5-7 2015年可持续发展指数(SDEI)与人类发展指数(HDI)排序对比

国家	SDEI	HDI	排名差	国家	SDEI	HDI	排名差
挪威	1	1	0	冰岛	7	8	1
澳大利亚	2	3	1	卢森堡	8	20	12
瑞士	3	2	−1	丹麦	9	9	0
美国	4	11	7	加拿大	10	12	2
瑞典	5	5	0	芬兰	11	14	3
爱尔兰	6	6	0	新加坡	12	7	−5

国家	SDEI	HDI	排名差	国家	SDEI	HDI	排名差
奥地利	13	18	5	巴拉圭	40	63	23
英国	14	13	−1	克罗地亚	41	39	−2
圣马力诺	15	—	—	波兰	42	32	−10
德国	16	4	−12	塞舌尔	43	45	2
荷兰	17	10	−7	巴西	44	52	8
新西兰	18	15	−3	保加利亚	45	41	−4
法国	19	21	2	哥斯达黎加	46	46	0
比利时	20	16	−4	罗马尼亚	47	42	−5
日本	21	17	−4	智利	48	37	−11
以色列	22	19	−3	白俄罗斯	49	43	−6
西班牙	23	24	1	乌克兰	50	57	7
意大利	24	26	2	塞尔维亚	51	48	−3
立陶宛	25	33	8	土耳其	52	47	−5
阿拉伯联合酋长国	26	30	4	波黑	53	53	0
拉脱维亚	27	36	9	哥伦比亚	54	59	5
爱沙尼亚	28	28	0	秘鲁	55	56	1
韩国	29	22	−7	马其顿	56	54	−2
马耳他	30	27	−3	摩尔多瓦	57	65	8
塞浦路斯	31	31	0	阿尔巴尼亚	58	49	−9
斯洛文尼亚	32	23	−9	泰国	59	60	1
葡萄牙	33	35	2	格鲁吉亚	60	50	−10
捷克	34	25	−9	阿塞拜疆	61	51	−10
俄罗斯	35	40	5	汤加	62	62	0
斯洛伐克	36	34	−2	亚美尼亚	63	55	−8
匈牙利	37	38	1	南非	64	66	2
希腊	38	29	−9	印度尼西亚	65	68	3
哈萨克斯坦	39	44	5	中国	66	58	−8

续表

国家	SDEI	HDI	排名差	国家	SDEI	HDI	排名差
洪都拉斯	67	73	6	埃及	75	67	−8
萨尔瓦多	68	69	1	基里巴斯	76	72	−4
吉尔吉斯斯坦	69	70	1	肯尼亚	77	75	−2
不丹	70	74	4	塞内加尔	78	80	2
乌兹别克斯坦	71	64	−7	卢旺达	79	77	−2
东帝汶	72	71	−1	乌干达	80	78	−2
蒙古国	73	61	−12	阿富汗	81	79	−2
缅甸	74	76	2				

注：人类发展指数（HDI）来源于联合国开发计划署（UNDP）数据库。需要指出的是，联合国开发计划署（UNDP）并未统计圣马力诺2015年的人类发展指数。

5.3　可持续发展与财政支出分权——基于跨国数据的实证研究

5.3.1　模型构建、变量描述与数据来源

（1）模型构建

参考 Barro(1990)，Zhang and Zou(1998)，Akai and Sakata(2002)以及张晏、龚六堂(2005)等的做法，本节将模型设为：

$$Y_i = a_0 + a_1 X_i + a_2 C_i + a_3 M_i + a_4 Dum_i + \mu_i \qquad (5\text{-}23)$$

如式(5-23)所示，Y_i 为模型的因变量。本节为深入研究财政支出分权与可持续发展的关系，同时选取 4 个指标作为回归模型的因变量，分别是可持续发展指数（SDEI）、经济可持续发展指标（SDEI_eco）、资源环境可持续发展指标（SDEI_envir）和社会可持续发展指标（SDEI_social）。X_i 是刻画国家宏观税负的相关变量，一是 TaxBurden，表示宏观税负水平，宏观税负水平的度量方法采用世界银行的宏观税负测量方法；二是 $TaxBurden^2$，表示宏观税负水平的平

方,用于检验宏观税负与可持续发展的关系。C_i 是实证研究中的核心解释变量,Local_EX 表示地方政府的财政支出分权,Local_EX^2 表示地方财政支出分权的平方。如前文理论分析所述,地方财政支出与可持续发展呈倒"U"形关系,因此采用这两个变量进行检验。M_i 为控制变量,包括 FDI、XM、NaturalRent 和 GNI 系数。其中 XM 表示进出口贸易水平,用于刻画开放程度,采用进出口贸易总额在 GDP 中的占比度量;FDI 表示国际直接投资,用于刻画国际资本流动;GNI 系数用于刻画不平等程度;NaturalRent 是自然资源租金总额在 GDP 中的占比,用于刻画国家经济发展对自然资源的依赖程度和利用程度,若依赖程度和利用程度较高,则不利于环境保护、资源利用的可持续发展。Dum_i 是虚拟变量,用于刻画不同类型国家的情况,其中 D_1 表示是否为发达国家,D_2 表示是否为新兴市场国家。μ_i 为随机扰动项。

(2)变量描述

实证研究所涉及的各种变量及其含义、赋值、描述性统计结果如表 5-8 所示。样本国家的可持续发展指数均值为 0.465,其中挪威的可持续发展指数最高,高达 0.800,而阿富汗的指数值最低,仅有 0.177;此外,样本国家的经济可持续发展指标、资源环境可持续发展指标和社会可持续发展指标的平均值分别为 0.397、0.387 和 0.797。

样本国家的财政支出分权水平的均值为 13.90%,其中联邦制发达国家、联邦制发展中国家、单一制发达国家和单一制发展中国家的财政支出分权水平的均值分别为 33.47%、29.56%、15.50% 和 7.64%,可见所选样本中单一制国家、发展中国家居多,样本总体均值较低。

样本国家的宏观税负均值为 29.70%。从已有研究来看,目前被普遍接受的观点是,税收负担与经济增长呈倒"U"形关系,即宏观税负太高或太低都不利于经济的可持续增长。而且已有文献也不乏关于最优税负或税负合理区间的研究成果。因此,本节预期宏观税负与经济可持续发展也呈倒"U"形关系,但是否与可持续发展指数呈倒"U"形关系以及与资源环境可持续发展、社会可持续发展呈何种关系,还有待于实证检验。

控制变量和虚拟变量方面。进出口贸易总额用来衡量国家经济开放程度,一般而言,经济开放程度越高越有利于促进经济发展。净 FDI 流入用来表征国际资本流动情况,资本流入越多,意味着国内投资越高,越有助于经济发展。但对于发展中国家而言,国际投资越多、国际贸易越繁荣,就需要进驻更多来自发达国家的资源密集型企业以及容易产生工业污染的企业,这可能不利于资源环境的可持续发展。基尼系数用于衡量不平等程度,社会平等是影响社会和经济可持续发展的重要因素。自然资源租金可用于衡量国家经济发展对于矿产、土地、自然资源的利用程度、依赖程度,自然资源租金总额在 GDP 中的占比越高,意味着经济发展越依赖于自然资源,这不利于资源环境的可持续发展。所选样本国家中有 32 个发达国家和 14 个新兴市场国家。发达国家更加注重环境保护和社会保障,因此会限制资源密集型产业以及易产生工业污染的产业的发展,且政府政策侧重于民生保障,这种发展模式虽然会减缓经济增速,但有助于国家的可持续发展;新兴市场国家往往经济发展较快,但大多数是以破坏环境、过度开发资源为代价的,不利于环境保护和资源利用的可持续发展。以上理论预期还有待于实证检验。

表 5-8 变量说明和描述统计

变量类别	变量名		含义与赋值	均值	标准差
因变量	可持续发展指数	SDEI	前文测得的可持续发展指数	0.465	0.019
	经济可持续发展指标	SDEI_eco	经济可持续发展二级指标	0.397	0.030
	资源环境可持续发展指标	SDEI_envir	资源环境可持续发展二级指标	0.387	0.015
	社会可持续发展指标	SDEI_social	社会可持续发展二级指标	0.797	0.018
解释变量	财政支出分权	Local_EX	地方财政支出/总财政支出	0.139	0.018
	宏观税负	TaxBurden	财政收入/GDP	0.297	0.016
控制变量	开放程度	XM	进出口贸易总额/GDP	0.991	0.073
	资本流动	FDI	净 FDI 流入/GDP	0.057	0.013
	不平等程度	GNI	基尼系数	0.350	0.009
	自然资源依赖度	NaturalRent	自然资源租金总额/GDP	0.033	0.007

变量类别	变量名		含义与赋值	均值	标准差
虚拟变量	发达国家	D_1	是否为发达国家？否＝0；是＝1	0.395	0.055
	新兴市场国家	D_2	是否为新兴市场国家？否＝0；是＝1	0.173	0.042

（3）数据来源

本节考虑到数据可得性、国家代表性等因素,选取和搜集了81个国家2015年的数据。具体而言,测评国家的选择主要基于三个原因:其一,可持续发展指数中各个元素指标数据的完整性,进入测评的国家必须有12个或以上指标的准确数据;其二,进入测评的国家不仅要有各指标的数据,也要有财政支出分权、财政支出结构等方面的详细数据;其三,对于国际公认的非主权实体,包括属地、领地及其他地区,不作为国家纳入测评。测评年份选择2015年主要基于两个原因:其一,部分数据统计难度大且年度变化率小,5年统计一次,如"获得改善饮用水源人数占比""获得改善卫生设施人数占比"等,因此这些指标只有2000年、2005年、2010年、2015年的数据;其二,部分统计数据仅统计到2015年,这意味着2015年的统计数据是最新、最全的数据。这81个测评国家基本覆盖了世界上主要的发达国家和发展中国家,且这些国家2015年的GDP总量占当年全世界GDP总量的85.45%,具有统计意义,能够代表一般情况。

这些国家的数据来源于不同的国际数据库。其中,可持续发展指标的数据主要来源于联合国数据库、联合国开发计划署、世界银行数据库、世界卫生组织、国际能源署,由作者测算所得,详见表5-2。人类发展指数(HDI)的数据来源于联合国开发计划署数据库。财政支出分权水平的数据来源于IMF的GFS数据库和 *GFS yearbook 2017*,由作者整理、测算所得。国际贸易数据来源于UNCTAD数据库。基尼系数的数据来源于联合国数据库。FDI、宏观税负、自然租金总额占比的数据来源于世界银行数据库。发达国家标准来源于美国FBI的 *The World Factbook 2015*。新兴市场国家的标准参考摩根士丹利新兴市场指数。

5.3.2　基准回归结果

表 5-9 中,模型 1、模型 2 和模型 3 都是以可持续发展指数为因变量的 OLS 估计结果。三个模型的估计结果的 R^2 值分别为 0.544、0.741 和 0.746,且都通过了 F 检验,表明模型的拟合优度良好,具有统计意义。下文将对表 5-9 的实证结果展开深入讨论。

模型 1 的结果显示,财政支出分权和财政支出分权平方的系数分别为 1.160 和 −1.087,且都在 1% 的水平上通过了显著性检验,这意味着地方财政支出分权与可持续发展呈倒"U"形关系,验证了前文理论分析的结果。宏观税负对于可持续发展的影响并不显著,这可能存在两个方面的原因,一是宏观税负对可持续发展没有影响,二是宏观税负与可持续发展存在非线性关系。进出口贸易总额、FDI 与可持续发展呈正相关关系,且在 5% 的统计水平上显著,这意味着国家经济越开放、国际投资越多,越有利于国家的可持续发展。尤其对于发展中国家而言,其社会资本匮乏、生产力水平低下、企业管理经验不足,若能够引进大量外资和国外先进的技术和管理经验,同时通过国际贸易拓展海外市场,将产生巨大的经济增长效应。基尼系数与可持续发展指数呈负相关有关系,且通过了显著性检验,这意味着收入越不平等、社会越不平等,越不利于国家的可持续发展。自然资源依赖度的系数也为负,且通过了显著性检验,这表明国家经济越依赖于自然资源,就越容易造成环境破坏和资源的过度利用,不利于国家的可持续发展。事实上,前文 81 个国家的可持续发展指数测评结果也说明了这一点,新兴市场国家牺牲环境、资源换取经济增长的发展模式,使得这些国家的可持续发展指数普遍落后于发达国家。

表 5-9　地方财政支出比重对可持续发展指数影响的实证结果

变量	模型 1	模型 2	模型 3
Local_EX	1.160***(0.252)	0.837***(0.209)	0.410***(0.083)
TaxBurden	0.119(0.109)	−0.001(0.084)	0.665***(0.229)
Local_EX²	−1.087***(0.396)	−0.860***(0.318)	
TaxBurden²			−0.541***(0.184)

续表

变量	模型 1	模型 2	模型 3
XM	0.071**(0.027)	0.069***(0.021)	0.043**(0.019)
FDI	0.305**(0.130)	0.090(0.102)	0.123(0.103)
GNI	−0.357*(0.191)	0.061(0.157)	0.062(0.155)
NaturalRent	−0.424*(0.230)	−0.039(0.181)	−0.180(.175)
D_1		0.194***(0.027)	0.178***(0.029)
D_2		−0.059(0.030)	−0.045(0.029)
Constant	0.367***(0.101)	0.227***(0.079)	0.140(0.091)
R^2	0.544	0.741	0.746
F 统计量	11.97***	22.61***	23.13***

注：*、**和***分别表示变量在10%、5%和1%的统计水平上显著。括号中内容为标准误差。

模型2在模型1的基础上纳入了虚拟变量。模型2的结果显示，财政支出分权和财政支出分权平方的系数，分别为一正一负，且均在1%的统计水平上显著。这进一步地检验了前文的理论分析和模型1的实证结果，即地方财政支出分权与可持续发展呈倒"U"形关系。加入虚拟变量后，宏观税负的相关系数变为负值，且依然没有通过显著性检验。如前文所述，宏观税负与可持续发展存在非线性关系，还是没有关联，抑或是呈倒"U"形关系，这需要进一步的实证检验。进出口贸易总额、FDI的相关系数仍为正，但FDI并未达到显著性要求。这可能是因为加入虚拟变量后，FDI对可持续发展的影响效应受到了干扰，即国际投资净流入对发达国家和发展中国家的影响效应不同。如前所述，FDI对发展中国家的影响较大，但对发达国家的影响效应微弱，进而导致该变量的显著性水平降低。基尼系数的相关系数变为正值，且不再显著，同样有可能是加入虚拟变量造成的。基尼系数用于衡量收入的不平等，即使国民收入水平差异较大，发达国家也可以通过完善的税收体系、社会保障机制来调节收入再分配，进而弥补这种失衡，而发展中国家的税收体系、社会保障体系都相对落后，难以弥补收入差异所产生的失衡状态。因此收入不平等对发展中国家的影响较大，但对发达国家的影响较微弱,进而导致实证结果不再显著。同样的,自然资源依赖度不再显著,也是因为加入了虚拟变量。对于发达国家而言,技术水平更加先进、企业管理经验更加丰富、污染防治监管体系更加严格,他们有足够的能力来降低过度依赖资源所产生的负面效应,一方面他们提高企业利用自然资源、污染环境的门槛,另一方面他们利用技术手段和管理经验,提高资源利用率、降低工业污染,因此发达国家即使非常依赖资源,他们也往往能够将负面效应降到最低。令人欣喜的是,虚拟变量 D_1 的实证结果,在一定程度上佐证了本著作的说法,即 FDI 净流入、收入不平等、资源依赖度高对发展中国家的影响较大,对发达国家的影响较微弱。一方面,虚拟变量 D_1 的系数为正,且通过了 1% 的显著性检验,另一方面,加入该变量后,地方财政支出、贸易总量的系数有所降低,FDI 净流入、收入不平等、资源依赖度高的影响不再显著,这表明了该变量在模型中的重要性及其对可持续发展指数的影响效应。

模型 3 在模型 1 和模型 2 的基础上,着重讨论了宏观税负对可持续发展的影响效应。模型 1 和模型 2 的实证结果无法判断宏观税负与可持续发展的相关性,既可能是不相关,也可能是非线性相关,因此模型 3 中纳入了宏观税负的平方。模型 3 的结果显示,宏观税负和宏观税负平方的系数分别为 0.665 和 -0.541,且都通过了 1% 的显著性检验,同时宏观税负的相关系数大幅提高。这意味着宏观税负对可持续发展有重要影响,而这种影响是非线性的,即宏观税负与可持续发展呈倒"U"形关系。但以上结果可能存在变量内生性问题,还需进一步检验。

5.3.3 工具变量回归结果——内生性检验

前文利用 2015 年的跨国截面数据进行回归,其结果可能存在变量内生性问题,故本小节将利用工具变量法进行内生检验。首先需要指出的是,实证研究中所用的因变量(SDEI)是一个综合指数,而不是像经济增长这样的单一指标,其内生性问题不大。但为了得到更加严谨、可靠的结果,本小节利用工具变量法,采用财政支出分权和宏观税负的滞后一期(即 2014 年的相应数据)作为工具变量,试图解决可能存在的变量内生性问题。同时,采用滞后一期数据作为工具变量,能够满足外生性和相关性的要求。

工具变量回归的结果见表 5-10。模型 4 和模型 5 都是以可持续发展指数

(SDEI)为因变量的 2SLS 估计结果。两个模型的估计结果的 R^2 值分别为 0.695 和 0.746,且都通过了 Wald 检验,表明模型的拟合优度良好,具有统计意义。其中,模型 4 的结果显示,财政支出分权和财政支出分权平方的系数分别为 1.256 和 −1.487,且分别在 1% 和 5% 的水平上通过了显著性检验,这意味着财政支出分权与可持续发展呈倒"U"形关系。模型 5 的结果显示,宏观税负和宏观税负平方的系数分别是 0.688 和 −0.558,且均在 1% 的水平上显著,这表明宏观税负与可持续发展呈倒"U"形关系。此外,控制变量的实证结果也基本与前文实证结果相符。以上结果不仅验证了前文的理论分析,也进一步说明了前文实证结果的可靠性。

表 5-10　工具变量回归结果

变量	模型 4 2SLS	模型 5 2SLS
Local_EX	1.256*** (0.402)	0.414*** (0.079)
Local_EX^2	−1.487** (0.610)	
TaxBurden	0.009(0.099)	0.688*** (0.224)
TaxBurden^2		−0.558*** (0.177)
XM	0.056* (0.041)	0.043** (0.018)
FDI	0.177(0.122)	0.125(0.096)
GNI	0.248(0.195)	0.066(0.146)
NaturalRent	0.087(0.322)	−0.181(0.164)
D_1	0.197*** (0.037)	0.177*** (0.027)
D_2	−0.098*** (0.038)	−0.045* (0.027)
Constant	0.133(0.112)	0.134(0.087)
R^2	0.695	0.746
Wald 值	142.40***	237.42***

注:*、** 和 *** 分别表示变量在 10%、5% 和 1% 的统计水平上显著。括号中内容为标准误差。

5.3.4 稳健性检验——财政支出分权与人类发展指数

人类发展指数(HDI)具有较强的客观性和科学性,是国际上广受认可、较为权威的可持续发展评估指数。下文将利用 HDI 替代本著作构建的可持续发展指数(SDEI),作为实证研究的因变量,进一步研究财政支出分权与可持续发展的关系,试图获得更加稳健、科学的实证结果。同时,本小节为解决可能存在的变量内生性问题,同时使用 Tobit 模型和工具变量法进行实证检验。

如表 5-11 所示,模型 6 和模型 8 是以人类发展指数(HDI)为因变量的 Tobit 模型估计结果,它们的 Pseudo R^2 分别为 -0.555 和 -0.784,LR 统计量符合计量要求,表明模型的拟合优度良好,具有统计意义。其中,模型 6 的结果显示,财政支出分权和财政支出分权平方的系数分别为 0.750 和 -0.694,且都通过了 1% 的显著性检验,这表明财政支出分权与 HDI 呈倒"U"形关系。模型 8 的结果显示,宏观税负和宏观税负平方的系数为"一正一负",且均在 1% 的水平上显著,这意味着宏观税负与 HDI 呈倒"U"形关系。但这些结果可能存在变量内生性问题,还需审慎看待。

模型 7 和模型 9 是以人类发展指数(HDI)为因变量的 2SLS 估计结果。在模型 7 和模型 9 中,财政支出分权和宏观税负的工具变量分别为滞后一期的相应数据,即 2014 年的财政支出分权和宏观税负。两个模型估计结果的 R^2 值分别为 0.374 和 0.674,且都通过了 F 检验,表明模型的拟合优度良好,具有统计意义。其中,模型 7 的结果显示,财政支出分权和财政支出分权平方的系数分别为 1.290 和 -1.606,且都通过了 1% 的显著性检验,这表明财政支出分权与 HDI 呈倒"U"形关系,也验证了财政支出分权与可持续发展的倒"U"形关系。模型 9 的结果显示,宏观税负和宏观税负平方的系数为"一正一负",且均在 1% 的水平上显著,这意味着宏观税负与 HDI 呈倒"U"形关系,也验证了宏观税负与可持续发展的倒"U"形关系。以上结果不仅验证了理论分析的结果,也表明宏观税负、财政支出分权与可持续发展存在稳健的倒"U"形关系。

模型 6~9 汇报的结果显示,控制变量的估计结果也都与前文的实证结果相符。其中,代表开放程度的进出口贸易总额占比的系数为正,这意味着国家越开放越有利于国家的可持续发展。代表资本流动的净 FDI 流入的系数为正,表明能够吸引到更多的国外投资,更有利于国家的可持续发展。变量 GNI 的系数为负,表示国家内部发展失衡不利于国家的可持续发展。自然资源租金越高越不利于国家的可持续发展。

表 5-11　稳健性检验结果

变量	模型 6	模型 7	模型 8	模型 9
	Tobit	2SLS	Tobit	2SLS
Local_EX	0.750***	1.290***	0.441***	0.447***
	(0.165)	(0.328)	(0.054)	(0.055)
Local_EX^2	−0.694***	−1.606***		
	(0.259)	(0.528)		
TaxBurden	0.106	−0.002	1.056***	1.092***
	(0.071)	(0.087)	(0.155)	(0.159)
TaxBurden^2			−0.810***	−0.831***
			(0.127)	(0.139)
XM	0.044**	0.083**	0.022	0.021
	(0.019)	(0.038)	(0.015)	(0.015)
FDI	0.151*	0.114	0.166**	0.169**
	(0.088)	(0.104)	(0.074)	(0.074)
GNI	−0.372***	−0.207	−0.237**	−0.227**
	(0.125)	(0.163)	(0.108)	(0.109)
NaturalRent	−0.347**	−0.223	−0.404***	−0.400***
	(0.150)	(0.295)	(0.122)	(0.122)
Constant	0.780***	0.677***	0.573***	0.561***
	(0.066)	(0.099)	(0.067)	(0.068)
R^2/Pseudo R^2	−0.555	0.373	−0.784	0.674
LR 统计量	63.43***	—	89.68***	—
Wald 值	—	46.06***	—	165.79***

注:*、** 和 *** 分别表示变量在 10%、5% 和 1% 的统计水平上显著。括号中内容为标准误差。

值得注意的是,前文通过内生性检验和稳健性检验,得出了财政支出分权与可持续发展呈倒"U"形关系的结果,即当财政支出分权达到最优值或合理区间时,有助于国家的可持续发展。但可持续发展指数是一个囊括了经济、环境、社会的综合性指标,并非单一的经济发展指标,那么财政支出分权与环境的可持续发展、社会的可持续发展也具有倒"U"形关系吗?这是难以确定的,还有待进一步讨论。

5.3.5 进一步讨论——经济、社会、环境可持续发展的三维讨论

模型 1~9 的结果显示,财政支出分权与可持续发展呈倒"U"形关系,但可持续发展指数是一个涵盖了经济、环境、社会的综合性指标,那么财政支出分权与资源环境可持续发展、社会可持续发展存在怎样的关系?也是倒"U"形关系吗?为此,本小节将展开进一步的讨论,分别实证检验财政支出分权与经济、资源环境、社会可持续发展的关系。如表 5-12 所示,模型 10 和模型 11 是以经济可持续发展(SDEI_eco)为因变量的 OLS 估计结果,模型 12 和模型 13 是以资源环境可持续发展(SDEI_envir)为因变量的 OLS 估计结果,模型 14 和模型 15 是以社会可持续发展(SDEI_social)为因变量的 OLS 估计结果。6 个模型的估计结果的 R^2 值分别为 0.489、0.524、0.279、0.297、0.532 和 0.604,且都通过了 F 检验,表明模型的拟合优度良好,具有统计意义。

模型 10 的结果显示,财政支出分权和财政支出分权平方的系数分别为 1.637 和 −1.319,且分别在 1%、5% 的水平上通过了显著性检验,这意味着地方财政支出分权与经济可持续发展呈倒"U"形关系。该结果在一定程度上验证了殷德生(2004)、宋玉华等(2008)的研究结果。但本节研究与他们的研究也存在较大差异,他们的实证模型采用了经济增长或产出水平作为因变量,更加关注财政支出分权对 GDP 的影响效应,而本著则更加关注经济的可持续发展,所用因变量是集合了经济增长、经济结构、收入指数等元素的经济可持续发展指标。宏观税负的实证结果并不显著,已有研究和模型 3 的结果都表明,宏观税负与经济增长呈倒"U"形关系。因此,该结果不显著,可能是因为宏观税负与经济可持续发展指标呈非线性关系,对此,本著作将进一步实证检验。此外,在没有纳入虚拟变量的情况下,开放程度、净 FDI 流入都与经济可持续发展呈正相关关系,且都在 1% 的统计水平上显著。这也验证了前文的研究结果,国家经

济越开放、国际投资净流入越多,越有利于国家的经济发展,尤其对发展中国家而言,影响效应更加显著。基尼系数的相关系数为负值,但并不显著,说明收入不平等对于经济的可持续发展呈微弱的负向影响。需要说明的是,前文指出收入不平等对可持续发展综合指数具有负向影响,而收入不平等对经济可持续发展的影响却是微乎其微,因此该变量对可持续发展的影响效应可能主要来源于对社会可持续发展的影响。那么,收入不平等是否会对社会的可持续发展产生负面影响?下文将开展进一步的实证研究。

表 5-12　地方财政支出比重对各个可持续发展指标的影响

变量	Y=SDEI_eco		Y=SDEI_envir		Y=SDEI_social	
	模型 10	模型 11	模型 12	模型 13	模型 14	模型 15
	OLS	OLS	OLS	OLS	OLS	OLS
Local_EX	1.637*** (0.393)	1.010*** (0.153)	1.064*** (0.274)	0.968*** (0.281)	0.862*** (0.258)	0.427*** (0.095)
TaxBurden	0.237 (0.179)	1.614*** (0.440)	−0.011 (0.110)	0.414 (0.330)	−0.014 (0.104)	1.159*** (0.265)
Local_EX^2	−1.319** (0.621)		−1.672*** (0.419)	−1.414*** (0.458)	−0.989** (0.393)	
TaxBurden^2		−1.155*** (0.360)		−0.362 (0.265)		−0.979*** (0.215)
XM	0.137*** (0.043)	0.099** (0.039)	−0.025 (0.025)	−0.34 (0.025)	0.078*** (0.024)	0.053*** (0.020)
FDI	0.613*** (0.214)	0.642*** (0.207)				
GNI	−0.361 (0.310)	−0.191 (0.308)			−0.354** (0.194)	−0.256* (0.180)
NaturalRent			−0.207 (0.238)	−0.265 (0.240)		
D_1			0.084** (0.035)	0.100*** (0.037)	0.109*** (0.033)	0.084*** (0.031)

续表

变量	Y＝SDEI_eco		Y＝SDEI_envir		Y＝SDEI_social	
	模型 10	模型 11	模型 12	模型 13	模型 14	模型 15
	OLS	OLS	OLS	OLS	OLS	OLS
D_2			−0.102**	−0.100**	0.017	0.027
			(0.039)	(0.039)	(0.038)	(0.034)
Constant	0.113	−0.166	0.399***	0.330***	0.725***	0.498***
	(0.157)	(0.187)	(0.050)	(0.071)	(0.094)	(0.105)
R^2	0.489	0.524	0.279	0.297	0.532	0.604
F 统计量	11.79***	13.56***	4.03***	3.80***	11.84***	15.89***

注:表格的第一行为各模型的因变量,模型 10 和模型 11 的因变量是经济可持续发展指标(SDEI_eco),模型 12 和模型 13 的因变量是资源环境可持续发展指标(SDEI_envir),模型 14 和模型 15 的因变量是社会可持续发展指标(SDEI_social)。*、** 和 *** 分别表示变量在 10%、5% 和 1% 的统计水平上显著。括号中内容为标准误差。

模型 11 在模型 10 的基础上,纳入了宏观税负的平方,着重讨论了宏观税负对经济可持续发展的影响效应。模型 11 的结果显示,宏观税负和宏观税负平方的系数分别是 1.614 和 −1.155,同时,相比模型 10,宏观税负的相关系数大幅提高。这意味着宏观税负对经济可持续发展有重要影响,而这种影响是非线性的,即宏观税负与经济可持续发展也呈倒"U"形关系。该结果一方面验证了学界普遍认可的观点,即宏观税负与经济发展呈倒"U"形关系,但已有文献的实证研究普遍采用 GDP 或 GDP 增长率作为因变量,而本著作采用的因变量是集合了经济增长、经济结构、收入指数等元素的经济可持续发展指标;另一方面,证明了前文的部分预期,即宏观税负与经济可持续发展呈倒"U"形关系,但宏观税负与资源环境可持续发展、社会可持续发展的关系,还有待实证检验。此外,模型 11 中控制变量和虚拟变量的实证结果与模型 10 相似,因此不再赘述。

模型 12 将资源环境可持续发展作为因变量,同时纳入了虚拟变量,以及作为控制变量的自然资源依赖度变量。模型 12 的结果显示,财政支出分权和财政支出分权平方的系数分别为 1.064 和−1.672,且均在 1%的水平上通过了显著性检验,这意味着地方财政支出分权与资源环境可持续发展呈倒"U"形关系。这似乎与已有研究的结论并不相符,已有研究普遍认为,财政分权将加剧地方政府竞争,从而扭曲地方财政支出结构,使地方政府更倾向于投资基础设施建设,减少环境保护等缺乏经济效益的财政支出,不利于环境保护的可持续发展(Qian and Roland,1998;Zhang and Chen,2007;周黎安,2007;2008;范子英,张军,2009;黄寿峰,2017)。事实上,过度分权会产生上述现象,地方政府致力于经济发展,相互争抢和大力开发自然资源,同时推诿跨区域性的环境保护和污染防治工作,不利于环境保护和资源利用的可持续发展。那么过度集权又会产生怎样的情况呢? 在中央集权的情况下,中央政府包揽所有事权和支出责任,这有利于跨区域的重大污染防治或大型自然资源的开发利用,但对于局部性环境保护和资源开发利用工作,中央政府无法取代地方政府发挥因地制宜的优势,进而导致效率低下,同样不利于资源环境的可持续发展。因此,过度集权和过度分权都不利于资源环境的可持续发展,财政支出分权与资源环境可持续发展应呈倒"U"形关系。

在模型 12 汇报的其他结果中,宏观税负对资源环境可持续发展的影响效应并不显著。不显著的原因可能有两种,其一,宏观税负与资源环境可持续发展存在倒"U"形关系;其二,如前所述,宏观税负并不会影响到资源环境可持续发展,那么宏观税负与可持续发展指数呈倒"U"形关系,可能是因为宏观税负对经济可持续发展的非线性影响效应。前者得不到理论的支撑,可能性较小;后者宏观税负与经济可持续发展呈倒"U"形关系,在模型 12 中已得到检验,可能性更大。但究竟是何种原因,还需要进一步的实证检验。此外,开放程度和自然资源依赖度对环境可持续发展的影响也不显著,原因可能是多方面的,还需要进一步探讨。

模型 13 在模型 12 的基础上,纳入宏观税负的平方,一方面试图解决模型 12 中的遗留问题,即宏观税负与资源环境可持续发展的关系;另一方面进一步探讨其他控制变量的影响效应。模型 13 的结果显示,宏观税负和宏观税负的平方都不显著,这验证了模型 12 结果分析中的预期,宏观税负并不会直接影响到资源环境的可持续发展,且宏观税负与可持续发展指数呈倒"U"形关系,主要是因为宏观税负对经济可持续发展的非线性影响效应。财政支出分权和财政支出分权平方的实证结果,依然在1%的统计水平上显著,证明了模型12中"财政支出分权与资源环境可持续发展倒'U'形关系"这一结果的稳健性。此外,开放程度的结果依然不显著,且相关系数浮动较大,说明国际贸易与资源环境可持续发展的关系并不稳健。自然资源依赖度的结果虽然也不显著,但相关系数的波动较小,在一定程度上说明国家对自然资源的依赖程度越高,越不利于资源环境的可持续发展。其结果不显著的原因很可能是因为受到了虚拟变量 D_1 的扰动,如前文所述,对于发达国家而言,技术水平更加先进、企业管理经验更加丰富、污染防治监管体系更加严格,他们有足够的能力来降低过度依赖资源所产生的负面效应。由此可见,资源依赖度对发达国家的资源环境可持续发展的影响较微弱,对发展中国家的影响效应较大。同时,实证结果也显示,发达国家的资源环境可持续发展水平更高,这也在一定程度上佐证了以上观点。虚拟变量 D_2 的实证结果显示,新兴市场国家更加注重经济发展,但这是以污染环境和大量消耗自然资源为代价的,因此资源环境可持续发展水平落后于其他国家。

模型14将社会可持续发展作为因变量,同时纳入了用于表征不平等程度的基尼系数作为模型的控制变量。纳入基尼系数作为控制变量的重要原因有两点,一是收入不平等是影响社会可持续发展的重要因素,二是为了验证模型10中的预期,即收入不平等对可持续发展的负向影响效应可能主要来源于对社会可持续发展的负向影响。模型14的实证结果显示,财政支出分权和财政支出分权平方的系数分别为0.862和-0.989,且在1%和5%的水平上通过了显著性检验,这意味着财政支出分权与社会可持续发展呈倒"U"形关系。这似乎与已有研究的结论并不相符,已有研究普遍认为,财政分权背景下的地方政府间竞争,会导致大规模修建城市基础设施和道路交通设施,以提高经济增速,从而降低地方政府在教育、医疗、社会福利与保障等方面的投入,进而不利于社会的可持续发展(Qian and Roland,1998;Zhang and Chen,2007;乔宝云等,2005;王永钦等,2007;宋立,2007;傅勇,2010;龚锋、卢洪友,2013;余显财、朱美聪,2015;储德银等,2018)。事实上,过度分权会产生上述现象,且通过了大量的实证检验。那么过度集权又会产生怎样的情况?在中央集权的情况下,中央政府包揽所有事权和支出责任,这有利于教育、医疗、社会福利与保障等公共产品在全国范围的均等化供应,有助于社会公平和区域间的协调发展,但中央无法取代地方政府发挥信息优势,难以满足地区的差异性偏好,而且会造成公共产品的溢出效应,降低公共产品供给效率。因此,过度集权和过度分权都不利于社会的可持续发展,财政支出分权与社会可持续发展应呈倒"U"形关系。

模型 14 汇报的其他结果中,宏观税负对社会可持续发展的影响效应并不显著。不显著的原因极有可能是宏观税负与社会可持续发展呈倒"U"形关系,而非简单的线性关系。若宏观税负过高,则企业、人民负担过重,将抑制市场和社会的创造活力;若宏观税负过低,意味着政府财政收入不足,难以提供充足的公共产品,如教育、医疗、社会保障等,显然也不利于社会的可持续发展。因此,在理论层面上,宏观税负可能与社会可持续发展呈倒"U"形的关系。

为证实以上理论预期,模型 15 在模型 12 的基础上纳入宏观税负的平方,着重考虑宏观税负对社会可持续发展的影响。模型 15 的实证结果显示,宏观税负和宏观税负平方的系数分别是 1.159 和 -0.979,且都在 1% 的统计水平上显著,同时相比模型 10,宏观税负的相关系数大幅提高。这意味着宏观税负对社会可持续发展有重要影响,而这种影响是非线性的,即宏观税负与社会可持续发展也呈倒"U"形关系。这一结果验证了上述理论预期。此外,模型 14 和模型 15 的其他结果显示,开放程度与社会可持续发展呈显著的正相关关系,国家开放程度越高,越有助于促进国际的商贸往来、文化交流、知识传播、技术推广,有利于国家的经济繁荣、文化融合、科技进步、社会发展。基尼系数的相关系数在模型 14 和模型 15 的结果中都为负值,意味着收入平等将有利于社会的可持续发展。这也证实了前文的预期,即收入不平等对可持续发展指数的负向影响主要是因为该变量对社会可持续发展的负面影响。模型 14 和模型 15 中,虚拟变量 D_1 和 D_2 的结果显示,发达国家的社会可持续发展水平更高,新兴市场国家的社会可持续发展水平稍微落后,但不显著。

相似的,以上结果同样可能存在变量内生性问题。为了得到更加严谨、可靠的结果,本节将利用工具变量法进行内生检验。本节采用财政支出分权和宏观税负的滞后一期(即 2014 年的相应数据)作为工具变量,试图解决可能存在的变量内生性问题。需要说明的是,采用滞后一期数据作为工具变量,能够基本满足外生性和相关性的要求。

工具变量回归的结果见表 5-13。模型 16 和模型 17 是以经济可持续发展(SDEI_eco)为因变量的 2SLS 估计结果,模型 18 和模型 19 是以资源环境可持

续发展（SDEI_envir）为因变量的 2SLS 估计结果，模型 20 和模型 21 是以社会
可持续发展（SDEI_social）为因变量的 2SLS 估计结果。六个模型的估计结果
的 R^2 值分别为 0.416、0.542、0.109、0.145、0.389 和 0.659，且都通过了 Wald
检验，表明模型的拟合优度良好，具有统计意义。

表 5-13 中，从模型 16、模型 17 的结果来看，财政支出分权、宏观税负与经
济可持续发展呈倒"U"形关系，且都通过 1% 的显著性检验。这一结果的内在
含义和理论机制已在前文中说明，不再赘述。此外，开放程度越高、FDI 流入越
多越有助于经济的可持续发展，而贫富差距越大越不利于经济的可持续发
展。资源依赖程度的系数为负，这意味着过度依赖于资源，不利于经济的可持续发
展。以上结果与前文实证结果基本相符，这不仅解决了内生性问题，也进一步
表明实证结果的稳健性。

从模型 18、模型 19 的结果来看，财政支出分权与环境可持续发展呈倒"U"
形关系，并通过了 5% 的显著性检验，而宏观税负对环境可持续发展的影响并不
明确。这一结果的内在含义和理论机制已在前文中说明，不再赘述。此外，开
放程度和 FDI 的系数为负，表示其与资源环境可持续发展具有负相关关系。这
种影响效应在发展中国家更加明显，发达国家向开放程度高的发展中国家进行
资本输出，往往是以占用大量自然资源为代价的，进而不利于发展中国家资源
环境的可持续发展。GNI 对可持续发展的影响较为微弱，且并不显著。自然资
源依赖度的系数也为负值，这表明过度依赖自然资源，不利于资源环境的可持
续发展，尤其是对发展中国家而言。以上结果与前文实证结果基本相符，这不
仅解决了内生性问题，也进一步表明实证结果的稳健性。

表 5-13　工具变量回归结果

变量	Y＝SDEI_eco		Y＝SDEI_envir		Y＝SDEI_social	
	模型 16	模型 17	模型 18	模型 19	模型 20	模型 21
	2SLS	2SLS	2SLS	2SLS	2SLS	2SLS
Local_EX	2.262*** (0.734)	0.985*** (0.146)	1.070** (0.511)	0.010 (0.104)	1.570*** (0.443)	0.519*** (0.077)
Local_EX²	−2.304*** (1.180)		−2.047** (0.821)		−2.101*** (0.712)	

续表

变量	Y=SDEI_eco		Y=SDEI_envir		Y=SDEI_social	
	模型 16	模型 17	模型 18	模型 19	模型 20	模型 21
	2SLS	2SLS	2SLS	2SLS	2SLS	2SLS
TaxBurden	0.176	1.585***	−0.211	0.491	−0.119	1.426***
	(0.176)	(0.429)	(0.151)	(0.304)	(0.131)	(0.225)
TaxBurden^2		−1.117***		−0.437*		−1.180***
		(0.346)		(0.245)		(0.181)
XM	0.048	0.083**	0.054	−0.057**	0.134***	0.028
	(0.048)	(0.038)	(0.059)	(0.027)	(0.051)	(0.020)
FDI	0.795***	0.640***	−0.317**	−0.186	0.018	0.146
	(0.795)	(0.194)	(0.178)	(0.138)	(0.154)	(0.102)
GNI	−0.272	−0.233	−0.006	−0.089	−0.385**	−0.374**
	(−0.272)	(0.292)	(0.254)	(0.207)	(0.220)	(0.153)
NaturalRent	−0.792	−0.582*	−0.272	−0.282	−0.365	−0.777***
	(−0.792)	(0.327)	(0.459)	(0.232)	(0.398)	(0.171)
Constant	0.133	−0.109	0.374**	0.394	0.725	0.548***
	(0.133)	(0.184)	(0.154)	(0.131)	(0.134)	(0.096)
R^2	0.416	0.542	0.109	0.145	0.389	0.659
Wald 值	45.05***	95.92***	23.36***	23.84***	42.27***	157.83***

注：表格的第一行为各模型的因变量，模型 16 和模型 17 的因变量是经济可持续发展指标（SDEI_eco），模型 18 和模型 19 的因变量是资源环境可持续发展指标（SDEI_envir），模型 20 和模型 21 的因变量是社会可持续发展指标（SDEI_social）。*、** 和 *** 分别表示变量在 10%、5% 和 1% 的统计水平上显著。括号中内容为标准误差。

从模型 20、模型 21 的结果来看，宏观税负、财政支出分权与社会可持续发展呈倒"U"形关系，并都通过了 1% 的显著性检验。这一结果的内在含义和理论机制已在前文中说明，不再赘述。此外，开放程度和 FDI 的系数为正，这意味着开放程度越高、FDI 流入越多，越有助于社会的可持续发展，而社会发展失衡不利于社会的可持续发展。资源依赖度的系数为负，且在 1% 的水平上显著，可能是因为过度依赖资源环境将加剧资源耗竭、环境污染的问题，进而不利于社

会的可持续发展,而这可以从模型 20 和模型 21 的结果中得到验证。以上结果
与前文实证结果基本相符,这不仅解决了内生性问题,也进一步表明实证结果
的稳健性。

5.3.6 基于 Lind-Mehlum 方法的财政支出分权最优水平估计

(1)Lind-Mehlum 方法的原理与优势

前文通过实证研究,将财政支出分权和财政支出分权的平方,同时纳入模
型进行检验,结果显示:财政支出分权与可持续发展不呈线性关系,而是呈倒
"U"形关系。这是实证研究中检验倒"U"形关系的常用方法。但 Lind and
Mehlum(2010)对此提出了疑问,他们在研究中发现,自变量与因变量之间的真
实关系是凸且单调的时候,以上这种检验方法也成立。这就意味着,本章采用
的实证方法及其结果,并不能保证财政支出分权与可持续发展一定呈倒"U"形
关系,也可能是"凸且单调"的关系。

基于对传统方法的质疑,Lind and Mehlum(2010)借鉴了 Sasabuschi
(1980)的工作,进行了一项关于两变量间"U"形或倒"U"形的检验。这项检验
的原理在于区分两变量是"U"形或倒"U"形关系,还是前文提到的"凸且单调"
的关系。假设两变量存在"U"形或倒"U"形关系,则必然存在极值点,即模拟
"U"形曲线的极小值点或模拟倒"U"形曲线的极大值点。这意味着,若在极大
值点的左侧,两变量呈正相关,而在极值点的右侧两变量呈负相关,且相关性均
能通过显著性检验,则表明两变量呈倒"U"形关系;若在极小值点的左侧,两变
量呈负相关,而在极值点的右侧两变量呈正相关,且相关性均能通过显著性检
验,则表明两变量呈"U"形关系。那么,在实证结果接受原假设的情况下,表明
两变量呈倒"U"形或"U"形关系,并可求得极大值或极小值点;在实证结果拒绝
原假设的情况下,表明两变量不具有"U"形关系,而是呈"凸且单调"的关系。

Lind-Mehlum 方法相对于传统方法的优势在于两点。其一,能够弥补传统
实证检验的缺陷,精确地检验两变量是"U"形或倒"U"形关系,还是"凸且单调"
的关系。其二,能够估计出"U"形和倒"U"形曲线的极小值点和极大值点,可用
于量化测度最值。如前文研究结果显示,财政支出分权与可持续发展呈倒"U"
形关系,但不能求出财政支出分权的最优值,但 Lind-Mehlum 方法可以估计出
最优值。

（2）财政支出分权最优水平的估计结果

表 5-9 和表 5-12 中，模型 1、模型 2 汇报的实证结果表明，财政支出分权与可持续发展呈倒"U"形关系；模型 10、模型 12、模型 13 和模型 14 的结果表明，财政支出分权与经济、资源环境、社会可持续发展均呈倒"U"形关系。但如 Lind and Mehlum（2010）所述，采用传统的"U"形关系检验并不完全准确，也可能出现自变量与因变量"凸且单调"的关系。因此，本节通过 Stata 15 软件进行编程，利用 Lind-Mehlum 方法重新检验模型 1、模型 2、模型 10、模型 12、模型 13 和模型 14 的实证结果，确保实证结果的稳健性；若财政支出分权与各个可持续发展确实呈"U"形关系，则用同样的方法估计财政支出分权的最优值。

表 5-14 汇报了 Lind-Mehlum 方法的"U"形检验结果和财政支出分权最优水平估计结果。模型 1 和模型 2 的结果显示，财政支出分权与可持续发展指数具有显著的倒"U"形关系，且模拟倒"U"形曲线所得的极值点分别为 0.534 和 0.487。模型 10 的结果显示，财政支出分权与经济可持续发展具有显著的倒"U"形关系，模拟倒"U"形曲线所得的极值点为 0.621。模型 12 和模型 13 的结果显示，财政支出分权与资源环境可持续发展具有显著的倒"U"形关系，且模拟倒"U"形曲线所得的极值点分别为 0.318 和 0.342。模型 14 的结果显示，财政支出分权与社会可持续发展具有显著的倒"U"形关系，模拟倒"U"形曲线所得的极值点为 0.436。从以上实证结果可得，财政支出分权与可持续发展指数以及经济、资源环境、社会的可持续发展均呈倒"U"形关系。

表 5-14 财政支出分权最优水平的估计结果

模型	因变量	倒"U"形关系	极值点	Lower bound			Upper bound		
				slope	t	P	slope	t	P
模型 1	SDEI	是	0.534	1.160	4.598	0	−0.636	−1.476	0.072
模型 2	SDEI	是	0.487	0.837	4.002	0	−0.585	−1.726	0.044
模型 10	SDEI_eco	是	0.621	1.637	4.171	0	−0.542	−0.795	0.214
模型 12	SDEI_envir	是	0.318	1.064	3.890	0	−1.700	−3.780	0
模型 13	SDEI_envir	是	0.342	0.968	3.444	0	−1.370	−2.696	0
模型 14	SDEI_social	是	0.436	0.862	3.337	0	−0.772	−1.841	0.035

事实上,财政支出分权最优水平应该是动态的,视各国实际情况、发展形势而动态变化的,并不存在所谓的"最优",故称之为"估计"值。因此,最优财政支出分权估计值并非绝对正确,但仍然具有重要的参考价值和意义。从估计值来看,实现综合可持续发展、经济可持续发展、资源环境可持续发展、社会可持续发展的财政支出分权最优值是不同的。具体而言,实现经济可持续发展的财政支出分权最优值最高,实现环境可持续发展的最优值最低,而实现综合可持续发展的最优值居中。

综上,最优财政支出分权估计值的重要意义在于为政府选择发展战略提供参考依据。若政府追求经济的可持续发展,应适当提高财政分权程度,强化地方事权与支出责任,充分调动地方积极性。若政府追求环境资源的可持续发展,对于蒙古国这样的财政集权的国家,应该适度分权化;对于美国这样财政分权程度较高的国家,应适度集权,强化联邦政府的事权和支出责任。对于中国而言,地方财政支出比例高达85%,属于过度分权,若适当强化中央政府的事权和支出责任,将有利于促进国家的可持续发展;尤其是强化中央政府在环境保护、资源管理、教育、医疗、社会福利保障、社会保险方面的事权,将有利于资源环境和社会的可持续发展。

5.4 可持续发展与财政支出结构——基于跨国数据的实证研究

5.4.1 模型构建、变量描述与数据来源

(1)模型构建

参考 Devarajan et al. (1996)的做法,本节将模型设为:

$$Y_i = b_0 + b_1 M_i + b_2 Dum_i + \sum_k b_k G_i + \mu_i \tag{5-24}$$

如式(5-24)所示,Y_i 为模型的因变量。本节为深入研究财政支出分权与可持续发展的关系,同时选取 4 个指标作为回归模型的因变量,分别是可持续发展指数(SDEI)、经济可持续发展指标(SDEI_eco)、资源环境可持续发展

指标(SDEI_envir)和社会可持续发展指标(SDEI_social)。M_i 为控制变量,包括 TaxBurden、XM 和 GNI 系数。其中 TaxBurden 表示宏观税负水平,宏观税负水平的度量方法采用世界银行的宏观税负测量方法;XM 表示进出口贸易水平,用于刻画开放程度,采用进出口贸易总额在 GDP 中的占比度量;GNI系数用于刻画不平等程度。Dum_i 虚拟变量,用于刻画不同类型国家的情况,其中 D_1 表示是否为发达国家,D_2 表示是否为新兴市场国家。G_i 为解释变量,是按功能分类的各个财政支出项目,其中 EX_def 为国防支出,EX_eco 为经济事务支出,EX_envir 为环境保护支出,EX_safety 为公共安全支出,EX_health 为医疗卫生支出,EX_edu 为教育支出,EX_social 为社会福利与保障支出,EX_comm 为社区住宅支出,以上均为各项财政支出在总财政支出中的占比。μ_i 为随机扰动项。

(2)变量描述

实证研究所涉及的各种变量及其含义、赋值、描述性统计结果如表 5-15 所示。由于前文已经介绍了因变量、控制变量和虚拟变量,因此此处不再赘述,本小节将着重介绍各项财政支出的统计情况。所选样本国家中,国防支出、经济事务支出、环境保护支出、公共安全支出、医疗卫生支出、教育支出、社会福利与保障支出、社区住宅支出在总财政支出中的平均占比分别为 4.4%、11.7%、1.9%、5.4%、13.6%、11.0%、28.8%、2.5%。可见,社会福利与保障支出、医疗卫生支出、经济事务支出的占比较高,环境保护支出、社区住宅支出的占比较低。根据前文财政支出结构对可持续发展的影响的理论分析,公共安全支出、教育支出、社会福利与保障支出、医疗卫生支出、社区住宅支出对可持续发展具有正向的影响效应,国防支出、经济事务支出、环境保护支出的影响效应不明确。但事实上财政支出结构对可持续发展具有怎样的影响效应,还有待实证检验。最后需要说明的是,本节选取的财政支出数据来源于 IMF 数据库,根据 IMF 的统计口径和财政支出分类,财政支出被分为 10 个项目,但本节只选取了 8 个支出项目做研究,没有纳入文体传媒支出和一般公共服务支出。没有纳入这两项支出的原因是,在理论层面上难以找到这两项支出与可持续发展的直接关系。

表 5-15 变量说明和描述统计

变量类别	变量名		含义与赋值	均值	标准差
因变量	可持续发展指数	SDEI	前文测得的可持续发展指数	0.465	0.019
	经济可持续发展指标	SDEI_eco	经济可持续发展二级指标	0.397	0.030
	资源环境可持续发展指标	SDEI_envir	资源环境可持续发展二级指标	0.387	0.015
	社会可持续发展指标	SDEI_social	社会可持续发展二级指标	0.797	0.018
解释变量	国防支出	EX_def	国防支出/总财政支出	0.044	0.006
	经济事务支出	EX_eco	经济事务支出/总财政支出	0.117	0.001
	环境保护支出	EX_envir	环境保护支出/总财政支出	0.019	0.001
	公共安全支出	EX_safety	公共安全支出/总财政支出	0.054	0.003
	医疗卫生支出	EX_health	医疗卫生支出/总财政支出	0.136	0.005
	教育支出	EX_edu	教育支出/总财政支出	0.110	0.002
	社会福利与保障支出	EX_social	社会福利与保障支出/总财政支出	0.288	0.013
	社区住宅支出	EX_comm	社区住宅事务支出/总财政支出	0.025	0.002
控制变量	宏观税负	TaxBurden	财政收入/GDP	0.297	0.016
	开放程度	XM	进出口贸易总额/GDP	0.991	0.073
	不平等程度	GNI	基尼系数	0.351	0.009
虚拟变量	发达国家	D_1	是否为发达国家？否=0；是=1	0.395	0.055
	新兴市场国家	D_2	是否为新兴市场国家？否=0；是=1	0.173	0.042

(3)数据来源

本节考虑到数据可得性、国家代表性等因素,选取和搜集了 81 个国家 2015 年的数据。具体而言,测评国家的选择主要基于三个原因:其一,可持续发展指数中各个元素指标数据的完整性,进入测评的国家必须有 12 个或以上指标的准确数据;其二,进入测评的国家不仅要有各指标的数据,也要有财政支出分权、财政支出结构等方面的详细数据;其三,对于国际公认的非主权实体,包括属地、领地及其他地区,不作为国家纳入测评。

测评年份选择 2015 年主要基于两个原因:其一,部分数据统计难度大且年度变化率小,5 年统计一次,如"获得改善饮用水源人数占比""获得改善卫生设施人数占比"等,因此这些指标只有 2000 年、2005 年、2010 年和 2015 年的数据;其二,部分统计数据仅统计到 2015 年,这意味着 2015 年的统计数据是最新、最全的数据。这 81 个测评国家基本覆盖了世界上主要的发达国家和发展中国家,且这些国家 2015 年的 GDP 总量占当年全世界 GDP 总量的 85.45%,具有统计意义,能够代表一般情况。

这些国家的数据来源于不同的国际数据库。其中,可持续发展指标的数据主要来源于联合国数据库、联合国开发计划署、世界银行数据库、世界卫生组织、国际能源署,由作者测算所得,详见表 5-2。人类发展指数(HDI)的数据来源于联合国开发计划署数据库。各项财政支出的数据来源于 IMF 的 GFS 数据库和 *GFS yearbook* 2017,由作者整理、测算所得。国际贸易数据来源于 UNCTAD 数据库。基尼系数的数据来源于联合国数据库。宏观税负的数据来源于世界银行数据库。发达国家标准来源于美国 FBI 的 *The World Factbook* 2015。新兴市场国家的标准参考摩根士丹利新兴市场指数。

5.4.2 基准回归结果

如表 5-16 所示,模型 22 和模型 23 是以经济可持续发展(SDEI_eco)为因变量的 OLS 估计结果,模型 24 是以资源环境可持续发展(SDEI_envir)为因变量的 OLS 估计结果,模型 25 是以社会可持续发展(SDEI_social)为因变量的 OLS 估计结果,模型 26 是以可持续发展指数(SDEI)为因变量的 OLS 估计结果。五个模型的估计结果的 R^2 值分别为 0.732、0.697、0.535、0.783 和 0.891,且通过了 F 检验,表明模型的拟合优度良好,具有统计意义。

　　模型 22 的实证结果显示,国防支出对经济可持续发展存在负向影响,但未通过显著性检验。环境保护支出也对经济可持续发展存在负向影响,尽管未通过显著性检验,但相关系数的绝对数较大,且符合理论假设。经济事务支出的相关系数为 -3.500,且在 5% 的统计水平上显著,与理论假设相反。其主要原因可能是,IMF 定义的经济事务支出主要是交通运输和基础设施建设支出,其中发达国家的基础设施已经比较完善,故基建支出的比重较低,而发展中国家正处于大力发展基建的阶段,故基建支出的比重较高。那么经济事务支出与经济可持续发展呈负相关,到底是不是因为受到了如上干扰?为此,本节在模型 23 中纳入经济支出与虚拟变量 D_1、虚拟变量 D_2 的交叉项。模型 23 的结果显示,经济事务支出的相关系数仍为负值,而经济事务与虚拟变量 D_1 的交叉项的系数为负值,且通过了 1% 的显著性检验,这意味着经济事务支出更高的发达国家,或者经济事务支出更高的发展中国家,经济可持续发展水平更高。这一结果与前文的理论分析相符合。

表 5-16　财政支出结构对各个可持续发展指标的影响

变量	SDEI_eco		SDEI_envir	SDEI_social	SDEI
	模型 22	模型 23	模型 24	模型 25	模型 26
	OLS	OLS	OLS	OLS	OLS
EX_def	-0.317				0.195
EX_eco	-3.500^{**}	-4.341^{***}	-2.383^{**}	0.913	-0.881
EX_envir	-1.726		1.350^{***}	0.255	1.887
EX_safety				0.121	-0.547
EX_health				1.016^{**}	0.861^{***}
EX_edu				1.741^{*}	3.071^{***}
EX_social				0.601^{***}	0.219^{**}
EX_comm				0.708	-0.081
EX_eco $* D_1$		3.363^{***}			
EX_eco $* D_2$		-0.317			

续表

变量	SDEI_eco		SDEI_envir	SDEI_social	SDEI
	模型 22	模型 23	模型 24	模型 25	模型 26
	OLS	OLS	OLS	OLS	OLS
TaxBurden	−0.161	−0.133	0.019	−0.020	−0.066
XM	0.107***	0.099***	−0.028	0.021	0.026**
GNI	0.141	0.110	−0.106	−0.166	0.073
D_1	0.398***		−0.054**	0.021	0.099***
D_2	−0.037		−0.044	0.028	−0.040**
Constant	0.597***	0.665***	0.504***	0.146	−0.024
R^2	0.732	0.697	0.535	0.783	0.891
F 统计量	24.26***	28.40***	11.99***	20.50***	42.24***

注:表格的第一行为各模型的因变量,模型 22 和模型 23 的因变量是经济可持续发展指标(SDEI_eco),模型 24 的因变量是资源环境可持续发展指标(SDEI_envir),模型 25 的因变量是社会可持续发展指标(SDEI_social),模型 26 的因变量是可持续发展指数(SDEI)。*、** 和 *** 分别表示变量在 10%、5% 和 1% 的统计水平上显著。受篇幅限制,不汇报标准误差。

模型 24 的结果显示,经济事务支出的相关系数为 −2.383,且在 5% 的统计水平上显著,这意味着基础设施建设投资的加大,有助于经济的可持续发展,但容易破坏环境。以中国的三峡大坝工程为例,该工程项目建成后,成为全世界最大的水力发电站,产生了巨大的经济效益,但也对工程上、下游的生态环境造成了极大的破坏。环境保护支出的相关系数为 1.350,且通过了 1% 的显著性检验,这一结果与理论分析相符,表明了环境保护支出对资源环境可持续发展的正向影响效应。

模型 25 的结果显示,经济事务支出、环境保护支出、公共安全支出、医疗卫生支出、教育支出、社会福利与保障支出、社区住宅事务支出的相关系数均为正值,尽管只有三个变量通过了显著性检验,但所有结果都符合理论预期。因此,可以认为这些支出项目都有助于社会的可持续发展。

模型 22 至模型 25 分别研究了各个财政支出项目对经济、资源环境、社会可持续发展的影响效应,模型26将纳入所有支出项目,检验财政支出结构对可持续发展指数的影响。模型26的结果显示,医疗卫生、教育、社会福利与保障支出的相关系数均为正值,且都通过了显著性检验,这意味着医疗卫生、教育、社会福利与保障支出与可持续发展呈正相关关系。而其他支出项目的实证结果没有通过显著性检验,且并不稳健,因此本著作认为这些支出对可持续发展的影响效应还有待将来的深入研究。

5.4.3 工具变量回归结果——内生性检验

前文利用2015年的跨国截面数据进行回归,其结果可能存在变量内生性问题,故本节将利用工具变量法进行内生检验。首先需要指出的是,实证研究中所用的因变量(SDEI)是一个综合指数,而不是像经济增长这样的单一指标,其内生性问题不大。但为了得到更加严谨、可靠的结果,本节利用工具变量法,采用各项财政支出的滞后一期数据(即2014年的相应数据)作为工具变量,试图解决可能存在的变量内生性问题。同时,采用滞后一期数据作为工具变量,能够满足外生性和相关性的要求。

表 5-17 工具变量回归结果

变量	SDEI_eco	SDEI_envir	SDEI_social	SDEI
	模型 27	模型 28	模型 29	模型 30
	2SLS	2SLS	2SLS	2SLS
EX_def	−0.582*			0.113
EX_eco	1.436***	−1.259***	0.712	−1.061
EX_envir	−0.549	1.331***	1.458***	0.852
EX_safety			−0.667	−0.216
EX_health			0.356*	0.608*
EX_edu			1.188***	1.859***
EX_social			0.567***	0.305***
EX_comm			−0.471	−0.371
TaxBurden	−0.257***	1.151	−0.093***	−0.076
XM	0.097***	−0.025	−0.017*	0.024*

续表

变量	SDEI_eco	SDEI_envir	SDEI_social	SDEI
	模型 27	模型 28	模型 29	模型 30
	2SLS	2SLS	2SLS	2SLS
GNI	0.491*	−0.394***	0.025	0.029
D_1	0.272***	−0.001	0.002	0.080***
D_2	−0.084	0.019	−0.007	−0.039
Constant	−0.038	0.671***	0.400***	−0.038
R^2	0.752	0.576	0.877	0.878
Wald 值	185.31***	55.34***	413.77***	443.56***

注:表格的第一行为各模型的因变量,模型 27 的因变量是经济可持续发展指标(SDEI_eco),模型 28 的因变量是资源环境可持续发展指标(SDEI_envir),模型 29 的因变量是社会可持续发展指标(SDEI_social),模型 30 的因变量是可持续发展指数(SDEI)。*、** 和 *** 分别表示变量在 10%、5% 和 1% 的统计水平上显著。受篇幅限制,不汇报标准误差。

工具变量回归的结果见表 5-17。模型 27 是以经济可持续发展(SDEI_eco)为因变量的 2SLS 估计结果,模型 28 是以资源环境可持续发展(SDEI_envir)为因变量的 2SLS 估计结果,模型 29 是以社会可持续发展(SDEI_social)为因变量的 2SLS 估计结果,模型 30 是以可持续发展指数(SDEI)为因变量的 2SLS 估计结果。这四个模型的估计结果的 R^2 值分别为 0.752、0.576、0.877 和 0.878,且都通过了 Wald 检验,表明模型的拟合优度良好,具有统计意义。其中,模型 27 所用的工具变量为 2016 年的国防支出、经济事务支出和环境保护支出的数据;模型 28 所用的工具变量为 2016 年的经济事务支出和环境保护支出的数据;模型 29 所用的工具变量为 2016 年的经济事务支出、环境保护支出、公共安全支出、医疗卫生支出、教育支出、社会福利与保障支出以及社区住房支出的数据;模型 30 所用的工具变量为 2016 年的国防支出、经济事务支出、环境保护支出、公共安全支出、医疗卫生支出、教育支出、社会福利与保障支出以及社区住房支出的数据。

模型 27 的结果显示,国防支出的系数为 −0.582,并在 10% 的水平上显著,这意味着国防支出在总财政支出中的占比过高不利于经济的可持续发展。经济事务支出的系数为正,且通过了 1% 的显著性检验,这意味着经济事务支出,如基础设施投资,有利于经济增长。环境保护支出的系数为负,表明环境保护支出过高不利于经济的可持续发展。以上结果与前文结果相符,既解决了变量的内生性问题,也进一步说明了前文实证结果的可靠性。

模型 28 的结果显示,经济支出的系数为 -1.259,且通过了 1% 的显著性检验,表明经济事务支出过高不利于资源环境的可持续发展。环境保护支出的系数为 1.331,并在 1% 的水平上显著,表明环境支出占比越高越有利于环境的可持续发展。以上结果与前文结果相符,既解决了变量的内生性问题,也说明了前文实证结果的可靠性。

模型 29 的结果显示,经济事务支出占比的系数为正,这意味着加大基础设施投入力度,有助于社会的可持续发展。环境保护支出的系数为 1.458,且通过了显著性检验,这意味着环境保护支出占比越高越有利于社会的可持续发展。医疗卫生支出、教育支出、社会福利与保障支出的系数均为正,且分别通过了10%、1%、1% 的显著性检验,这说明医疗卫生支出、教育支出、社会福利与保障支出的占比越高越有利于社会的可持续发展。以上结果与前文结果相符,既解决了变量的内生性问题,也说明了前文实证结果的可靠性。

模型 30 纳入了各项财政支出变量。模型 30 的结果显示,医疗卫生支出、教育支出、社会福利与保障支出占比对国家的可持续发展具有显著的正向影响。其他支出对于可持续发展指数的影响并不显著。这一结果与前文结果相符,既解决了变量的内生性问题,也说明了前文实证结果的可靠性。

5.4.4 稳健性检验——财政支出结构与人类发展指数

人类发展指数(HDI)具有较强的客观性和科学性,是国际上广受认可、较为权威的可持续发展评估指数。本小节将利用 HDI 替代本著作构建的可持续发展指数(SDEI),作为实证研究的因变量,进一步研究财政支出结构与可持续发展的关系,试图获得更加稳健、科学的实证结果。同时,本小节为解决可能存在的变量内生性问题,同时使用 Tobit 模型和工具变量法进行实证检验。

表 5-18 中,模型 31 是以人类发展指数(HDI)为因变量的 Tobit 模型估计结果,其 Pseudo R^2 为 -1.329,LR 统计量符合计量要求,表明模型的拟合优度良好,具有统计意义。模型 31 的结果显示,医疗卫生支出、教育支出、社会福利与保障支出占比的系数均为正值,且分别通过了 5%、5%、1% 的显著性检验,说

明医疗卫生支出、教育支出、社会福利与保障支出与人类发展指数呈显著的正相关关系。国防支出、经济事务支出、环境保护支出、公共安全支出、社区住宅支出对人类发展指数的影响效应并不明确。以上结果表明,提高医疗卫生支出、教育支出、社会福利与保障支出占比有助于国家的可持续发展,但这一结果可能存在变量内生性的问题,还需审慎看待。

表 5-18　稳健性检验结果

变量	模型 31	模型 32
	Tobit	2SLS
EX_def	−0.064	−0.139
EX_eco	0.209	−0.075
EX_envir	1.139	0.292
EX_safety	0.204	−0.278
EX_health	0.610**	0.390**
EX_edu	1.272**	1.114**
EX_social	0.360***	0.463***
EX_comm	0.336	−0.594
TaxBurden	0.015	−0.054
XM	0.015**	0.025***
GNI	−0.079	−0.050
Constant	0.047***	0.519
R^2/Pseudo R^2	−1.329	0.823
Wald 值	—	284.14***
LR 统计量	151.56***	—

注:*、**和***分别表示变量在10%、5%和1%的统计水平上显著。受篇幅限制,不汇报标准误差。

模型 32 是以人类发展指数(HDI)为因变量的 2SLS 模型估计结果,所用的工具变量为 2016 年的国防支出、经济事务支出、环境保护支出、公共安全支出、医疗卫生支出、教育支出、社会福利与保障支出以及社区住房支出的数据。模型 32 的结果显示,医疗卫生支出、教育支出、社会福利与保障支出占比与人类发展指数呈显著的正相关关系。模型 32 的结果与模型 30、模型 31 的结果基本相符,这一结果表明提高医疗卫生支出、教育支出、社会福利与保障支出占比有助于国家的可持续发展。同时,这一结果具有较强的稳健性。

5.4.5　实证研究的结论与启示

本节利用跨国数据,实证检验了财政支出分权、财政支出结构对可持续发展的影响效应,得到以下 9 点重要结论。第一,财政支出分权与经济、资源环境、社会的可持续发展均呈倒"U"形关系,且估计了财政支出分权的最优值。第二,宏观税负与经济、社会可持续发展呈倒"U"形关系。第三,开放程度正向影响可持续发展水平,这种影响效应主要来源于开放程度对经济、社会可持续发展的正向影响。第四,收入不平等负向影响可持续发展水平,这种影响效应主要来源于收入不平等对社会可持续发展的负向影响。第五,国际投资净值正向影响可持续发展水平,这种影响效应主要来源于国际投资对经济可持续发展的正向影响。第六,自然资源依赖度负向影响可持续发展水平,这种影响效应主要来源于自然资源依赖度对资源环境可持续发展的负向影响。第七,收入不平等、国际投资净值、自然资源依赖度对发展中国家的影响效应较大,对发达国家的影响效应较小。第八,教育、医疗卫生、社会福利与保障支出对社会可持续发展、可持续发展指数具有正向影响。第九,经济事务支出有利于经济的可持续发展,但不利于资源环境的可持续发展;环境保护支出则恰恰相反,与经济可持续发展呈负相关关系,与资源环境可持续发展呈正相关关系。

基于以上实证研究结果,本章得到如下启示。第一,中国的宏观税负居高不下,不利于国家的可持续发展,尤其是经济和社会的可持续发展,应切实降低宏观税负。第二,我国财政支出分权过度,大幅超过最优估计值,应强化中央事权,尤其是医疗卫生、教育、社会福利与保障方面的事权与支出责任。第三,中国基尼系数较高,收入差异较大,不利于国家的可持续发展,应不断完善社会保障体系和税收体系,构建一套系统的收入再分配机制。第四,应通过加强污染防治的管控力度,大力发展科学技术,降低资源依赖度大所产生的负面效应。第五,教育、医疗卫生、社会福利与保障支出对可持续发展具有重要的正向影响作用,应适度提高相应支出比重。

5.5 本章小结

本章首先界定了"可持续发展"的概念,认为可持续发展是通过协调经济、社会、生态资源等多方面的发展,权衡当代人与当代人之间、当代人和后代人之间的福利,实现跨期效用最大化,即实现各代总效用的最大化。其次,从理论层面分析财政支出分权、财政支出结构对可持续发展的影响。再次,基于概念界定和理论分析,采用改进后的熵值法,构建可持续发展的综合评价指标,并测度了世界上 81 个国家的可持续发展指数。又次,利用跨国数据检验财政支出分权、财政支出结构对可持续发展的影响效应,并得到以下实证结果:第一,财政支出分权与经济、资源环境、社会的可持续发展均呈倒"U"形关系,并估计了财政支出分权的最优值;第二,宏观税负与经济、社会可持续发展呈倒"U"形关系;第三,适度提高教育、医疗卫生、社会福利与保障支出分权水平有助于国家的可持续发展。最后,基于实证结果,提出了若干政策启示,其中比较重要的是:第一,财政支出分权过度,已大幅超出最优值,应强化中央政府的事权与支出责任,尤其是教育、医疗卫生、社会福利与保障方面;第二,中国宏观税负过高,亟待降低;第三,重构央、地间事权与支出责任划分,应保证教育、医疗卫生、社会福利与保障支出的充足。

6

可持续发展约束宏观税负视域下央、地间事权与支出责任的重构方案

前文通过国际比较,历史、现状与比较分析,以及理论与实证研究,试图为央、地间事权与支出责任划分总结国际经验、指明改革方向、提供参考依据。基于前文的研究成果,本章将在可持续发展约束宏观税负的视域下,通过构建央、地间事权划分的理论基础和原则体系,明确划分的思路和目标模式,重新划分央、地间事权与支出责任,制定重构方案,最后测算重构之后的央、地两级财政支出规模。特别需要指出的是,本著作在新冠疫情的背景下,着重研究了公共卫生事权划分问题。本章结构安排如下:第一节是央、地间事权与支出责任划分的理论、原则和思路,第二节是重构方案,第三节是重构之后的财政支出规模测算,第四节是小结。

6.1 央、地间事权与支出责任划分的理论、原则和思路

6.1.1 央、地间事权与支出责任划分的理论基础

(1)最优税负理论对央、地间事权与支出责任划分的要求

所谓的最优税负理论是指,研究税收(也指宏观税负)达到何种水平,才能够实现经济稳定增长或可持续发展的理论学说。古典经济学派的代表亚当·斯密主张"自由经济"和低税收,认为自由市场的"无形之手"能够实现资源配置的最优化,政府充当"守夜人"即可。与之相适应,政府职能仅限于国防、司法,以及建设公共基础设施三个方面,而税收满足这些基本职能即可。在资本主义

开始萌芽和逐步进入高速发展的阶段,这种自由放任的经济思想备受推崇。然而 20 世纪美国经济大萧条的出现,证明了自由市场的天然弊端及市场失灵的严重后果,随后强调政府作用的凯恩斯主义开始盛行。凯恩斯主张政府干预市场和高税收,认为政府的"有形之手"在实现充分就业、防止经济和社会危机中能起到重要作用,并指出税收是刺激有效需求和调节财富分配的政策手段。但过分强调政府作用和高税收的消极后果是:一方面名义税率不断攀升,并具有易升难降的惯性,削弱了私人投资、储蓄和劳动工作的积极性,致使劳动生产率下降,经济增长乏力;另一方面,税收优惠失控,税基严重受蚀,地下经济和逃税盛行,加重了财政困难和预算赤字。直到 20 世纪 70 年代,西方国家普遍出现"经济滞胀"的现象,越来越多的学者主张减税促进经济增长。尤其是供应学派,他们认为,税率和税收收入之间存在辩证关系,其最常用的分析工具就是著名的"拉弗曲线"(Laffer curve)。拉弗曲线阐明了供应学派减税政策的重要理论依据是,政府宏观税负有一个临界点,在这一点上可以获得最高数额的税收收入,超过这一点,进入"拉弗禁区"会导致税收下降。供应学派的税收理论和"拉弗曲线"对后期最优税负理论的发展产生了深远的影响,从文献综述中关于宏观税负与经济增长的理论与实证研究,以及可持续发展约束宏观税负研究可以看出,当前学界普遍认可的理论观点是,宏观税负存在最优值或合理区间,即当宏观税负达到最优或处于合理区间时,能够实现经济稳定增长和可持续发展。

最优税负理论对央、地间事权与支出责任划分的要求是,明确宏观税负的最优值或合理范围,进而确定财政支出的最优值或合理范围,这是事权与支出责任划分的重要基础和基本前提。税负的最优值或合理区间框定了政府财政收入总和的最优值或合理范围,而政府收入是政府行使其职能的资金来源,故政府的财政支出应当与其所有收入相匹配。这是因为无论是过度的财政赤字还是过度的财政结余都不利于经济增长和可持续发展。需要说明的是,宏观税负存在最优值还是合理区间,这是存在争议的,但这不是本著作的关注点,同时也不影响本著作的研究重点。本著作更加倾向于马拴友(2001),安体富、孙玉栋(2006),Zhang and Li(2015)和章和杰等(2018)学者的观点,即经济形势是动态变化的,最优宏观税负应是某个可以变动的区间,而非静态的最优值。因此,本著作在可持续发展约束宏观税负的视域下研究央、地间事权与支出责任划分,首先通过框定宏观税负的合理区间,明确政府财政支出的合理范围,进而划分中央和地方政府间的事权与支出责任。这么做的好处主要有两点,一是保证了宏观税负和财政支出的合理范围,降低当前畸高的宏观税负;二是保证了政府收入和支出能够大致匹配,有助于避免出现"减税降负"与降低财政支出不同步而造成的财政赤字困境。

(2)国家治理理论对央、地间事权与支出责任划分的要求

国家治理理论由早期的经典治理理论演变而来。经典治理理论强调政府向社会授权,由社会自发形成相应的管理组织,并承担起管理市场的职能,防止市场失灵。经典的治理理论意识到单纯的市场手段可能造成市场失灵,需要统一的治理和协调,但其核心仍然是社会自治、市场自治,而政府只需通过非正式、非指令性的机制向社会自治组织授权。就理论而言,治理是为了通过各类社会组织以及相关机制满足各阶层的利益,实现社会利益均衡,贯彻落实平等、互惠、包容的价值原则。但这种理论及其指导下的"无政府"治理模式存在巨大缺陷,一方面社会组织不具有政府的行政权力,其治理手段往往是"弱有效"的,另一方面社会组织又不能代替市场自发地通过自由竞争和价格机制进行有效的资源配置。这使得经典治理理论陷入两难,进而国家治理理论应运而生。国家治理理论强调政府在市场治理中的重要作用,认为国家是公共事务管理的核心,是市场治理的主要力量之一。这是国家治理理论与经典治理理论之间最主要的区别。国家治理理论认为单一的市场手段容易导致市场失灵,而仅仅依靠政府的计划命令手段,又无法实现资源配置优化,因此需要通过构建治理机制来协调市场和政府关系。由此可见,国家治理理论的核心要义是权衡政府与市场的关系,既要防止市场失灵,又要优化资源配置。

从国家治理理论的核心要义来看,该理论对央、地间事权与支出责任划分的要求是,明确政府与市场的关系,界定政府职能的范围,这也是事权与支出责任划分的重要基础和基本前提。具体而言,首先厘清政府与市场的关系,才能保证政府既不会因过多干预市场而影响资源配置效率,也不会因管理不足而导致市场失灵;其次,明确政府职能的范围,才能确定相应财政事权与支出责任的范围。当前中国政府与市场之间的边界不清晰,政府职能过多,存在大包大揽的现象;同时部分职能的缺位和错位,导致了市场管理的不足,如食品药监、专利保护机制。因此厘清政府与市场的关系,明确政府职能的范围,是划分央、地

间事权与支出责任的重要基础。需要说明的是,最优税负理论和国家治理理论虽然都是央、地间事权与支出责任划分的前提和基础,但两者存在区别,前者从财政收入的角度框定了宏观税负的合理区间,进而确定财政支出的合理范围;后者是从财政支出的角度明确了政府职能范围,以及财政事权与支出责任的范围,进而确定财政支出的合理范围。

从两个角度同时确定财政支出合理范围,对于中国当前的实际情况而言,既有合理性,也存在天然矛盾。合理性体现在同时削减宏观税负和财政支出,让"减税降费"和"政府职能转变"齐头并进,使财政体系始终处于相对均衡的状态。若仅仅"减税降费",而没有转变政府职能,不削减财政支出,必然走上财政赤字的老路;若仅仅转变政府职能,削减了财政支出,而没有降低财政收入,不仅徒增居民负担,还将降低财政资金利用效率。天然矛盾体现在,若宏观税负的合理区间和满足政府职能所需资金的合理范围不一致,甚至不存在交集,是应该遵循前者还是后者的要求?这又涉及"以支定收、以收定支孰优孰劣"的问题。对于这个问题,财政学界争论不休,且莫衷一是,就好比"鸡生蛋、蛋生鸡"的争论。但是,这个问题不是本著作关注的重点,因此本著作将在可持续发展约束宏观税负的视角下,首先框定宏观税负的合理区间,同时厘清政府与市场的关系,明确职能范围,进而划分中央和地方政府间的事权与支出责任,若宏观税负的合理区间和满足政府职能所需资金的合理范围不一致,以前者为基准。

(3)公共产品理论对央、地间事权与支出责任划分的要求

经济社会运行中,某些物品因巨大的外部性特征,导致市场不愿意供给或者难以充分供给,但又属于社会共同需要,因此必须由政府进行补充,这些物品即公共产品。随着经济社会的发展和公共产品的不断丰富,研究公共产品供给的理论逐渐形成,即公共产品理论。公共产品理论认为,政府提供的公共产品往往呈现出非竞争性和非排他性。但随着理论研究的发展,越来越多的学者发现,不同公共产品之间的竞争性和排他性存在很大差异,进而根据这种差异将公共产品分为纯公共产品和准公共产品,前者同时具有非竞争性和非排他性,如国防、外交,后者要么不符合非竞争性的特征要求,如公共资源,要么不符合非排他性的特征要求,如体育馆。这使得政府与市场的关系更加复杂,边界更加模糊。因此,公共产品理论致力于解决的一个重要问题是公共产品的有效供

给问题。纯公共产品由于其价格机制失效,应全部由政府提供,这是简单易见的。但准公共产品的有效供给方式则比较复杂,一般认为,具有排他性的公共产品,应采取私人生产政府补贴的供给方式,而具有竞争性的公共产品,则应采取私人生产政府购买的供给方式。随着财政分权理论发展,公共产品因其外部性范围不同,又被进一步分为全国性公共产品、地方性公共产品,以及中央、地方共担的公共产品,如国防、外交等属于全国性公共产品,社区治安等属于地方性公共产品,跨地区事务等属于中央、地方共担的公共产品。同时,公共产品理论更加注重供给效率和资源配置公平等问题,进而催生了公共产品分级供给的理论,为财政分权理论的发展奠定了重要基础。

公共产品理论对央、地间事权与支出责任划分的要求有两点。其一,根据公共产品的内在属性,将其划分纯公共产品和准公共产品,纯公共产品全部由政府提供,而准公共产品如何供给,采取私人生产政府购买方式,还是私人生产政府补贴的方式,这需要具体问题具体分析。这样划分有助于厘清政府与市场的关系,将政府承担的非公共产品全部交由市场负责,而准公共产品则可以由政府、市场合作供给。其二,根据公共产品的外部性范围,将其分为全国性公共产品,地方性公共产品,中央、地方共担的公共产品。全国性公共产品和地方性公共产品的支出责任归属是毫无疑问的,但中央、地方共担的公共产品如何确定央、地间的支出比例,则需要进一步地深入讨论。这样划分有助于厘清各领域事权在中央和地方政府间的配置方式和结构,诸如外交、国防的全国性公共产品,应由中央政府承担全部支出责任。综上分析,公共产品理论对央、地间事权与支出责任划分的要求是厘清政府和市场关系,以及划分事权的具体操作的重要准则和基本前提。

(4)财政分权理论对央、地间事权与支出责任划分的要求

财政分权理论是为了解释地方政府和地方公共产品合理性而逐渐产生的财政学理论,一般被划分为第一代和第二代财政分权理论。以 Tiebout(1956)、Oates(1972)等人为代表的第一代财政分权理论认为,居民在"用脚投票"的机制下,选择那些提供最适合自己偏好的公共产品的社区,最终的结果是居民福利最优化,而城市管理者根据居民的偏好,提供公共服务,实现地区规模最优。他们从效率和公平两个角度论证了公共物品分级供给制度的科学性,从而得出财政分权有利于改善地方公共物品供给质量的所谓财政分权定律。但第一代

分权理论假设政府是仁慈的,认为政府天然地追求居民福利最大化,忽略了政府作为理性经济人的财政激励,难以解释政府规模膨胀、地方市场割裂、地区间发展不平衡等政府行为异化导致的问题。于是,更多学者开始关注地方政府财政激励和地方政府间竞争的问题,进而形成了所谓的第二代财政分权理论。第二代财政分权理论同样认为财政分权有利于提高资源配置效率(Weingast,1995;Qian and Weingast,1996;Qian and Roland,1996),但与第一代的主要区别有两点,一是强调地方政府的财政激励和财政竞争行为,二是开始关注财政分权对经济增长的影响机理,尤其是发展中国家的经济增长问题。Qian and Xu(1993)、Qian and Roland(1998)、Jin et al.(2005)认为中国的财政分权提高了地方政府的财政激励,极大地调动了地方的积极性,促使地方政府为创造税收不断推进市场和私人企业的发展,进而推动了中国经济的高速增长。此外,在地方政府财政激励的视角下,财政分权理论较好地解释了地方保护主义(Yang and Zhou,1999;Young,2000)、地区间发展不平衡(Li and Zhou,2005)和政府规模膨胀(Stein,2000;Rodden,2003)等问题。此外,邹恒甫等学者(Davoodi and Zou,1998;Xie et al.,1999;Jin and Zou,2002)在 Barro 模型的基础上,纳入不同级别的政府,将公共支出分为中央、州(省)和地方公共支出,探讨了财政分权与经济增长的关系,以及经济实现平衡增长下的各级政府的最优支出分权水平。

最优税负理论和国家治理理论对央、地间事权与支出责任划分的要求是明确宏观税负合理区间和政府职能范围,或者说是确定财政收入、财政事权及其支出责任的合理范围,而财政分权理论的要求则是,科学合理的政府间事权与支出责任划分,提高资源分配和社会生产的效率,同时保证社会公平。提高效率通常被定义为资源固定条件下的居民福利提升,而福利主要是指人均收入和单位所得公共服务,以及居民对于公平的感知(Musgrave,1959;Oates,1972)。效率提高的原因是,地方政府拥有更多的辖区内的居民信息,更有能力调动辖区内的各项资源,提供符合地方居民偏好的公共产品,进而单纯地提升辖区内居民的福利(Peterson,1996)。当公共产品和服务出现外溢效应,使其他社区居民也享受到福利,那么财政分权的效应就被弱化了,但这种外溢并无害处,除非外溢效应涉及整个国家(Bird,1994)。因此,制定各级政府事权及其相应支出,应考虑事权所提供的公共产品或服务的外部性,并使其外部性停留在最小辖区范围内,从而实现财政政策和公共产品供应的高效化。在实践中,财政分权是否能够达到理论所能产生的有益效应,取决于政府间事权与支出责任的划分模式。因此,财政分权理论对央、地间事权划分的要求是提高效率和保证公平。

6.1.2 央、地间事权与支出责任划分的原则

对于如何科学地划分政府间事权与支出责任,不同国家有不同的方案,但可以依据财政分权理论,结合国家实际情况,提炼出合理的划分原则(Musgrave,1993)。Vazquez(1999)提出了两条事权划分的原则:一是效率原则,即政府应该尽可能地从民众实际需求出发,提出满足民众需求的财政政策;二是受益范围原则,考虑政府职能和支出责任的受益范围,稳定性和资源再分配的职能由中央政府承担,如社会福利、保障房、大型公共设施投资、失业补助等,而区域内的公共产品和公共服务由地方提供。Guess(2007)提出了三条事权划分原则:第一,中央既要下放财政支出事权,也要配套相应的财力保障;第二,政府间事权划分要贴合辖区内居民需求,减少外溢效应;第三,公共产品和服务要建立国家最低标准,保质保量提供。

针对中国财政分权的实践情况,楼继伟(2013)提出了政府间事权与支出责任划分的三条原则:一是外部性原则,二是信息处理的复杂性,三是激励相容原则。楼继伟(2013)提出的划分原则在学术研究和实践中都得到了广泛的认可,但其局限性也十分明显。刘尚希等(2018)指出这三条原则过分依赖于财政分权理论,且只考虑了效率问题,没有较好地兼顾公平问题。从财政职能的角度出发,财政制度应该兼顾效率和公平,尤其是在中国地区间、城乡间发展失衡的情况下,公平显得尤为重要(郭庆旺,2017)。此外,财政分权不仅要兼顾效率和公平,还要考虑到其他现实因素,如前文指出的国家结构、经济发展水平、人口规模、国土面积、民族特性等等。因此,构建政府间事权与支出责任划分的原则体系和模式,不能照搬财政分权理论,而是要将财政分权理论与国家实际情况相结合,制定一套适合于国家财政体制和发展现状的划分体系和模式。

根据上述分析,本小节将在可持续发展约束宏观税负的视域下,依据财政分权理论,借鉴已有研究成果,结合中国实际情况,同时考虑国家结构、经济发

展水平、人口规模、国土面积等多方面因素,构建一套具有中国特色的央、地间事权划分原则体系,具体如下。

①外部性原则。外部性原则是指根据财政事权以及相应公共产品的外部性选择政府级层,在理论上实现外部性与政府管辖范围相匹配,如国防的外部性在全国,应由中央政府承担相应事权及其支出责任。需要特别指出的是,外部性分为正外部性和负外部性,正外部性主要是指受益,负外部性主要是指产生的负面影响,而某些公共产品存在正外部性和负外部性范围不一致的情况。以三峡水电工程为例,三峡工程的负外部性范围主要在大坝上游和周边,如上游居民必须搬离故土、生态环境和生物多样性遭到破坏,但其受益范围则要大得多,包括了江苏、广东、上海等十个供电省市。这样的例子还有很多,如石油、稀有金属等国家战略能源、物资的开采,再如江河流域的污染防治等。因此在公共产品的负外部性范围和受益范围不一致的情况下,不能简单地划分事权和支出责任,应具体问题具体分析。

②信息复杂性原则。信息复杂性原则是指根据财政事权以及相应公共产品所涉及信息的复杂程度选择政府级层。地方政府往往比中央政府更加了解辖区内的信息,也更加容易收集相关信息,因此由地方政府承担更多信息量大、复杂程度高的事权,更有助于发挥地方优势,提高公共产品供给效率。一般而言,信息复杂度高、信息量大的事权及其支出责任应由地方政府承担,如少数民族事务,中国有数十个少数民族,各个少数民族的风俗、习性都各有差异,由地方政府承担相应事权,更有助于实际问题的解决。

③公平原则。公平原则是指,涉及国家社会公平的事务应尽量由中央政府承担,如社会福利、收入再分配等。前文中国央、地间事权与支出责任划分的现状分析指出,地方政府承担了绝大部分社会保障事务,以致难以保障社会福利在地区间的公平分配,因此社会福利水平沿东、中、西呈阶梯式分布,进而使得中、西部地区的人才、资金等资源流失的形势更加严峻,逐渐陷入经济发展缓慢、福利水平难以提高的恶性循环。而英、美、俄、蒙四国则截然相反,中央政府承担了绝大部分的社会保障支出。因此,划分央、地间的事权与支出责任遵循公平原则,既有利于社会的和平稳定,也有助于调节地区间的发展失衡。

④理论结合实际原则。理论结合实际原则是指,划分中央和地方政府间的财政支出比例或事权,既要遵循财政分权理论,也要充分考虑中国的实际情况,

如经济发展水平、人口规模、领土面积、地区间发展差异等因素。以义务教育为例,若完全依据财政分权理论,中、小学教育的外部性较小,往往停留在区、县级行政区域内,且信息量大、复杂程度较高,应由县区级政府承担所有事权和相应支出责任。但实际上,由于地区间、城乡间的巨大差异,不同地区间教育资源分布失衡,优质教育资源向城市和发达地区倾斜,这显然不符合义务教育追求教育公平的初衷。

⑤法治原则。法治原则是指央、地间事权与支出责任划分应严格遵守《宪法》、法律以及相关文件、条例。但中国财政法制体系存在巨大缺陷,首先,法治原则的基本前提是"有法可依",而中国没有系统的关于政府间事权配置的成文法律;其次,部分事权划分可以找到法律依据,如《教育法》,但却与其他法律存在冲突和矛盾;再次,个别事权划分没有遵循相关法律,如《社会保险法》中明确规定养老保险逐步向中央统筹,这是考虑到养老福利的公平性问题,但事实上养老保险至今仍由地方统筹。因此,法治原则要求建立健全财政法制体系,严格遵守相关法律,在发生法律文件冲突时,法律效力低的法律规范应服从效力高的法律规范。

综上,依据财政分权理论并结合中国国情和国际经验,财政事权与支出责任划分应遵循的具体原则是外部性原则、信息复杂性原则、公平原则、理论结合实际原则和法治原则。基于以上原则,本节将公共产品分为全国性公共产品、地方性公共产品、中央和地方共同提供的公共产品。具体而言(见表6-1),全国性公共产品属于纯中央事权,应由中央政府来提供,以实现全国范围内公共服务均等化和高效率配置;地方性公共产品属于纯地方事权,由地方政府负责提供支出责任,不仅效率更高,而且有利于将成本分摊与收益分享直接挂钩;中央和地方共同提供的公共产品属于混合事权,具有较大的利益外溢性,需要协调区域之间的利益和分工合作,或需要中央和地方共同承担。其中,共同承担的方式有两种,分别是"中央为主,地方为辅"和"中央统筹,地方落实",前者意味着中央承担主要支出责任,地方配合中央工作,如教育部直属高校的经费;后者则表示由中央统筹安排,地方贯彻落实,并承担主要支出责任,如跨省的污染防治。

表 6-1　央、地间事权与支出责任的划分依据

公共产品类型	全国性公共产品	中央和地方共同提供的公共产品		地方性公共产品
事权类型	中央事权	混合事权		地方事权
支出责任归属	中央政府	中央为主地方为辅	中央统筹地方落实	地方政府
划分依据 外部性	全国外部性	全国外部性	跨区域外部性	外部性在省内
信息复杂性	信息量小	信息量大	—	—
公平性	涉及社会公平		—	
其他	理论结合实际原则和法治原则贯穿其中			

注：表中的"—"符号表示，该类型公共产品所对应的事权与支出责任与某项原则关系不大，如中央和地方共同提供的公共产品如果具有跨区域外部性，那么无论信息量大小或复杂与否，都应采取"中央统筹，地方落实"的供给方式；再如社会保障、社会福利等关乎国家社会公平的事权应由中央承担主要支出责任，这与信息量大小、复杂与否关系不大。

6.1.3　央、地间事权与支出责任划分的思路

在可持续发展约束宏观税负的视域下，划分中央和地方政府间的事权与支出责任，其特色和创新在于以框定宏观税负合理区间为前提，因此划分过程将遵循以下思路。

第一步，框定宏观税负的合理区间。框定可持续发展约束的宏观税负的合理区间是本著作的研究特色和重要创新，其现实和理论意义已在绪论中阐明，在此不再赘述。但需要特别说明的是，本著作关注的重点和研究的核心内容是央、地间事权与支出责任划分，故本著作没有直接测算宏观税负的合理区间，而是参考前人的研究成果（李斯斯，2017；贾梦婷，2017），默认合理区间为[22.48%，33.30%]。同时，她们的研究结果显示，宏观税负处于合理区间下界 22.48% 时的可持续发展效应优于宏观税负处于合理区间上界 33.30% 时的情况，因此本著作选取 22.48% 作为宏观税负的合理值。这意味着，在调整央、地间事权与支出责任后，政府支出总额在 GDP 中的占比也应趋同于 22.48%。

第二步，厘清政府与市场的边界，明确政府职能范围。如前文所述，中国当前的现状是政府与市场的边界不明晰，政府职能过多，存在大包大揽的现

象,承担了许多本应交由市场负责的事务,因此亟须转变政府职能,将部分事权让渡给市场。在明确政府职能范围后,再划分各领域央、地间的事权与支出责任。

第三步,依据前文构建的事权划分原则,结合中国国情、国际经验以及实证研究结果,划分央、地间的事权与支出责任。本著作将利用最新的财政支出数据(2018年),依据外部性原则、信息复杂性原则、公平原则、理论结合实际原则和法治原则,充分考虑中国当前的经济发展水平、人口规模、领土面积、地区间发展差异等,借鉴国际经验,提出重新划分四本预算中央、地间事权与支出责任的具体方案。

第四步,部分央、地共同承担的事权,实施"分档分担"策略。考虑到全国各个地区在经济水平、财政能力、资源禀赋等方面的差异性,为尽可能实现公共产品供给的均等化,本著作采取"分档分担"策略,参考《基本公共服务领域中央与地方共同财政事权和支出责任划分改革方案》①,将各省、自治区、直辖市分为五档:第一档为内蒙古、广西、重庆、四川、贵州、云南、西藏、陕西、甘肃、青海、宁夏、新疆12个省(区、市);第二档为河北、山西、吉林、黑龙江、安徽、江西、河南、湖北、湖南、海南10个省;第三档为辽宁、福建、山东3个省;第四档为天津、江苏、浙江、广东4个省(市);第五档为北京、上海2个直辖市。

第五步,适度调整各项财政支出。在划清政府与市场的边界,明确政府的职能范围,并重新划分央、地间事权与支出责任后,测算各领域财政支出的规模和政府财政支出总额及其在GDP中的占比。若政府支出总额在GDP中的占比接近于宏观税负合理值(22.48%),则重新划分后的方案即最终方案;若政府支出总额在GDP中的占比与宏观税负合理值相差较大,那么通过调整各项财政支出,使其逐渐趋同于22.48%。具体的调整方案应视情况而定,若政府支出总额在GDP中的占比高于22.48%,则先削减政府投资性支出,保障民生福利、教育、医疗等方面的支出;若政府支出总额在GDP中的占比低于22.48%,应先强化政府在社会经济治理中有所缺位的事权及其相应支出,如食品药监、专利机制等。

简言之,央、地间事权与支出责任划分的思路:首先确定宏观税负的合理区

---

① 与该方案不同的是,本著作不考虑单列市,只考虑省(自治区、直辖市)级政府间的差异化分担。

间,接着厘清政府与市场的边界,明确政府职能范围,再依据前文构建的事权划分原则,结合中国国情和国际经验划分央、地间的事权与支出责任,最后适度调整各项财政支出,使政府支出总额占 GDP 的比重与宏观税负的合理区间相匹配。

6.2 借鉴国际经验的央、地间事权与支出责任的重构方案

前文通过梳理政府间事权划分的理论基础,构建了适于中国央、地间事权划分的原则体系,阐明了重新划分事权与支出责任的具体思路。本节在此基础上,利用 2018 年的财政数据,遵循事权划分的原则和思路,立足中国实情,借鉴国际经验,从一般公共预算、政府性基金预算、国有资本经营预算和社会保险基金预算分别提出重新划分四本预算中央、地间事权与支出责任的具体操作方案。进一步的,本节基于新冠疫情的背景,深入研究了公共卫生事权的划分方案。

6.2.1 一般公共预算中央、地间事权与支出责任的划分方案

(1)一般公共服务

如前所述(见 4.3.1),当前一般公共服务领域的央、地间事权与支出责任划分模式存在许多问题。其一,政府职能过多,存在大包大揽的现象,导致一般公共服务领域支出在总财政支出和 GDP 中的占比过高,超过了美国等发达国家。其二,政府职能过多的直接后果是相应的财政供养人员规模庞大,应简政精兵。其三,部分事权与支出责任的划分缺乏合理性和科学性,如地方政府承担了部分海关事务。其四,一般公共服务支出决算的透明度有待提高,如表 4-7 所示,"未统计"数据高达 2924.47 亿元,占一般公共服务支出的 15.92%。

针对上述现实问题,本小节根据上文构建的事权划分原则,结合中国国情和国际经验,将 2018 年的财政数据作为参考对象,提出一般公共服务领域央、地间事权与支出责任划分的具体方案,具体方案如下。

①中央政府承担的事权和支出责任。其一,中央政府应承担中央级别的党

政机关事务及其所对应的支出责任,如中央级别的统计、税收、质检、工商、审计、人力资源等事务。其二,中央政府还应承担知识产权、海关、港澳台、民主党派等具有全国外部性且信息复杂程度较低的事务。

②地方政府承担的事权和支出责任。地方政府应承担同级别的党政机关事务,如省级政府承担省级的统计、税收等事务,市级政府承担市级的统计、税收事务,以此类推。

③中央和地方共同承担的事权与支出责任的划分。其一,少数民族和宗教事务是大政方针和国家意志的重要体现,且这两项事务往往是跨区域的,所涉及的信息量庞大,只有地方政府才能够充分地掌握辖区内少数民族、宗教的风俗、偏好等信息,因此少数民族和宗教事务应由中央统筹管理,地方贯彻落实并承担主要支出责任。其二,商贸事务需要在国家统一的经济发展政策下执行,但该事务的外部性主要在地方,且地方政府更加了解当地的产业特色、资源禀赋等信息,有利于因地制宜,因此商贸事务应由中央统筹规划,地方贯彻落实并承担主要支出责任。其三,发展改革事务是指,各地区在国家发展改革的统一政策方针下,实施差异化、因地制宜的发展改革战略,各地区虽然要承担发展和改革中的潜在风险,但也能享受其成果和收益,因此该事务应由中央统筹规划,地方贯彻落实并承担主要支出责任。

④持续推进党政合署办公和功能相近部门合并的“双合”改革,同时加快政府职能转变,真正实现简政精兵。非职能性的行政机构、财政供养人员以及相应财政支出应至少削减50%。职能性的行政部门包括统计、财政、税收、审计、海关、知识产权、工商行政管理、质量技术监督、档案这9个部门,其余部门均视为非职能性部门。

根据以上划分方案,并剔除财政不透明部分(即“未统计数据”2924.47亿元)后,可得中央和地方政府间各项事权的划分模式以及相应支出结构,如表6-2所示。重新划分后,一般公共服务总支出为9451.54亿元,中央和地方政府的一般公共服务支出分别为1170.77亿元和8280.77亿元,占比分别为12.39%和87.61%。这意味着,相对原有划分模式而言,一般公共服务支出大幅降低,其中中央政府的支出比重显著提高。

表 6-2　一般公共服务领域的事权与支出责任划分方案

项目	财政支出数额/亿元			财政支出比例/%	
	全国	中央	地方	中央	地方
人大事务	170.54	4.13	166.41	2.42	97.58
政协事务	122.14	3.67	118.47	3.00	97.00
政府办公室（厅）及其相关机构	2980.84	35.51	2945.33	1.19	98.81
发展与改革事务	301.50	3.49	298.01	1.16	98.84
统计信息事务	273.84	45.44	228.40	16.59	83.41
财政事务	898.41	14.62	883.79	1.63	98.37
税收事务	2027.44	640.99	1386.45	31.62	68.38
审计事务	250.61	17.69	232.92	7.06	92.94
海关事务	193.27	173.32	19.95	89.68	10.32
人力资源事务	333.66	13.12	320.54	3.93	96.07
商贸事务	359.26	4.68	354.59	1.30	98.70
知识产权事务	93.24	61.66	31.58	66.13	33.87
工商行政管理事务	726.49	11.36	715.13	1.56	98.44
质量技术监督事务	455.54	122.20	333.34	26.83	73.17
民族事务	27.20	0.97	26.23	3.57	96.43
档案事务	63.44	2.72	60.72	4.29	95.71
群众团体事务	174.15	15.22	158.93	8.74	91.26
总额	9451.54	1170.77	8280.77	12.39	87.61

注：作者整理。

（2）国防和外交

如前所述（见 4.3.1），当前国防和外交领域的央、地间事权与支出责任划分模式存在许多问题。其一，部分事权与支出责任的划分不清晰，如地方政府承担了部分对外援助、外交管理事务和民防事务的支出。其二，国防和外交支出决算的透明度有待提高，如表 4-8 所示，一是国防支出没有列出支出明细，二是外交支出中存在"未统计"数据，达 13.09 亿元。

针对上述现实问题,本小节根据事权划分原则,结合中国国情和国际经验,利用 2018 年的财政数据作为参考对象,提出国防和外交领域央、地间事权与支出责任划分的具体方案。国防事务具有全国范围的外部性,应由中央政府承担全部支出责任。民防作为国防事务的组成部分,也应如此,民兵担负战备勤务,保卫边疆,维护社会治安的职责,需要随时准备参军参战,抵抗侵略,保卫祖国,因此民防事务具有全国范围的外部性,应由中央政府承担全部事权和支出责任。相似的,外交事务同样具有全国范围的外部性,应由中央政府承担相应财政支出。

根据以上划分方案,并剔除财政不透明部分(即"未统计数据"13.09 亿元)后,可得中央和地方政府间各项事权的划分模式以及相应支出结构,如表 6-3 所示。重新划分后,国防和外交的支出分别为 11280.46 亿元和 573.27 亿元,全部由中央政府列支。这意味着,重新划分后中央政府承担了所有的国防和外交支出,这与美、英等发达国家的划分模式相似。

表 6-3   国防和外交领域的事权与支出责任划分方案

项目	财政支出数额/亿元			财政支出比例/%	
	全国	中央	地方	中央	地方
国防支出	11280.46	11280.46	0	100.00	0.00
外交管理事务	10.88	10.88	0	100.00	0.00
对外援助	204.83	204.83	0	100.00	0.00
国际组织	192.24	192.24	0	100.00	0.00
驻外机构	131.84	131.84	0	100.00	0.00
对外合作交流	33.48	33.48	0	100.00	0.00
国防和外交支出总额	11853.73	11853.73	0	100.00	0.00

注:作者整理。

(3)公共安全

如前所述(见 4.3.1),当前公共安全领域的央、地间事权与支出责任划分模式存在许多问题。其一,部分事权与支出责任的划分不清晰,如地方政府承担了部分武装警察和缉私警察的经费。其二,公共安全支出决算的透明度有待提高,如表 4-9 所示,"未统计"数据高达 1557.65 亿元,占公共安全支出的 11.30%。

针对上述现实问题,本小节根据事权划分原则,结合中国国情和国际经验,将 2018 年的财政数据作为参考对象,提出公共安全领域央、地间事权与支出责任划分的具体方案。

①中央政府承担的事权与支出责任。其一,中央政府应负责中央级别的司法、检察、法院等事务,并承担相应支出。其二,中央政府应承担全部武装警察的经费,由于自 2018 年 1 月 1 日起,中国人民武装警察部队由党中央、中央军委集中统一领导①,主要承担保护国家领导人等国家规定的警卫对象、反恐怖、海上维权、抢险救援、维护国家领土主权完整和国家安全等职能,可见武装警察事务具有全国范围的外部性,因此地方的武装警察支出应被上划,由中央政府列支。其三,缉私警察事务亦是如此,具有全国范围的外部性,应由中央政府承担所有支出责任。

②地方政府承担的事权与支出责任。地方政府应负责相同级别的司法、检察、法院事务,并承担相应支出,如省级财政承担省人民法院的所有支出,县级财政承担县级人民法院的所有支出。

③中央和地方共同承担的事权与支出责任的划分。公安事务具有跨区域的外部性,如要抓捕某些跨地区流窜作案,危及多地区社会治安稳定的大型犯罪团伙,需要中央政府协调和统筹各方警务力量,多地区配合抓捕。因此,公安事务应由中央统筹,地方贯彻落实,并承担主要支出责任。

根据以上划分方案,并剔除财政不透明部分(即"未统计数据"1557.65 亿元)后,可得中央和地方政府间各项事权的划分模式以及相应支出结构,如表 6-4 所示。重新划分后,全国公共安全支出为 12223.83 亿元,中央和地方政府的支出分别为 2378.55 亿元和 9845.28 亿元,占比分别为 19.46% 和 80.54%。这意味着,相对原有划分模式而言,全国公共安全支出及其在 GDP 中的比重有所下降,其中中央政府的支出占比有所提高。

---

① 资料来源:中共中央 2017 年 12 月 27 日印发《中共中央关于调整中国人民武装警察部队领导指挥体制的决定》。

表 6-4 公共安全领域的事权与支出责任划分方案

项目	财政支出数额/亿元			财政支出比例/%	
	全国	中央	地方	中央	地方
武装警察	2055.71	2055.71	0	100.00	0.00
公安	7262.06	250.98	7011.08	3.46	96.54
检查	751.99	7.11	744.88	0.95	99.05
法院	1281.42	9.9	1271.52	0.77	99.23
司法	404.88	6.83	398.05	1.69	98.31
缉私警察	24.66	24.66	0	100.00	0.00
其他	443.11	23.36	419.75	5.27	94.73
总额	12223.83	2378.55	9845.28	19.46	80.54

注:作者整理。

(4)教育

如前所述(见 4.3.1),当前教育领域的央、地间事权与支出责任划分模式存在许多问题。其一,政府在教育职能领域存在"越位"现象,过多地承担了成人教育、职业教育、留学教育、广播电视教育等可以交由市场负责的项目。其二,部分事权与支出责任的划分缺乏合理性和科学性,如地方政府承担了几乎所有的义务教育支出,这造成了各地区教育资源分配和教育发展水平的巨大差异,加速了教育阶层的分化。

针对上述现实问题,本小节根据事权划分原则,结合中国国情和国际经验,将 2018 年的财政数据作为参考对象,提出教育领域央、地间事权与支出责任划分的具体方案。具体方案如下。

①首先,厘清政府与市场的关系,将部分事权交由市场负责。如前文所述,高等教育(含研究生教育)、成人教育、职业教育、留学教育、广播电视教育、进修培训这 6 个项目的受教育者本身可以从中获得更多的知识和更高的技能,为将来找到一份收入更高的工作或职业晋升而奠定基础,因此这些教育不同于义务教育,实际上并非纯公共物品,而是一种准公共物品,应该让政府和市场共同承担。需要指出的是,这些教育项目的市场化,不仅能够催生更多的民营教育企业,也能使这些教育项目更加贴合市场需求,培育更多迎合市场需求的人才。

若参考美国、英国等发达国家的做法,成人教育、职业教育、留学教育、广播电视教育、进修培训项目应至少削减70％的相关支出,高等教育(含研究生教育)应至少削减50％的相关支出。

②其次,合理划分教育领域的各项事权与支出责任。其一,地方政府应承担学前教育、成人教育、职业教育、广播电视教育、进修培训这些外部性较小,更能发挥地方信息优势的项目。其二,中央政府应承担高等教育中中央直管高校的所有经费。其三,中央和地方应共同承担的项目有义务教育、高中教育、省部共建高校和省内高校的经费。具体而言,义务教育和高中教育都属于基础教育,外部性较小,理论上应由地方承担主要支出责任;事实上,由于我国城镇化进程的不断推进,流动人口庞大,若要贯彻落实党的十九大报告提出的"推进教育公平""推动城乡义务教育一体化发展"以及"努力让每个孩子都能享有公平而有质量的教育",中央政府应担负较以往更多的支出责任(郭庆旺,2017)。若参考美国、英国等发达国家的做法,中央政府在义务教育、高中教育方面的支出应提高到50％以上。

③再次,考虑到不同地区经济水平、财政收入、教育资源的差异性,义务教育和高中教育在不同地区实施不同央、地间支出划分比例,即采取"分档分担"措施。义务教育和高中教育经费由中央与地方财政分档按比例分担,其中第一档、第二档、第三档、第四档、第五档的中央财政分担比例分别为90％、70％、50％、30％和10％。

根据以上划分方案,可得中央和地方政府间各项事权的划分模式以及相应支出结构,如表6-5所示。重新划分后,全国教育支出为25365.59亿元,中央和地方政府的支出分别为9265.68亿元和16099.91亿元,占比分别为36.53％和63.47％。这意味着,重新划分后教育支出小幅下降,其原因是政府对高等教育(含研究生教育)、成人教育、职业教育、留学教育的投入减少;其中中央支出的占比大幅提高,尤其是在中小学教育方面。

表 6-5　教育领域的事权与支出责任划分方案

项目	财政支出数额/亿元			财政支出比例/％	
	全国	中央	地方	中央	地方
教育管理事务	709.99	2.44	707.55	0.34	99.66

续表

项目		财政支出数额/亿元			财政支出比例/%	
		全国	中央	地方	中央	地方
普通教育	普通教育小计	25253.82	9977.25	15276.57	39.51	60.49
	学前教育	1319.89	0.00	1319.89	0.00	100.00
	小学教育	8564.90	4282.45	4282.45	50.00	50.00
	初中教育	5497.28	2748.64	2748.64	50.00	50.00
	高中教育	3033.78	1516.89	1516.89	50.00	50.00
	高等教育	2324.94	712.21	1612.73	30.63	69.37
	其他普通教育	1094.05	2.43	1091.62	0.22	99.78
职业教育		848.85	0.00	848.85	0.00	100.00
成人教育		14.55	0.00	14.55	0.00	100.00
广播电视教育		13.98	0.00	13.98	0.00	100.00
留学教育		25.52	0.00	25.52	0.00	100.00
特殊教育		128.11	0.00	128.11	0.00	100.00
进修及培训		140.64	0.00	140.64	0.00	100.00
教育附加费安排的支出		1649.12	0.62	1648.50	0.04	99.96
总额		25365.59	9265.68	16099.91	36.53	63.47

注:作者整理。

(5)科学技术

如前所述(见4.3.1),当前科学技术领域的央、地间事权与支出责任划分模式存在许多问题。其一,政府在科学技术职能领域存在"越位"现象,承担了许多本应交由市场负责的项目,如应用研究、科学技术开发等。其二,部分事权与支出责任的划分缺乏合理性和科学性,如地方政府承担了部分基础研究的经费。其三,科学技术支出决算的透明度有待提高,如表4-11所示,"未统计"数据高达3065.19亿元,占比为36.81%。

针对上述现实问题,本小节根据事权划分原则,结合中国国情和国际经验,将 2018 年的财政数据作为参考对象,提出科学技术领域央、地间事权与支出责任划分的具体方案。具体方案如下。

①首先,厘清政府与市场的关系,将部分事权交由市场负责。仅保留基础研究、社会科学、科学技术普及这三项事务,其他项目应交由市场负责。这是因为基础研究事务所需资金大、失败风险高、缺乏直接经济效益,属于纯公共产品,应该由政府承担;而应用研究、技术开发等事务虽然也需要资金投入,也存在风险,但具有直接经济效益,可以作为私人产权,因此该事务可交由企业或企业联合高校、研究所完成,由市场自行管理成本、风险和收益。与此同时,通过建立系统的专利保护机制,保障私人研发部门的应有收益,做到事前立法立规和事中监督管控。于是,一方面政府不需要承担应用研究、技术开发等事务,可以更好地把握国家或地区发展的大政方针,另一方面可以极大地激发社会各阶层的创新活力,推动科学技术发展。社会科学也是如此,许多社会科学研究并不能产生直接经济效益,如经济理论研究、哲学研究,因此市场难以充分供给研究资金。此外,考虑到部分地区科学水平落后的现实情况,政府应负责市场无法承担的科学技术普及工作。

②其次,合理划分科学技术领域的各项事权与支出责任。其一,基础研究和社会科学研究的成果有利于科学技术和社会经济等方面的发展,具有全国范围的外部性,且信息量较小,无法发挥地方政府优势,应由中央政府承担所有支出责任。其二,科学技术普及事务的外部性较小,且地方政府能够发挥信息和地理位置的优势,应由地方政府承担所有事权和支出责任。

根据以上划分方案,并剔除财政不透明部分(即"未统计数据"3065.19 亿元)后,可得中央和地方政府间各项事权的划分模式以及相应支出结构,如表 6-6 所示。重新划分后,全国科学技术支出为 918.7 亿元,中央和地方政府的支出分别为 757.7 亿元和 161 亿元,占比分别为 82.48% 和 17.52%。这意味着,重新划分后的科学技术支出大幅降低,而中央政府的支出比例显著提高。

表 6-6　科学技术领域的事权与支出责任划分方案

项目	财政支出数额/亿元			财政支出比例/%	
	全国	中央	地方	中央	地方
基础研究	649.33	649.33	0	100.00	0.00

续表

项目	财政支出数额/亿元			财政支出比例/%	
	全国	中央	地方	中央	地方
社会科学	108.37	108.37	0	100.00	0.00
科学技术普及	161	0	161	0.00	100.00
总额	918.7	757.7	161	82.48	17.52

注:作者整理。

(6)文体传媒

如前所述(见 4.3.1),当前文体传媒领域的央、地间事权与支出责任划分模式存在许多问题。其中最主要的是,政府在文体传媒职能领域存在"越位"现象,承担了许多本应交由市场负责的项目,如商业性体育赛事、文艺表演、新闻媒体、广播电视等。相比之下,美国、英国等发达国家的文体传媒支出在 GDP 中的比重要比中国低很多。

针对上述现实问题,本小节根据事权划分原则,结合中国国情和国际经验,将 2018 年的财政数据作为参考对象,提出文体传媒领域央、地间事权与支出责任划分的具体方案。其一,文化事务方面,应剔除文化表演等可以交由市场负责的项目,更有利于创造更加迎合大众文化需求的文艺演出作品。其二,文物事务方面,各级地方政府应着力保护各自辖区内的历史名城、古迹和文物,并享受经营博物馆、历史文化展览场所产生的收益,因此文物事务应由地方列支。其三,体育事务方面,应将部分商业性体育赛事交由市场经营,如政府对于中国篮球协会及其赛事的管理和干预过多,而这些事务完全可以交由市场负责,如美国篮球协会就是非常好的例证。其四,新闻传播媒体出版方面,随着移动互联网的发展,原先报纸、电视等传统媒体逐渐向互联网平台转移,使得传统媒体影响力大幅减小,如当前许多地方电视台收视率低下,影响力较小,往往不能够通过常规业务维持收支平衡,而是通过电视购物的方式赚取利润,最后沦为电视购物平台,应当予以裁撤,或交由市场负责。

根据以上划分方案,并借鉴国际经验,削减部分文体传媒项目的支出,可得中央和地方政府间各项事权的划分模式以及相应支出结构,如表 6-7 所示。重新划分后,全国文体传媒支出为 1965.09 亿元,中央和地方政府的支出分别为

130.37亿元和1834.72亿元,占比分别为6.63%和93.37%。这意味着,重新划分后的文体传媒支出大幅降低,而地方政府的支出比例小幅提高。

表6-7　文体传媒领域的事权与支出责任划分方案

项目	财政支出数额/亿元			财政支出比例/%	
	全国	中央	地方	中央	地方
文化	642.87	31.74	611.13	4.94	95.06
文物	392.29	0.00	392.29	0.00	100.00
体育	247.36	14.36	233.00	5.81	94.19
新闻出版广播影视	387.42	76.00	311.42	19.62	80.38
其他	295.15	8.27	286.88	2.80	97.20
总额	1965.09	130.37	1834.72	6.63	93.37

注:作者整理。

(7)社会保障与就业

如前所述(见4.3.1),当前社会保障与就业领域的央、地间事权与支出责任划分模式存在许多问题。其一,该领域央、地间事权与支出责任划分模糊,导致地方政府承担了几乎所有的支出责任,这将加剧地区间的收入分配不公平,进一步扩大地区间的发展失衡,不利于国家社会的和谐稳定。其二,部分事权与支出责任的划分缺乏合理性和科学性,如地方政府承担了大部分退役军人事务经费。其三,社会保障与就业支出决算中存在186.87亿元的"未统计"数据,如表4-13所示。

针对上述现实问题,本小节根据事权划分原则,结合中国国情和国际经验,将2018年的财政数据作为参考对象,提出社会保障与就业领域央、地间事权与支出责任划分的具体方案。具体方案如下。

①中央政府承担的事权与支出责任。其一,军人退役安置和抚恤事务,一方面,军人戍边守国,具有全国范围的外部性,另一方面退役军人可视为潜在的国家军事力量,在战时可以发挥很大的作用,因此这两项事务应由中央政府列支。其二,社保基金和养老保险基金作为收入再分配和居民社会福利保障的重要手段和措施,具有全国范围的外部性,且需要保证各个地区的公平性,根据《社会保险法》关于养老保险基金应逐步统筹到中央的要求,这两项支出应由中

央政府承担。其三,中央政府应承担中央级别行政事业单位退休、民政管理、人力资源和社会保障管理事务。

②地方政府承担的事权和支出责任。其一,地方政府应负责企业改革补助、就业补助、道路事故社会救助这三项外部性在地方的事务,并承担相应支出责任。其二,地方政府应承担相同级别的行政事业单位退休、民政管理、人力资源和社会保障管理事务。

③中央和地方共同承担的事权与支出责任的划分。其一,自然灾害生活救助、临时救助往往具有跨区域的外部性,尤其是重大自然灾害,如1998年黄河流域的洪涝灾害,需要中央统筹协调各方力量展开救助,因此这两项事务应由中央统筹,地方政府贯彻落实,并承担主要支出责任。其二,社会福利、残疾人事业、红十字事业、最低生活保障、特困人员生活供养事务都具有全国范围的外部性,且信息量巨大,关乎社会公平,应由中央承担主要事权与支出责任,地方配合中央工作。若参考英、美等发达国家的经验,中央政府应承担90%以上的社会福利、残疾人事业、红十字事业、最低生活保障、特困人员生活供养事务支出。

根据以上划分方案,并剔除财政不透明部分(即"未统计数据"186.87亿元)后,可得中央和地方政府间各项事权的划分模式以及相应支出结构,如表6-8所示。重新划分后,全国社会保障与就业支出为26825.22亿元,中央和地方政府的支出分别为14803.83亿元和12021.39亿元,占比分别为55.19%和44.81%。这意味着,重新划分后的社会保障与就业支出小幅降低,而中央政府的支出比例显著提高。

表6-8 社会保障和就业领域的事权与支出责任划分方案

项目	财政支出数额/亿元			财政支出比例/%	
	全国	中央	地方	中央	地方
人力资源和社会保障管理事务	1049.88	524.94	524.94	50.00	50.00
民政管理事务	939.8	469.9	469.9	50.00	50.00
补充全国社保基金	200	200	0	100.00	0.00
行政事业单位退休	8529.86	595.57	7934.29	6.98	93.02

续表

项目	财政支出数额/亿元			财政支出比例/%	
	全国	中央	地方	中央	地方
企业改革补助	133.01	0	133.01	0.00	100.00
就业补助	845.19	0	845.19	0.00	100.00
抚恤	1004.62	1004.62	0	100.00	0.00
退役安置	749.21	749.21	0	100.00	0.00
社会福利	738.33	664.497	73.833	90.00	10.00
残疾人事业	581.5	523.35	58.15	90.00	10.00
自然灾害生活救助	126.49	2.17	124.32	1.72	98.28
红十字事业	24.98	22.482	2.498	90.00	10.00
最低生活保障	1462.49	1316.241	146.249	90.00	10.00
临时救助	159.99	0.91	159.08	0.57	99.43
特困人员救助供养	296.37	266.733	29.637	90.00	10.00
道路事故社会救助基金	0.7	0	0.7	0.00	100.00
其他生活救助	109.22	0.09	109.13	0.08	99.92
对基本养老保险的补助	8271.39	8271.39	0	100.00	0.00
其他	1602.19	191.73	1410.46	11.97	88.03
总额	26825.22	14803.83	12021.39	55.19	44.81

注:作者整理。

(8)环保节能

如前所述(见4.3.1),当前环保节能领域的央、地间事权与支出责任划分模式存在许多问题。其中最主要的是,事权与支出责任划分不清晰,且缺乏合理性,主要表现在地方政府承担了过多环保节能支出,在美国、俄罗斯,环保节能事务由联邦和州(联邦主体)政府承担,在英国则是由中央和地方分担。

针对上述现实问题,本小节根据事权划分原则,结合中国国情和国际经验,将2018年的财政数据作为参考对象,提出环保节能领域央、地间事权与支出责任划分的具体方案。具体方案如下。

①中央政府承担的事权与支出责任。其一,中央应负责统筹管理电力、石油等具有全国外部性的重要能源事务,承担能源管理的事权及其支出责任。其二,中国能源市场是一个整体市场,节约能源有助于能源在各地区间的合理调配,因此节约能源同样具有全国外部性,应由中央统筹管理,并承担相应支出责任。

②地方政府承担的事权与支出责任。地方政府应承担省内的环境监察、污染防治、自然生态保护、天然林保护、退耕还林、风沙荒漠治理、退牧还草、退耕还草等外部性和收益性限于辖区内的支出责任。

③中央和地方共同承担的事权与支出责任的划分。其一,中央和地方共同承担跨省的环境监察、污染防治、自然生态保护、天然林保护、退耕还林、风沙荒漠治理、退牧还草、退耕还草等外部性超过省级辖区的事务,如黄河流域的水污染治理工作,应由中央统筹,流经的各个省、自治区、直辖市贯彻落实并承担主要支出责任,避免出现相互扯皮、推诿现象。其二,循环经济和可再生能源事务同样具有跨区域外部性,但收益主要停留在辖区内,也应由中央统筹规范,地方贯彻落实并承担主要支出责任。

根据以上划分方案,可得中央和地方政府间各项事权的划分模式以及相应支出结构,如表6-9所示。重新划分后,环保节能支出为5402.7亿元,中央和地方政府的支出分别为996.13亿元和4406.57亿元,占比分别为18.44%和81.56%。这意味着,重新划分后中央政府的节能环保支出比例将小幅提高。

表6-9 环保节能领域的事权与支出责任划分方案

项目	财政支出数额/亿元			财政支出比例/%	
	全国	中央	地方	中央	地方
环境保护管理	355.81	9.02	346.79	2.54	97.46
环境监测与监察	94.77	8.11	86.66	8.56	91.44
污染防治	2441.29	9.28	2432.01	0.38	99.62
自然生态保护	616.6	5.73	610.87	0.93	99.07
天然林保护	282.7	25.99	256.71	9.19	90.81

项目	财政支出数额/亿元			财政支出比例/%	
	全国	中央	地方	中央	地方
退耕还林	240.11	2.67	237.44	1.11	98.89
风沙荒漠治理	17.28	0	17.28	0.00	100.00
退牧还草	18.63	0.23	18.4	1.23	98.77
退耕还草	3.92	0	3.92	0.00	100.00
能源节约利用	645.64	645.64	0	100.00	0.00
污染减排	309.47	19.29	290.18	6.23	93.77
可再生能源	56.73	10.24	46.49	18.05	81.95
循环经济	59.85	0.03	59.82	0.05	99.95
能源管理事务	259.9	259.9	0	100.00	0.00
总额	5402.7	996.13	4406.57	18.44	81.56

注:作者整理。

(9)城乡社区事务

如前所述(见4.3.1),当前城乡社区事务领域的央、地间事权与支出责任划分模式存在许多问题。其一,政府在城乡社区职能领域承担了过多的事权,存在大包大揽的现象,如工程建设标准规范编制可以交由相关行业协会制定;从美国、俄罗斯、英国等国家的经验来看,这些国家的城乡社区事务支出在GDP中的占比分别为0.21%、1.03%、0.58%,而中国的这一比例高达2.45%。其二,事权划分缺乏合理性,中央政府也参与了外部性较小的城乡社区事务。

针对上述现实问题,本小节根据事权划分原则,结合中国国情和国际经验,将2018年的财政数据作为参考对象,提出城乡社区事务领域央、地间事权与支出责任划分的具体方案。首先,转变政府职能,减少城乡社区事务支出,尤其是政府在社区基础设施方面的投资过多,导致公共设施泛滥、荒废。若按美、英、俄等国的做法,城乡社区支出应至少削减80%。其次,相应的,应当精简城乡社区管理事务和财政供养人员。再次,城乡社区事务外部性在辖区内部,且信息较为复杂,应由地方政府承担全部支出责任。

　　根据以上划分方案,可得中央和地方政府间各项事权的划分模式以及相应支出结构,如表6-10所示。重新划分后,城乡社区事务支出为4424.83亿元,全部由地方政府列支。这意味着,重新划分后城乡社区事务支出大幅降低,而中央政府则不承担任何城乡社区事务或相关支出。事实上中央政府若不干预各地区的城乡社区规划,不仅有利于各地区发挥自主性和积极性,也有助于各地区的城市、社区建设的多元化发展,展现不同的城市文化和特色。

表6-10　城乡社区事务领域的事权与支出责任划分方案

项目	财政支出数额/亿元			财政支出比例/%	
	全国	中央	地方	中央	地方
城乡社区管理事务	606.14	0.00	606.14	0.00	100.00
城乡社区规划管理	91.03	0.00	91.03	0.00	100.00
城乡社区公共设施	2058.50	0.00	2058.50	0.00	100.00
城乡社区环境卫生	515.39	0.00	515.39	0.00	100.00
建设市场管理与监督	11.62	0.00	11.62	0.00	100.00
其他	1142.15	0.00	1142.15	0.00	100.00
总额	4424.83	0.00	4424.83	0.00	100.00

注:作者整理。

　　(10)农林水

　　如前所述(见4.3.1),当前农林水事务领域的央、地间事权与支出责任划分模式存在许多问题。其一,政府在农林水事务职能领域承担了过多的事权,存在大包大揽的现象,中国农林水事务支出在GDP中的占比高达2.34%,而美、俄、英三国的这一占比仅为0.22%、0.48%、0.26%。其二,财政支出事权的划分缺乏科学性和合理性,表现为地方政府承担了绝大部分农林水事务的支出,这会产生许多不良后果,如,跨地区的林业、水利工程缺乏中央协调管理,往往由"多头管理"最后变为"谁都不管";再如,扶贫事务本身是全国性的,而贫困人口主要集中在中西部地区,若缺乏中央协调均衡,扶贫事务难以有效实现其价值。

　　针对上述现实问题,本小节根据事权划分原则,结合中国国情和国际经验,将 2018 年的财政数据作为参考对象,提出农林水事务领域央、地间事权与支出责任划分的具体方案。具体方案如下。

①首先,转变政府职能,减少城乡社区事务支出,并精简行政机构和财政供养人员。其一,若按美、英、俄等国的做法,中国的农业、林业、水利事务支出应至少削减 80%。需要指出的是,南水北调、扶贫、农业综合开发、农业综合改革、普惠金融发展等项目是结合中国实际情况提出的特殊政策,如农业普惠金融、农业综合改革等项目都是为了扶助农村事业、发展农村经济,在一定程度上有利于缩小城乡间的巨大差异,不能随意削减支出。其二,为能早日实现全面小康的重大目标,政府通过扶贫的方式帮助贫困人口脱贫。政府应当着力于构建完善系统的收入再分配机制,如完善社会保障体系,而相应减小扶贫事务的投入力度。其三,相应的,精简农业、林业、水利事务所涉及的相关行政机构和财政供养人员。

②其次,合理划分农林水事务领域的各项事权与支出责任。地方政府应承担辖区内的林业、水利建设、农业农村基础设施建设、水土流失防治、防汛抗旱等外部性在地方的支出责任。中央政府应承担扶贫、目标价格补贴等具有全国外部性的事权及其支出责任。中央和地方应共同承担跨省的林业、水利建设等事务,以及农业综合开发、改革等外部性大的支出责任,如南水北调工程,主要是北方地区受益,应由中央统筹,受益地区承担主要支出责任;再如农业事务中的粮食问题,事关国计民生,外部性在全国,粮食销售的收益性在地方,因此农业事务应由中央统筹,粮食生产地承担主要支出责任。

根据以上划分方案,可得中央和地方政府间各项事权的划分模式以及相应支出结构,如表 6-11 所示。重新划分后,农林水事务支出为 8565.31 亿元,中央和地方政府的支出分别为 2966.83 亿元和 5598.48 亿元,占比分别为 34.64%和 65.36%。这意味着,重新划分后农林水事务支出大幅降低,而中央政府的农林水事务支出比例则将显著提高。

表 6-11 农林水事务领域的事权与支出责任划分方案

项目	财政支出数额/亿元			财政支出比例/%	
	全国	中央	地方	中央	地方
农业支出	1231.22	35.44	1195.78	2.88	97.12

续表

项目	财政支出数额/亿元			财政支出比例/%	
	全国	中央	地方	中央	地方
林业支出	386.26	9.45	376.81	2.45	97.55
水利支出	904.60	28.54	876.06	3.15	96.85
南水北调	130.50	76.18	54.32	58.38	41.62
扶贫	2431.92	2431.92	0.00	100.00	0.00
农业综合开发	575.60	22.43	553.17	3.90	96.10
农业综合改革	1530.28	16.90	1513.38	1.10	98.90
普惠金融发展支出	557.45	27.84	529.61	4.99	95.01
目标价格补贴	306.30	306.30	0.00	100.00	0.00
其他	511.18	11.83	499.35	2.31	97.69
总额	8565.31	2966.83	5598.48	34.64	65.36

注:作者整理。

(11)交通运输

如前所述(见4.3.1),当前交通运输领域的央、地间事权与支出责任划分模式存在许多问题。其一,政府在交通运输职能领域承担了许多可以交由市场负责的事务,如国有资本对民用航空行业的涉足,而在英、美等发达国家,航空企业则由私人经营。其二,部分事权划分缺乏科学性和合理性,主要表现在地方政府承担了过多的支出责任。

针对上述现实问题,本小节根据事权划分原则,结合中国国情和国际经验,将2018年的财政数据作为参考对象,提出交通运输领域央、地间事权与支出责任划分的具体方案。具体方案如下。

①首先,厘清政府与市场的关系,将部分事务交由市场负责,并精简行政机构和财政供养人员。其一,邮政事务在中国快递行业、电子信息产业迅速发展的背景下,已成为"鸡肋"事务,应将其全部交由市场运营,政府不承担任何事权和支出责任。其二,公路水路、民用航空、铁路运输事实上是准公共产品,可以通过政府、市场合作的方式提供,如政府规划、监督和补助,市场负责建设和运

营,这种政企合作的基建模式可以减少接近50％的相关财政支出。

②其次,合理划分交通运输领域的各项事权与支出责任。地方政府应承担辖区内城际快速公路、省级道路、省内水运、小型港口建设等外部性限于辖区的支出责任。中央和地方共同承担大型港口、跨省的水路和铁路、民用航空运输、国家级高速公路、车辆购置税支出等外部性较大和受益性在地方的支出责任,如上海港、宁波港、广州港、天津港这四个大港口能够吞吐全国80％以上的外贸货物,受益方主要是相应的港口城市,因此大型港口事务应由中央统筹监管,地方负责具体落实,并承担主要支出责任。

根据以上划分方案,可得中央和地方政府间各项事权的划分模式以及相应支出结构,如表6-12所示。重新划分后,交通运输支出为7315.29亿元,中央和地方政府的支出分别为715.87亿元和6599.42亿元,占比分别为9.79％和90.21％。这意味着,重新划分后交通运输支出大幅降低,同时地方政府的交通运输支出也大幅降低。

表6-12 交通运输领域的事权与支出责任划分方案

项目	财政支出数额/亿元			财政支出比例/％	
	全国	中央	地方	中央	地方
公路水路运输	2428.02	88.06	2339.96	3.63	96.37
铁路运输	669.73	399.16	270.57	59.60	40.40
民用航空	204.54	29.80	174.74	14.57	85.43
油价改革对交通运输补贴	437.01	1.47	435.54	0.34	99.66
邮政业	0.00	0.00	0.00	0.00	0.00
车辆购置税支出	2993.39	194.81	2798.58	6.51	93.49
其他	582.61	2.58	580.03	0.44	99.56
总额	7315.29	715.87	6599.42	9.79	90.21

注:作者整理。

(12)资源勘探信息

如前所述(见4.3.1),当前资源勘探信息领域的央、地间事权与支出责任划分模式存在许多问题。其中最主要的是,政府在资源勘探信息领域存在明显越位,承担了许多可以交由市场负责的事权,该领域支出在 GDP 中的占比为0.56%,而俄罗斯、英国的这一占比分别为 0.03%、0.04%,不到中国的十分之一。

针对上述现实问题,本小节根据事权划分原则,结合中国国情和国际经验,将 2018 年的财政数据作为参考对象,提出资源勘探信息领域央、地间事权与支出责任划分的具体方案。具体方案如下。

①首先,厘清政府与市场的关系,将部分事务交由市场负责。其一,资源勘探开发存在巨大的获利空间,并不属于公共产品,完全可以交由市场负责。但需要说明的是,政府虽然应将资源勘探开发的事务交由市场,但必须保留规划、监管的职能,防止企业为攫取利益,肆意破坏环境、恶性竞争等。其二,制造业和建筑业的事务应大幅度交由市场负责,若参考俄罗斯、英国的做法,应减少90%的相关支出。

②其次,合理划分资源勘探信息领域的各项事权与支出责任。中央应承担中央级国企的生产监管和资产监管的支出责任。地方应承担地方民营企业和国企的生产监管、资产监管,以及中小企业发展和管理等外部性小、信息量大的事务以及相应支出责任。

根据以上划分方案,可得中央和地方政府间各项事权的划分模式以及相应支出结构,如表 6-13 所示。重新划分后,资源勘探信息支出为 3407.81 亿元,中央和地方政府的支出分别为 137.90 亿元和 3269.91 亿元,占比分别为 4.05%和 95.95%。这意味着,重新划分后资源勘探信息支出大幅降低,同时地方政府的资源勘探信息支出也大幅降低。

表 6-13　资源勘探信息领域的事权与支出责任划分方案

项目	财政支出数额/亿元			财政支出比例/%	
	全国	中央	地方	中央	地方
资源勘探开发	25.66	1.66	24.00	6.46	93.54
制造业	73.12	24.10	49.02	32.96	67.04
建筑业	4.16	0.01	4.15	0.24	99.76

项目	财政支出数额/亿元			财政支出比例/%	
	全国	中央	地方	中央	地方
工业和信息产业监管	693.33	85.84	607.49	12.38	87.62
安全生产监管	363.32	16.11	347.21	4.43	95.57
国有资产监管	182.12	9.03	173.09	4.96	95.04
支持中小企业发展支出	1983.64	0	1983.64	0.00	100.00
其他	82.47	1.16	81.31	1.41	98.59
总额	3407.82	137.91	3269.91	4.05	95.95

注:作者整理。

(13)住房保障

如前所述(见 4.3.1),当前住房保障领域的央、地间事权与支出责任划分模式存在的主要问题是,政府在该职能领域存在一定程度的越位。以保障性安居工程为例,该事权包含了廉租住房、沉陷区治理、棚户区改造、农村危房改造、公共租赁住房等项目。其中,2018 年棚户区改造的经费高达 1667.78 亿元,事实上,随着城市的发展、居民收入的增长,以及居民审美情趣的提高,加之城市化进程的推进,棚户区自然会随着时间的推移而消失殆尽,不需要政府短期内进行强行改造。

针对上述现实问题,本小节根据事权划分原则,结合中国国情和国际经验,将 2018 年的财政数据作为参考对象,提出住房保障领域央、地间事权与支出责任划分的具体方案。首先,转变政府职能,削减相应的支出经费,精简机构和人员。除了前文提到的棚户区改造外,其他保障性安居工程建设可以尝试政府与市场合作的方式,如廉租住房可以鼓励企业为内部员工提供,公共租赁住房可以要求慈善机构负责,在不盈利、不亏损的状态下运营;再如农村危房改造也可以鼓励旅游企业到乡村发展旅游业,并承担危房改造的事务,其中杭州市桐庐县戴家山旧房改造就是非常好的案例。其次,合理划分各项事权与支出责任。保障性安居工程、城乡社区住宅事务的外部性均在地方,应由地方政府承担事权和支出责任;住房改革应在全国统一的政策下开展,因此该事务应由中央统筹安排,地方贯彻落实并承担主要支出责任。

根据以上划分方案,可得中央和地方政府间各项事权的划分模式以及相应支出结构,如表 6-14 所示。重新划分后,住房保障支出为 4957.65 亿元,中央和地方政府的支出分别为 483.84 亿元和 4473.81 亿元,占比分别为 9.76% 和 90.24%。这意味着,重新划分后住房保障支出大幅降低,同时地方政府的住房保障支出也大幅降低。

表 6-14　住房保障领域的事权与支出责任划分方案

项目	财政支出数额/亿元			财政支出比例/%	
	全国	中央	地方	中央	地方
保障性安居工程	1848.73	0.00	1848.73	0.00	100.00
住房改革	2852.80	483.84	2368.96	16.96	83.04
城乡社区住宅	256.12	0.00	256.12	0.00	100.00
总额	4957.65	483.84	4473.81	9.76	90.24

注:作者整理。

(14)粮油物资储备

如前所述(见 4.3.1),当前粮油物资储备领域的央、地间事权与支出责任划分模式存在许多问题。其一,政府在粮油物资储备职能领域存在越位行为,如国内粮食供求平衡、粮食市场价格应交由市场调节。其二,事权划分不清晰,且缺乏合理性,如关系到国家安全的战略物资储备事务具有全国范围的外部性,应由中央政府承担主要支出责任。其三,粮油物资储备支出的透明度有待提高,如表 4-21 所示,"未统计"数据高达 248.92 亿元,占比为 12.08%。

针对上述现实问题,本小节根据事权划分原则,结合中国国情和国际经验,将 2018 年的财政数据作为参考对象,提出粮油物资储备领域央、地间事权与支出责任划分的具体方案。具体方案如下。

①首先,厘清政府与市场的关系,将部分事务交由市场负责。粮油物资储备在计划经济时期具有重要作用,由于当时社会生产力水平低下,粮油物资匮乏,国家需要统一调节全国各地的粮食、物资用度,才能尽可能地满足各地区的需求。然而,当前国家经济体制已经基本完成了由计划经济向市场经济的转

轨,经济发展已经进入了新时代,社会生产力得到了极大提高,粮油物资也不再是难以保障的事务。就像许多市场经济国家那样,如美国粮食基本可以自给自足,再如日本虽然土地数量有限,但可以通过进口满足国内粮食物资需求。但是不能完全摒弃政府的粮油物资储备职能,若发生突发性事件,突然爆发战争或发生巨大的自然灾害,仍然需要应急的粮油物资。因此,应当保留少量粮油物资储备,以应对不时之需,同时削减部分职能机构和支出。

②其次,合理划分粮油物资领域的各项事权与支出责任。无论是必要的粮油储备,还是关系国计民生和国家安全的战略原料、生产设备、主要农产品、医药器材等物资的储备,都具有全国范围的外部性,且信息量不大,因此粮油物资储备事务都应由中央承担支出责任。若中央政府需要在各地区建立仓库,既可以由中央通过专项转移支付的形式向地方拨款,由地方代理建设仓库和日常运营,也可以由中央政府直接在当地设置驻地机构,负责建仓和管理。

根据以上划分方案,并剔除财政不透明部分(即"未统计数据"248.92亿元)后,可得中央和地方政府间各项事权的划分模式以及相应支出结构,如表6-15所示。重新划分后,粮油物资储备支出为930.96亿元,所有支出由中央政府承担。这意味着,重新划分后粮油物资储备支出大幅降低,同时地方政府也不需要承担粮油物资储备的相关支出责任。

表6-15 粮油物资储备领域的事权与支出责任划分方案

项目	财政支出数额/亿元			财政支出比例/%	
	全国	中央	地方	中央	地方
粮油事务	301.93	301.93	0	100.00	0.00
物资储备事务	50.09	50.09	0	100.00	0.00
粮油储备	578.94	578.94	0	100.00	0.00
总额	930.96	930.96	0	100.00	0.00

注:作者整理。

(15)金融

如前所述(见4.3.1),当前金融事务领域的央、地间事权与支出责任划分模式存在许多问题。其一,政府在金融事务领域存在越位行为,如金融发展事务完全可以交由市场自行负责,政府仅需要做好立法和监管工作。其二,事权划分不清晰,且缺乏合理性,如金融监管事务关系到国家金融安全、经济健康发展,具有全国外部性,却由地方政府承担主要支出责任。其三,金融事务支出决算的透明度有待提高,如表4-22所示,金融支出中没有列出细目的"其他支出"有943.69亿元,占比高达68.40%。

针对上述现实问题,本小节根据事权划分原则,结合中国国情和国际经验,将2018年的财政数据作为参考对象,提出金融事务领域央、地间事权与支出责任划分的具体方案。首先,厘清政府与市场的关系,将金融发展事务交由市场负责,而政府着力于金融立法和金融监管工作。如美、英等国政府只负责金融立法和监管事务,将金融发展事务交由市场负责,政府承担立法者、监管者和"守夜人"的角色。其次,金融系统性风险的起因可能是局部性的,但影响范围往往是全国性的,因此金融监管关系到国家金融经济的健康稳定,具有全国范围的外部性,同时又具有高度的信息复杂性,应由中央政府主导,并承担主要支出责任,地方政府配合中央工作。

根据以上划分方案,可得中央和地方政府间各项事权的划分模式以及相应支出结构,如表6-16所示。重新划分后,金融事务支出为559.18亿元,中央和地方政府的支出分别为453.18亿元和106.00亿元,占比分别为81.04%和18.96%。这意味着,重新划分后金融事务支出大幅降低,同时中央政府的金融支出占比显著提高。

表6-16　金融领域的事权与支出责任划分方案

项目	财政支出数额/亿元			财政支出比例/%	
	全国	中央	地方	中央	地方
行政管理	72.51	63.67	8.84	87.81	12.19
金融监管	14.79	11.11	3.68	75.12	24.88
金融发展	0.00	0.00	0.00	0.00	0.00
其他	471.88	378.4	93.48	80.19	19.81
总额	559.18	453.18	106.00	81.04	18.96

注:作者整理。

(16)商业服务业

如前所述(见4.3.1),当前商业服务业事务领域的央、地间事权与支出责任划分模式存在许多问题。其一,政府在商业服务业职能领域存在越位的现象,主要表现在对于旅游业务的涉足,而这些事务可以交由市场发展。其二,事权划分不清晰,且缺乏合理性,如外资引进事务,地方政府承担了过多的支出责任,事实上中央政府有更大的责任和义务,应在全国范围内营造公平、高度法治的商业环境,吸引外资流入。

针对上述现实问题,本小节根据事权划分原则,结合中国国情和国际经验,将2018年的财政数据作为参考对象,提出商业服务业领域央、地间事权与支出责任划分的具体方案。首先,厘清政府与市场的关系,将旅游管理与服务的相关事务交由市场负责。由于旅游业务属于非公共产品,具有较大利润空间,因此旅游行业协会完全有能力构建地方性旅游行业规则,监管各旅游景点的运营行为,协调各方利益,并负责当地旅游业的宣传和广告。其次,商业流通事务具有跨区域的外部性,需要中央统筹协调,地方政府负责落实并承担主要支出责任;涉外发展服务具有全国范围的外部性,同时也需要地方发挥信息优势,因此应由中央主导并承担主要支出责任,地方配合中央工作。

根据以上划分方案,可得中央和地方政府间各项事权的划分模式以及相应支出结构,如表6-17所示。重新划分后,商业服务业支出为1197.68亿元,中央和地方政府的支出分别为304.33亿元和893.35亿元,占比分别为25.41%和74.59%。这意味着,重新划分后商业服务业支出大幅降低,同时中央政府的商业服务业支出比重显著提高。

表6-17　商业服务业领域的事权与支出责任划分方案

项目	财政支出数额/亿元			财政支出比例/%	
	全国	中央	地方	中央	地方
商业流通事务	417.55	26.11	391.44	6.25	93.75
旅游管理与服务	0.00	0.00	0.00	0.00	0.00
涉外发展服务	321.32	277.75	43.57	86.44	13.56
其他	458.81	0.47	458.34	0.10	99.90

续表

项目	财政支出数额/亿元			财政支出比例/%	
	全国	中央	地方	中央	地方
总额	1197.68	304.33	893.35	25.41	74.59

注:作者整理。

(17)援助其他地区

如前所述(见 4.3.1),当前政府在援助其他地区事务领域存在的问题是,对口援建采用直接财政资金补助方式,不仅忽略了受援地区的自我造血机制,也养成了受援地政府的"懒政"风气。这种以财政资金补贴为主要形式的援助极易造成受援地区政府的依赖性,反而制约了受援地区经济、社会的可持续发展。因此援助其他地区这一支出项目应当被取消,改为对口投资,一方面投资贫困地区的基础设施建设,另一方面鼓励沿海地区企业在中西部贫困地区投资建厂,并将原先的财政补贴发放给这些企业。

(18)国土海洋气象事务

如前所述(见 4.3.1),当前国土海洋气象事务领域的央、地间事权与支出责任划分模式存在许多问题。其一,各项事权划分不清晰,所有事权项目都由中央和地方政府共同承担,致使地方政府承担了过多的国土海洋气象支出。其二,部分事权划分缺乏合理性和科学性,如气象事务具有全国范围的外部性,应由中央政府承担主要支出责任。其三,国土海洋气象事务支出决算中存在 40.1亿元的"未统计"数据,决算透明度有待提高。

针对上述现实问题,本小节根据事权划分原则,结合中国国情和国际经验,将 2018 年的财政数据作为参考对象,提出国土海洋气象事务领域央、地间事权与支出责任划分的具体方案。其一,国土资源事务主要包含国土资源规划管理、国土整治、地质灾害防治等工作,其外部性主要在地方,信息量巨大,应由地方政府承担全部支出责任。海洋管理事务包含海洋环境监察保护、海洋使用管理、海洋矿产资源勘探、海岛和海域保护等工作,具有跨区域的外部性,涉及所有沿海省份,应由中央统筹协调,临海省份负责贯彻落实并承担主要支出责任。测绘事务具有全国范围的外部性和受益性,涉及巨大的信息量,应由中央负责统筹,并承担主要测绘工作,地方配合中央工作,并承担次要支出责任。地震事务主要包含地震监测预报、地震应急救援等工作,具有跨区域的外部性,理论上应由地方承担主要支出责任。但事实上,一旦发生重大地震灾害,如2008年汶川地震,若地方政府几乎丧失自救能力,且中央政府没有协调各方力量开展救助,灾区人民将难以迅速恢复正常的生产、生活秩序,这会严重威胁到社会的稳定与和谐,因此中央承担地震事务的主要支出责任,地方配合中央工作。气象事务包括气象卫星、气象装备维修、气象预测、气象服务等工作,具有全国范围的外部性和受益性,应由中央承担支出责任。

根据以上划分方案,并剔除财政不透明部分(即"未统计数据"40.1亿元)后,可得中央和地方政府间各项事权的划分模式以及相应支出结构,如表6-18所示。重新划分后,国土海洋气象事务支出为2233.48亿元,中央和地方政府的支出分别为374.68亿元和1858.80亿元,占比分别为16.78%和83.22%。这意味着,重新划分后中央政府的国土海洋气象支出小幅提高。

表6-18 国土海洋气象领域的事权与支出责任划分方案

项目	财政支出数额/亿元			财政支出比例/%	
	全国	中央	地方	中央	地方
国土资源事务	1781.86	0	1781.86	0.00	100.00
海洋管理事务	151.45	86	65.45	56.78	43.22
测绘事务	62.78	56.50	6.28	90.00	10.00
地震事务	52.1	46.89	5.21	90.00	10.00
气象事务	185.29	185.29	0	100.00	0.00
总额	2233.48	374.68	1858.80	16.78	83.22

注:作者整理。

6.2.2 政府性基金预算中央、地间事权与支出责任的划分方案

政府性基金预算规模庞大,已成为国家第二大预算,其中最主要的是土地出让金收入及其相关支出。2018年土地出让金收入在政府性基金收入中的比重高达83.35%,土地出让金相关支出在政府性基金支出中的比重为84.57%。考虑到土地出让金的重要性,本节将政府性基金预算中的央、地间事权与支出

责任划分方案分为两个部分:土地出让金和其他政府性基金。

(1)逐步取消土地出让金的可行性、难题及其解决对策

土地财政对中国金融、经济、社会长远而稳定的发展构成了巨大威胁,而土地出让金制度是土地财政的关键制度基础。分税制改革后,央、地间财政关系失衡,地方财政产生巨大缺口,地方政府急需寻求新的筹资途径以弥补财政缺口(唐云锋、马春华,2017)。而土地出让金制度赋予了地方政府在土地一级市场的垄断地位,正好为地方政府开辟了新的筹资途径(黄小虎,2012)。于是,地方政府在土地市场中扮演垄断"中间商"的角色,一方面大量征收土地,另一方面"出租"土地使用权,从中赚取差价、坐收红利。随着土地收入不断提高,地方政府财政愈加倚重土地出让金,进而演变为"土地财政"。此外,地方政府在"GDP 论的晋升锦标赛"机制下,更加迫切地需要攫取土地收益投入基础设施建设中,进一步扩大了土地财政规模。由此可见,地方政府的财政需求是土地财政产生的根源,而土地出让金制度则为土地财政提供了制度基础,为地方政府打开了走向土地财政的通道(何代欣,2013)。1998 年后随着地方政府对土地一级市场的垄断制度体系的形成,以及住房市场的发展,土地出让金的规模呈爆发式增长,从 1998 年的 499.56 亿元增长到 2018 年的 65096 亿元①,增长了约120 倍;尽管在 2008 年、2012 年和 2015 年有所回落,但总体仍然呈快速上涨的趋势。不仅如此,随着地方城投平台数量规模的扩大,土地财政逐渐演变为"土地出让"和"土地融资"相结合的新模式,导致地方债务的急剧膨胀。最终,土地财政规模的急剧扩大带来了一系列问题,如房价畸高、经济"脱实向虚"、居民负担过重、贫富差距扩大、农业用地遭到破坏等,威胁着经济、社会的可持续发展。

由上述分析可知,土地出让金制度在土地财政中发挥的关键作用是,使地方政府成为国家土地的唯一"代理人"和垄断的"土地经营者或中间商",为地方政府满足其财政需求、攫取土地收益开辟了重要通道。因此,取消土地出让金可能是解决土地财政问题的一条切实有效的途径。下文将着重分析取消土地出让金的理论可行性、现实难题及其解决对策,从理论和现实的层面分别探讨究竟能否取消土地出让金,最后得出分析结果。

---

① 数据来源:《中国国土资源年鉴(1999)》和财政部《2018 年财政收支情况》。

①逐步取消土地出让金的理论可行性分析。

反对取消征收土地出让金的诸多理由中,最主要的是,中国是社会主义制度国家,现行土地制度是城市土地国有制和农村土地集体所有制,而土地出让金是国家行使土地所有权的经济实现形式,因此取消土地出让金是具有深层次的理论和制度障碍的。《土地管理法》(2004年版)明确指出,"任何单位和个人不得侵占、买卖或者以其他形式非法转让土地";"国家为了公共利益的需要,可以依法对土地实行征收或者征用并给予补偿";"国家依法实行国有土地有偿使用制度"。这一系列法律条款虽然规定只有政府可以代表国家征用和有偿转让土地,但其中"征地补偿""有偿使用"的概念都是模糊的。"征地补偿"并没有规定必须是现金补偿,事实上,征地补偿本身就存在大量实物补偿的案例,如征地、拆迁后的住房安置就是一种实物补偿;同理,"有偿使用"也没有规定必须采用现金形式,不能是其他形式的,如实物。这就为取消以土地出让金为偿付形式的土地转让模式提供了足够的裁量空间。因此,取消征收土地出让金在理论和制度层面上是具有可行性的。

基于以上分析可知,取消土地出让金是可以跨越理论和制度障碍的,且对经济、社会的发展具有积极的影响效应,但不能忽略制度创新过程中所需的执行成本以及可能产生的负向效应。这些执行成本和负向效应正是阻碍制度创新付诸实施的重要因素,也是实际操作中亟待解决的难点问题。因此,若要取消土地出让金,就必须充分考虑这一制度创新可能存在的主要难点问题,只有克服这些难点问题,才能论证取消土地出让金在实践层面的可行性。取消土地出让金的现实难题主要有三个:一是如何有偿转让土地,二是如何弥补地方财政缺口,三是如何降低对房地产市场的冲击。针对这些问题,下文将展开详细分析,并提出切实可行的解决对策,试图说明取消土地出让金在实践层面的可行性。

②逐步取消土地出让金的现实难题及解决对策分析。

ⅰ 如何有偿转让土地?

取消土地出让金可能产生的诸多难点问题中,最重要的是如何有偿转让土地的问题。有学者指出,取消征收土地出让金,将使土地转让回到行政划拨、无偿使用的老路,让持续多年的土地交易市场化改革的成果付诸东流,进而导致土地市场的混乱和寻租腐败的泛滥。这种认识其实是简化了取消土地出让金的改革设计,将取消土地出让金等同于无偿转让土地使用权,忽略了把实物作为偿付形式的土地转让模式。

取消土地出让金的改革设计中,具体的土地开发、转让模式及其实现路径如下。首先,将当前"政府主导土地一级开发、企业负责土地二级开发"的单级开发模式,向"政府、企业一、二级联动开发"模式转变,以此作为过渡。其中,土地一级开发是指,政府或其委托的相关企业,对目标土地进行征收、拆迁,对土地原使用者进行安置、补偿,并对已征用的"生地"进行通水、通电、通路、通信、通燃气和平整等,使该范围内的土地达到"三通一平""五通一平""七通一平"的建设条件,使其成为可用于交易的"熟地";土地二级开发是指房地产开发商拿地,以及拿地后的开发、建设活动;政府、企业一、二级联动开发是指政府和企业达成契约,合作完成土地一级开发,最后由该企业负责土地的二级开发。一、二级联动开发意味着,开发商需要为政府承担部分或全部的土地一级开发成本,即拆迁安置、补偿以及相关基建的费用,同时以较低价格拿到该地块。这种开发模式的优势在于,政府可以解决一级开发资金不足的问题,减轻财政支出负担;同一开发商负责土地的一、二级开发,既可减少工程对接的成本,也能以较低价格拿地,有利于降低土地开发总成本。但联动开发容易产生寻租和腐败行为,因此政府不能采用私下协议的方式给予企业参与联动开发的资格,而是应采取更加透明、规范、市场化的方式,如公开招标等。

在政企一、二级联动开发模式发展为相对成熟的土地市场运作体系后,再将土地开发、转让模式升级为"政府规划—市场主导—政府协调、监管"的模式。"政府规划"是指地方政府根据当地城市化发展的需求,规划出待开发、建设的地块。"市场主导"是指,房地产开发商通过竞标、拍卖等公平、公开、透明的方式,获取已规划地块的开发权和使用权,并主导土地一级开发过程中的征地、拆迁、安置、补偿以及相关基建工作。同时,开发商只需要提供土地一级开发的费用,且不用将费用上交给政府,而是直接用于土地一级开发,最后将土地开发、建设的成果交付给政府,作为土地使用权的偿付条件。"政府协调、监管"是指,在开发商进行土地开发、建设过程中,政府不仅负责协调开发商和被征地居民的利益纠纷,也要委托第三方机构监督开发商的土地一级开发工程和审核、评估开发建设成果及其经费支出情况,还要验收土地建设成果,做好最后把关工作。这种模式的优势在于,其一,对于政府而言,将土地一级开发的职能让渡给开发商,既减少了政府部门的工作,也可有效降低财政负担;其二,对于开发商而言,原先需要缴纳足额的土地出让金①,而后只需要提供土地一级开发的费用,将大幅降低土地成本。

"政府规划—市场主导—政府协调、监管"的模式,不仅可用于解决商、用地的土地开发和转让问题,也适用于工业用地。首先政府根据当地工业化发展的需求,划定工业用地。接着,企业在通过市场化的方式获取工业用地的开发权和使用权后,委托相关建设单位进行土地一级开发,并直接向建设单位支付所有费用。在土地一级开发的过程中,政府需要协调企业和原土地使用者的利益关系,并监督土地开发工程及相关工作,最后验收土地开发建设成果。如此,工业用地转让的偿付形式,就由原先的土地出让金变为土地开发建设成果。

该模式下,地方政府作为国家代表,凭借其土地所有权,获得符合其城市化、工业化发展需求的土地开发建设成果作为实物经济收益,这在制度和经济学理论上都是顺理成章的。因此,将当前的单级模式,向政企一、二级联动模式过渡,之后升级为"政府规划—市场主导—政府协调、监管"的模式,可能是一条取消土地出让金的行之有效的途径。三种模式的区别见于表 6-19。

表 6-19　三种土地转让模式的区别

土地转让模式	政府主导的单级开发模式	政企联动开发模式	"政府规划—市场主导—政府协调、监管"模式
模式所处阶段	当前模式	过渡模式	升级模式
土地一级开发	政府	政府、企业合作	企业
企业的工作内容	土地二级开发	合作土地一级开发,土地二级开发	土地一级开发,土地二级开发
政府的工作内容	规划土地,供应土地,土地一级开发	规划土地,供应土地,合作土地一级开发	规划土地,协调民、企利益,监管土地开发工程

---

　　① 如果把土地出让金界定为土地使用权出让若干年"租金"的折现,那么土地出让金中应包含成本和利润,成本是指土地一级开发的费用,利润是除去成本后的剩余部分。在"政府规划—市场主导—政府协调、监管"的模式下,企业只需要支付土地一级开发的费用,这将大幅降低企业的土地成本。

续表

土地转让模式	政府主导的单级开发模式	政企联动开发模式	"政府规划—市场主导—政府协调、监管"模式
土地转让偿付形式	土地出让金	土地出让金	土地一级开发的建设成果
企业的土地成本	足额的土地出让金	略低于土地出让金	土地一级开发的费用

注：作者整理。

ii 取消土地出让金后如何弥补地方财政缺口？

土地出让金支出中，用于征地、拆迁补偿和土地开发建设等方面的成本支出约占 77.5%。[①] 这意味着，地方政府出让土地的成本约占土地出让金的 77.5%，真实收入约占 22.5%。若根据 2018 年的统计数据估算，土地出让金总额为 65096 亿元，那么地方政府的土地收入约为 14647 亿元。这意味着，取消征收土地出让金，采用前文的土地开发、转让模式，地方政府将减少 14647 亿元的财政收入。不可否认，这笔巨额收入是地方政府推进城市化建设的主要资金来源，对于财政状态紧张的地方政府来说是非常重要的。取消土地出让金后，地方政府将出现巨大财政缺口，这也是许多学者反对取消土地出让金的重要理由。但是，地方政府的财政困难并非大到不可克服，可采用的对策是"开源"和"节流"同步进行。

首先，通过增加国有金融机构和国企的上缴利润进行"开源"。国有金融机构作为全民所有制企业，上缴部分利润用于民生，是金融机构所有者享有经营收益权和合理利益的重要表现。历史上，国有金融机构上缴的利润比例相对较低，是因为国家金融市场较为落后，其自身能力不足，盈利相对较少。但是，近年来，国有金融机构的经营利润屡创新高，提高上缴利润比例，将其更多用于保障和改善民生也是理所应当。2017 年，商业银行业、保险业、信托业、证券业四

[①] 数据来源于《全国财政决算表（2010—2014）》，最终结果由笔者测算所得。测算方法、数据来源见前文 4.3.2。选取 2010—2014 年的数据，是因为 2015—2018 年的财政决算中缺乏土地出让金支出的具体细目和数据。

类金融机构的净利润分别为 17477 亿元①、2567 亿元②、669 亿元③、1130 亿元④,其中国有金融机构贡献了约 90％的利润。若按照党的十八届三中全会的指示,将国有资本利润上缴比例提高到 30％,那么国有金融机构需上缴利润约 5898 亿元。

国有企业上缴利润比例过低也已广受诟病。当前,国企利润上缴比例分为五个档次:一档,烟草类国企,上缴利润比例是 25％;二档,石油、电力、电信等资源型企业,比例是 20％;三档,钢铁、运输、施工等一般竞争型企业,比例是 15％;四档,军工、转制科研院所、邮政、文化企业等,比例是 10％;五档,中储粮、中储棉等政策性企业,免交利润。国企利润上缴比例不仅低于"上市公司股东分红比例为税后可分配利润 30％～40％"这一国际惯例,更是大幅度低于法国、德国、瑞典、韩国、挪威等国的国有企业 80％～90％的利润上缴比例。⑤ 这意味着,我国国有企业的大部分利润仍在国企内部流动,极少用于公共财政和改善民生方面。国企利润不断增加,具备了让全民共享经济发展成果的可能性,应当大幅提高上缴比例,还利于民。若将以上五类国企的利润上缴比例分别提高至 75％、60％、45％、30％和 10％,按 2017 年的国有资本经营数据测算,所有国企的上缴利润总额约为 8000 亿元。⑥

其次,通过降低全口径财政支出进行"节流"。当前全口径财政支出过高的原因在于三个方面,第一,"GDP 论的晋升锦标赛"机制下,地方政府为追求 GDP 增长,将大量财政资金用于基建;第二,政府与市场的界限不明确,政府职能过于宽泛,存在大包大揽的现象,且财政供养人员过多;第三,在财政软约束的背景下,地方政府存在财政超支行为,如"三公"消费严重超标,政绩工程、面子工程、豪华楼堂馆所屡禁不止等问题。因此,降低财政支出可从以上三方面入手。首先,改变以 GDP 增长为核心的政绩考核体系,构建更加系统的综合考核指标,促使地方政府树立科学的发展观和全面的政绩观。其次,明确政府与

① 数据来源:中国银行业协会《2018 年中国银行业发展报告》。
② 数据来源:2018 年 1 月 22 日全国保险监管工作会议,https://baijiahao.baidu.com/s?id=1590347133929384197&wfr=spider&for=pc。
③ 数据来源:第一财经(http://www.sohu.com/a/230948823 222256)。
④ 数据来源:中国证券业协会《2018 年中国证券业发展报告》。
⑤ 资料来源:《中国青年报》(http://politics.people.com.cn/n/2015/0419/c1001-26867250.html)。
⑥ 数据来源于《全国财政决算表(2017)》,由作者测算所得。

市场的边界,加快政府职能转变,让渡部分政府职能交由市场主导,如改变当前地方政府主导土地一级开发的局面,减少甚至禁止国有资本对竞争性行业的涉足。再次,持续推进党政合署办公、功能相近党政机关合并的"双合"改革,切实精简财政供养人员。最后,硬化财政约束,加强政治监管,减少甚至杜绝政府铺张浪费的行为。

通过以上途径,若能减少 1000 亿元的财政支出,同时增加 13898 亿元国有资本经营利润作为财政收入,那么弥补 14647 亿元的财政缺口并非难事。需要注意的是,在提高国企上缴利润比例的同时,必须防范部分国企提价,或者以次充好、偷工减料等,将提高的上缴利润转嫁到广大消费者头上的问题。由于部分国企享有垄断经营特权,实现"转嫁"易如反掌,因此,必须加强对国有企业的产品质量、产品价格等方面的监管。只有这样,提高国企上缴利润的意义才能真正得到体现,广大人民才能真正从中得到福利。

iii 取消土地出让金后如何降低对房地产市场的冲击?

对房地产市场的冲击,主要是指对已缴纳土地出让金的在售楼盘及其开发商的冲击。假设某地区有 n 个在售的同质 A 类楼盘,每个楼盘都有 m 套同质的房产。A 类楼盘的成本主要包括土地出让金 L,建安成本、营销费用及其他税费总和 C,那么该楼盘中每套房产的平均成本为 $(L+C)/m$。同一地区内,有 n' 个即将开售的同质 B 类楼盘,每个楼盘都有 m 套同质的房产。由于 B 类楼盘是在取消土地出让金之后才开发的,其主要成本包括土地开发成本 $L'(0<L'<L)$,建安成本、营销费用及其他税费总和 C,那么该楼盘中每套房产的平均成本为 $(L'+C)/m$。A、B 两类楼盘的唯一区别在于土地成本,A 缴纳了高额的土地出让金 L,B 只需提供土地开发成本的费用 L'。令 B 楼盘开售之前,该地区内房产的供需均衡价格为 P,且 $P \geq (L+C)/m$。B 楼盘开售后,供需均衡价格变为 P^*,这将产生两种情况:一是,房地产需求足够旺盛,以致均衡价格 $P^* \geq (L+C)/m$,A、B 两类楼盘都未产生亏损;二是,需求不足,以致 $(L'+C)/m < P^* < (L+C)/m$,那么 A 类楼盘及其开发商将产生亏损。在第一种情况下,虽然 A 类楼盘并未产生亏损,但这不意味着没有对 A 产生负面影响。如上文所述,取消土地出让金将降低投资者对房地产市场的预期,会挤出部分投资需求,所以 B 楼盘开售后的市场均衡价格 $P^* < P$,这意味着 A 类楼盘房价的下降,以及相关开发商利润的减少。因此,取消土地出让金将对 A 类楼盘及其

开发商造成冲击,且在市场需求越小的地区,造成的冲击越大。

为缓解对房地产市场的冲击,应采取"逐地""逐步"取消土地出让金的"两逐"策略。由上述分析可知,取消土地出让金,对需求旺盛地区的房地产市场的冲击较小。因此,"逐地"取消土地出让金就要先从人口流入量、房地产需求量较大的城市开始,如东部沿海地区较发达的城市,而后陆续向人口流入少、市场需求小的城市铺开,如三、四线城市。"逐步"取消就如前文所述,先将当前的单级模式,向政企一、二级联动模式过渡,之后升级为"政府规划—市场主导—政府协调、监管"的模式。采取"两逐"策略的好处在于,房地产业受到的冲击是局部的、逐次的,而不是一次性的整体冲击。以万科为例,北、上、广、深四个一线城市率先取消土地出让金后,万科在这四个城市的业务将出现利润下滑或亏损,但在其他地区可以继续盈利,以贴补亏损的业务,维持企业正常运行;在房地产业能够适应新的模式,并从中找到利润点后,二线城市陆续取消土地出让金,这时万科在二线城市的亏损,又可以通过一、三、四线城市的利润来弥补。因此,"两逐"策略能够大幅缓解取消土地出让金对房地产市场的冲击,有助于实现房地产市场的"软着陆"。

(2)其他政府性基金在央、地间的划分

如前所述(见4.3.2),当前政府性基金预算及其在央、地间的划分模式存在许多问题。其一,政府性基金缺乏规范性、项目庞杂,且疏于管理,使得近年来基金规模不断扩大,造成了财政收入环境的混乱和居民、企业的巨大负担。其二,虽然政府性基金也编制预算,但基础资料不够完整,也不像税收那样有固定的税率和可测算的税基,这使得收支预测准确率低下,预算执行效果不佳,大量结余沉淀,财政资金使用效率低下。

针对上述现实问题,本小节结合中国国情和国际经验,将2018年的财政数据作为参考对象,提出政府性基金领域央、地间财政支出划分的具体方案。具体方案如下。

①厘清政府与市场的关系,去除部分政府性基金项目。政府性基金项目庞杂,其中不乏政府过度干预市场的项目,应予以去除。其一,废弃电器电子产品处理基金项目,废弃电器电子产品的回收利用是具有一定利润空间的,因此该项目并非必须政府参与,可以完全交由市场负责。其二,旅游发展基金,旅游业发展的最大受益方是旅游机构、旅游景点以及酒店、餐饮等配套服务的供应商,

因此旅游发展事务应由地方旅游业协会或相关社会组织负责,而不是由政府承担相应事权和支出责任。其三,国家电影事业专项发展基金,电影事业发展有票房收益为支撑,且受益方是影片制作团队和影院,因此电影发展事务应由电影业协会或其他相关社会组织负责。其四,彩票公益金以及彩票发行和销售机构业务应全部由相关社会慈善机构负责,政府参与彩票事务反而容易造成权力寻租并且滋生腐败,因此政府不应涉足彩票事务。

②削减部分政府性基金项目。部分政府性基金项目所涉及的公共产品为准公共产品,如民航事务、港口运营等,因此这些事务应由政府和市场共同负责,缩减政府职能范围,充分发挥市场的作用,减少政府负担和财政压力。具体而言,铁路建设基金、民航发展基金、港口建设费、车辆通行费这四个项目及其相关支出应至少削减50%。同时,削减所有其他未列的细枝末节的项目。

根据以上划分方案,并对相应政府性基金收入项目进行相同操作,可得政府性基金预算及其在央、地间的划分模式和相应支出结构,如表6-20所示。重新划分后,政府性基金总支出为8137.08亿元,中央和地方政府的政府性基金支出分别为2172.39亿元和5964.69亿元,占比分别为27%和73%。这意味着,重新划分后政府性基金项目数量将得到控制,政府性基金收入和支出大幅下降,其中中央政府的收支比重显著提高。

表6-20　央、地间政府性基金支出划分方案

项目		支出数额/亿元			支出比重/%	
		全国	中央	地方	中央	地方
中央政府性基金	铁路建设基金支出	282.67	282.67	0.00	100	0
	中央特别国债经营基金财务支出	632.92	632.92	0.00	100	0
	核电站乏燃料处理处置基金支出	14.97	14.91	0.06	99.6	0.40
	船舶油污损害赔偿基金支出	0.16	0.16	0.00	100	0
	废弃电器电子产品处理基金支出	0.00	0.00	0.00	0	0

项目		支出数额/亿元			支出比重/%	
		全国	中央	地方	中央	地方
地方政府性基金	海南省高等级公路车辆通行附加费支出	33.79	0.00	33.79	0	100
	国有土地使用权出让金相关支出	0.00	0.00	0.00	0	0
	国有土地收益基金支出	1660.35	0.03	1660.32	0	100
	农业土地开发资金支出	126.09	0.15	125.94	0.12	99.88
	中央水库移民扶持基金支出	240.66	1.09	239.57	0.45	99.55
	城市基础设施配套费支出	1707.56	0.41	1707.15	0.02	99.98
	地方水库移民扶持基金支出	51.01	0.00	51.01	0	100
	车辆通行费支出	1201.32	0.00	1201.32	0	100
	污水处理费相关支出	474.44	0.00	474.44	0	100
	其他支出	0.00	0.00	0.00	0	0
共享政府性基金	农网还贷资金支出	202.33	158.11	44.22	78.14	21.86
	民航发展基金支出	238.36	106.13	132.23	44.53	55.47
	港口建设费支出	104.89	29.37	75.52	28	72
	旅游发展基金支出	0.00	0.00	0.00	0	0
	国家电影事业发展专项资金支出	0.00	0.00	0.00	0	0
	彩票公益金支出	0.00	0.00	0.00	0	0
	国家重大水利工程建设基金支出	326.77	177.88	148.89	54.44	45.56
	可再生能源电价附加收入安排的支出	838.79	768.56	70.23	91.63	8.37
	彩票发行和销售机构业务费安排的支出	0.00	0.00	0.00	0	0

续表

项目	支出数额/亿元			支出比重/%	
	全国	中央	地方	中央	地方
总计	8137.08	2172.39	5964.69	26.70	73.30

注:作者整理。

6.2.3 国有资本经营预算中央、地间事权与支出责任的划分方案

如前所述(见4.3.3),当前国有资本经营收支及其在央、地间的划分模式存在许多问题。其一,国有资本涉足了太多竞争性行业,如轻纺工业、化工、运输、房地产、建筑等等。其二,国有企业、国有金融机构上缴利润比例太低,参考前文4.3.3中的国企利润上缴比例等级划分。其三,国有资本经营利润大多留在国企内部,只有少量用于支持社保基金。

针对上述现实问题,本节结合中国国情和国际经验,将2018年的财政数据作为参考对象,提出国有资本经营预算领域央、地间财政收支划分的具体方案。具体方案如下。

①将国有资本从竞争性行业中撤出。当前中国政府涉足了许多竞争性行业,如轻纺、化工、建筑等等,且对这些国有企业实施隐性保护,这不仅容易导致国有企业腐败和国有资产流失,也不利于市场的正常竞争和经济的健康发展。因此,应对化工企业、运输企业、电子企业、机械企业、投资服务企业、轻纺企业、贸易企业、建筑施工企业、房地产企业、建材企业、境外企业、对外合作企业、医药企业、农林牧渔企业、邮政企业和教育文化广播企业、科学研究企业进行市场化改革,将这些企业产权转让给私人或其他市场团体。同时,保留能源型企业、军工企业等具有国家战略价值的国有企业。

②提高国有企业上缴利润比例①。第一,烟草类国企,上缴利润比例由25%提高至75%;第二,石油、石化、电力、电信、煤炭等资源型企业,上缴比例由20%提高至60%;第三,钢铁、运输、电子、贸易、施工等一般竞争型企业,已被转让,不再上缴利润;第四,军工、转制科研院所、中国邮政集团公司、文化企业等,

---

① 部分国有企业转制后,国有企业上缴总利润将下降。因此,应提高国有资本利润比例,使总利润接近原有水平。

仍保留的企业上缴比例由 10% 提高至 30%,已转让产权的企业不再上缴利润;第五,中储粮、中储棉等政策性企业,仍保留的企业上缴 20%,已转让产权的企业不再上缴利润。由此可得央、地间国有资本经营收入的分配方案,如表 6-21 所示。

③调整国有资本经营支出结构,加强对社保基金的支持力度。国有资本为全民所有,上缴一定比例的经营利润,是国有资本出资人享有经营收益权的重要表现。在过去,国有企业发展相对落后,其利润多用于自身建设和发展,这是由历史环境所决定的。但是,近年来,国有企业不断发展壮大,涌现出越来越多的世界 500 强企业,经营利润屡创新高,其上缴利润更多用于保障和改善民生也是理所应当。从数据来看(见表 4-29),2018 年国有资本经营预算支出中用于补充社保基金的仅为 13.29 亿元,占比不足 1%。这意味着,国有企业的大部分利润仍在国企内部流动,极少用于公共财政和改善民生方面。国有企业不断发展壮大,具备了让全民共享改革发展成果的可能,应当提高用于补充社保基金的比例。具体而言,其一,用国企余留利润支付全部国企资本金注入和其他支出,以及用于解决部分历史遗留问题和支付改革成本。其二,取消对国有企业的政策性补助,所有国企自负盈亏,若长期亏损则将其从市场中出清,或将其转为私有。

根据以上划分方案,可得国有资本经营收支及其在央、地间的划分模式,如表 6-21 和表 6-22 所示。重新划分后,国有企业数量将大幅减少,尤其是竞争性企业,同时保留企业的上缴利润将显著提高。国有资本经营总收入为 2708.88 亿元,中央和地方政府的国有资本经营收入分别为 2488.47 亿元和 220.41 亿元,占比分别为 91.86% 和 8.14%。从支出项目来看,大部分国有资本经营收入将用于补充社保基金,剩余资金用于解决历史遗留问题和支付改革成本。

表 6-21　央、地间国有资本经营收入分配方案

项目	收入数额/亿元			收入比重/%	
	全国	中央	地方	中央	地方
烟草企业利润	1216.14	1216.14	0	100.00	0.00
石油石化企业利润	170.22	166.29	3.93	97.69	2.31

续表

项目	收入数额/亿元			收入比重/%	
	全国	中央	地方	中央	地方
电力企业利润	575.25	503.31	71.94	87.49	12.51
电信企业利润	465.6	465.39	0.21	99.95	0.05
煤炭企业利润	155.91	93.36	62.55	59.88	40.12
有色冶金采掘企业利润	8.37	0	8.37	0.00	100.00
钢铁企业利润	57.03	0.6	56.43	1.05	98.95
化工企业利润	0	0	0	0.00	0.00
运输企业利润	0	0	0	0.00	0.00
电子企业利润	0	0	0	0.00	0.00
机械企业利润	0	0	0	0.00	0.00
投资服务企业利润	0	0	0	0.00	0.00
纺织轻工企业利润	0	0	0	0.00	0.00
贸易企业利润	0	0	0	0.00	0.00
建筑施工企业利润	0	0	0	0.00	0.00
房地产企业利润	0	0	0	0.00	0.00
建材企业利润	0	0	0	0.00	0.00
境外企业利润	0	0	0	0.00	0.00
对外合作企业利润	0	0	0	0.00	0.00
医药企业利润	0	0	0	0.00	0.00
农林牧渔企业利润	0	0	0	0.00	0.00
邮政企业利润	0	0	0	0.00	0.00
军工企业利润	3.03	0	3.03	0.00	100.00
转制科研院所利润	13.44	8.04	5.4	59.82	40.18
地质勘查企业利润	6.72	1.71	5.01	25.45	74.55
卫生体育福利企业利润	0.21	0	0.21	0.00	100.00
教育文化广播企业利润	0	0	0	0.00	0.00
科学研究企业利润	0	0	0	0.00	0.00

续表

项目	收入数额/亿元			收入比重/%	
	全国	中央	地方	中央	地方
机关社团所属企业利润	26.25	22.92	3.33	87.31	12.69
新疆生产建设兵团所属企业利润	10.71	10.71	0	100.00	0.00
其他企业利润	0	0	0	0.00	0.00
总额	2708.88	2488.47	220.41	91.86	8.14

注:作者整理。

表 6-22　央、地间国有资本经营支出划分方案

项目	支出数额/亿元			支出比重/%	
	全国	中央	地方	中央	地方
补充社保基金支出	2377.66	2291.88	85.78	96.39	3.61
解决历史遗留问题及改革成本支出	331.22	196.60	134.62	59.36	40.64
国有企业资本金注入	0	0	0	0.00	0.00
国有企业政策性补贴	0	0	0	0.00	0.00
其他国有资本经营预算支出	0	0	0	0.00	0.00
总额	2708.88	2488.47	220.41	91.86	8.14

注:作者整理。

6.2.4　社会保险基金预算中央、地间事权与支出责任的划分方案

如前所述(见4.3.4),当前社保基金及其在央、地间的划分模式存在许多问题。其中最主要的问题之一是社保基金的统筹层级太低,难以实现跨地区的收入再分配,无法保障全国范围内的公平性。如表4-30所示,中央政府承担的社保基金支出仅占0.79%,而地方政府负责了几乎所有社保事务的统筹安排工作。这意味着,中央政府没有足够的宏观调控能力,难以实现社保服务的均衡供给。

针对上述现实问题,本节结合中国国情和国际经验,将 2018 年的财政数据作为参考对象,提出社保基金预算领域央、地间财政支出划分的具体方案。社会保险基金的重要职能是收入再分配和保障公平性,但当前社保基金都采用地方统筹的运作模式,极易造成各自为政的现象,制约了地区间的收入再分配,使得富有的地区更加富有,贫困的地区更加贫困,进而加剧地区间的发展失衡。从美、英、俄等国的经验来看,美国和英国的中央政府承担了绝大部分社会保障支出,而俄罗斯的社会保险基金也基本上实现了全国统筹,尤其是养老保险基金。就中国的养老保险基金而言,根据《社会保险法》第八章第六十四条的指示,基本养老保险基金应逐步实行全国统筹。故养老保险这一关乎全国老年人的福利公平和生活质量的社会保险服务,应由中央政府负责全部相关事务。其次,《社会保险法》虽未规定医疗保险基金要实行全国统筹,但事实上重大疾病正是许多普通家庭陷入贫困的重要因素之一,因此在当前地区间、城乡间经济水平发展失衡形势日益严重的背景下,将医疗保险统筹到全国可能是扶贫和缩小地区间、城乡间发展差距的一条重要途径。故医疗保险这一关乎全国人民身体健康、生活质量的社会保险服务,应由中央政府负责全部相关事务。再次,工伤保险、生育保险、失业保险的外部性往往限于省内,应统筹到省级层面。

根据以上划分方案,可得社会保险基金支出及其在央、地间的划分模式,如表 6-23 所示。重新划分后,社会保险基金支出为 67380.7 亿元,中央和地方政府的社会保险基金支出分别为 64987.7 亿元和 2392.99 亿元,占比分别为 96.45% 和 3.55%。这意味着,重新划分后绝大部分社会保险基金事务将由中央政府负责,社会保险基金的统筹级别得到了很大的提高,尤其是养老保险和医疗保险基金。

表 6-23　央、地间社会保险基金支出划分方案

项目	支出数额/亿元			支出比重/%	
	全国	中央	地方	中央	地方
企业职工基本养老保险基金	31567.28	31567.28	0	100.00	0.00
城乡居民基本养老保险基金	2938.39	2938.39	0	100.00	0.00

续表

项目	支出数额/亿元			支出比重/%	
	全国	中央	地方	中央	地方
机关事业单位基本养老保险基金	12680.94	12680.94	0	100.00	0.00
城镇职工基本医疗保险基金	10524.54	10524.54	0	100.00	0.00
城镇居民基本医疗保险基金	163.86	163.86	0	100.00	0.00
新型农村合作医疗基金	711.34	711.34	0	100.00	0.00
城乡居民基本医疗保险基金	6394.25	6394.25	0	100.00	0.00
工伤保险基金	725.03	2.5	722.53	0.34	99.66
失业保险基金	915.31	2.4	912.91	0.26	99.74
生育保险基金	759.75	2.2	757.55	0.29	99.71
总额	67380.69	64987.7	2392.99	96.45	3.55

注：作者整理。

6.2.5 新冠疫情背景下央、地间公共卫生事权与支出责任划分研究

本节在新冠疫情的背景下，研究央、地间公共卫生事权与支出责任划分问题。首先，界定事权范围。梳理已有文献、财政账目和卫生法律，界定公共卫生事权的范围，明确相应支出内容。其次，分析现状与改革。通过分析公共卫生领域的行政体系结构、详细数据，以及事权改革文件，探讨事权和支出责任划分的现状与改革。再次，明确事权划分方向。归纳新冠疫情的发展路径，并基于此找出完善公共卫生体系的核心要素和事权划分的重要方向。最后，提出事权划分方案。结合国际经验，从责任分配、行政体系、法制建设等方面，提出完善中央与地方公共卫生事权与支出责任划分的方案。

（1）公共卫生支出与事权范围的界定

明确界定公共卫生事权范围是研究其事权与支出责任划分问题的逻辑起点和重要基础（肖蕾等，2018）。而公共卫生事权又需要从公共卫生支出的概念范畴和具体内容中体现出来。那么事权界定就意味着需要明确公共卫生支出的概念和内容。

已有文献中关于"公共卫生支出"的界定主要有三种，它们之间的联系与区别如图 6-1 所示。第一种"公共卫生支出"是指政府财政用于医疗和公共卫生领域的所有支出，所以也被称为政府卫生总支出，如椭圆 A。中国的政府卫生总支出，不仅包括政府用于公共卫生、医疗服务方面的支出，也包括用于家庭人口计划、食品药监等方面的支出。在政府卫生总支出中，用于疾病防控、卫生监督、精神健康等有助于改善居民健康状况的支出，也被称为"窄口径公共卫生支出"，如圆 B；而政府为居民提供医疗服务和建设公共医疗机构的支出则被称为医疗服务支出，如圆 C。前者即第二种"公共卫生支出"，而前者与后者的叠加（B＋C）则是第三种"公共卫生支出"，表示政府用于公共卫生和医疗服务的支出总和，也被称为"宽口径公共卫生支出"（Khaleghian and Gupta，2005）。

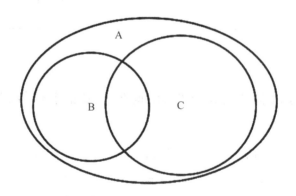

图 6-1　公共卫生支出的界定

注：A 为政府卫生总支出，B 为窄口径公共卫生支出，C 为医疗服务支出，B＋C 为宽口径公共卫生支出。作者结合已有文献整理所得。

由于概念和计算口径不统一，经常产生许多词语和概念误用、混用的现象，甚至得出错误的结论。有些学者更倾向于将公共卫生支出理解为窄口径的，如龚向光(2003),吕卓鸿(2005),鄂启顺、刘嘉楠(2005),冯显威、陈曼莉(2005),曹树基(2006)。另外一些则认为宽口径的更加科学合理,如王俊、陈共(2007),王晓洁(2009;2011),肖秀玲(2013)等。然而,同样认可某种口径的不同学者,他们界定的宽口径或窄口径公共卫生支出的具体内容也是不同的。例如王俊、陈共(2007)和王晓洁(2009)都更加认可宽口径的,但他们界定的宽口径公共卫生支出却是不同的。这意味着一万个学者可能有一万种不同的计算口径,他们将得出不同的中国公共卫生支出的现状评价。大多数学者认为中国公共卫生支出水平还远远不够,如王晓洁(2011),梁学平(2013),杨良松、刘红芹(2015),张嘉宁(2015),肖蕾等(2018),李岩等(2018)。但王俊(2007)认为财政对于公共卫生投入不足的问题已经获得了很大缓解,而且某些地区的公共卫生支出水平甚至超过了发达国家,目前公共卫生体系最大的问题是支出效率太低。可见,由于公共卫生支出的界定不同,对于公共卫生支出事权范围的理解也会不同,进而使得我们难以开展事权与支出责任划分的研究。

鉴于此,需要科学界定和规范使用公共卫生支出的概念、内容,以便明确其事权范围。首先,公共卫生是指通过制定政策、措施来预防疾病、提高居民身心健康水平和延长寿命的一门科学,而公共卫生支出则应该是政府财政用于实现以上目标所消耗的资源。就中国目前的情况而言,政府卫生总支出中包含了许多并不能实现以上目标的项目,如2014年归入其中的计划生育项目。首先,从公共产品理论的角度来讲,公共卫生支出是政府为干预医疗卫生市场失灵而出现的,而计划生育无关乎卫生市场失灵。其次,计划生育也无法有效地起到预防疾病、提高居民身心健康水平和延长寿命的作用。再次,世界上绝大部分国家不存在计划生育项目,或者未将其纳入公共卫生体系中。因此,政府卫生总支出超出了公共卫生支出的范畴。

由上可知,公共卫生支出的界定应从窄口径或宽口径的公共卫生支出中做出辨别和选择。窄口径与宽口径之间最主要的区别是,前者剥离了政府的医疗服务支出,仅包含政府在公共卫生服务方面的支出,如疾病防控等(见图6-2的B)。这就使问题变成"是否应该将公共医疗服务纳入公共卫生的范畴"。对此,王俊、陈共(2007)认为公共医疗机构事实上也承担着公共卫生服务的职能,如传染病防控,故将医疗服务支出归为公共卫生支出的一部分。事实也是如此,在新冠疫情的防控过程中,公立医疗机构发挥了巨大的作用。

若采用窄口径概念,将大幅低估政府财政在公共卫生领域的事权范围和资金投入。

因此,宽口径(图 6-2 中的 B+C)更加科学合理,也能够更好地反映公共卫生事权的范围和内容。本节的定义与当前政府收支科目分类表中的"公共卫生支出"(图 6-2 虚线框内容)存在较大差别,后者实际上是"窄口径"的,但不包含基层医疗卫生机构和食品药监管理事务的支出。首先,公共卫生支出是指政府用于预防疾病、提高居民身心健康水平和延长寿命的支出,而食品药监管理、基层医疗卫生机构建设和运营都有助于实现这些目标。其次,防止医疗卫生、食品安全领域的市场失灵是政府提供公共卫生产品或服务的一个重要目的(高培勇,2009)。因此,食品药监管理事务、基层医疗卫生机构应纳入公共卫生事权范围。

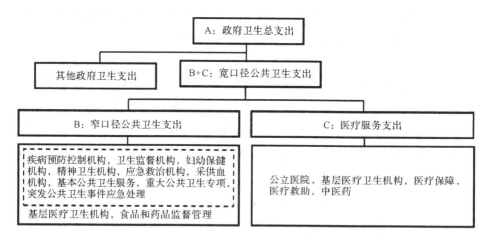

图 6-2　公共卫生支出内容和事权范围的界定

注:图中字母所代表含义与图 6-1 一致。作者根据中国卫生账目整理所得。

(2)中国公共卫生事权与支出责任划分的现状与改革

根据前文的概念界定和政府收支科目分类表中的内容,公共卫生事权范围应包括公立医院、基层医疗卫生、疾病预防控制、卫生监督、妇幼保健、精神卫生机构、应急救治、采供血、其他专业公共卫生机构、基本公共卫生服务、重大公共卫生专项、突发公共卫生事件应急处理、中医药、食品和药品监督管理、医疗保障、医疗救助等项目(如表 6-24 所示)。

表 6-24　2014—2018 年中国公共卫生支出规模测算

项目		2014	2015	2016	2017	2018
公共卫生支出细目/亿元	公立医院经费	1371.05	1726.66	2075.13	2193.47	2294.74
	基层医疗卫生机构	937.95	1102.36	1210.57	1325.18	1379.09
	疾病预防控制机构	236.44	280.09	312.93	341.99	373.35
	卫生监督机构	66.84	77.09	83.93	93.05	100.82
	妇幼保健机构	109.54	137.13	166.48	199.72	194.04
	精神卫生机构	5.41	7.59	7.86	8.49	9.91
	应急救治机构	19.06	22.59	23.56	27.05	30.61
	采供血机构	47.8	55.86	62.6	73.57	76.34
	其他专业公共卫生机构	9.89	11.15	14.29	13.4	14.64
	基本公共卫生服务	457.37	579.51	642.23	697.05	793.44
	重大公共卫生专项	275.85	276.59	277.55	287.29	287.99
	突发公共卫生事件应急处理	7.98	6.09	6.18	8.52	6.78
	中医药	24.35	32.28	38.63	41.88	49.51
	食品和药品监督管理事务	242.82	336.7	390.2	436.3	456.85
	医疗保障	4622.27	5416.46	5953.34	5024.08	5482.71
	医疗救助	212.90	240.58	266.94	320.91	469.68
公共卫生支出/亿元		8647.52	10308.73	11532.42	11091.95	12020.5
人均公共卫生支出/元		632.21	749.93	834.04	797.94	861.45
公共卫生支出/ GDP/‰		1.35	1.50	1.56	1.35	1.34

续表

项目	2014	2015	2016	2017	2018
公共卫生支出/一般公共支出/%	5.70	5.86	6.14	5.46	5.44
公共卫生支出/全口径财政支出/%	3.63	3.98	4.07	3.43	3.40

注:全口径财政支出即政府支出(全口径财政支出＝一般公共支出＋政府性基金支出＋国有资本经营支出＋社保基金支出－重复项)。以上数据来源于《全国财政决算表(2014—2018)》、中国国家统计局数据库,笔者测算所得。

①政府在公共卫生领域的投入严重不足,存在明显的缺位

ⅰ政府的公共卫生支出比重过低,与畸高的宏观税负形成鲜明对比

中国全口径宏观税负居高不下①,2014—2018 年的均值超过 38%,并在 2018 年达到 39.85%,但公共卫生支出在 GDP 中的平均比重不足 1.5%,与前者形成鲜明对比。这意味着中国居民承担了沉重的税费负担,甚至超过发达国家的税负水平,却无法享受到与之相匹配的公共卫生和医疗服务。进一步的,公共卫生在全口径财政支出中的平均占比不足 4%。这是因为政府将大量收入用于其他项目,尤其是基础设施建设支出。以 2018 年的数据为例,土地出让金安排的支出高达 68167.34 亿元,其中超过 60% 用于拆迁和土地开发建设;一般公共预算中,城乡社区事务支出和交通运输支出分别为 22124.13 亿元和 11282.76 亿元,其中超过 20000 亿元用于建设道路、铁路、机场以及社区相关配套设施等。那么全口径财政支出中约有 60000 亿元用于基础设施建设,几乎是公共卫生支出的 5 倍。

ⅱ公共卫生支出呈增长趋势,但增长速度过慢

从绝对数额来看,公共卫生支出数额以 8.90% 的年平均增速增长,从 2014 年的 8647.52 亿元增长到 2018 年的 12020.5 亿元,呈波动上升的趋势。但公共卫生支出在 GDP、一般公共支出和全口径财政支出中的占比,表现为先上涨后下降的变化趋势,且 2018 年低于 2014 年。随着经济的增长,政府在公共服

---

① 全口径宏观税负＝(一般公共收入＋政府性基金收入＋国有资本经营收入＋社会保险基金收入－重复项)/GDP。数据来源于《全国财政决算表(2014—2018)》,由作者测算所得。

务领域的支出也不断增长,但增速超过了公共卫生支出的增速。这意味着政府对公共卫生事务重视程度不足,使得居民无法从公共卫生和医疗服务体系中享受到经济增长的红利。如前所述,政府将大量经济增长的红利投入了基础设施建设中,以谋求更快的经济增速。但从新冠疫情对中国经济和世界经济造成的冲击来看,提高公共卫生支出数额和效率,持续完善公共卫生体系,防止重大疫情再次出现,也是一种保障经济稳定增长的重要途径。

ⅲ 对于重大突发性公共卫生事件关注不够

对于重大突发性公共卫生事件的关注不够,在"量"和"质"的层面均有体现。在"量"的层面上表现为政府财政对疾病防控机构、应急救治机构、重大公共卫生专项、突发公共卫生事件应急处理的投入不足。尤其是用于突发公共卫生事件应急处理支出,在公共卫生支出中的平均占比不足 0.1%。且这项支出呈波动下降的趋势,从 2014 年的 7.98 亿元降至 2018 年的 6.78 亿元。在"质"的层面上表现为疾病防控工作主要集中于常见疾病或常规流行病的防控,缺乏对突发性的传染性疾病的监测和防控,如新冠疫情。

②中央和地方政府公共卫生事权划分不明确、职能重叠严重

公共卫生对于中央和地方政府来说其职能、内涵应该是不同的,全国性的公共卫生事权防控等需要中央政府进行引领、协调和全面管控,而辖区内部的医疗和公共卫生服务供给则需要地方政府负责。但事实上,中央和地方政府公共卫生事权划分不明确、职能重叠的现象已经十分严重。从行政体系来看,中央政府所设置的公共卫生机构,在省级政府均有设置,如国家卫健委的直属机构中的公立医院、大学、科研机构、新闻宣传部门等在省级卫健委中都有对应(见图 6-3)。其原因是当前行政发包体制下的地方政府跟随行为,即地方政府部门为实现预算与决算方式、资金按项目划拨方式等与中央政府相配套,进而达到与财政支出相对应的目的,采取了与中央"同责同构"的行政跟随策略。地方公共卫生部门的跟随行为,使其几乎成为中央公共卫生部门的"低级版本"。这种行政体系看似"条块分明",但其实际结果是政府在公共卫生职能领域的交叉重复、上行下效、事倍功半、人员冗余。

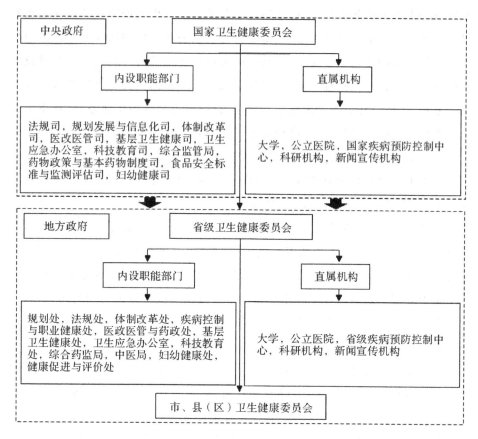

图 6-3　中央和地方公共卫生部门的机构设置

③事权与支出责任划分不合理,地方支出压力过大

央、地间事权与支出责任划分不合理主要体现在三个方面。其一,中央政府在公共卫生领域的事权无从体现。中央政府应主要负责卫生法律制定、公共卫生信息系统建设、全国范围重大公共卫生事件防控等外部性较大的事权及其支出责任。但如表 6-25 所示,所有公共卫生支出项目都由地方政府承担。其二,地方政府的公共卫生支出压力巨大。地方政府承担了几乎所有的公共卫生支出,2015—2018 年的平均支出比重超过 99%。这带来的后果是巨大的地方财政支出压力和地区间公共卫生产品供给的极度不均衡。其原因是,一方面中央和地方政府间事权归属不明确、职能重叠,另一方面在现行的官员任命机制下,地方政府在事权和支出责任分配的博弈中处于劣势地位,进而造成支出责

任下沉或"中央请客,地方买单"的现象。其三,中央政府在公共卫生职能领域不仅存在缺位,也存在越位。公立医院作为政府提供医疗服务的载体,其财政经费可以视为医疗服务支出。医疗服务的外部性较小,应由地方承担事权,再考虑医疗服务供给均等化的问题,由中央承担部分支出。但事实上,中央政府(指国家卫健委)的下辖机构中包含了数家医院,直接承担了部分医疗服务事权和支出,如图 6-3 和表 6-25 所示。

表 6-25　2015—2018 年中央与地方公共卫生支出

项目/亿元	2015		2016		2017		2018	
	中央	地方	中央	地方	中央	地方	中央	地方
公立医院经费	34.75	1691.91	38.77	2036.36	49.81	2143.66	72.48	2222.26
基层医疗卫生机构	0.49	1101.87	0.73	1209.84	0.19	1324.99	8.35	1370.74
疾病预防控制机构	2.72	277.37	3.08	309.85	3.14	338.85	5	368.35
卫生监督机构	0	77.09	0	83.93	0	93.05	0.54	100.28
妇幼保健机构	0	137.13	0.02	166.46	0.01	199.71	0.13	193.91
精神卫生机构	0	7.59	0	7.86	0	8.49	0	9.91
应急救治机构	0.16	22.43	0.04	23.52	0	27.05	0.03	30.58
采供血机构	0	55.86	0	62.6	0.11	73.46	0.32	76.02
其他专业公共卫生机构	0.65	10.5	0.77	13.52	0.78	12.62	0.74	13.9
基本公共卫生服务	1.03	578.48	1.23	641	1.36	695.69	2.13	791.31
重大公共卫生专项	2.44	274.15	2.19	275.36	2.23	285.06	2.32	285.67
突发公共卫生事件应急处理	1.57	4.52	1.62	4.56	1.45	7.07	1.44	5.34
中医药	0.58	31.7	0.75	37.88	2.7	39.18	2.32	47.19

续表

项目/亿元		2015		2016		2017		2018	
		中央	地方	中央	地方	中央	地方	中央	地方
食品和药品监督管理事务		14.36	322.34	14.62	375.58	16.19	420.11	19.08	437.77
医疗保障		11.9	5404.56	11.77	5941.57	7.39	5016.69	11.42	5471.29
医疗救助		0.8	239.78	0.87	266.07	0.87	320.04	1.2	468.48
总计	数额/亿元	71.45	10237.28	76.46	11455.96	86.23	11005.72	127.5	11893
	占比/%	0.69	99.31	0.66	99.34	0.78	99.22	1.06	98.94

注:数据来源于《全国财政决算表(2014—2018)》、中国国家统计局数据库,笔者测算所得。

④公共卫生领域财政事权和支出责任划分改革的进步与不足

2018年8月,国务院办公厅印发的《医疗卫生领域中央与地方财政事权和支出责任划分改革方案》的进步性主要表现在三个方面。其一,该方案明确了部分中央承担和央、地共担的事权和支出责任,如中央政府承担全国性或跨区域的重大传染病防控等,中央和地方政府共同承担医疗保障等事务。其二,有意提高中央政府在公共卫生领域的事权和支出责任,减轻地方政府支出压力。其三,采取了"不同地区、分档分担"的策略,这有助于促进公共卫生服务供给的均等化。即按经济发展水平等将全国各省、自治区、直辖市分为五档,对于央、地共担的事权和支出责任,按不同比例分担财政支出责任,如四川被列为第一档,那么四川省级财政需要承担20%的医疗保障支出,而中央政府则承担剩余的80%。

然而,该方案依然存在明显的不足。其一,对于央、地间公共卫生事权的划分不够明晰,比较笼统,且在操作层面还有许多亟待解决的问题。比如同属于疾病预防控制服务,重大传染病防治的受益范围明显较地方病防治更广,其事权归属和支出责任也应不同。又如基本医疗服务、食品药监等事权还未划分(肖蕾等,2018)。其二,该方案的法律效力不够,很难有效约束各级政府的行为。从法律效力上看,国务院及其下属部委的"决定""方案"相对于法律属于下位法,其法律约束性相对较低,且由于其变动性较大、稳定性不足,容易造成公共卫生事权与支出责任划分的随意性(丁忠毅、谭雅丹,2019)。其三,该方案没有明确划分同级政府部门的公共卫生事权和职能。由于公共卫生事务涉及财政部、卫健委、社保部门、中医药等多个部门,而各部门的利益诉求并不完全一致,这就可能导致在实际操作中产生推诿不利事权、争抢有利事权的现象,进而无法有效摆脱当前事权划分不清的局面。

(3)新冠疫情背景下公共卫生事权与支出责任划分的理论分析

①重大疫情发展路径与央、地两级政府的公共卫生事权——以新冠疫情为例

本小节通过考察新中国历史上的几次重大疫情,归纳出疫情的一般发展路径,以及中央和地方政府在疫情发展过程中承担的职责和发挥的作用,再以新冠疫情为例进行分析,为央、地间公共卫生事权与支出责任划分提供参考。

ⅰ初现阶段

重大疫情的发展往往呈现出“由点到面”的过程,如“非典”于2002年在中国广东发生,最后扩散至东南亚乃至全球,因此在疫情初现阶段,都存在某个起始点,即疫情发源地。假设疫情发源地隶属于地方政府A,那么A在疫情初现阶段主要有三种决策选择(如图6-4所示):其一,直接上报中央政府;其二,隐瞒并忽视疫情;其三,隐瞒但着手控制疫情。若选择第一种,中央政府也存在三种选择,公开疫情并控制疫情;或者为了维护地区稳定,选择隐瞒疫情但着手控制疫情,则有望将其扑灭;若选择隐瞒并忽视疫情,则必将导致疫情在地区A扩散开来。若地方政府A为了维护地方稳定,没有意识到疫情的严重性或存在侥幸心理,选择隐瞒并忽视疫情,结果是疫情的扩散。若A既想要辖区内的稳定,也重视疫情,选择隐瞒但着手控制疫情,则也有希望通过地方自身医疗卫生体系防止疫情扩散。

ⅱ扩散与暴发阶段

疫情往往起始于某个地点,进而在一定区域内扩散。此时地方政府A有两种决策方案,一是采取必要的交通管制措施,控制并减少人员的流动,降低疫情的扩散速度;二是继续隐瞒疫情,不采取任何措施。由于地方政府A选择第一种方案,就意味着公开疫情。A在第一阶段选择直接上报中央政府,并获得上级许可,则会更倾向于选择第一方案。这是最有利于快速控制疫情的途径。但

如果 A 在第一阶段选择隐瞒,那么 A 更倾向于继续隐瞒。需要说明的是,若疫情在初现阶段没有得到有效控制,在这一阶段,无论 A 选择哪种方案,都无法完全阻止疫情的跨地区扩散和暴发(见图 6-4)。这是因为人员的流动,可能让从 A 地去往其他地区的人员或途经 A 地的人员感染疫情,并导致跨地区扩散。

2019 年 12 月中下旬,武汉出现多例新冠肺炎患者,随着感染数量的不断增加,直到 2020 年 1 月 23 日,当地政府采取封城措施。但此时新冠肺炎疫情已经在武汉扩散,并随着春运的人流向全国各地扩散,疫情进入扩散和暴发阶段。在这一阶段中,地方政府获得中央政府许可,采取了"史无前例"的封城措施,防止人口的持续流动和疫情的进一步扩散。地方政府承担了主要的公共卫生监管、疫情防控等事权和职责,但公开疫情、采取封城措施却需要中央政府的许可。这表明央、地间公共卫生事权划分缺乏合理性和科学性。以公共卫生监督事权为例,一方面,中央和地方是委托代理的关系,地方政府作为代理人,存在道德风险和反向选择的问题,进而可能产生隐瞒疫情的动机;另一方面,该事权具有跨区域的外部性,所以应由中央政府承担主要事权,地方辅助配合中央。

ⅲ 全面防控阶段

疫情跨地区扩散后,在全国各地暴发,此时中央政府引领和协调各地政府,展开全面防控。在这一阶段,地方政府 A 以及其他地方政府必须采取有效的防控措施,一方面通过隔离患者、医疗救治、全面消毒等方式控制辖区内部疫情,另一方面防止其他地区尤其是疫情严重地区的人员流入。中央政府则需要负责宏观监督管控、信息统计公开、协调各地医疗资源等工作,以全面控制疫情。

新冠疫情暴发后,中央政府引领协调,地方政府通力合作,多方共同采取积极措施,全面展开疫情防控工作。地方政府层面采取的防控措施主要有 3 条。其一,武汉采取封城措施后,全国逾 80 个城市相继封城,各地农村区域进行"封村",试图切断病毒传播途径。其二,诸如餐饮、影院、旅游等行业全部停业。其三,集中隔离新冠肺炎患者及其密集接触人群,并提供相应医疗设施和医护人员。中央政府层面采取的防控措施主要有 3 条。其一,制定全国层面的宏观管控政策。其二,为疫情严重地区提供财政资助以及其他援助。其三,协调各个地区交通管控和医疗资源调配,如征调浙江等疫情较轻省份的医护人员和医疗设备,支持武汉等疫情严重的地区。

新冠疫情规模巨大,截至 2020 年 4 月 8 日,感染人数累计超过 8 万人次,此次疫情能够迅速得到控制得益于中央、地方各级政府的积极防控措施,但也暴露了中央政府在公共卫生职能领域的诸多不足。其一,宏观调控能力不足。从各个省份的新冠肺炎死亡率来看,湖北省的死亡率明显高于其他地区,如浙江、江苏。在 2020 年 2 月 3 日央视《新闻 1+1》栏目中,李兰娟院士指出湖北死亡率高的原因是医疗资源、医护人员短缺。其根本原因在于公共卫生事权和支出责任几乎都由地方政府承担,相应医疗资源也都掌握在地方政府手中,导致中

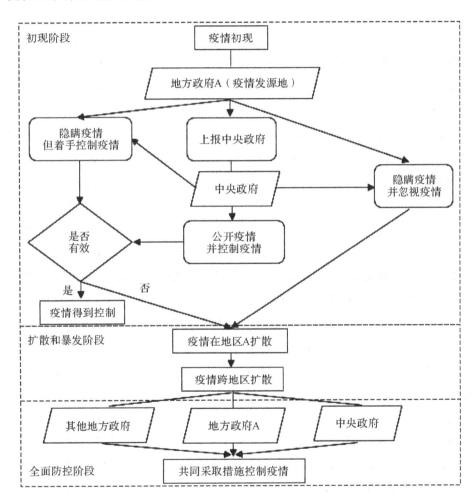

图 6-4　重大疫情的发展路径

　　注:图中平行四边形表示主体,长方形表示进程,圆角矩形表示可选进程,菱形表示条件。

央政府宏观调控能力不足。其二,中央政府的信息统计和监察能力不足。信息统计和公开披露对于疫情全面防控的重要性不言而喻,但其间各级地方政府数据隐瞒、缓报、谎报的现象屡见不鲜。但实际上地方政府作为中央政府任命的代理人,在信息不对称的情况下,为讨好上级政府和谋取更多政治利益,必然会产生"报喜不报忧"的动机。因此,其根源是中央政府在信息统计和卫生监察事务方面的缺位。

②基于新冠疫情发展路径的央、地间公共卫生事权划分的理论分析

公共卫生事权划分是为了全面优化国家公共卫生体系,从而提高医疗和卫生等公共产品的供给效率和均等化率,以及重大疫情的防范、预警和控制能力。但从新冠疫情的发展路径来看,当前公共卫生事权与支出责任划分存在许多问题,使得相应公共产品和服务供给效率低下、配置结构不均衡。

首先,从整体来看,中央政府在公共卫生职能领域存在缺位,没有承担起相应的事权和支出责任,导致其在关键时刻宏观调控能力不足。如前所述,疫情严重地区医疗资源相对缺乏,而浙江等经济发达且疫情较轻的地区,感染人数较少,医疗资源相对富余。一方面,中央政府没有充分调配和均衡各地的医疗资源,也缺乏相应能力;另一方面,个别地区医疗资源存在富余也是医疗卫生服务供给效率低下的表现。造成这种情况的根源是,地方政府几乎承担了所有的公共卫生事权和支出责任,也掌握了绝大部分相应的资源,而中央政府并没有对此投入太多,进而缺乏相应的掌控能力。

其次,对于具有跨区域外部性的公共卫生事务,中央政府没有较好地起到主导、引领和协调作用。中央政府没有承担起应当承担的事权和支出责任,难以充分发挥公共卫生产品供给的规模效应,进而造成效率损失。比如卫生信息的统计和披露,尤其像全国疫情数据统计关系到疫情防控和宏观经济政策,具有跨区域外部性和高度信息复杂性,应由中央政府主导协调,并承担主要事权和支出责任,由地方政府辅助配合,承担次要责任。这样既可以增强信息对称性,减少数据瞒报等现象,也能够有效防止数据的漏算或重复计算。但事实上,地方政府承担了几乎全部的信息统计披露事务和支出责任,掌握了所有的一手信息,中央政府只负责汇集各地数据和从旁监督数据收集。在信息不对称的情况下,地方政府为展现"抗疫政绩"优良,报喜不报忧,瞒报、缓报、谎报确诊患者数据的行为就不足为奇了。

经过理论分析,可得央、地间公共卫生事权与支出责任划分的一个重要方向:强化中央政府的事权和支出责任,中央负责具有跨区域外部性,有助于发挥规模效应和公共产品供给均等化的事务,地方负责外部性较小,能够发挥因地制宜优势的事务。具体而言,首先,中央政府应主要负责法制建设、标准制定、卫生监督、信息统计、医疗保障、重大疫情预警防控等事务,地方政府则应致力于完善基层卫生机构和紧急救助体系。其次,从提高效率的角度来看,医疗服务供给和公立医院建设本应由地方政府全权负责,但考虑到经济发展、医疗技术水平差异巨大,导致地区间、城乡间医疗服务供给和资源配置严重失衡的现实背景,相关事权应由中央和地方政府共同负责。再次,对于食品药监和中医药等事务,需要中央承担主要事权和支出责任,防止地方政府为保护本土医药企业形成"诸侯割据"的局面,以及出现药物质量和科研水平下降的情况,如上海药物研究所曾抛出"双黄连可抑制新型冠状病毒"这种缺乏科学依据的观点。

(4)央、地间公共卫生事权与支出责任划分的重构方案

公共卫生事权与支出责任划分是完善国家医疗卫生体系的重要举措,我国实践正处于探索阶段,本小节根据理论分析并结合国际经验,从公共产品供给效率和均等化的角度,提出划分央、地间公共卫生事权与支出责任的政策建议(见表6-26),以完善国家公共卫生体系和提高重大疫情预警、防范能力。

其一,有助于发挥规模效应和公共产品供给均等化,具有全国外部性的法律、标准制定、食品药监等事务交由中央政府全权负责。首先,加快公共卫生事权划分的法制建设。虽然2018年印发的《医疗卫生领域中央与地方财政事权和支出责任划分改革方案》提供了央、地间公共卫生事权与支出责任划分的原则性指导,但法律位阶太低,难以形成足够的约束力。应从《宪法》确定基本框架,再起草制定事权划分或公共卫生领域的单行法,用法律的形式明确公共卫生事权和支出责任范围及其在中央和地方政府之间的划分,如加快出台《基本医疗卫生与健康促进法》。其次,中央政府全权负责各类公共卫生标准制定,如医药、疫情预警、医疗卫生服务等方面的标准。再次,食品药监应改变以往由地方承担主要责任的局面,由中央政府主导。食品药监关系到全国人民的安全、健康与未来发展,因此中央政府应该全权负责标准制定和检查工作,防止地方政府为扶持地方医药、食品企业而放松对这些企业及其产品的监察和管控,杜

绝再次出现"三聚氰胺""过期疫苗"事件。中央政府在各个区、县设置直属机构，直接开展食品、药品安全监察工作，除非遇到特殊情况，一般不允许地方政府介入。进一步的，中医药事务应纳入食品药监管理，也由中央政府负责。随着现代医学的发展，中医药理论依据缺乏科学性、临床试验不足，中药配置难以精确提纯、科学量化等弊端逐渐显现。许多地方医药企业依靠销售利润高、效果差的中医药牟取暴利，而地方政府却对此监管不力，比如上海药物研究所的"双黄连可抑制新冠肺炎"的"乌龙事件"。

其二，将有助于发挥区域规模效应和实现供给均等化，具有跨区域外部性，同时也要考虑信息复杂性的医疗保障、疾病防控、卫生监督、信息统计披露等事务交由中央政府主导并承担支出责任，地方政府辅助、配合中央工作。首先，医疗保障事务应由中央承担主要事权和支出责任。在许多贫困地区，因病致贫的贫困家庭不在少数。这些地区本身经济水平欠发达，财政支出中用于医疗保障的经费不足，相较于经济发达地区，往往更难以满足医疗保障需求。中央政府主导医疗保障事务，可以适当"抽肥补瘦"，有助于实现医疗保障服务供给的均等化。其次，疾病防控、卫生监督、信息统计披露等事务的共同点是，需要中央政府主导，同时信息复杂程度较高，需要地方政府发挥其信息优势。中央政府负责统筹规划、标准制定，并在各区、县设置直属机构，承担主要支出责任，地方政府则辅助中央驻派机构，承担次要责任。

其三，能够发挥地方因地制宜优势，外部性较小的基层卫生机构建设、紧急救治等全部由地方政府负责。其中最重要的是，地方政府应强化基层卫生机构的功能，并充分地发挥其作用。由于地区内部城乡间、城郊间的医疗资源配置失衡，导致大量患者涌向市区医院，比如杭州许多感冒患者都选择去三甲医院，而社区或乡镇卫生院则少人问津。其结果一方面是市区三甲医院"看病难、看病挤"的问题，另一方面是基层医疗卫生机构的资源闲置和浪费。应将医疗资源和优秀医护人员向基层医疗机构倾斜，同时可以借鉴国外经验，根据病患严重程度采取分级诊疗制度。

其四，能够发挥地方优势，外部性较小，但需要考虑供给均等化的医疗服务等事权由中央统筹安排，地方主导并落实。单纯从效率的角度出发，医疗服务应属于地方性事权，并由地方承担全部支出责任。但从供给均等化的角度来看，当前地区间医疗服务供给和资源配置严重失衡，东部沿海的发达地区拥有非常好的医疗服务、资源和高水平的医护人员,西部地区如西藏、青海、新疆等地区的人民则难以享受到同等或者相似的医疗卫生服务。其根源是,地方政府承担了几乎所有医疗服务事权和支出责任,那么经济发达的地区有大量财政资金用于丰富医疗卫生资源和引进高级人才,而欠发达地区则不行。因此,中央政府应当承担部分医疗服务的事权和支出责任,将医疗卫生资源向贫困地区倾斜,帮助这些地区完善和优化医疗服务体系。进一步的,医疗服务支出责任划分应采取"分档分担"措施,即根据各地经济和医疗水平分成多个档次,采取不同档次地区不同支出划分比例的措施,分档方法可参考《医疗卫生领域中央与地方财政事权和支出责任划分改革方案》。

表 6-26   央、地间公共卫生事权与支出责任划分的建议

分类	事权	支出责任
中央事权	法律、标准制定,食品药监,中医药管理	中央承担支出责任;若需要委托地方协助工作,给予专项转移支付或补贴等
地方事权	基层医疗卫生机构,医疗救助,应急救治,精神卫生,妇幼保健	地方承担支出责任
中央为主,地方为辅的事权	医疗保障,疾病防控,重大公共卫生事件处理,卫生监督,信息统计披露,采供血	中央承担主要支出责任,地方承担次要责任
中央统筹,地方主导并落实的事权	医疗服务,公立医院建设	地方承担主要支出责任,中央承担次要责任;考虑地方财力,予以转移支付

6.3 重构之后的央、地间财政事权配置及其支出规模测算

前文利用 2018 年度的财政数据,重构了一般公共预算、政府性基金预算、国有资本经营预算和社会保险基金预算领域央、地间财政支出事权的配置方

案,本节将对配置方案进行总结,测算各领域央、地间财政支出的规模,并分析重构方案与实际划分模式相比的区别和优势。

6.3.1 一般公共预算中的央、地间财政事权配置及其支出规模测算

(1)央、地间财政事权配置及其支出规模测算

本小节将各项事权及其支出责任分为四部分,分别是中央政府承担,中央为主、地方为辅,中央统筹、地方落实,地方政府承担的事权与支出责任,并重新划分了各项事权及其相应支出责任,基本实现了事权与支出责任的匹配。具体而言,本小节将原来由地方承担国防、外交、公共安全、金融、粮油储备等支出调整为中央列支,将原来由中央承担的城乡社区事务、商业服务业、住房保障等支出调整为地方列支,并强化了中央政府在中央直管高校、社会福利保障、地震事务、测绘事务等方面的支出责任,见表6-27。根据以上划分方案,中央政府主要承担了国防、武装警察、中央级别的党政机关和职能部门、社会保障、能源管理、金融监管等事权和支出责任,地方政府主要承担了公安、城乡社区事务、安居保障工程、地方级别的党政机关和职能部门以及省内的交通运输、文体传媒、环境保护等事权和支出责任,中央和地方共同承担了民族、宗教、普通教育、公共卫生、医疗机构、跨区域的环境保护、交通运输、水利林业事务等的事权和支出责任。

表6-27　一般公共预算中的央、地间事权配置

事权项目	中央政府承担	中央和地方共同承担		地方政府承担
		中央为主地方为辅	中央统筹地方落实	
一般公共服务	中央级别的党政机关、政协、人大、质检、统计、税收、审计事务等,以及知识产权、海关、港澳台、民主党派等		民族、宗教事务,商贸、改革发展事务	地方同等级别的党政机关、政协、人大、质检、统计、税收、审计事务等

续表

事权 项目	中央政府承担	中央和地方共同承担		地方政府承担
		中央为主 地方为辅	中央统筹 地方落实	
外交	外交管理事务、对外援助、国际组织			
国防	人员生活、训练维持、装备费、民兵事务			
公共安全	缉私警察、武装警察,以及中央级别的司法、检察、法院			公安,地方级别的司法、检察、法院等事务
教育	中央级别的教育管理事务	中央直管高校	义务教育、高中教育、省部共建高校和省内高校	省内的教育管理事务,以及学前教育、高中教育、成人教育、职业教育等
科学技术	基础科研、社会科学			科学技术普及
文体传媒	国家级的文化、体育和新闻媒体			地方级别的文化、文物、体育和新闻媒体
社会保障和就业	社保基金和基本养老保险补助,中央级行政事业单位离退休、军人退役安置、抚恤	社会福利、残疾人事业、红十字事业、最低生活保障、特困人员生活供养事务	自然灾害生活救助、临时救助	就业和企业改革补助,地方级的民政管理、行政事业单位离退休,道路事故救助
医疗卫生	食品药品监督管理、法律制定、中医药	医疗保障、疾病防控、重大公共卫生事件处理、卫生监督、信息统计披露、采供血	公立医院、医疗服务	医疗救助,基层卫生医疗机构

续表

事权项目	中央政府承担	中央和地方共同承担		地方政府承担
		中央为主地方为辅	中央统筹地方落实	
环保节能	能源管理、能源节约利用		跨省的环境监察、污染防治、自然生态保护、天然林保护、退耕还林、风沙荒漠治理、退牧还草、退耕还草	省内的环境监察、污染防治、自然生态保护、天然林保护、退耕还林、风沙荒漠治理、退牧还草、退耕还草
城乡社区				社区规划、管理、公共设施、环境卫生
农林水	目标价格补贴、扶贫事务		农业综合开发、农业综合改革,跨省的水利、林业事务	省内的水利、林业事务,农业综合开发,农村综合改革
交通运输			大型港口,跨省的水路、铁路,国家级高速公路,民用航空	省内的水路、公路、小型港口建设
资源勘探信息等	中央级国企的生产监管和资产监管的支出责任		资源勘探开发	地方民企和国企的生产、资产监管,中小企业发展和管理
商业服务业		涉外发展事务	商业流通	
金融	金融监管			
国土海洋气象	气象事务	地震事务、测绘事务	海洋管理事务	国土资源事务

续表

事权 项目	中央政府承担	中央和地方共同承担		地方政府承担
		中央为主 地方为辅	中央统筹 地方落实	
住房 保障			住房改革	保障性安居工程、城 乡社区住宅
粮油 物资 储备	粮油、物资储备 事务			

注:作者整理。

重新划分央、地间的事权与支出责任后,全国一般公共支出 140495.27 亿元,在 GDP 中的占比为 15.61%,中央和地方的一般公共支出分别为 52349.47 亿元和 88145.83 亿元,其中地方一般公共支出占全国公共支出的 62.74%,见表 6-28。具体而言,全国一般公共支出中最主要的支出项目包括社会保障和就业、教育、医疗卫生、公共安全、国防和一般公共服务支出,这些项目的支出数额在 GDP 中的占比分别为 2.98%、2.82%、1.43%、1.36%、1.25% 和 1.05%。地方一般公共支出中最主要的支出项目包括教育、社会保障、公共安全、一般公共服务、医疗卫生和交通运输支出,中央一般公共支出中最主要的支出项目包括社会保障和就业、国防、教育、医疗卫生支出。

表 6-28　一般公共预算中的央、地财政支出规模

项目	支出数额/亿元			支出占比/%	
	全国	中央	地方	全国支出/ GDP	地方支出/ 全国支出
一般公共服务支出	9451.55	1170.77	8280.78	1.05	87.61
国防支出	11280.46	11280.46	0.00	1.25	0.00
外交支出	573.27	573.27	0.00	0.06	0.00
公共安全支出	12223.83	2378.55	9845.28	1.36	80.54

续表

项目	支出数额/亿元			支出占比/%	
	全国	中央	地方	全国支出/GDP	地方支出/全国支出
教育支出	25365.59	9265.68	16099.91	2.82	63.47
科学技术支出	918.70	757.70	161.00	0.10	17.52
文化体育与传媒支出	1965.05	130.36	1834.69	0.22	93.37
社会保障和就业支出	26825.22	14803.83	12021.39	2.98	44.81
医疗卫生支出	12896.75	4625.15	8271.60	1.43	64.14
环保节能支出	5402.70	996.13	4406.57	0.60	81.56
城乡社区支出	4424.83	0.00	4424.83	0.49	100.00
农林水支出	8565.32	2966.82	5598.50	0.95	65.36
交通运输支出	7315.29	715.87	6599.42	0.81	90.21
资源勘探信息等支出	3407.81	137.90	3269.91	0.38	95.95
商业服务业等支出	1197.68	304.33	893.35	0.13	74.59
金融支出	559.15	453.18	105.97	0.06	18.95
国土海洋气象等支出	2233.48	374.68	1858.80	0.25	83.22
住房保障支出	4957.65	483.84	4473.81	0.55	90.24
粮油物资储备支出	930.96	930.96	0.00	0.10	0.00
总计 重新划分后	140495.27	52349.47	88145.80	15.61	62.74
总计 2018年实际数据	220904.13	32707.81	188196.32	24.54	85.19

注:作者整理。

（2）重构方案与实际划分模式之间的区别

从重构方案中的央、地间财政事权配置结构及其支出规模来看，重构方案与实际事权划分模式之间的区别主要体现在以下四个方面。其一，重新划分后一般公共支出的数额及其在 GDP 中的占比大幅降低，由原先的 24.54％ 降至 15.61％，这主要是因为厘清政府与市场的边界后，大量原先由政府承担的事务交由市场负责，同时精兵简政，进而大幅降低了一般公共服务、城乡社区、农林水事务、科学技术、文体传媒等方面的支出。其二，重新划分后央、地两级财政支出结构发生巨大变化，地方一般公共支出比例大幅降低，由原先的 85.19％ 降至 62.74％，这一方面是因为大部分教育支出、社会保障支出、医疗支出等被调整为由中央政府列支，另一方面是因为厘清政府和市场的边界后，大量由地方政府承担的事务交由市场负责，使得地方财政支出降低。其三，各项事权及其支出责任在央、地间的划分方式不同，实际的划分方式主要参考了楼继伟（2013）的事权划分原则，更加注重效率，如认为义务教育的外部性主要在地方，将义务教育列为地方事权，而重构方案采用的事权划分原则兼顾了效率和公平。其四，实际划分方案并没有明确地划分各项事权在中央和地方政府之间的配置结构，重构方案对此进行了明确的划分。

（3）重构方案的优势

相比之下，重构方案的优势主要体现在以下四个方面。其一，厘清了政府与市场的边界，将部分政府职能交由市场负责，一方面有助于政府从纷繁复杂的事务中解脱出来，专注于制定国家大政方针和建设民生福利工程；另一方面，有助于激发市场活力，如科技研发事务交由市场和企业负责，政府完善相关法律、健全专利和知识产权保护机制，有助于提高社会的创新活力和创业热情。其二，强化了中央事权和支出责任，尤其是在社会保障、义务教育、医疗卫生方面，这不仅加强了中央政府在这些事务方面的宏观调控能力，有助于实现社会公共福利的均等化，也减轻了地方政府的财政支出压力。其三，重构方案明确了央、地间各项事权的配置模式以及相应支出责任，即明确了中央和地方政府的责任分工，这有助于改变以往央、地两级政府职能严重重叠的情况，可有效防止政府间的责任推诿或利益争夺。其四，重构方案采取的事权划分方法更加具有科学性、合理性,也更适于中国的实际情况。具体而言,中国当前的社会福利、教育、医疗等公共服务供给呈现出由东到西、自上而下的阶梯式分布,地区间的公共服务资源配置极其不均衡,这将导致地区间发展差异的进一步扩大,因此公共服务在地区间的配置应更加注重公平性。重构方案所采用的事权划分原则一改以往只注重效率、忽视公平的弊病,兼顾了公共产品供给的效率和公平。

6.3.2 政府性基金预算中的央、地财政支出划分及其规模测算

(1)央、地两级财政支出规模测算

本小节将政府性基金中的各个项目分为中央政府性基金、地方政府性基金和共享政府性基金,并依据市场优先的准则,调整了各项政府性基金的收支规模,详见表6-29。其中,中央政府性基金包括铁路建设基金、中央特别国债经营基金、核电站乏燃料处理处置基金,这些基金收入归中央政府所有,支出由中央政府安排;地方性政府性基金包括国有土地收益基金、农业土地开发资金、中央水库移民扶持基金、城市基础设施配套费等,这些基金收入归地方政府所有,其支出由地方政府安排;央、地共享政府性基金包括农网还贷资金、民航发展基金、港口建设费等,这些基金收入按比例上缴至中央和地方财政,支出由中央和地方共同安排。

根据以上划分方案,全国政府性基金支出8137.08亿元,在GDP中的占比为0.90%,中央和地方的政府性基金支出分别为2172.4亿元和5964.7亿元,其中地方政府性基金支出占全国政府性基金支出的73.30%。具体而言,中央政府性基金中的主要项目包括铁路建设基金、中央特别国债经营基金、核电站乏燃料处理处置基金,这些基金安排的支出分别为282.67亿元、632.92亿元、14.91亿元;地方政府性基金中的主要项目包括国有土地收益基金、城市基础设施配套费、车辆通行费等,这些基金安排的支出分别为1660.32亿元、1707.15亿元、1201.32亿元。

表 6-29　政府性基金预算中的央、地财政支出规模

项目		支出数额/亿元			支出占比/%	
		全国	中央	地方	全国支出/GDP	地方支出/全国支出
中央政府性基金	铁路建设基金支出	282.67	282.67	0.00		0.00
	中央特别国债经营基金财务支出	632.92	632.92	0.00		0.00
	核电站乏燃料处理处置基金支出	14.97	14.91	0.06		0.40
	船舶油污损害赔偿基金支出	0.16	0.16	0.00		0.00
	废弃电器电子产品处理基金支出	0.00	0.00	0.00		0.00
地方政府性基金	海南省高级公路车辆通行附加费支出	33.79	0.00	33.79		100.00
	国有土地使用权出让金相关支出	0.00	0.00	0.00		0.00
	国有土地收益基金支出	1660.35	0.03	1660.32		100.00
	农业土地开发资金支出	126.09	0.15	125.94		99.88
	中央水库移民扶持基金支出	240.66	1.09	239.57	—	99.55
	城市基础设施配套费支出	1707.56	0.41	1707.15		99.98
	地方水库移民扶持基金支出	51.01	0.00	51.01		100.00
	车辆通行费支出	1201.32	0.00	1201.32		100.00
	污水处理费相关支出	474.44	0.00	474.44		100.00
	其他支出	0.00	0.00	0.00		100.00

续表

项目		支出数额/亿元			支出占比/%	
		全国	中央	地方	全国支出/GDP	地方支出/全国支出
中央、地方共享政府性基金	农网还贷资金支出	202.33	158.11	44.22		21.86
	民航发展基金支出	238.36	106.13	132.23		55.47
	港口建设费支出	104.89	29.37	75.52		72.00
	旅游发展基金支出	0.00	0.00	0.00		0.00
	国家电影事业发展专项资金支出	0.00	0.00	0.00		0.00
	彩票公益金支出	0.00	0.00	0.00	—	0.00
	国家重大水利工程建设基金支出	326.77	177.88	148.89		45.56
	可再生能源电价附加收入安排支出	838.79	768.56	70.23		8.37
	彩票发行和销售机构业务费安排支出	0.00	0.00	0.00		0.00
总计	重新划分后	8137.08	2172.4	5964.68	0.90	73.30
	2018年实际数据	80601.6	3089.3	77512.3	8.95	96.17

注:作者整理。

(2)重构方案与实际情况之间的区别

从重构方案中的央、地间政府性基金及其支出规模来看,重构方案与实际政府性基金支出划分模式之间的区别主要体现在以下三个方面。其一,重构方案中政府性基金支出数额及其在 GDP 中的占比大幅降低,由 8.95% 降至 0.90%,这一方面是因为重构方案取消了土地出让金,而土地出让金是政府性基金中占比最高的收入项目;另一方面是因为厘清政府与市场的关系后,将部分事务交由市场管理,同时削减了部分不合理的收费项目。其二,央、地间政府性基金支出结构发生巨大变化,地方政府性基金支出比例大幅降低,由 96.17% 降至 73.30%,其原因也是土地出让金的取消,而土地出让金是地方政府性基金的最重要的组成部分。其三,政府性基金项目数量大幅减少,仅保留了 17 个项目,不同于实际情况中政府性基金项目庞杂的情况。

(3)重构方案的优势

相比之下,重构方案的优势主要体现在以下三个方面。其一,取消土地出让金可有效解决土地财政问题,进而有助于缓解房价畸高、地方政府抵押土地借债等经济社会问题。其二,政府性基金项目减少、收入大幅下降,可以切实减轻企业和居民的负担,有助于激发经济活力。其三,如前文所述,政府性基金项目庞杂,甚至成为一些行政部门的"小金库",减少政府性基金项目不仅有利于真正实现减税降费,也有助于减少政府的腐败行为。

6.3.3　国有资本经营预算中的央、地间财政支出划分及其规模测算

(1)央、地两级财政支出规模测算

重构方案中,全国国有资本经营支出为2708.88亿元,在GDP中的占比为0.30%,中央和地方的国有资本经营支出分别为2488.47亿元和220.41亿元,其中地方国有资本经营支出占全国国有资本经营支出的8.14%(见表6-30)。具体而言,中央国有资本经营收入安排的支出主要用于补充社保基金,这项支出为2291.88亿元,占中央国有资本经营支出的92.10%。地方国有资本经营收入安排的支出中,有134.62亿元用于解决历史遗留问题和支付改革成本,占比达到61.08%,而剩余38.92%的资金用于补充社保基金。

表 6-30　国有资本经营预算中的央、地财政支出规模

项目	支出数额/亿元			支出占比/%	
	全国	中央	地方	全国支出/GDP	地方支出/全国支出
补充社保基金支出	2377.66	2291.88	85.78		3.61
解决历史遗留问题及改革成本支出	331.22	196.60	134.62		40.65
国有企业资本金注入	0	0	0	—	0.00
国有企业政策性补贴	0	0	0		0.00
其他国有资本经营预算支出	0	0	0		0.00

续表

项目		支出数额/亿元			支出占比/%	
		全国	中央	地方	全国支出/GDP	地方支出/全国支出
总计	重新划分后	2708.88	2488.48	220.40	0.30	8.14
	2018年实际数据	2153.28	1024.85	1128.43	0.24	52.41

注:作者整理。

（2）重构方案与现实情况之间的区别

从重构方案中的国有资本经营收支规模和结构来看,重构方案与实际国有资本经营支出划分模式之间的区别主要体现在以下三个方面。其一,重构方案中的国有资本经营支出略高于实际情况,其原因是重构方案提高了国有企业的上缴利润比例,增加了国有资本经营收入。其二,重构方案中的地方国有资本经营支出比重大幅下降,直接原因是地方国有资本经营收入的下降,根本原因是重构方案将国有资本从竞争性行业中撤出,将这些国有企业的所有权转让给私人或其他经济团体。其三,重构方案中用于补充社保基金支出的资金高达2377.66亿元,远高于实际情况,同时不再对国有企业进行注资和补助。

（3）重构方案的优势

相比之下,重构方案的优势主要体现在以下三个方面。其一,重构方案将大部分竞争性行业中的国有企业转为私人所有,即将国有资本从竞争性行业中撤出,这既有利于营造公平、开放的市场竞争环境,提振经济活力,也有助于减少国有企业中的腐败和国有资产的流失。其二,重构方案大幅提高了国有企业的上缴利润比例,尤其是烟草、石油、电力等国家垄断企业的利润,使更多普通居民能够享受到改革开放的成果。其三,实际情况中国有资本经营收入大部分用于国企注资,而重构方案大幅提高了国有资本经营支出中用于补充社保基金的资金比例,能够让居民享受到更多福利。

6.3.4 社会保险基金预算中的央、地间财政支出划分及其规模测算

(1)央、地两级财政支出规模测算

重构方案中,全国社会保险基金支出为 67380.69 亿元,在 GDP 中的占比为 7.48%,中央和地方的社保基金支出分别为 47186.61 亿元和 20194.08 亿元,其中地方社保基金支出占全国社保基金支出的 29.97%,见表 6-31。具体而言,中央政府负责统筹安排企业职工基本养老保险基金、城乡居民基本养老保险基金、机关事业单位基本养老保险基金,这些支出分别为 31567.28 亿元、2938.39 亿元、12680.94 亿元。地方政府负责统筹安排基本医疗保险基金、工伤保险基金、失业保险基金、生育保险基金。

(2)重构方案与实际情况之间的区别

从重构方案中的社会保险基金收支规模和结构来看,重构方案与实际社保基金支出划分模式之间的区别主要体现在以下三个方面。其一,根据《社会保险法》的要求,重构方案将企业职工基本养老保险基金、城乡居民基本养老保险基金、机关事业单位基本养老保险基金统筹到了中央层面,这与养老保险基金统筹级别较低的实际情况不同。其二,重构方案中,中央政府承担了大部分的社保基金事务,负责安排所有养老保险基金的支出,而实际情况正好相反,地方政府负责绝大部分的社保基金事务。

(3)重构方案的优势

相比之下,重构方案的优势主要是有助于实现社会保险服务供给的均等化。实际情况中,中国社会保险基金事务存在诸多问题,其中主要的问题之一是社保基金的统筹层级太低,难以实现跨地区的收入再分配,无法保障全国范围内的公平性。如表 4-30 所示,中央政府承担的社保基金支出仅占 0.79%,而地方政府负责了几乎所有社保事务的统筹安排工作。这意味着,中央政府没有足够的宏观调控能力,缺乏协调社保基金在全国范围内均衡分配的能力。考虑到社会保险基金的重要职能是收入再分配和保障公平性,但当前社保基金都由地方统筹的运作模式,极易造成各自为政的现象,制约了地区间的收入再分配。因此,重构方案提高了社保基金的统筹层次,尤其是养老保险,这不仅有利于全

国老年人的福利公平和生活质量,更重要的是有助于强化年轻人的养老保障,稳定年轻人的预期。

表 6-31　社保基金预算中的央、地财政支出规模

项目	支出数额/亿元			支出占比/%	
	全国	中央	地方	全国支出/GDP	地方支出/全国支出
企业职工基本养老保险基金	31567.28	31567.28	0.00		0.00
城乡居民基本养老保险基金	2938.39	2938.39	0.00		0.00
机关事业单位基本养老保险基金	12680.94	12680.94	0.00		0.00
城镇职工基本医疗保险基金	10524.54	0.00	10524.54		100.00
城镇居民基本医疗保险基金	163.86	0.00	163.86	—	100.00
新型农村合作医疗基金	711.34	0.00	711.34		100.00
城乡居民基本医疗保险基金	6394.25	0.00	6394.25		100.00
工伤保险基金	725.03	0.00	725.03		100.00
失业保险基金	915.31	0.00	915.31		100.00
生育保险基金	759.75	0.00	759.75		100.00
总计 重新划分后	67380.69	47186.61	20194.08	7.48	29.97
总计 2018 年实际数据	67380.69	532.49	66848.2	7.48	99.21

6.3.5　重构之后的央、地两级财政支出总规模测算及重构方案的优势

重构方案中,全口径财政支出为 202390.16 亿元(已扣除重复项),占 2018 年 GDP 的 22.48%,中央和地方政府的全口径财政支出分别为 101543.18 亿元

和100847.01亿元,在全国支出中的比例分别为50.17%和49.83%(见表6-32)。分不同预算来看,中央政府安排的一般公共支出、政府性基金支出、国有资本经营支出、社保基金支出分别为52349.47亿元、2172.39亿元、2488.47亿元、47186.61亿元;地方政府安排的一般公共支出、政府性基金支出、国有资本经营支出、社保基金支出分别为88145.83亿元、5964.69亿元、220.41亿元、20194.08亿元。由此可见,从全口径财政支出来看,中央和地方政府平分秋色,中央政府承担了较多的社保基金支出,地方政府则承担了较多的一般公共支出和政府性基金支出。重构方案与实际情况的主要差别,一是全口径财政支出及其在GDP中的占比远低于实际情况,二是中央全口径财政支出在全国总支出中的占比远高于实际情况。

表6-32　重构之后的央、地两级财政支出总规模

项目		支出数额/亿元			支出占比/%	
		全国	中央	地方	全国支出/GDP	地方支出/全国支出
重新划分后	一般公共支出	140495.27	52349.47	88145.80	15.61	62.74
	政府性基金支出	8137.08	2172.39	5964.69	0.90	73.30
	国有资本经营支出	2708.88	2488.47	220.41	0.30	8.14
	社会保险基金支出	67380.69	47186.61	20194.08	7.48	29.97
	总额	202390.16	101543.18	100847.01	22.48	49.83
2018年实际值	一般公共支出	220904.13	32707.81	188196.32	24.54	85.19
	政府性基金支出	80601.62	3089.29	77512.33	8.95	96.17
	国有资本经营支出	2153.28	1024.85	1128.43	0.24	52.41
	社会保险基金支出	67380.69	532.49	66848.2	7.48	99.21
	总额	357072.3	36979.27	320093.1	39.66	89.64

注:总额＝一般公共支出＋政府性基金支出＋国有资本经营支出＋社会保险基金支出
－重复项。其中重复项主要是指一般公共预算、国有资本经营预算对社保基金预算的补助。

重构方案相较于实际情况的优势在于两点。第一点,重构方案将大量政府事权交由市场负责,精兵简政,最后使全口径财政支出占GDP的比重降至

22.48%,正好与宏观税负合理值相匹配,这有助于促进经济的转型升级和可持续发展。需要指出的是,虽然财政支出大幅降低,但这并不意味着减少公共产品的供给量,因为减少的财政支出中,绝大部分是由于政府职能越位而产生财政费用,即政府承担了本该由市场承担的事务而产生的多余的费用。同时,重构方案不仅没有减少公共产品供应量,反而有助于实现公共产品供应的均等化。第二点,重构方案在划清政府与市场的边界的基础上,强化了中央政府的事权与支出责任,将中央全口径财政支出的比重提高到50.17%。仅从数据来看,这一财政分权水平与美国十分接近,而美国是当今世界财政分权理论发展和财政分权体制构建最为完善的国家。具体而言,重构方案主要强化了中央政府在社会保障、社保基金、义务教育、医疗卫生等方面的支出责任,这有助于提高中央政府在这些事务领域的宏观调控能力,进而有利于促进公共产品供应的均等化,缩小地区间社会福利、教育、医疗等方面的差距。

6.4　本章小结

本章基于前文的研究成果,在可持续发展约束宏观税负的视域下,通过构建央、地间事权划分的理论基础和原则体系,明确划分的思路和目标模式,制定了各领域央、地间事权与支出责任划分的重构方案,并测算了重构之后的央、地两级财政支出规模。测算结果显示:首先,重构方案将大量政府事权交由市场负责,精兵简政,最后使全口径财政支出占GDP的比重降至22.48%,使其正好与宏观税负合理值相匹配,这既保证了公共产品供应量,也有利于推进国家的可持续发展;其次,重构方案将中央全口径财政支出的比重提高到50.17%,强化了中央政府在社会保障、社保基金、义务教育、医疗卫生等方面的支出责任,提高了中央在公共产品资源分配和收入再分配方面的能力,有助于实现公共产品的均等化供给。

7

结论与对策建议

本著作在文献综述后,通过国际比较,梳理和讨论中国央、地间财政关系的历史变迁、现状及其比较,结合理论与实证,研究央、地两级财政支出结构对可持续发展的影响效应,为重新划分央、地间事权与支出责任提供参考依据。最后,基于以上研究成果,在可持续发展约束宏观税负的视域下,重新划分央、地间的事权与支出责任。本章将系统性地总结以上研究,并提出相应的对策建议。

7.1 研究结论

本著作的研究结果大体可以分为三个部分,分别是国际比较研究、历史和现状分析、理论与实证研究得出的结果,故本节将从这三个方面总结研究结论。

7.1.1 国际比较的研究结论

本著作将样本国家分为四类,即联邦制发达国家、联邦制发展中国家、单一制发达国家和单一制发展中国家,分别选取美、英、俄、蒙四国进行案例分析,并扩展至四类81个国家的比较分析,得到以下结果。

首先,财政分权水平受到许多因素的影响。人口规模、国土面积与国家的财政分权水平呈正相关关系;相对于单一制国家,联邦制国家更倾向于财政分权。

其次,四个案例国家的事权划分存在许多共同点。尽管四个国家在财政体系、经济水平等诸多方面存在差异,但部分事权在中央和地方政府间的划分模式却是相似的。如基础研究、国防、外交等都由中央政府负责,教育、医疗卫生、基础设施建设等由中央和地方政府共同承担,社区建设、农林水事务一般由地方政府承担,这取决于相应公共产品的外部性、区域层次性和信息复杂性。

再次,发展中国家在事权划分方面普遍存在几个问题。其一,存在政府间财政纵向失衡,且转移支付体系不足以协调这种失衡。其二,事权划分缺乏法律依据和保障。其三,政府间事权与支出责任划分相对混乱,主要体现在事权划分不清晰,以及缺乏合理性和科学性。

最后,发达国家在事权划分方面也有共同点。其一,财政法律体系相对完善,如美国和英国都从国家基本法和单行法两个层面,明确政府间事权与支出责任。其二,均存在政府间财政纵向失衡的情况,但能够通过较为科学系统、灵活便捷的转移支付体系弥补失衡。其三,财政支出中用于社会保障、教育和医疗卫生的支出比例较高。其四,中央政府往往承担较多的医疗卫生、社会保障事权和支出责任。

7.1.2 历史、现状和比较的研究结论

通过梳理中国央、地两级财政关系的历史变迁,思考当前事权与支出责任划分的现状和困境,比较分析中国与其他国家的事权划分模式,得到以下研究结果。

(1)财政体制现代化改革的两个重心和五个特点

中国央、地两级财政关系的历史变迁大致经历了三个时期、五个阶段。前四个阶段(见前文 4.1),已有文献中有较多介绍,本著作不再赘述。但第五个阶段"财政体制现代化改革时期(2014 年至今)"代表了新时代财政体制现代化改革的新篇章和新方向,且已有研究中鲜有提及,故本著作着重研究央、地间财政关系历史变迁的第五个阶段,并归纳出"两个重心"和"五个特点"。

新一轮财政体制改革的两个重心:一是降低宏观税负,二是明确划分央、地间的事权与支出责任。一方面试图弥补分税制改革没有明确划分政府间事权的缺陷,另一方面有助于纠正因分税制弊病而导致的宏观税负畸高、财政支出结构扭曲等问题。

这一轮财政改革最鲜明的五个特点是"降低税负、规范权责、强化中央、保障民生、差异划分"。其中"降低税负"体现在一系列"减税降费"措施上;"规范

权责"主要体现在央、地间的事权与支出责任划分的进一步改革以及更长远的目标上;"强化中央"体现在在原有基础上提高中央的财政支出责任;"保障民生"体现在试图强化教育、医疗卫生、社会保障等基本公共服务领域的事权和支出责任,改变以往财政向基建投资倾斜的支出结构扭曲局面;"差异划分"体现在根据不同地区的经济发展、财政收入状况,将全国的各个省、自治区、直辖市分为多个档次,实施央、地间事权与支出责任划分的差异化改革战略。

(2)中国与其他国家相比的不足之处

其一,政府职能范围过大、财政事权过多。中国政府存在大包大揽的现象,全口径财政支出高达 39.66%,甚至超过了英、美这两个发达国家。

其二,中央和地方政府职能重叠严重,事权划分不明晰。

其三,中央和地方政府财政支出划分不合理,中央财政支出比例过低。中央政府财政支出比例约为 15%,远低于其他国家,如美、俄、英、蒙四国分别为47.86%、47.97%、79.47%、72.84%。

其四,财政收支规范性不足。中国近四成的财政支出来源于税收以外的财政收入,而其他国家财政支出的资金来源主要是税收。

其五,事权与支出责任划分缺乏合理性和科学性。如基础研究,一般由中央政府承担全部支出,而中国的地方政府承担了相当一部分的基础研究经费。再如,国外元首到访地方,属于外交事务,应由中央政府承担全部支出,而中国地方政府承担了部分经费。

其六,事权划分缺乏法律依据。既没有从国家基本法的层面做出指导,也没有设立专门的单行法,甚至没有具体、可操作的划分方案文件。

7.1.3 理论与实证研究的结论

(1)可持续发展评价指数构建与测度

本著作采用改进后的熵值法,构建了包含经济、资源环境、社会三个维度13个元素指标的可持续发展指数,测度和比较了世界 81 个国家的可持续发展水平,并将其与人类发展指数(HDI)进行比较。结果显示:本著作构建的可持续发展指数与 HDI 指数相比,更加完善,且具有一定的稳定性;中国可持续发展水平较低,处于 81 个国家中的第 66 位,其原因是资源环境和社会维度的指数较低。因此,中国政府需要从改善社会民生、保护资源环境的角度提高国家可持续发展水平。

（2）理论分析的结论

本著作在 Barro 模型中纳入中央和地方两级政府，讨论代际效用最大化时的财政支出分权情况，结果显示：财政支出分权与可持续发展呈倒"U"形关系；可持续发展视角下的财政支出分权最优水平为 $\theta_i^* = \dfrac{\gamma}{\beta+\gamma}$。

进一步的，将财政支出按功能分类，从理论层面分析了各项财政支出与可持续发展的关系，结果显示：公共安全支出、教育支出、社会福利与保障支出、医疗卫生支出、城乡社区支出对可持续发展具有正向的影响效应，国防支出、经济事务支出、环境保护支出的影响效应不明确。

（3）实证分析的结论

采用跨国数据，实证检验财政分权、财政支出结构与可持续发展指数的关系，通过工具变量法解决变量内生性问题，使用 HDI 指数进行稳健性检验，最后采用 Lind-Mehlum 方法估计最优财政支出分权水平。结果如下。

第一，财政支出分权水平与经济、资源环境、社会的可持续发展均呈倒"U"形关系。财政支出分权水平过高不利于发挥公共产品供给的规模效益，过低则不利于发挥地方积极性和信息优势，都将造成效率的损失，不利于可持续发展。

第二，中国财政支出分权过度，处于倒"U"形的右侧，不利于国家的可持续发展（见 5.3.6）。

第三，宏观税负与经济、社会可持续发展呈倒"U"形关系，与环境可持续发展的关系不显著。

第四，教育支出、医疗卫生支出、社会福利与保障支出对社会可持续发展、可持续发展指数具有正向影响。

第五，经济事务支出有利于经济的可持续发展，但不利于资源环境的可持续发展。

第六，环境保护支出与资源环境可持续发展呈正相关。

此外，还讨论了其他变量对可持续发展的影响效应。开放程度正向影响可持续发展水平，这种影响效应主要来源于开放程度对经济、社会可持续发展的正向影响；收入不平等负向影响可持续发展水平，这种影响效应主要来源于收入不平等对社会可持续发展的负向影响；国际投资净值正向影响可持续发展水平,这种影响效应主要来源于国际投资对经济可持续发展的正向影响;自然资源依赖度越高则越不利于环境资源的可持续发展;收入不平等、国际投资净值、自然资源依赖度对发展中国家的影响效应较大,对发达国家的影响效应较小。

7.2 对策建议

基于以上三方面的研究结果,本著作得到了相应的政策启示,并根据政策启示,在第 6 章中制定了央、地间事权与支出责任的重构方案,这个方案不仅是本著作的重要研究内容,实际上也是具体的对策建议。

7.2.1 政策启示

(1)基于国际比较的经验启示

第一,厘清政府与市场的关系。划清政府与市场的边界、界定政府职能和事权范围,是央、地间事权与支出责任划分的重要基础。划清政府与市场的边界,关键在于确立市场优先原则,即凡是市场可以承担的事务,政府决不直接承担,而是做到事前立法立规、事中监督管控、事后统计公告、事败酌情救场。

第二,优化财政支出分权水平。科学合理的财政支出分权水平,是央、地间事权与支出责任划分的重要参考依据,也是发挥中央和地方政府各自优势的重要手段。若财政支出分权水平过高,会加剧地方保护主义和地区发展的不均衡,不利于国家经济的协调发展;若财政支出分权水平不足,意味着过度集权,这将抑制地方政府发展经济的积极性,也不利于发挥地方政府的信息、地理优势。

第三,合理、科学地划分央、地间事权。合理划分中央和地方政府之间事权与支出责任的重要前提是构建一套系统综合、适用性强的划分原则体系。"系统综合"和"适用性强"两个要点意味着,构建事权划分原则既不能盲目遵从财政分权理论,也不能简单照搬发达国家的事权划分模式,而是应当在借鉴财政分权理论的同时,充分结合国家结构、人口规模、领土面积、经济发展水平以及其他现实因素。

第四,构建财政法制体系。科学系统的财政法制体系,是维持央、地间事权与支出责任划分合理的根本保障和重要支撑。若在划分央、地间事权与支出责任后,没有通过法律的形式保障事权配置结构,或者法律体系缺乏科学性、系统性和明确性,同样会造成政府间事权划分混乱、相互推诿扯皮。

(2)基于历史、现状与比较分析的启示

第一,加快政府职能转变、简政精兵,切实降低全口径财政支出和宏观税负。宏观税负畸高的根源在于各级政府承担了相当庞杂的事权和党政事务,需要大量工作人员和财政经费。应推进政府职能转变,改变以往大包大揽的局面,让渡部分事权由市场负责,相应缩减财政供养人员,切实降低财政支出。先从总量上减少财政事权、降低财政支出,由此为进一步的事权划分和减税降费提供重要基础。

第二,提高财政收支的合法性和规范性,中国超过四成的财政支出来源于税收以外的收入,应大幅缩减这部分收入。如土地出让金收入等其他政府性基金收入。一方面,由于缺乏规范性,项目庞杂,且疏于管理,使得近年来基金规模不断扩大,造成了财政收入环境的混乱和居民、企业的巨大负担。同时管理权限也不明确,有些政府性基金甚至被用于补充部门经费,成为行政部门的"小金库"。另一方面,虽然政府性基金也编制预算,但基础资料不够完整,也不像税收那样有固定的税率和可测算的税基,这使得收支预测准确率低下,预算执行效果不佳,大量结余沉淀,财政资金使用效率低下。因此,建议缩减这部分收入,或建立相关法律,进行规范和约束。

第三,重视公共产品供给的均等化,对于央、地共担事权,采取"分档分担"措施,即中央政府应视各地情况采取不同的支出责任分配方式。如根据经济水平、财力状况,将全国各个省、自治区、直辖市分为多个档次,采取差异化的支出责任划分模式。

第四,改变以往资源向基建倾斜的财政支出结构扭曲的局面,强化民生项目的财政支出。适当提高医疗卫生、社会福利与保障等民生项目的财政支出分权水平,同时强化中央政府在民生项目上的支出责任。

(3)基于理论与实证研究结果的政策启示

其一,中国宏观税负过高,不利于可持续发展,应将其降至合理区间。在可持续发展视角下,中国的宏观税负合理区间为[22.48%,33.30%),其中下限(即22.48%)对经济增长和转型升级的促进作用要优于上限。这意味着宏观税负与国家的可持续发展呈倒"U"形关系,且宏观税负达到 22.48% 时为最优。本著作实证研究进一步验证了宏观税负与可持续发展呈倒"U"形关系。那么中国当前的宏观税负已高于合理区间,亟须降低。

其二,中国地方政府的职能庞大、事权冗杂、支出压力过高,应强化中央政府事权及其支出责任。从财政支出分权与可持续发展的研究来看,财政支出分权的最优值约为 50%。但中国的地方财政支出比重在 85% 左右,已大幅超过最优支出分权水平,表现为财政支出分权过度。这不利于发挥公共产品供给的规模经济效应和实现地区间均等分配,也不利于促进国家的可持续发展。

其三,强化中央事权和支出责任,尤其是普通教育、医疗卫生、社会福利与保障方面。首先,从实证研究结果来看,教育支出、医疗卫生支出、社会福利与保障支出有助于国家的可持续发展,故中央应予以更多的关注。其次,当前教育、医疗卫生、社会福利与保障的事权与支出责任主要由地方政府承担,使得城乡间、地区间的公共产品供给严重失衡,不利于国家的协调稳定发展。

7.2.2　具体的对策建议和方案

基于以上政策启示,本著作构建了央、地间事权与支出责任划分的重构方案。由于重构方案是从一般公共预算、政府性基金预算、国有资本经营预算和社保基金预算展开的,相应的对策建议也从这四本预算、四个角度展开。

(1)一般公共预算中事权与支出责任划分的对策建议

首先划清政府与市场的关系,将部分政府事权交由市场负责,如技术开发与研究、职业技术教育、成人教育等。在此基础上,重新划分央、地间的事权与支出责任(详见表 6-28),并将其分为四类,一是中央政府承担的事权与支出责任,如国防、外交;二是地方政府承担的事权与支出责任,如城乡社区事务;三是中央政府主导、地方政府配合的事权与支出责任,如中央直管高校的事务;四是中央政府统筹安排、地方政府负责具体落实的事权与支出责任,如跨省的污染防治、基础设施建设。此外,对于部分央、地共同承担的事权与支出责任,依据不同省份的经济水平、财力状况,实施"分档分担"策略,如医疗卫生、教育、社会保障。

如在新冠疫情的背景下的公共卫生事权与支出责任划分,见表 7-1(由于篇幅限制,其他事权与支出责任的具体划分方案见本著作 6.2 部分)。

其一，有助于发挥规模效应和实现供给均等化，具有全国外部性的法律、标准制定、食品药监等由中央政府全权负责。首先，加快公共卫生事权划分的法制建设。虽然《医疗卫生领域中央与地方财政事权和支出责任划分改革方案》提供了央、地间公共卫生事权与支出责任划分的原则性指导，但法律位阶太低，难以形成足够的约束力。应从《宪法》出发确定基本框架，再起草制定事权划分或公共卫生领域的单行法，用法律的形式明确公共卫生事权和支出责任范围及其在中央和地方政府之间的划分，如加快出台《基本医疗卫生与健康促进法》。其次，中央政府全权负责各类公共卫生标准制定，如医药、疫情预警、医疗卫生服务等方面的标准。再次，食品药监应改变以往由地方承担主要责任的局面，由中央政府主导。食品药监关系到全国人民的安全、健康与未来发展，因此中央政府应该全权负责标准制定和检查工作，防止地方政府为扶持地方医药、食品企业而放松对这些企业及其产品的监察和管控，杜绝再次出现"三聚氰胺""过期疫苗"事件。中央政府在各个县、区设置直属机构，直接开展食品、药品安全监察工作，除非遇到特殊情况，一般不允许地方政府介入。进一步的，中医药事务应纳入食品药监管理，也由中央政府负责。随着现代医学的发展，中医药理论依据缺乏科学性、临床试验不足，中药配置难以精确提纯、科学量化等弊端逐渐显现。许多地方医药企业依靠销售利润高、效果差的中医药牟取暴利，而地方政府对此监管不力，比如上海药物研究所的"双黄连可抑制新冠肺炎"的乌龙事件。

其二，有助于发挥区域规模效应和实现供给均等化，具有跨区域外部性，同时也要考虑信息复杂性的医疗保障、疾病防控、卫生监督、信息统计披露等由中央政府主导，并承担支出责任，地方政府辅助、配合中央工作。首先，医疗保障事务应由中央承担主要事权和支出责任。在许多贫困地区，因病致贫的贫困家庭不在少数。这些地区本身经济水平欠发达，财政支出中用于医疗保障的经费不足，相较于经济发达地区，往往更难以满足医疗保障需求。中央政府主导医疗保障事务，适当"抽肥补瘦"，有助于实现医疗保障服务供给的均等化。其次，疾病防控、卫生监督、信息统计披露等事务的共同点是，需要中央政府主导，同时信息复杂程度较高，需要地方政府发挥其信息优势。中央政府负责统筹规划、标准制定，并在各县、区设置直属机构，承担主要支出责任，地方政府则辅助中央驻派机构承担次要责任。

表 7-1　央、地间公共卫生事权与支出责任划分的建议

分类	事权	支出责任
中央事权	法律、标准制定,食品药监,中医药管理	中央承担支出责任;若需要委托地方协助工作,给予专项转移支付或补贴等
地方事权	基层医疗卫生机构,医疗救助,应急救治,精神卫生,妇幼保健	地方承担支出责任
中央为主,地方为辅的事权	医疗保障,疾病防控,重大公共卫生事件处理,卫生监督,信息统计披露,采供血	中央承担主要支出责任,地方承担次要责任
中央统筹,地方主导并落实的事权	医疗服务,公立医院建设	地方承担主要支出责任,中央承担次要责任;根据地方财力,予以分档转移支付

其三,能够发挥地方因地制宜优势,外部性较小的基层卫生机构建设、紧急救治等全部由地方政府负责。其中最重要的是,地方政府应强化基层卫生机构的功能,并充分地发挥其作用。由于地区内部城乡间、城郊间的医疗资源配置失衡,导致大量患者涌向市区医院,比如杭州许多感冒患者都选择去三甲医院,而社区或乡镇卫生院则少人问津。其结果一方面是市区三甲医院"看病难、看病挤"的问题,另一方面是基层医疗卫生机构的资源闲置和浪费。应将医疗资源和优秀医护人员向基层医疗机构倾斜,同时可以借鉴国外经验,根据病患严重程度采取分级诊疗制度。

其四,能够发挥地方优势,外部性较小,但需要考虑供给均等化的医疗服务等事权由中央统筹安排,地方主导并落实。单纯从效率的角度出发,医疗服务应属于地方性事权,并由地方承担全部支出责任。但从供给均等化的角度来看,当前地区间医疗服务供给和资源配置严重失衡,东部沿海的发达地区拥有非常好的医疗服务、资源和高水平的医护人员,西部地区如西藏、青海、新疆等地区的人民则难以享受到同等或者相似的医疗卫生服务。其根源是,地方政府承担了几乎所有医疗服务事权和支出责任,那么经济发达的地区有大量财政资金用于丰富医疗卫生资源和引进高级人才,而欠发达地区则不行。因此,中央政府应当承担部分医疗服务的事权和支出责任,将医疗卫生资源向贫困地区倾

斜,帮助这些地区完善和优化医疗服务体系。进一步的,医疗服务支出责任划分应采取"分档分担"措施,即根据各地经济和医疗水平分成多个档次,采取不同档次地区不同支出划分比例的措施,分档方法可参考《医疗卫生领域中央与地方财政事权和支出责任划分改革方案》。

(2)政府性基金预算中财政支出事权划分的对策建议

本著作建议逐步取消土地出让金,并论证了其必要性和可行性。但取消土地出让金后,如何转让土地使用权,如何弥补地方财政缺口,以及如何降低对房地产的冲击,都是实践层面上亟须解决的难点问题。针对以上三个难点问题,本著作分别制定了相应的解决对策。其一,采取"政府规划—市场主导—政府协调、监管"的土地转让模式,将土地一级开发的建设成果作为土地使用权的实物偿付条件,替代土地出让金。其二,通过提高国有企业和金融机构的上缴利润,以及降低财政支出,进行"开源节流",弥补财政缺口。其三,采取"两逐"策略取消土地出让金,有助于实现房地产市场的"软着陆"。

对于其他政府性基金,本著作建议应遵从市场优先原则,去除部分政府性基金项目,并将相关事务交由市场或社会团体负责,如废弃电器电子产品处理基金、旅游发展基金、国家电影事业专项发展基金等。

(3)国有资本经营预算中财政支出事权划分的对策建议

首先,遵循市场优先原则,对竞争性行业中的国企进行市场化改革,酌情保留能源性企业、军工企业等具有国家战略价值的国企。其次,国企上缴利润比例太低,应上调,具体而言:第一,烟草类国企,上缴利润比例由 25% 提高至 75%;第二,石油、电力、电信等资源型企业,上缴比例由 20% 提高至 60%;第三,钢铁、运输、电子、贸易、施工等一般竞争型企业,已被转让,不再上缴利润;第四,军工、转制科研院所、邮政、文化企业等,仍保留的企业上缴比例由 10% 提高至 30%,已转让产权的企业不再上缴利润;第五,中储粮、中储棉等政策性企业,仍保留的企业上缴比例为 20%,已转让产权的企业不再上缴利润。最后,调整国有资本经营支出结构,加强对社保基金的支持力度。

(4)社会保险基金预算中财政支出事权划分的对策建议

首先,根据《社会保险法》的要求,以及养老保险基金的功能和属性,将养老保险基金统筹到中央政府层面。其次,重大疾病正是许多普通家庭陷入贫困的重要因素之一,因此在当前地区间、城乡间经济水平发展失衡形势日益严重的背景下,将医疗保险统筹到全国可能是扶贫和缩小地区间、城乡间发展差距的一条重要途径。再次,工伤保险、生育保险、失业保险的外部性往往限于省内,应统筹到省级层面。

根据以上对策建议,重新划分央、地间事权与支出责任后,全口径财政支出将大幅下降。全口径财政支出为 202390.16 亿元(已扣除重复项),占 2018 年 GDP 的 22.48%,中央和地方政府的全口径财政支出分别为 101543.18 亿元和 100847.01 亿元,在全国支出中的比例分别为 50.17% 和 49.83%。分不同预算来看,中央政府安排的一般公共支出、政府性基金支出、国有资本经营支出、社保基金支出分别为 52349.47 亿元、2172.39 亿元、2488.47 亿元、47186.61 亿元;地方政府安排的一般公共支出、政府性基金支出、国有资本经营支出、社保基金支出分别为 88145.83 亿元、5964.69 亿元、220.41 亿元、20194.08 亿元。

重构方案相较于实际情况的优势在于两点。第一点,重构方案将大量政府事权交由市场负责,精兵简政,最后使全口径财政支出占 GDP 的比重降至 22.48%,正好与宏观税负合理值相匹配,这有助于促进经济的转型升级和可持续发展。需要指出的是,虽然财政支出大幅降低,但这并不意味着减少公共产品的供给量,因为减少的财政支出中,绝大部分是由于政府职能越位而产生财政费用,即政府承担了本该由市场承担的事务而产生的多余的费用。同时,重构方案不仅没有减少公共产品供应量,反而有助于实现公共产品供应的均等化。第二点,即重构方案在划清政府与市场的边界的基础上,强化了中央政府的事权与支出责任,将中央全口径财政支出的比重提高到 50.17%。仅从数据来看,这一财政分权水平与美国十分接近,而美国是当今世界财政分权理论发展和财政分权体制构建最为完善的国家;同时,这一数据更加接近财政支出分权的最优估计值。具体而言,重构方案主要强化了中央政府在社会保障、社保基金、义务教育、医疗卫生等方面的支出责任,这有助于提高中央政府在这些事务领域的宏观调控能力,进而有利于促进公共产品供应的均等化,缩小地区间社会福利、教育、医疗等方面的差距。

8

研究的不足与展望

▼

8.1 本著作的不足之处

本著作在实证研究中,选取了 81 个国家 2015 年的横截面数据,而没有使用面板数据,这主要考虑到了数据可得性、代表性等因素。具体而言,样本国家的选择主要基于三个原因:其一,可持续发展指数中各个元素指标数据的完整性,进入测评的国家必须有 12 个指标的准确数据;其二,进入测评的国家不仅要有各指标的数据,也要有财政支出分权、财政支出结构等方面的详细数据;其三,对于国际公认的非主权实体,包括属地、领地及其他地区,不作为国家纳入测评。测评年份选择 2015 年主要基于两个原因:其一,部分数据统计难度大且年度变化率小,5 年统计一次,如"获得改善饮用水源人数占比""获得改善卫生设施人数占比"等,因此这些指标只有 2000 年、2005 年、2010 年、2015 年的数据;其二,部分统计数据仅统计到 2015 年,这意味着 2015 年的统计数据是最新、最全的数据。因此,选取 81 个国家 2015 年的横截面数据进行研究,既考虑到了样本国家的代表性和一般性,也兼顾了数据的时效性。

采用面板数据进行研究,反而会使研究结果缺乏一般性意义。若采用面板数据进行实证检验,则只能获得不到 50 个国家的全部数据,而这些数据齐全的国家往往是经济发展水平较高的国家。因此,采用面板数据进行实证检验,实际上检验的是经济较发达国家的情况,这难以保证样本国家的一般性和代表性。本著作所选的 81 个国家基本覆盖了世界上主要的发达国家和发展中国家,这些国家 2015 年的 GDP 总量占当年全世界 GDP 总量的

85.45％,具有统计意义,能够代表一般情况。同时,从实证研究的效果来看,模型的拟合优度良好,主要的实证结果非常稳健,且符合理论预期,这意味着实证研究起到了应有的作用。综上,虽然实证检验采用横截面数据,其信度、效度不如采用面板数据,但考虑到本著作研究的实际情况,所得的实证研究结果更加具有一般性意义。

8.2　今后的努力方向

(1)省级以下政府间的事权与支出责任划分

本著作细数了中央和地方政府间事权与支出责任划分的诸多问题,如政府职能过多、事权范围过大、事权划分模糊、划分缺乏科学性、事权与支出责任不相适等问题。本著作通过划清政府与市场的边界,将部分政府职能让渡给市场,以及重新划分中央和地方的事权与支出责任,基本解决了以上问题。事实上,这些问题不仅仅存在于中央和地方政府间,在省级以下各级地方政府间甚至更加严重。因此,在明确地方政府所需承担的事权与支出责任后,进一步需要研究的是省以下各级地方政府间的事权与支出责任划分。相应的,若仍在可持续发展约束宏观税负视域下划分各级地方政府间的事权与支出责任,那么不仅要梳理清楚省级以下政府间财政关系的历史变迁、现状分析和发展趋势,也要进行各级地方政府财政支出比重与可持续发展的理论和实证研究。

(2)可持续发展约束宏观税负的进一步检验

本著作借鉴前人的研究成果,将全口径宏观税负约束至22.48％,进而研究央、地间事权与支出责任划分的问题。但需要说明的是,宏观税负的合理区间不是静态的、绝对的,也不是永恒不变的,而是随着国家发展形势的动态变化而变化的。所以本著作将全口径宏观税负约束至22.48％,并不是因为实现国家可持续发展的最优税负水平就一定是22.48％(也可能是23.48％、24.48％等等),而是因为现有文献的实证结果显示,宏观税负为22.48％时,更有利于中国的经济增长、转型升级以及可持续发展(贾梦婷,2017;李斯斯,2017)。当然,她们的研究结果,可能还有待于进一步的检验。

　　因此,基于动态经济学理论框架,测度可持续发展视角下的宏观税负合理区间的动态值,将是今后努力的方向。具体而言,理论分析可借鉴 Werning(2002)和 Golosov et al.(2003)的工作,将莫里斯方法引入动态经济模型,纳入线性税收和非线性税收的综合税负刻画宏观税负,求宏观税负的动态最优解。实证量化研究方面,可先构建可持续发展指数,探讨宏观税负与可持续发展的关系,并利用本著作提到的 Lind-Mehlum 方法估计宏观税负的合理区间。

参考文献

[1] AIYAGARI S R, 1995. Optimal capital income taxation with incomplete markets, borrowing constraints, and constant discounting[J]. Journal of Political Economy, 103 (6):1158-1175.

[2] ADRIÁN BARRERA-ROLDÁN, AMÉRICO SALDÍVAR-VALDÉS, 2002. Proposal and application of a sustainable development index[J]. Ecological Indicators, 2(3):251-256.

[3] AKAI N, NISHIMURA Y, SAKATA M, 2007. Complementarity, fiscal decentralization and economic growth[J]. Economics of Governance, 8(4):339-362.

[4] AKAI N, SAKATA M, 2002. Fiscal decentralization contributes to economic growth: Evidence from state-level cross-section data for the United States[J]. Journal of Urban Economics, 52(1):93-108.

[5] ALBANESI S, SLEET C, 2006. Dynamic optimal taxation with private information[J]. Review of Economic Studies, 73(1):1-30.

[6] ANTON K, JOSEPH E S, 2009. Dividend taxation and intertemporal tax arbitrage[J]. Journal of Public Economics, 93(1):142-159.

[7] ARROW K J, KURZ M, 1970. Public investment, the rate of return, and optimal fiscal policy[M]. Baltimore: The John Hopkins Press.

[8] ATKINSON A B, 1970. On the measurement of inequality[J]. Journal of Economic Theory, 2(3):0-263.

[9] ATKINSON A B, HATCHER R, 2001. The compass index of sustainability: Prototype for a comprehensive sustainability information system[J]. Journal of Environmental Assessment Policy and Management, 3(4):509-532.

[10] AZFAR O, LIVINGSTON J, MEAGHER P, 2006. Decentralization in Uganda[M]. Mookherjee: Bardhan.

[11] BAI C E, HSIEH C T, ZHENG M S, 2016. The long shadow of a fiscal expansion[J].

NBER Working Papers.

[12] BAIOCCHI G,2006. Inequality and innovation:Decentralization as an opportunity structure in Brazil[M]. Bardhan:Mookherjee (Eds.).

[13] BARRO R,1990. Government spending in a simple model of endogenous growth[J]. Journal of Political Economy,98(5):103-125.

[14] BELLOFATTO A A,BESFAMILLE M,2018. Regional state capacity and the optimal degree of fiscal decentralization[J]. Journal of Public Economics,159(3):225-243.

[15] BESLEY T,COATE S,2003. Centralized versus decentralized provision of local public goods:A political economy approach [J]. Journal of Public Economics, 87 (12): 2611-2637.

[16] BESSHO,SHUNICHIRO,2016. Case study of central and local government finance in Japan[J]. Adbi Working Papers.

[17] BILBAO-UBILLOS J,2013. The limits of human development index:the complementary role of economic and social cohesion, development strategies and sustainability [J]. Sustainable Development,21(6):400-412.

[18] BIRD R,1994. Decentralizing infrastructure:For good or for ill[J]. Policy Research Working Paper,World Bank.

[19] BOLCÁROVÁ P,KOLOŠTA S,2015. Assessment of sustainable development in the EU 27 using aggregated SD index[J]. Ecological Indicators,48(5):699-705.

[20] BOADWAY R, BUETTNER T, WILDASIN D E, 2008. New directions in fiscal federalism:Introduction[J]. Journal of Public Economics,92(12):2285-2287.

[21] BODMAN P,HODGE A,2010. What drives fiscal decentralisation? Further assessing the role of income[J]. Fiscal Studies,31(3):373-404.

[22] BÖHRINGER C, JOCHEM PEP, 2007. Measuring the immeasurable—a survey of sustainability indices. Ecological Economics,63(3):1-8.

[23] BORGE L E, RATTSØ J, 2010. Spending growth with vertical fiscal imbalance: Decentralized government spending in Norway,1880—1990[J]. Economics and Politics, 14(3):351-373.

[24] BRAVO G,2014. The human sustainable development index:New calculations and a first critical analysis[J]. Ecological Indicators,37:145-150.

[25] BRENNAN G,BUCHANAN J,1978. Tax instruments as constraints on the disposition of public revenues[J]. Journal of Public Economics,9(6):301-318.

[26] BRENNAN G, BUCHANAN J, 1980. The power to tax: Analytical foundations of a fiscal[M]. New York: Cambridge University Press.

[27] BRENNAN G, BUCHANAN J, 1977. Towards a tax constitution for Leviathan[J]. Journal of Public Economics, 8(12): 255-273.

[28] BROSIO G, AHMAD E, 2006. Uganda: Managing more effective decentralization[J]. IMF Working Papers, 06(279): 1591-601.

[29] BRUECKNER S, 2009. Partial fiscal decentralization[J]. Regional Science and Urban Economics, 39(1): 23-32.

[30] BUCOVETSKY S, 1991. Asymmetric tax competition[J]. Journal of Urban Economics, 30(2): 167-181.

[31] BUCOVETSKY S, 1995. Rent seeking and tax competition[J]. Journal of Public Economics, 58(3): 337-363.

[32] BUETTNER T, 2009. The contribution of equalization transfers to fiscal adjustment: Empirical results for German municipalities and a US-German comparison[J]. Journal of Comparative Economics, 37(3): 417-431.

[33] BULTE E, XU L, ZHANG X, 2018. Post-disaster aid and development of the manufacturing sector: Lessons from a natural experiment in China[J]. European Economic Review, 101: 441-458.

[34] CAI H, TREISMAN D, 2005. Does competition for capital discipline governments? decentralization, globalization, and public policy[J]. American Economic Review, 95(3): 817-830.

[35] CHAMLEY C, 1986. Optimal taxation of capital income in general equilibrium with infinite lives[J]. Econometrica, 54(3): 607-622.

[36] CHEN B L, 2006. Economic growth with an optimal public spending composition[J]. Oxford Economic Papers, 58(1): 123-136.

[37] CORREIA I H, 1996. Dynamic optimal taxation in small open economies[J]. Journal of Economic Dynamics and Control, 20(4): 691-708.

[38] CUMBERLAND, J H, 1981. Efficiency and equity in interregional environmental management[J]. Review of Regional Studies, 10(2): 1-9.

[39] DASGUPTA P, 1995. The population problem: Theory and evidence[J]. Journal of Economic Literature, 33(4): 1879-1902.

[40] DAVOODI H, ZOU H F, 1998. Fiscal decentralization and economic growth: A cross-

country study[J]. Cema Working Papers,43(2):244-257.

[41] DEVARAJAN S,SWAROOP V,ZOU H,et al. ,1996. The composition of public expenditure and economic growth[J]. Journal of Monetary Economics,37(2):313-344.

[42] EASTERLY W,REBELO S T,1993a. Fiscal policy and economic growth:An empirical investigation[J]. Social Science Electronic Publishing,32(3):417-458.

[43] EASTERLY W,KREMER M,PRITCHETT L,et al. ,1993b. Good policy or good luck? [J]. Journal of Monetary Economics,32(3):459-483.

[44] EBERT U, WELSCH H, 2004. Meaningful environmental indices:A social choice approach[J]. Journal of Environmental Economics and Management,47(3):270-283.

[45] EDWARDS J,KEEN M,1996. Tax competition and Leviathan[J]. European Economic Review,40(1):113-134.

[46] ESTACHE A, SINHA S, 1995. Does decentralization increase spending on public infrastructure? [J]. Policy Research Working Paper Series 1457,The World Bank.

[47] ESTELLER, A, SOLÉ, A, 2005. Does decentralization improve the efficiency in the allocation of public investment? Evidence from Spain [J]. Institut d'Economia de Barcelona (IEB),Working Papers.

[48] ESTOQUE R C,MURAYAMA Y,2014. Social-ecological status index:A preliminary study of its structural composition and application[J]. Ecological Indicators,43(3):183-194.

[49] Faguet J P,2008. Decentralisation's effects on public investment:evidence and policy lessons from Bolivia and Colombia [J]. Journal of Development Studies, 44 (8): 1100-1121

[50] Faguet J P,2004. Does decentralization increase government responsiveness to local needs? Evidence from Bolivia[J]. Journal of Public Economics,88(3-4):867-893.

[51] FARHI E,WERNING I,et al. ,2007. Inequality and social discounting[J]. Journal of Political Economy,115(3):365-402.

[52] FARHI E, WERNING I, 2010. Progressive estate taxation[J]. Quarterly Journal of Economics,125(2):635-673.

[53] FERRARIO C,ZANARDI A,2011. Fiscal decentralization in the Italian NHS:What happens to interregional redistribution? [J]. Health Policy,100(1):71-80.

[54] FREINKMAN L,PLEKHANOV A,2009. Fiscal decentralization in rentier regions: Evidence from Russia[J]. World Development,37(2):503-512.

[55] GADENNE L,SINGHAL M,2014. Decentralization in developing economies[J]. Annual Review of Economics,6(1):581-604.

[56] GOGLIO A, 2007. Encouraging sub-national government efficiency in Hungary[J]. Economics Department Working Paper.

[57] GOLOSOV M, KOCHERLAKOTA N, TSYVINSKI A, 2003. Optimal indirect and capital taxation[J]. Review of Economic Studies,70(3):569-587.

[58] GONG L,ZOU H F,2011. Public expenditures,taxes,federal transfers,and endogenous growth[J]. CEMA Working Papers,13(6):973-991.

[59] GONG L,ZOU H F,2002. Optimal taxation and intergovernmental transfer in a dynamic model with multiple levels of government [J]. Journal of Economic Dynamics & Control,26(12):1975-2003.

[60] GROSSMAN P J,1989. Fiscal decentralization and government size: An extension[J]. Public Choice,62(1):63-69.

[61] GUESS G M,2007. Adjusting fiscal decentralization programs to improve service results in Bulgaria and Romania[J]. Public Administration Review,67(4):731-744.

[62] GYOURKO J,TRACY J S,1986. The importance of local fiscal conditions in analyzing local labor markets[J]. Journal of Political Economy,97(5):1208-1231.

[63] HATFIELD J W,GERARD PADRO I MIQUEL,2012. A political economy theory of partial decentralization [J]. Journal of the European Economic Association, 10 (3): 605-633.

[64] HODGE T, 1997. Towards a conceptual framework for assessing progress towards sustainability[J]. Social Indicators Research,40(2):5-98.

[65] HOYT W H,1993. Tax competition,nash equilibria,and residential mobility[J]. Journal of Urban Economics,34(3):358-379.

[66] INCHAUSTE G, 2009. Decentralization in Bolivia: Has it made a difference [M]. Ahmad:Brosio (Eds.).

[67] JAIMOVICH N,REBELO S T,2012. Non-linear effects of taxation on growth[C]. C. E. P. R. Discussion Papers.

[68] JAKUBOWSKI M,TOPINSKA I,2009. The impact of decentralization on education in Poland[M]. Ahmad:Brosio (Eds.).

[69] JANICKE M, 2012. "Green growth": From a growing eco-industry to economic sustainability[J]. Energy Policy(48):13-21.

[70] JIN G,2012. Growth with optimal taxation and public spending composition[J]. Social Sciences in China,33(1):188-204.

[71] JIN H,QIAN X Y,CHIN T,ZHANG H J,2020a. Global assessment of sustainable development:Based on the modification of human development index with entropy method[J]. Sustainability,12(8):339-359.

[72] JIN H,LI L L,QIAN X Y,ZENG Y W,2020b. Can rural e-commerce service centers improve farmers' subject well-being? A new practice of "Internet plus rural public Services" from China[J]. International Food and Agribussiness Management Review,23 (3):1-16.

[73] JIN H,QIAN Y,WEINGAST B R,2005. Regional decentralization and fiscal incentives: Federalism,Chinese style[J]. Journal of Public Economics,89:1719-1742.

[74] JIN J,ZOU H F,2005. Fiscal decentralization,revenue and expenditure assignments,and growth in China[J]. Journal of Asian Economics,16(6):1047-1064.

[75] JOANIS M,2014. Shared accountability and partial decentralization in local public good provision[J]. Journal of Development Economics,107(3):28-37.

[76] JUDD K L,1985. Redistributive taxation in a simple perfect foresight model[J]. Journal of Public Economics,28(1):59-83.

[77] KAPPELER A,SOLE A,STEPHAN A,VALILA T,2013. Does fiscal decentralization foster regional investment in productive infrastructure? [J]. European Journal of Political Economy,31(3):15-25.

[78] KARRAS G,1999. Taxes and growth:testing the neoclassical and endogenous growth models[J]. Contemporary Economic Policy,17(2):177-188.

[79] KARRAS G,1996. The optimal government size:further international evidence on the productivity of government services[J]. Economic Inquiry,34(2):193-203.

[80] KEEN M,MARCHAND M,1997. Fiscal competition and the pattern of public spending [J]. Journal of Public Economics,66(1):33-53.

[81] KHALEGHIAN P,GUPTA M D,2005. Public management and the essential public health functions[J]. World Development,33(7):1083-1099.

[82] Kim N B,Arnold M,2016. Decentralization in Myanmar a nascent and evolving process [J]. Journal of Southeast Asian Economies,33(2):224-241.

[83] King D N,Ma Y,2010. Central control of local expenditure:Central government control over local authority expenditure:The overseas experience [J]. Public Money and

Management,19(3):23-28.

[84] KIS-KATOS K,SJAHRIR B S,2017. The impact of fiscal and political decentralization on local public investment in Indonesia[J]. Journal of Comparative Economics,45(5): 344-365.

[85] KNELLER R,BLEANEY M F,GEMMELL N,1999. Fiscal policy and growth:evidence from OECD countries[J]. Journal of Public Economics,74(1):171-190.

[86] KOCHERLAKOTA N R,2005. Zero expected wealth taxes:A mirrlees approach to dynamic optimal taxation[J]. Econometrica,73(5):1587-1621.

[87] KOESTER R B, KOMENDI R C, 1989. Taxation, aggregate activity and economic growth:further cross-country evidence on some supply-side hypotheses[J]. Economic Inquiry,30(1):367-386.

[88] KONDYLI J,2010. Measurement and evaluation of sustainable development:A composite indicator for the islands of the North Aegean region, Greece[J]. Environmental Impact Assessment Review,30(6):347-356.

[89] KRANK S,WALLBAUM H,GRÊT-REGAMEY A,2010. Perceived contribution of indicator systems to sustainable development in developing countries[J]. Sustainable Development,21(1):18-29.

[90] KUMAR M S,WOO J,WP F,et al. ,2015. Public debt and growth 1[J]. Economica,82 (328):9-13.

[91] LANDAU D,1986. Government and economic growth in the less developed countries: An empirical study for 1960—1980[J]. Economic Development & Cultural Change,35 (1):35-75.

[92] LEE K,1997. Tax competition with imperfectly mobile capital[J]. Journal of Urban Economics,42(2):222-242.

[93] LI H,ZHOU L A,2005. Political turnover and economic performance:The incentive role of personnel control in China[J]. Journal of Public Economics,89(9):1743-1762.

[94] LIN J Y, LIU Z, 2000. Fiscal decentralization and economic growth in China [J]. Economic Development and Cultural Change(1):1-21.

[95] LIND J T,MEHLUM H,2010. With or without U? The appropriate test for a U-Shaped relationship[J]. Oxford Bulletin of Economics and Statistics,72(1):109-118.

[96] LKHAGVADORJ A, 2010. Fiscal federalism and decentralization in Mongolia[J]. MPRA Paper,29(7):692-719.

[97] LUCAS R E,1990. Supply-side economics:An analytical review[J]. Oxford Economic Papers,42(2):293-316.

[98] LUCAS R,1988. On the mechanics of economic development[J]. Journal of Monetary Economics,22(1):3-42.

[99] MA G,MAO J,2017. Fiscal decentralization and local economic growth:Evidence from a fiscal reform in China[J]. Fiscal Studies(5):1-46.

[100] MENDOZA E G,MILESI-FERRETTI G M,ASEA P,1997. On the ineffectiveness of tax policy in altering long-run growth:Harberger's superneutrality conjecture[J]. Journal of Public Economics,66(1):99-126.

[101] MOESEN W,CAUWENBERGE P V,2000. The Status of the budget constraint, federalism and the relative size of government:A Bureaucracy approach[J]. Public Choice,104(3-4):207-224.

[102] MORAN D D,WACKERNAGEL M,KITZES J A,et al.,2008. Measuring sustainable development:Nation by nation[J]. Ecological Economics,64(3):470-474.

[103] MORGAN P J,TRINH L Q,2016. Fiscal decentralization and local budget deficits in Viet Nam:An empirical analysis[J]. Adbi Working Papers.

[104] MUSGRAVE R A,1993. Public finance in theory and practice[J]. National Tax Journal,46(4):519-526.

[105] MUSGRAVE R A,1959. The theory of public finance:A study in public economy[M]. New York:McGraw-Hill.

[106] NARDO M. SAISANA M. SALTELLI A. et al.,2005. Tools for composite indicators building[M]. European Comission,Ispra.

[107] NGUYEN L P,ANWAR S,2011. Fiscal decentralisation and economic growth in Vietnam[J]. Journal of the Asia Pacific Economy,16(1):3-14.

[108] NISKANEN W,1971. Representative government and bureaucracy[M]. Chicago:Aldine/Atherton.

[109] OATES W E,1999. An essay on fiscal federalism[J]. Journal of Economic Literature, 37(3):1120-1149.

[110] OATES W E,1993. Fiscal decentralization and economic development[J]. National Tax Journal,46(2):237-243.

[111] OATES W E,1972. Fiscal federalism[M]. New York:Brace Jovanovic.

[112] OATES W E, 1985. Searching for Leviathan:An empirical study[J]. American

Economic Review,75(4):748-757.

[113] OATES W E, 2005. Towards a second-generation theory of fiscal federalism[J]. International Tax and Public Finance,12(4):349-373.

[114] OATES W E, Schwab R M, 1988. Economic competition among jurisdictions: Efficiency-enhancing or distortion-inducing? [J]. Journal of Public Economics (35): 33-54.

[115] PADOVANO F,GALLI E,2002. Comparing the growth effects of marginal vs. average tax rates and progressivity[J]. European Journal of Political Economy,18(3):529-544.

[116] PADOVANO F, GALLI E, 2001. Tax rates and economic growth in the OECD countries[J]. Economic Inquiry,39(1):44-57.

[117] PECORINO P, 1993. Tax structure and growth in a model with human capital[J]. Journal of Public Economics,52(2):251-257.

[118] PEDEN E A,1991. Productivity in the United States and its relationship to government activity:An analysis of 57 years,1929—1986[J]. Public Choice,69(2):153-173.

[119] PERSSON T,TABELLINI G E,2002. Political economics:Explaining economic policy [M]. USA:MIT Press.

[120] PETERSON G,1996. Decentralizationin Latin America:Learning through experience [M]. Washington D C:World Bank.

[121] PEZZEY J,1992. Sustainable development concepts:An economic analysis[M]. World Bank,Washington DC.

[122] QIAN Y,WEINGAST B R,1996. China's transition to markets:Market—preserving federalism,Chinese style[J]. Journal of Economic Policy Reform,1(2):149-185.

[123] QIAN Y,XU C G,1993. Why China's economic reforms differ:The m-form hierarchy and entry/expansion of the non-state sector[J]. LSE Research Online Documents on Economics,1(2):135-170.

[124] QIAN Y,ROLAND G,1998. Federalism and the soft budget constraint[J]. American Economic Review:1143-1162.

[125] QIAN Y,ROLAND G,1996. The soft budget constraint in China[J]. Japan and the World Economy,8(2):207-223.

[126] RANIS G, STEWART F, RAMÍREZ A, 2000. Economic growth and human development[J]. World Development,28(2):197-219.

[127] REBELO S,1991. Long-Run policy analysis and long-run growth[J]. Journal of Public

Economy,99(3):500-521.

[128] REINHART C M, ROGOFF K S, 2011. From financial crash to debt crisis[J]. American Economic Review,101(5):1676-1706.

[129] REVESZ R L,2001. Federalism and environmental regulation:A public choice analysis [J]. Harvard Law Review(5):553-641.

[130] RODDEN J,2003. Reviving Leviathan:Fiscal federalism and the growth of government [J]. International Organization,57(4):695-729.

[131] RODDEN J,2002. The dilemma of fiscal federalism:Grants and fiscal performance around the world[J]. American Journal of Political Science,46(3):670-687.

[132] ROM M C,PETERSON P E,1998. and Scheve K R. Interstate competition and welfare policy[J]. Publius:the Journal of Federalism,28(3):17-38.

[133] SACCHI A,SALOTTI S,2014. A comprehensive analysis of expenditure decentralization and of the composition of local public spending[J]. Regional Studies,50(1):1-27.

[134] SAPOVADIA V K,PATEL K,2007. Expenditure assignment in India (constitutional provision)[J]. Social Science Electronic Publishing.

[135] SASABUSCHI S, 1980. A test of a multivariate normal mean with composite hypotheses determined by linear inequalities[J]. Biometrika,67(2):429-439.

[136] SCHULTZ C,TOMAS S,2001. Local public goods,debt and migration[J]. Journal of Public Economics,80(2):313-337.

[137] SCULLY G W, 2003. Optimal taxation,economic growth and income inequality[J]. Public Choice,115(3/4):299-312.

[138] SCULLY G W, 1991. Tax rates,tax revenues and economic growth[M]. National Center for Policy Analysis.

[139] SCULLY G W, 1996. Taxation and economic growth in New Zealand[J]. Pacific Economic Review,1(2):169-177.

[140] SCULLY G W,1995. The "Growth tax" in the United States[J]. Public Choice,85(1-2):71-80.

[141] SEABRIGHT P,1996. Accountability and decentralisation in government:An incomplete contracts model[J]. European Economic Review,40(1):61-89.

[142] SMITH H J M,REVELL K D,2016. Micro-incentives and municipal behavior:Political decentralization and fiscal federalism in Argentina and Mexico[J]. World Development, 77(5):231-248.

[143] STEGARESCU D,2010. The effects of economic and political integration on fiscal decentralization:Evidence from OECD countries[J]. Canadian Journal of Economics/ revue Canadienne Déconomique,42(2):694-718.

[144] STEHLING F,1988. Environmental quality indices:Problems,concepts,examples[M]. Heidelberg:Physica-Verlag.

[145] STEIN E,2000. Fiscal decentralization and government size in Latin America[J]. Journal of Applied Economics,62(1):63-69.

[146] STIGLITZ J E,2000. Capital market liberalization,economic growth,and instability [J]. World Development,28(6):1075-1086.

[147] STURM J E,KUPER G H,HAAN J D,1998. Modelling government investment and economic growth on a macro level:A review[M]. Market Behaviour and Macroeconomic Modelling. Palgrave Macmillan UK.

[148] STURM P,TRIGGS B,1996. A factorization based algorithm for multi-image projective structure and motion [C]//Computer Vision—ECCV'96:4th European Conference on Computer Vision Cambridge,UK,April 15-18,1996 Proceedings Volume II 4. Springer Berlin Heidelberg:709-720.

[149] TAMAI T,2008. Optimal fiscal policy in an endogenous growth model with public capital:A note[J]. Journal of Economics,93(1):81-93.

[150] TIEBOUT C M,1956. A pure theory of local expenditures[J]. Journal of Political Economy,64(5):416-424.

[151] TREYZ G,RICKMAN D S,HUNT G L,GREENWOOD M J,1993. The dynamics of U. S. internal migration[J]. Review of Economics & Statistics,75(2):209-214.

[152] TSO G K F,YAU K K W,YANG C Y,2011. Sustainable development index in Hong Kong:Approach,method and findings[J]. Social Indicators Research,101(1):93-108.

[153] TUAZON D,CORDER G D,MCLELLAN B C,2013. Sustainable development:A review of theoretical contributions[J]. International Journal Sustainable Future for Human Security 1(1):40-48.

[154] ULRICH T,2010. Fiscal Decentralisation and economic growth in high-income OECD countries[J]. Fiscal Studies,24(3):237-274.

[155] UMAIMA A,EATZAZ A,2018. A framework for analyzing the impact of fiscal decentralization on macroeconomic performance,governance and economic growth[J].

The Singapore Economic Review(5):1-37.

[156] VAZQUEZ J, 1999. The assignment of expenditure responsibilities[J]. World Bank Working Paper.

[157] WEINGAST B R, 2009. Second generation fiscal federalism: The implications of fiscal incentives[J]. Journal of Urban Economics, 65(3):279-293.

[158] WEINGAST B R, 1995. The economic role of political institutions: Market-Preserving federalism and economic development[J]. Journal of Law Economics and Organization, 11(1):1-31.

[159] WERNING I, 2002. Optimal dynamic taxation and social insurance[D]. America: University of Chicago.

[160] WILDASIN D E, 1989. Interjurisdictional capital mobility: Fiscal externality and a corrective subsidy[J]. Journal of Urban Economics, 25(2):193-212.

[161] WILDASIN D E, 1991. Some rudimetary 'duopolity' theory[J]. Regional Science and Urban Economics, 21(3):393-421.

[162] WILSON J D, 1991. Tax competition with interregional differences in factor endowments[J]. Regional Science and Urban Economics, 21(3):423-451.

[163] WILSON J D, 1999. Theories of tax competition[J]. National Tax Journal, 52(2): 269-304.

[164] WOLLER G M, PHILLIPS K, 1998. Fiscal decentralisation and IDC economic growth: An empirical investigation[J]. Journal of Development Studies, 34(4):139-148.

[165] WU A M, WANG W, 2013. Determinants of expenditure decentralization: Evidence from China[J]. World Development, 46:176-184.

[166] XIE D, ZOU H F, DAVOODI H, 1999. Fiscal decentralization and economic growth in the United States[J]. Cema Working Papers, 45(2):228-239.

[167] YANG D T, ZHOU H, 1999. Rural-urban disparity and sectoral labour allocation in China[J]. Journal of Development Studies, 35(3):105-133.

[168] YOUNG A, 2000. Gold into base metals: Productivity growth in the People's Republic of China during the reform period[J]. Nber Working Papers, 111(6):1220-1261.

[169] ZHANG H, CHEN X, 2007. Fiscal competition and the structure of local public expenditure in China[J]. Frontiers of Economics in China, 2(2):237-249.

[170] ZHANG H, LI L, 2015. New approaches in analysis of the priority of fiscal income per

GDP—a case of China[J]. Cambridge Journal of China Studies,10(3):67-72.

[171] ZHANG H,SHI C,2018. Exploration of new tax system in China: Research on macro tax burden restrained by sustainable development promoting economic transformation and upgrading based on "three gap" model[J]. Cambridge Journal of China Studies(3): 64-76.

[172] ZHANG H, YANG Y, 2016. Abnormal supernal macro tax burden impeding equilibrium development of China's economy and inducing its economy receding[J]. SCIREA Journal of Economics(2):93-99.

[173] ZHANG T, ZOU H F, 1998. Fiscal decentralization, public spending, and economic growth in China[J]. Journal of Public Economics,67(2):221-240.

[174] ZHU X, 1992. Optimal fiscal policy in a stochastic growth model[J]. Journal of Economic Theory,58(2):250-289.

[175] ZODROW G R,MIESZKOWSKI P M,1986. Pigou,Tiebout,property taxation,and the underprovision of local public goods[J]. Journal of Urban Economics,19(3):356-370.

[176] 安体富,任强,2007.公共服务均等化:理论、问题与对策[J].财贸经济(8):48-53.

[177] 安体富,孙玉栋,2006.中国税收负担与税收政策研究[M].北京:中国税务出版社.

[178] 安体富,岳树民,1999.我国宏观税负水平的分析判断及其调整[J].经济研究(3): 41-47.

[179] 安体富,2002.当前世界减税趋势与中国税收政策取向[J].经济研究(2):17-22.

[180] 财政部财政科学研究所课题组,2010.政府间基本公共服务事权配置的国际比较研究 [J].经济研究参考(16).

[181] 曹广忠,袁飞,陶然,2007.土地财政、产业结构演变与税收超常规增长——中国"税收 增长之谜"的一个分析视角[J].中国工业经济(12):13-21.

[182] 曹利军,王华东,1998.可持续发展评价指标体系建立原理与方法研究[J].环境科学学 报,18(5):526-532.

[183] 曹树基,2006.国家与地方的公共卫生——以1918年山西肺鼠疫流行为中心[J].中国 社会科学(1):178-190.

[184] 茶娜,邹建国,于润冰,2013.可持续发展研究的学科动向[J].生态学报,33(9): 2637-2644.

[185] 陈抗,顾清扬,2002.财政集权与地方政府行为变化——从援助之手到攫取之手[J].经 济学(季刊),2(4):111-130.

[186] 陈诗一,2009.能源消耗、二氧化碳排放与中国工业的可持续发展[J].经济研究(4): 41-55.

[187] 陈迎,1997.可持续发展指标体系与国际比较研究[J].世界经济(6):62-68.

[188] 陈志勇,陈莉莉,2011.财税体制变迁、"土地财政"与经济增长[J].财贸经济(12): 24-29.

[189] 程小白,章剑,2015.事权划分:公安改革的关键点[J].中国人民公安大学学报(社会科 学版),31(5):69-74.

[190] 储德银,韩一多,张同斌,等,2018.中国式分权与公共服务供给效率:线性抑或倒"U" [J].经济学(季刊),69(3):392-421.

[191] 丛树海,2012.基于调整和改善国民收入分配格局的政府收支研究[J].财贸经济(6): 15-20.

[192] 丛树海,2017.新常态下供给侧改革财政治理的三个突破口[J].财政监督(15):23-27.

[193] 丛树海,2007.现代财政取向与地方财政建设——我国地方公共财政建设中几个共性 问题的探讨[J].财政研究(4):49-53.

[194] 崔惠玉,陈宏宇,2017.进城务工人员子女义务教育事权与支出责任划分研究[J].财政 科学(9):83-94.

[195] 崔晶,孙伟,2014.区域大气污染协同治理视角下的府际事权划分问题研究[J].中国行 政管理(9):11-15.

[196] 崔运政,2011.财政分权与完善地方财政体制研究[D].北京:财政部财政科学研究所.

[197] 党秀云,彭晓祎,2018.我国基本公共服务供给中的中央与地方事权关系探析[J].行政 论坛(2):50-55.

[198] 丁忠毅,谭雅丹,2019.基本医疗卫生服务均等化的政府间事权与支出责任划分之维 [J].经济问题探索(8):8-16.

[199] 董根泰,2014.我国宏观税负国际比较:一种基于可比性的分析[J].财贸经济,35(4): 30-37.

[200] 杜放,常余,2001.转型中的中国财政[J].财政研究(7):28-30.

[201] 段龙龙,2017.基于国家治理理论的中国政府间财政分权研究[D].成都:西南交通 大学.

[202] 鄂启顺,刘嘉楠,2005.医疗机构的公共卫生职能及其实现[J].中国公共卫生管理,21 (1):9-10.

[203] 樊丽明,李文,1998.我国宏观税负水平评价[J].税务纵横(5):9-11.

[204] 范子英,张军,2010.财政分权、转移支付与国内市场整合[J].经济研究(3):53-64.

[205] 范子英,张军,2009.财政分权与中国经济增长的效率——基于非期望产出模型的分析[J].管理世界(7):15-25.

[206] 范子英,2015.土地财政的根源:财政压力还是投资冲动[J].中国工业经济(6):18-31.

[207] 方行明,魏静,郭丽丽,2017.可持续发展理论的反思与重构[J].经济学家(3):24-31.

[208] 冯显威,陈曼莉,2005.论发展多种形式的我国农村医疗保障制度[J].中国卫生经济(11).

[209] 伏润民,常斌,缪小林,2008.我国省对县(市)一般性转移支付的绩效评价——基于DEA 二次相对效益模型的研究[J].经济研究(11):62-73.

[210] 傅才武,宋文玉,2015.创新我国文化领域事权与支出责任划分理论及政策研究[J].山东大学学报(哲学社会科学版),1(6):1-20.

[211] 傅勇,张晏,2007.中国式分权与财政支出结构偏向:为增长而竞争的代价[J].管理世界(3):4-12.

[212] 傅勇,2010.财政分权、政府治理与非经济性公共物品供给[J].经济研究(8):4-15.

[213] 盖美,赵晓梅,田成诗,2011.辽宁沿海经济带水资源—社会经济可持续发展研究[J].资源科学,33(7):1225-1235.

[214] 高培勇,2012a.当前经济形势与 2012 年财政政策[J].财贸经济(2):5-11.

[215] 高培勇,2012b.试算 2011 年的宏观税负账[J].财会研究(9):21-22.

[216] 高培勇,2014.由适应市场经济体制到匹配国家治理体系——关于新一轮财税体制改革基本取向的讨论[J].财贸经济,35(3):5-20.

[217] 高培勇,2015.论完善税收制度的新阶段[J].经济研究,50(2):4-15.

[218] 高培勇,2017.政府支出应与税费收入一起减[N].中华工商时报 03-30(003).

[219] 高伟华,2011.国家财政分权改革如何影响了经济增长?[J].人文杂志(5):62-67.

[220] 龚锋,卢洪友,2013.财政分权与地方公共服务配置效率——基于义务教育和医疗卫生服务的实证研究[J].经济评论(1):42-51.

[221] 龚向光,2003.从公共卫生内涵看我国公共卫生走向[J].卫生经济研究(9):6-9.

[222] 谷成,2009.完善中国政府间转移支付的路径选择[J].经济学家,6(6):67-74.

[223] 郭存芝,凌亢,白先春,等,2010.可持续发展综合评价的一种改进[J].资源科学,32(7):1371-1378.

[224] 郭敏,张伊珺,2017.中央和地方水利事权与支出责任划分探析[J].山东水利(12):8-9.

[225] 郭庆旺,吕冰洋,张德勇,2003.财政支出结构与经济增长[J].经济理论与经济管理,
　　　(11):5-12.

[226] 郭庆旺,赵志耘,2010.公共经济学[M].北京:高等教育出版社.

[227] 郭庆旺,2017.论加快建立现代财政制度[J].经济研究(12):19-21.

[228] 郭玉清,连晨浩,蒋冉,2007.中国最优宏观税负规模的估算[J].统计与决策(19):
　　　108-111.

[229] 国家发改委经济研究所课题组,许生,李世刚,2014.我国宏观税负研究[J].经济研究
　　　参考(2):3-42.

[230] 何代欣,2013.中国式土地制度,地方可支配财力及土地财政新演化[J].中国行政管
　　　理,12:33-38.

[231] 贺俊,王戴伟,2018.最优宏观税负、政府支出结构和消费增长——基于内生增长模型
　　　的分析[J].天津大学学报(社会科学版),20(2):105-109.

[232] 贺俊,吴照奂,2013.财政分权、经济增长与城乡收入差距——基于省际面板数据的分
　　　析[J].当代财经(5):27-38.

[233] 侯石安,靳友雯,2013.财政分权、经济增长与地方财政转移支付依存度——基于省级
　　　动态面板数据分析[J].求索(12):1-4.

[234] 黄斌,2012.基于时间序列模型的财政分权经济增长绩效研究[J].统计与决策(5):
　　　162-164.

[235] 黄景国,1995.对我国宏观税负问题的若干思考[J].财经理论与实践(5):42-44.

[236] 黄寿峰,2017.财政分权对中国雾霾影响的研究[J].世界经济,40(2):127-152.

[237] 黄肖广,李睿鑫,2009.财政分权与经济增长的地区差异效应研究——基于东、中、西部
　　　省际面板数据(1988—2005)的分析[J].学术交流(1):90-94.

[238] 黄小虎,2012.从土地财政与土地金融分析中国土地制度走向[J].上海国土资源,33
　　　(2):6-12.

[239] 贾俊雪,郭庆旺,高立,2010.中央财政转移支付、激励效应与地区间财政支出竞争[J].
　　　财贸经济(11):52-57.

[240] 贾俊雪,郭庆旺,刘晓路,2006.资本性支出分权、公共资本投资构成与经济增长[J].经
　　　济研究(12):47-58.

[241] 贾俊雪,张超,秦聪,等,2016.纵向财政失衡、政治晋升与土地财政[J].中国软科学
　　　(9):144-155.

[242] 贾梦婷,2017.基于三缺口模型的可持续发展约束宏观税负促进经济增长研究[D].杭

州:浙江工业大学.

[243] 姜国兵,梁廷君,2015.中央与地方水利事权划分研究——基于广东省的调研[J].中国行政管理(4):37-41.

[244] 蒋琳,2015.我国宏观税负与居民收入状况分析——兼论结构性减税面临的深层次问题及对策[J].调研世界(2):24-27.

[245] 金戈,2010.经济增长中的最优税收与公共支出结构[J].经济研究(11):35-47.

[246] 金戈,2013.最优税收与经济增长:一个文献综述[J].经济研究(7):143-155.

[247] 卡娃,2015.蒙古国区域经济发展研究[M].北京:社会科学文献出版社.

[248] 李秉中,2014.我国教育经费支出的制度性短缺与改进路径[J].教育研究(10):41-47.

[249] 李国璋,刘津汝,2010.财政分权、市场分割与经济增长——基于1996—2007年分省面板数据的研究[J].经济评论(5):95-102.

[250] 李杰兰,陈兴鹏,王雨,等,2009.基于系统动力学的青海省可持续发展评价[J].资源科学,31(9).

[251] 李金龙,武俊伟,2016.我国中央与地方分税制财政体制改革路径依赖的困境及其消解[J].求实(9):38-45.

[252] 李俊霖,2007.宏观税负、财政支出与经济增长[J].经济科学(4):5-14.

[253] 李俊生,乔宝云,刘乐峥,2014.明晰政府间事权划分构建现代化政府治理体系[J].中央财经大学学报(3):3-10.

[254] 李明,李慧中,苏晓馨,2011.财政分权,制度供给与中国农村基层政治治理[J].管理世界(2):49-60.

[255] 李萍,2010.中国政府间财政关系图解[M].北京:中国财政经济出版社.

[256] 李淑霞,苗翡,2007.日本财政分权与经济增长[J].现代日本经济(4):1-6.

[257] 李斯斯,2017.基于"三缺口"模型的可持续发展约束宏观税负促进经济转型升级研究[D].杭州:浙江工业大学.

[258] 李涛,周业安,2008.财政分权视角下的支出竞争和中国经济增长:基于中国省级面板数据的经验研究[J].世界经济(11):3-15.

[259] 李文星,艾春荣,徐长生,2009.财政分权与中国经济增长关系的再检验[J].浙江社会科学(11):17-25.

[260] 李晓芳,2006.我国转轨时期财税政策效应及最优宏观税负水平研究[D].长春:吉林大学.

[261] 李晓西,刘一萌,宋涛,2014.人类绿色发展指数的测算[J].中国社会科学(6):69-95.

[262] 李岩,张毓辉,万泉,等,2018.2016 年中国卫生总费用核算结果与分析[J].中国卫生经济(5):5-8.

[263] 李郇,洪国志,黄亮雄,2013.中国土地财政增长之谜——分税制改革、土地财政增长的策略性[J].经济学(季刊),12(4):1141-1160.

[264] 李一花,骆永民,2009.财政分权、地方基础设施建设与经济增长[J].当代经济科学,31(5):66-71.

[265] 李奕宏,2014.我国政府间事权及支出划分研究[J].财政研究(8):56-59.

[266] 李永刚,2010.中国宏观税负是高还是低——基于国际比较和经济增长视角[J].华中科技大学学报(社会科学版),24(6):85-90.

[267] 李永友,2004.我国税收负担对经济增长影响的经验分析[J].财经研究,30(12):53-65.

[268] 李勇刚,李祥,2012.财政分权、地方政府竞争与房价波动:中国 35 个大中城市的实证研究[J].软科学,26(1):42-46.

[269] 李振国,温珂,方新,2018.中央与地方科技事权和支出责任划分研究——基于分级制试验与控制权分配的视角[J].管理世界,34(7):26-31.

[270] 李振宇,王骏,2017.中央与地方教育财政事权与支出责任的划分研究[J].清华大学教育研究(5):35-43.

[271] 梁若冰,韩文博,2011.区域竞争、土地出让与城市经济增长:基于空间面板模型的经验分析[J].财政研究(8):48-51.

[272] 梁若冰,2010.财政分权下的晋升激励、部门利益与土地违法[J].经济学(季刊),9(1):283-306.

[273] 梁学平,2013.我国医疗卫生政府支出现状及国际比较[J].价格理论与实践(7):78-79.

[274] 林春,孙英杰,2017.财政分权背景下的经济增长质量地区差异——基于系统 GMM 及门槛效应的检验[J].财经论丛(12):35-44.

[275] 林春,2017.财政分权与中国经济增长质量关系——基于全要素生产率视角[J].财政研究(2):73-83.

[276] 林伯强,杨芳,2009.电力产业对中国经济可持续发展的影响[J].世界经济(7):3-13.

[277] 林毅夫,刘志强,2000.中国的财政分权与经济增长[J].北京大学学报(哲学社会科学版)(4):5-17.

[278] 林勇,卓玛草,2013."双刃剑"上的中国财政分权——基于经济增长和波动效应的研究

[J].经济问题探索(3):117-122.

[279] 林治芬,魏雨晨,2015.中央和地方社会保障支出责任划分中外比较[J].中国行政管理
(1):34-38.

[280] 刘柏惠,2017.社会保障事权和支出责任划分"双症结"分析[J].地方财政研究(4):
30-33.

[281] 刘凤良,于泽,李彬.持续增长目标下的最优税负和税收结构调整[J].经济理论与经济
管理,2019(3):41-47.

[282] 刘红玉,李兆富,李玉凤,等,2015.基于生态约束与支撑作用的国家湿地公园生态可持
续评估指标研究[J].资源科学,37(4):805-814.

[283] 刘剑文,侯卓,2017.事权划分法治化的中国路径[J].中国社会科学(2):102-122.

[284] 刘普照,2003.宏观税负与经济增长相关性研究[D].上海:复旦大学.

[285] 刘秋生,1991.关于财政收入占国民收入比重的几个问题——兼与黄宇光、白明本同志
的"比重提高论"商榷[J].经济研究(10):22-26.

[286] 刘尚希,石英华,武靖州,2018.公共风险视角下中央与地方财政事权划分研究[J].改
革(8):15-24.

[287] 刘守英,蒋省三,2005.土地融资与财政和金融风险——来自东部一个发达地区的个案
[J].中国土地科学,19(5):3-9.

[288] 刘守英,2017.不告别以地谋发展,就别指望房子"用来住"不"用来炒"[EB/OL].澎湃
网.(2017-07-30)[2018-03-27]. https://www.thepaper.cn/newsDetailforward1746271.

[289] 刘迎秋,2012.中国宏观经济运行报告[M].北京:社会科学文献出版社.

[290] 刘志城,1992.社会主义税收理论若干问题[M].北京:中国财政经济出版社.

[291] 楼继伟,2013.中国政府间财政关系再思考[M].北京:中国财政经济出版社.

[292] 卢洪友,袁光平,陈思霞,等,2011.土地财政根源:"竞争冲动"还是"无奈之举"? ——
来自中国地市的经验证据[J].经济社会体制比较(1):88-98.

[293] 陆强,2015.公安机关事权与支出责任划分改革探索[J].中国财政(5):57-59.

[294] 逯元堂,吴舜泽,陈鹏,等,2014.环境保护事权与支出责任划分研究[J].中国人口·资
源与环境,171(S3):91-96.

[295] 罗捍东,丁丹,2015.我国最优宏观税负水平估计与分析——基于 Barro 内生增长理论
与动态规划最优增长模型[J].中国管理科学(1):391-397.

[296] 骆永民,2008.财政分权、空间溢出与经济增长[J].财贸研究,19(3):66-72.

[297] 吕冰洋,郭庆旺,2011.中国税收高速增长的源泉:税收能力和税收努力框架下的解释

[J].中国社会科学(1):76-90.

[298] 吕冰洋,禹奎,2009.我国税收负担的走势与国民收入分配格局的变动[J].财贸经济
(3):72-77.

[299] 吕炜,2005.深化我国财政体制改革的探讨[J].管理世界,(12):144-145.

[300] 吕炜,许宏伟,2012.土地财政的经济影响及其后续风险应对[J].经济社会体制比较
(6):78-86.

[301] 吕卓鸿,2005.政府承担公共医疗卫生的理论基础和范畴界定.中国卫生事业管理,
21(2):70-72.

[302] 马拴友,于红霞,2003.地方税与区域经济增长的实证分析——论西部大开发的税收政
策取向[J].管理世界(5):36-43.

[303] 马拴友,2001.宏观税负、投资与经济增长:中国最优税率的估计[J].世界经济(9):
41-46.

[304] 马万里,李齐云,2012.公共品多元供给视角下的财政分权:一个新的分析框架[J].当
代财经(6):42-51.

[305] 马万里,2013.多中心治理下的政府间事权划分新论——兼论财力与事权相匹配的第
二条(事权)路径[J].经济社会体制比较(6):203-213.

[306] 马艳梅,吴玉鸣,吴柏钧,2015.长三角地区城镇化可持续发展综合评价——基于熵值
法和象限图法[J].经济地理(6):47-53.

[307] 梅冬州,崔小勇,吴娱,2018.房价变动、土地财政与中国经济波动[J].经济研究,53
(1):35-49.

[308] 苗韧,周伏秋,胡秀莲,等,2013.中国能源可持续发展综合评价研究[J].中国软科学
(4):17-25.

[309] 聂常虹,冀朝旭,2017.中央与地方科技事权与支出责任划分问题研究[J].财政研究
(11):49-61.

[310] 牛文元,2012.中国可持续发展的理论与实践[J].中国科学院院刊,27(3):11-20.

[311] 庞凤喜,2002.论我国宏观税负的形成机理[J].中南财经政法大学学报(5):76-79.

[312] 逢锦聚,孙飞,2000.中国宏观税负合理水平的分析判断[J].南开经济研究(4):33-40.

[313] 彭水军,包群,2006.经济增长与环境污染——环境库兹涅茨曲线假说的中国检验[J].
财经问题研究(8):3-17.

[314] 祁毓,陈怡心,李万新,2017.生态转移支付理论研究进展及国内外实践模式[J].国外
社会科学(5):45-54.

[315] 乔宝云,范剑勇,冯兴元,2005.中国的财政分权与小学义务教育[J].中国社会科学(6):37-46.

[316] 秦大河,2014.气候变化科学与人类可持续发展[J].地理科学进展,33(7):874-883.

[317] 秦焱,2007.完善我国转移支付制度的思考[J].技术与市场月刊(5):54-55.

[318] 饶晓辉,2010.参数异质性、财政分权与区域经济增长的不平衡性[J].统计研究,27(3):51-58.

[319] 沈坤荣,付文林,2005.中国的财政分权制度与地区经济增长[J].管理世界(1):9-20.

[320] 宋立,2007.各级政府事权及支出责任划分存在的问题与深化改革的思路及措施[J].经济与管理研究(4):14-21.

[321] 宋玉华,林治乾,孙泽生,2008.最优财政分权与中国经济增长[J].浙江大学学报(人文社会科学版),38(4):64.

[322] 孙开,王冰,2018.政府间普通教育事权与支出责任划分研究——以提供公平而有质量的教育为视角[J].财经问题研究,417(8):75-83.

[323] 孙开,1994.政府间财政关系研究[M].大连:东北财经大学出版社.

[324] 孙丽,2019.公共财政支出与实际经济增长:规模、结构与外部溢出[J].宏观经济研究(4):18-29+175.

[325] 孙琳,潘春阳,2009."利维坦假说",财政分权和地方政府规模膨胀[J].财经论丛(3):15-22.

[326] 孙群力,2010.中国地方政府规模影响因素的实证研究[J].财政研究(1):38-41.

[327] 孙晓,刘旭升,李锋,等,2016.中国不同规模城市可持续发展综合评价[J].生态学报,36(17):5590-5600.

[328] 孙秀林,周飞舟,2013.土地财政与分税制:一个实证解释[J].中国社会科学(4):40-59+205.

[329] 孙勇,2017.中国式财政分权、金融发展与经济增长[J].经济问题探索(9):139-147.

[330] 孙正,2014.地方政府财政支出结构与规模对收入分配及经济增长的影响[J].财经科学(7):122-130.

[331] 唐云锋,马春华,2017.财政压力、土地财政与"房价棘轮效应"[J].财贸经济(11):41-56+163.

[332] 王德祥,李建军,2008.财政分权、经济增长与外贸依存度——基于1978—2007年改革开放30年数据的实证分析[J].世界经济研究(8):15-19.

[333] 王宏,2012.财政分权、地方政府投资和区域经济增长——基于双固定效应模型的实证

分析[J].经济问题(3):14-17.

[334] 王金秀,2006.我国政府间转移支付制度的内在缺陷及其完善[J].华中师范大学学报
(人文社会科学版),45(1):36-43.

[335] 王俊,陈共,2007.中国公共卫生支出的内容和口径问题研究[J].财政研究(8):69-72.

[336] 王俊,2007.中国政府卫生支出规模研究——三个误区及经验证据[J].管理世界(2):
35-44.

[337] 王浦劬,2016.中央与地方事权划分的国别经验及其启示——基于六个国家经验的分
析[J].政治学研究(5):44-58.

[338] 王绍光,1997.分权的底限[M].北京:中国计划出版社.

[339] 王文剑,2010.中国的财政分权与地方政府规模及其结构——基于经验的假说与解释
[J].世界经济文汇(5):105-119.

[340] 王晓洁,2009.中国公共卫生支出均等化水平的实证分析——基于地区差别视角的量
化分析[J].财贸经济(2):48-51.

[341] 王晓洁,2011.中国公共卫生支出理论与实证分析[M].北京:中国社会科学出版社.

[342] 王贤彬,徐现祥,2009.转型期的政治激励、财政分权与地方官员经济行为[J].南开经
济研究(2):58-79.

[343] 王贤彬,周海燕,2016.中央财政转移支付与地方经济增长目标管理[J].经济管理(8):
1-17.

[344] 王永礼,2007.财政转移支付制度立法设计的若干技术问题[J].福建行政学院学报
(1):17-20.

[345] 王永钦,张晏,章元,等,2007.中国的大国发展道路——论分权式改革的得失[J].经济
研究(1):4-16.

[346] 王永钦,2014.中国地方政府融资平台的经济学[M].上海:格致出版社.

[347] 王志刚,龚六堂,2009.财政分权和地方政府非税收入:基于省级财政数据[J].世界经
济文汇(5):17-38.

[348] 文政,2008.基于中央与地方政府间关系的财政支出事权划分模式研究[D].重庆:重
庆大学.

[349] 吴俊培,张帆,2015.基于税收管理体制对中国税制改革探讨[J].中央财经大学学报
(1):3-10.

[350] 吴木銮,林谧,2010.政府规模扩张:成因及启示[J].公共管理学报,07(4):1-11.

[351] 吴木銮,王闻,2011.如何解释省内财政分权:一项基于中国实证数据的研究[J].经济

社会体制比较(6):62-72.

[352] 吴一平,2008.财政分权、腐败与治理[J].经济学(季刊),7(3):1045-1060.

[353] 吴永求,赵静,2016.转移支付结构与地方财政效率——基于面板数据的分位数回归分析[J].财贸经济,37(2):28-40.

[354] 吴宇哲,孙小峰,2018.改革开放40周年中国土地政策回溯与展望:城市化的视角[J].中国土地科学,32(7):7-14.

[355] 肖蕾,任田,邓佳欣,等,2018.我国卫生健康事权与支出责任划分改革现状与对策研究[J].中国卫生经济,37(10):25-29.

[356] 肖文,唐兆希,2012.可再生能源、中间产品质量与可持续发展[J].世界经济(2):17-30.

[357] 肖文,周明海,2008.财政分权与区域经济增长——基于省级以下的实证分析[J].浙江大学学报(人文社会科学版),38(4):73-83.

[358] 肖秀玲,2013.我国公共卫生支出效率研究[D].广州:暨南大学.

[359] 谢波,项歆,2016.财政分权、环境污染与地区经济增长——基于112个地级市面板数据的实证计量[J].软科学,30(11):40-43+60.

[360] 谢旭人,2009.健全中央和地方财力与事权相匹配的体制促进科学发展和社会和谐[J].财政研究(2):2-4.

[361] 谢贞发,张玮,2015.中国财政分权与经济增长——一个荟萃回归分析[J].经济学(季刊),14(2):435-452.

[362] 辛波,司千字,2005.对我国近期最优税收负担率量值的大致估计[J].山西财经大学学报,27(1):99-105.

[363] 徐绿敏,梅建明,2015.省以下财政分权与地方经济增长的实证分析——以福建省为例[J].江西财经大学学报(6):26-33.

[364] 徐升艳,陈杰,赵刚,2018.土地出让市场化如何促进经济增长[J].中国工业经济(3):44-61.

[365] 许善达,1999.中国税收负担研究[M].北京:中国财政经济出版社.

[366] 薛黎明,王宁,2002.地方政府急取中央财政转移支付的博弈分析[J].财经科学(3):24-26.

[367] 严成樑,龚六堂,2012.税收政策对经济增长影响的定量评价[J].世界经济(4):41-61.

[368] 严成樑,2012.社会资本、创新与长期经济增长[J].经济研究(11):48-60.

[369] 杨灿明,詹新宇,2016.中国宏观税负政策偏向的经济波动效应[J].中国社会科学(4):

71-90.

[370] 杨建辉,任建兰,程钰,等,2013.我国沿海经济区可持续发展能力综合评价[J].经济地理,33(9):13-18.

[371] 杨良松,刘红芹,2015.地方政府为什么忽视卫生支出?——财政分权和政治集权的影响[J].公共经济与政策研究(1):22-39.

[372] 杨友才,2009.地方财政支出结构与经济增长[J].山东大学学报(哲学社会科学版)(2):77-83.

[373] 杨志勇,2016.中央和地方事权划分思路的转变:历史与比较的视角[J].财政研究(9):2-10.

[374] 姚林香,汪柱旺,2016.我国最优宏观税负水平实证研究——基于经济增长的视角[J].当代财经(3):33-42.

[375] 姚洋,杨雷,2003.制度供给失衡和中国财政分权的后果[J].战略与管理(3):27-33.

[376] 叶文虎,栾胜基,1996.论可持续发展的衡量与指标体系[J].世界环境(1):7-10.

[377] 殷德生,2004.最优财政分权与经济增长[J].世界经济(11):62-71.

[378] 于树一,2015.论国家治理框架下事权和支出责任相适应的政府间财政关系[J].地方财政研究(5):11-16,22.

[379] 于树一,杨远旭,2018.交通运输领域中央与地方财政事权与支出责任划分研究[J].财政监督(23):5-11.

[380] 余显财,朱美聪,2015.财政分权与地方医疗供给水平——基于1997—2011年省级面板数据的分析[J].财经研究,41(9):42-52.

[381] 袁飞,陶然,徐志刚,等,2008.财政集权过程中的转移支付和财政供养人口规模膨胀[J].经济研究(5):70-80.

[382] 岳树民,安体富,2003.加入WTO后的中国税收负担与经济增长[J].中国人民大学学报,18(2):50-57.

[383] 曾珍香,顾培亮,张闽,1998.可持续发展的概念及内涵的研究[J].管理世界(2):209-210.

[384] 张斌,2014.税制变迁研究[M].北京:中国社会科学出版社.

[385] 张嘉宁,2015.我国政府医疗卫生支出情况的横纵向比较[J].中国集体经济(19):164-165.

[386] 张金艳,2007.政府间转移支付:国际经验借鉴与启示[J].国际经贸探索,23(10):77-80.

[387] 张军,高远,傅勇,等,2007.中国为什么拥有了良好的基础设施?[J].经济研究(3):4-19.

[388] 张凯强,台航,2018.生产性支出偏好与经济增长波动[J].南方经济,346(7):78-98.

[389] 张莉,年永威,刘京军,2018.土地市场波动与地方债——以城投债为例[J].经济学(季刊),(3):236-259.

[390] 张明喜,朱云欢,2016.中央与地方科技事权与支出责任划分的考虑——基于对科技综合管理部门的调研[J].科学学研究,34(7):985-1004.

[391] 张守文,2015.税制变迁与税收法治现代化[J].中国社会科学(2):80-102.

[392] 张曙霄,戴永安,2012.异质性、财政分权与城市经济增长——基于面板分位数回归模型的研究[J].金融研究(1):103-115.

[393] 张卫民,安景文,韩朝,2003.熵值法在城市可持续发展评价问题中的应用[J].数量经济技术经济研究,20(6):115-118.

[394] 张晓玲,2018.可持续发展理论:概念演变、维度与展望[J].中国科学院院刊(1):9-19.

[395] 张欣怡,2014.财政分权下的政府行为与环境污染研究[D].北京:财政部财政科学研究所.

[396] 张旭伟,张旭强,2000.宏观税负下降与经济增长关系研究[J].税务研究(12):25-28.

[397] 张艳磊,秦芳,吴昱,2015.“可持续发展”还是“以污染换增长”——基于中国工业企业销售增长模式的分析[J].中国工业经济(2):89-101.

[398] 张晏,龚六堂,2005.分税制改革、财政分权与中国经济增长[J].经济学(季刊),5(4):75-108.

[399] 张晏,2005.分权体制下的财政政策与经济增长[M].上海:上海人民出版社.

[400] 张宇,2018.地方保护与经济增长的囚徒困境[J].世界经济(3):147-169.

[401] 章和杰,陈楠,李义超,俞斌,2018.基于可持续发展视角的较发达省份宏观税负优化研究[J].科技与经济,31(6):6-10.

[402] 章和杰,2014.三缺口模型下的中国内外均衡政策搭配研究:基于一篮子货币汇率制度视角[M].杭州:浙江大学出版社.

[403] 章和杰,金辉,2020.厘清中央、地方财政关系是否有助于破解土地财政难题[J].财会月刊(2):152-160.

[404] 赵志耘,郭庆旺,2005.论中国财政分权程度[J].国际税收(11):9-13.

[405] 赵志耘,杨朝峰,2010.经济增长与税收负担、税制结构关系的脉冲响应分析[J].财经问题研究(1):3-9.

[406] 郑思齐,孙伟增,吴璟,等,2014."以地生财,以财养地"——中国特色城市建设投融资模式研究[J].经济研究(8):14-27.

[407] 钟晓敏,2004.市场化改革中的地方财政竞争[J].财经研究,30(1):21-28.

[408] 周东明,2012.财政分权与地区经济增长——基于中国省级面板数据的实证分析[J].中南财经政法大学学报,193(4):30-35.

[409] 周飞舟,2006.分税制十年:制度及其影响[J].中国社会科学(6):100-115.

[410] 周飞舟,2007.生财有道:土地开发和转让中的政府和农民[J].社会学研究(1):49-82+243-244.

[411] 周黎安,2007.中国地方官员的晋升锦标赛模式研究[J].经济研究(7):36-50.

[412] 周黎安,2008.转型中的地方政府:官员激励与治理[M].上海:格致出版社.

[413] 周业安,章泉,2008a.市场化、财政分权和中国经济增长[J].中国人民大学学报,22(1):34-42.

[414] 周业安,章泉,2008b.财政分权、经济增长和波动[J].管理世界(3):6-15.

[415] 朱军,许志伟,2018.财政分权、地区间竞争与中国经济波动[J].经济研究(1):21-34.

后记

　　本书是在我的博士论文的基础上结合相关后续研究改写而成的。我要衷心感谢恩师章和杰教授的悉心指导！本书得到了浙江理工大学的资助，是浙江理工大学学术著作出版项目(21096075-Y)的重要成果，在此表示衷心感谢！上海财经大学丛树海教授、云南财经大学陈昆亭教授、浙江工商大学李义超教授、浙江工业大学谭晶荣教授在本人博士论文选题和构思过程中给予了中肯的建议，在此致以真挚的谢意！书中关于财政分权理论的研究得到了美国佐治亚州立大学首席经济学教授 Jorge Martinez-Vazquez、云南财经大学陈昆亭教授的指导，关于可持续发展的研究得到了澳大利亚麦考瑞大学 Vladimir Strezov 教授、瑞典林奈大学 Giangiacomo Bravo 教授的指导，关于新冠疫情治理和公共卫生事权划分的研究得到了世界科学院院士 Mihajlo Jakovljevic 教授、美国明尼苏达大学 Jonathon Leider 博士的指导，实证研究部分得到了台湾学者蔡馥陞教授、覃大嘉教授、浙江大学曾亿武博士的中肯评价和建议。

　　完成书稿的这一刻，我的心情激动万分。从攻博数载的笔耕不辍，到浙江理工大学任职两年的几经酝酿，再到最近几个月的修改推敲，我人生中的第一部著作终于要付梓了！回首往日岁月，心中五味杂陈，都化作此刻沉甸甸的喜悦和感激之情。

　　我的学业、研究工作中无不倾注着导师章和杰教授的心血和汗水，我的博士论文正是在他的精心指导和悉心关怀下完成的。从最开始的论文选题、研究方案的设计到论文写作和修改定稿，章老师都一一过问，悉心指导。当我因困顿迷茫而踌躇不前时，是章老师的指点和鼓励让我重拾信心；当我因取得进步而骄傲自满时，是章老师的当头棒喝使我顿然醒悟。章老师渊博的学识，敏捷的思维和严谨的学术态度，都深深地影响了我，使我终身受益。

在我第一本专著即将出版之际,我由衷地感谢我的硕士导师——华东师范大学的黄忠华教授。正是他指引着我这个计算机专业的本科生走进了经济学的大门。他最早向我提供了许多国外顶级期刊的学术文献,为我安排了许多学习和实践的机会,还一直坚持两周一次的读书报告会。感谢黄老师睿智和超前的眼光,为我之后的学习和研究工作打下了重要基础。

本书的完成离不开师长们的关怀和同事、同学们的鼓励。他们是虞晓芬教授、程慧芳教授、陈昆亭教授、覃大嘉教授、王庆喜教授、杜群阳教授、李正卫教授、范建双教授、陈斐教授、孟志青教授、沈强副教授、周炎副教授、朱志刚博士、余敏丽博士、彭奕潇博士、华玉昆博士、赖晓煊博士、汪宏华博士、刘巍巍博士、胡晓青博士、阮鸿鹏博士、庞尧博士、范彦成博士、余翔博士,在此向他们表示衷心感谢!

本书能够顺利完成,离不开家人对我的鼓励和帮助。感谢我的父母、姐姐,他们的支持和包容使我可以无后顾之忧地倾全力地投入博士论文的研究和写作中。感谢我的妻子,利用专业知识协助我撰写英文论文,在精神上给予我无限的支持,并在生活中承担了大量的家务工作。感谢岳父、岳母的理解和支持,以及对我们日常生活的帮助。

感谢我的学生杨皓川、薛佳敏、朱振宇、高雨虹、蒋高婧等在整理资料、校对文字方面做出的贡献!

感谢浙江大学出版社孙海荣、汪淑芳、杨利军等的辛勤劳动!

金　辉
2022 年 8 月